教育部人文社科重点基地重大项目"组织绩效评估的应用与正确政绩观的树立"（05JJD810205）成果；教育部哲学社会科学研究重大课题攻关项目"中国地方政府绩效评价体系与管理机制研究"（05JZDH0019）阶段性成果；北京大学"国家治理协同创新中心"成果。

政府绩效评估中的公民参与

中国地方政府的实践与经验

周志忍　主编

人民出版社

前　言

　　如在众多发达国家及发展中国家一样,中国公共领域的绩效评估也是政府加强治理及服务人民的重要方面。由此,获取民众反馈、了解民众对公共机构的经验及认识对公共机构的绩效评估极具价值。各级地方政府是与民众互动最多的权威机构,又是健康医疗、教育、水电、安全等一系列公共服务的直接提供者,对其绩效加以评估的重要性尤其显著。

　　根据联合国开发计划署在促进政府建立公共领域绩效评估方面的经验,评估过程中的公众参与有助于集合公共意见,建立政府与公民之间的对话,促使双方在社会发展愿景上形成共识。通过更好地服务于人民需求,政府可促进社区实现其发展社会与经济的潜力。社区通过与政府更多的互动,提供有效的社区服务,才能在取得政府支持的基础之上,不过多受限于行政程序,致力于本地发展。

　　北京大学政府绩效评估中心作为政府绩效评估领域理论与实践的先行机构,在联合国开发计划署近三十年支持中国公共领域改革的过程中与其建立了长期的伙伴关系。此次联合国开发计划署驻中国代表处再次与北京大学合作,分析并展示了8起位于中国不同城市与省份,曾将公众参与纳入政府绩效评估的案例。联合国开发计划署的人类发展战略已经指出:持续及具有包容性的社会发展,其社会治理不能脱离社会的广泛参与。接下来,联合国开发计划署还将继续致力于支持中国发展政府绩效评估的创新

1

实践。

该报告研究表明,为实现更深层次的公众参与,各级政府可以通过不同的测评方式、适用不同的评测指标,以评估机构的工作表现、责任承担和社会反馈。8个案例城市依其城镇和社区的特定条件,在将公众参与和公众意见纳入政府绩效评估的方面各施制度创新。正如报告所指出,一些城市采用技术手段来收集和整合民意,如社会调查和网络问政;另一些城市则将公共会议、与公民代表进行面对面的交流或引入独立评价主体等作为主要手段。报告集中反思了如何借鉴这8个省份及城市的经验以推动公民参与的进程,并更好地收集和理解民意。需要指出的是:案例城市实践的共同特点在于,每一个地方政府都切实希望通过对民意的理解和回应来了解公共部门的真实工作表现,从而作出提升和改进。

最后,联合国开发计划署驻中国代表处希望该报告能够对中国现阶段在政府绩效评估中纳入公民参与的创新实践作出有价值的贡献。

Christophe Bahuet(白桦)

联合国开发计划署驻华代表处国别主任

Foreward

In China, as in many developed and developing countries, assessing public sector performance, is part of the Government's commitment to strengthen governance and service delivery to the people. In such an endeavor, obtaining citizens' feedback and measuring people's experience and perceptions of the public sector have proven of particular value to assess and improve the performance of government agencies and entities. At the local level, the assessment of government is especially important as most citizens interact with local authorities more than with any other level of government. It is from local governments that citizens expect and receive the delivery of key services such as health, education, water, electricity, safety, etc.

UNDP's global experience in building government capacity for public sector assessments has shown that public participation in such assessments contributes to mobilizing public opinion and building the dialogue between government and citizens, so that they can work together on a common vision for their society. By better serving the needs of the people, government can improve the opportunities for communities to realize their social and economic development potential. Through the better interaction with government and the stronger delivery of services, communities can invest their efforts in productive local de-

3

velopment, supported, supported by government rather than held back by overly bureaucratic procedures.

UNDP China is delighted to have partnered with Peking University to analyze and showcase in the present report the experience of eight cities in China that have incorporated public participation in government assessment. With almost 30 years' support to public sector reform in China, UNDP China has enjoyed a long partnership with the Government Performance Assessment Centre (GPAC) of Peking University, a pioneering institution in the theory and practice of government performance assessment. Arising from UNDP's human development approach that sustainable and inclusive growth cannot be achieved without broad-based participation in governance processes, UNDP continues to be committed to supporting innovation in China in government performance assessments.

The report shows that to meet the objective of public participation, governments can adopt different approaches, tools and indicators to assess the performance, accountability and responsiveness of institutions. The eight cities have employed many innovative approaches to integrate public participation and public views into government assessment. Each approach has been developed to reflect the specific situation of a particular city, town or community. As the report highlights, some cities use technology to gather and synthesize public views, including through surveys and online dialogues. In other cities, the assessment processes is primarily conducted through public meetings, face-to-face interactions with citizens representatives or independent evaluators. The report thinks critically about how the experiences of the eight cities can be built upon to motivate stronger participation and more accurately understand and incorporate the public's views. The common feature in the eight cities studied is that local governments are working to heed and respond to people's views to gain a fact-based understanding of public sector performance and identify ways to improve it.

UNDP China hopes this report will serve as a valuable contribution to the ongoing initiatives in China to incorporate public participation as a core part of government assessments.

Christophe Bahuet

Country Director UNDP

目　录

CONTENTS

1

第三编

案例研究：
中国地方政府绩效评估中公民参与模式研究

第 一 编

政府绩效评估中的公民参与：
研究框架、实践历程与国外做法

公民参与政府绩效评估：
立项背景与内容框架

周志忍 李 倩

一、政府绩效评估中公民参与研究的立项背景

（一）中国政府绩效评估中公民参与的实践发展

政府绩效评估在我国的发展大致经历了四个阶段。第一个阶段从20世纪80年代中期到90年代初期,绩效评估主要在"目标责任制"的旗帜下实施,推进方式是地方自愿选择。20世纪90年代初期进入第二个阶段,绩效评估具有两个特征:目标责任制依然是其主要载体,但采取了自上而下系统推进的方式,关注焦点是经济增长;组织绩效评估呈现出多种类型和组织形式。[①] 从21世纪初到2008年,是绩效评估发展的第三个阶段。这一阶段的主要特征:一是评估重点从GDP增长转向经济发展模式的转变,关注民生和公共服务供给;二是官方致力于构建科学的政府绩效评价体系,绩效

[①] 有关详细讨论可参见周志忍:《公共组织绩效评估:中国实践的回顾与反思》,《兰州大学学报》2007年第1期。

评估逐步走向统一和规范化。2008 年绩效评估进入第四个阶段,其标志是中共中央、国务院决定推行"政府绩效管理"制度,绩效评估由此成为绩效管理的一个组成部分。

从公民参与角度看,中国政府绩效评估经历了两个基本阶段:20 世纪80 年代中期到本世纪初是"政府主导与公民无参与阶段"。基本特征是:政府启动并组织实施,目的限于内部管理控制,评估结果主要由内部消费。虽然绩效评估轰轰烈烈并导致干部间激烈的"政绩竞争",但平民百姓只能扮演观望者的角色。进入 21 世纪后,中央提出"以人为本"理念和"服务型政府"、"和谐社会"目标,强调"把群众满意不满意作为衡量各项工作的根本标准",政府绩效评估由此进入了"公民有限参与"的新阶段。

梳理实践发展历程可以发现,公民满意度测评是我国政府绩效评估中公民参与的主要方式,它在政府绩效评估中的亮相相当高调:1998 年沈阳市推行"市民评议政府",同年珠海市举行"万人评议政府",2000 年邯郸市开展"市民评议政府及政府部门问卷调查活动",2001 年杭州市开展"满意不满意评选活动",2003 年北京市开展"市民评议政府",2009 年青岛市开展的"听市民意见、向市民汇报、请市民评议"的"三民活动"等。经历了多年发展后,目前地方政府的主流实践是:"社会评议"与其他客观指标共同构成政府绩效的总评价,社会评议所占权重各有不同且经历着持续的调整优化。各地"社会评议"的主体包括党政领导、人大代表、政协委员、市民代表、媒体代表、企业代表等,但大规模抽样基础上的公民满意度测评,无疑在社会评议中占据主导地位。

政府绩效评估中的公民参与,就是把社会公众引入到绩效评估全过程,对政府管理中的责任、公平、回应性、质量和成本等方面进行监督与评价。公民参与对绩效评估具有重要意义,公民需求的确认与输入、外部社会监督的强化等,不仅能为政府优化公共服务提供基准、促进政府绩效的提升,而且能推动政府绩效管理从"效率型"向"责任型"转变[1],从而获得更广泛的

---

① Dusenbury,Patricia J.,Blaine Liner,and Elisa Vinson.*States*,*citizens*,*and local performance management*. Urban Institute,2000,www.urban.org/UploadedPDF/citizens.pdf[accessedJ anuary2 3,2007].

民众支持与合作,提高政府的合法性①。因此,我国政府绩效评估中公民参与的不断扩展与深入反映了价值取向从"政府为中心"到"公民为本"的转变,评估目标从"内部控制"到"外部问责"的转变,评估主体从技术官僚向大众参与的转变。

(二)公民参与政府绩效评估面临的可持续困境

尽管我国公民参与政府绩效评估的实践取得一定进展,但和西方发达国家相比仍处于有限参与的阶段。公民参与的有限性表现在三个方面:参与范围或广度的有限性;公民角色或参与方式的单一性;公民参与的影响力有限。②"角色或参与方式的单一性",即公民在绩效评估中担当被动的"信息供给者"角色。

政府绩效评估中公民参与的有限性不仅影响了公民参与效果的有效发挥,而且导致公民参与的可持续困境。实际上,在数年轰轰烈烈的公民参与热潮之后,各地实践连续遭遇现实困境:许多声势浩大的公民评价政府绩效活动昙花一现,无法持续,例如某直辖市在连续开展三年网上评议政府部门之后,于 2005 年暂时停止了该项活动③;更多城市对公民评价结果的承诺大多"流于形式",成为空头支票,例如乌鲁木齐万人评议活动中,被评议单位对投诉基本没有做出反应④;盐城市则是将每年"末位部门"名单成为小范围的"内部材料"。⑤ 更有地方政府为应付群众评议剑走偏锋,公民评议

---

① 王锡锌:《公民参与、专业知识与政府绩效评估的模式——探寻政府绩效评估模式的一个分析框架》,《法制与社会发展》2008 年第 14 期。

② 周志忍:《政府绩效评估中的公民参与:我国的实践历程与前景》,《中国行政管理》2008 年第 1 期。

③ 邓国胜、肖明超:《群众评议政府绩效:理论、方法与实践》,北京大学出版社 2006 年版,第 6 页。

④ 王锡锌:《公众参与、专业知识与政府绩效评估的模式——探寻政府绩效评估模式的一个分析框架》,《法制与社会发展》2008 年第 14 期。

⑤ 王琦、黄勇、殷文静、张易:《南京推万人评议机关方法　百姓期待杜绝弄虚作假》,2004 年 12 月 3 日,http://www.js.xinhuanet.com/xin_wen_zhong_xin/2004-12/03/content_3329417.htm。

沦为彰显政绩的"花瓶"——安徽某政府部门为应对群众测评甚至"高价买下报纸头版的版面"①。

实践的中的不足挫伤了公民参与的热情和积极性,公民主动参与呈现出递减状态。评估结果的"悬置"让公民对参与的意义和政府诚意产生怀疑。这不但无助于提升公民对政府的信任,反而会对政府公信力造成新的伤害。另一方面,公民的怀疑导致对参与绩效评估的冷漠,被动参与又可能采取玩世不恭的态度,这使得地方政府对公民能否真实、有效评价政府绩效抱持怀疑态度。有研究指出,传统政治文化观念、专业知识的匮乏②、利益相关度③等因素,都有可能造成公众无法准确评判政府绩效。有官员直言,群众评议政府存在较强的感情色彩,晕轮因素和群众的从众心理会严重干扰评估的客观公正性④。

对于一个开放而健全的政府绩效评估系统而言,公民参与无疑是正当而必要的;将政府绩效的结果聚焦于"公民期望的结果",也是公共行政和民主价值的必然要求。目前各地实践普遍存在的困境表明,我们需要对政府绩效评估中的公民参与进行系统深入的研究。在中央政府没有提出统一要求和制度规范的前提下,各地做法千差万别给系统分析带来极大难度,但如果我们就此放弃系统评价,将难以判断驱动公民有效参与的关键因素,从而难以复制成功经验,最终无法为公民参与政府绩效评估的顶层设计提供真实可靠的依据,发挥地方创新的优势和价值。

基于上述背景,2011年3月,北京大学政府绩效评估中心与联合国开发计划署(UNDP)、商务部国际经济技术交流中心正式签署协议,合作开展"政府绩效评估中的公民参与"项目的研究。项目聚焦于地方政府绩效评

---

① 明江:《"政绩广告"能出政绩吗?》,《人民日报》2004年12月25日。
② 吴小建:《政府绩效评估中的公众参与问题研究》,《安徽广播电视大学学报》2007年第3期。
③ 麻宝斌、马振清:《新时期中国社会的群体性政治参与》,《政治学研究》2006年第2期。
④ 邓国胜、肖明超:《群众评议政府绩效:理论、方法与实践》,北京大学出版社2006年版,第6页。

估中公民参与的多样化实践和经验,旨在推动公民参与的持续和深入,促进透明、高效、负责的中国行政管理体制的建设。这一研究是党的群众路线在绩效管理领域的有益探索。

二、公民参与绩效评估项目的目标与内容框架

项目研究的主要内容和具体目标是:(1)梳理相关理论和国内外的先进经验,为构建系统评价框架奠定理论和经验基础,同时为公民参与的科学化和规范化提供经验启示。(2)通过系统性审视分散的地方实践,识别驱动有效参与的关键因素,从而为参与机制的改进提供可操作的理论指导。(3)挑选公民参与特色突出、效果较好的地方实践案例进行调研,提供深度分析,为绩效评估从业者提供实践指南。

项目活动包括了举办研讨会和经验推广会、官员培训、最佳实践网络展示等多种形式。作为项目研究的主要成果之一,本书内容由以下三大部分构成。

(一)理论研究综述、我国实践历程与国外实践

除对项目立项背景、内容框架等的简要说明外,第一编还包括了国内外相关研究综述、中国政府绩效评估中公民参与的发展历程回顾等,旨在为后面两编的讨论提供一些相关知识。

鉴于满意度调查是我国公民参与政府绩效评估的主要形式,本编特意纳入《英国诊断与改进取向的公民满意度调查》一文。“诊断与改进取向”的满意度调查意味着对影响公民满意度的主要因素进行系统排序和诊断,进而有针对性地设计公共服务的改进方案。英国案例从技术角度为我们提供许多有益的借鉴:问题确认和研究主题的设定;诊断与改进取向的满意度调研框架设计,特别是接触事由与接触方法;变量的具体化以及相关分析技术等。

（二）政府绩效评估中公民参与的系统评价

项目研究要对全国情况做一系统考察评价,这一系统考察不仅可以获得政府绩效评估中公民参与的整体图景,而且评价本身可以促使地方政府关注绩效评估中的公民参与问题。考虑全国各地的多样化实践,这一系统考察既要选择合适的考察对象,又要构建一个系统的框架和维度体系,以便比较归纳。我们选择了15个副省级城市作为系统评价对象,然后委托了3个调查组,各自按照统一框架和考察要点对5个城市做实地调查。在此基础上形成了第二编的3份调研报告。

系统评价的框架设计借鉴了外国经验和学者的研究成果。同时我们发现,外国公民参与的测量维度及指标多带有本土的制度烙印,对于公民参与尚处于初期阶段的中国地方实践并不完全适用。鉴于此,我们对各个环节的关注重点进行了调整重构。系统评价框架把绩效评估全过程划分为四个环节:绩效评估决策环节、评估体系设计环节、绩效监测与评估实施环节、评估结果利用环节。在此基础上围绕四个环节设计了评估维度和考察重点。

1. 绩效评估决策环节

随着以人为本和绩效评价重在公众认可理念的提出,政府绩效评估中的公众意识不断增强,各地在评估决策环节引入公民参与的形式也在不断发展。绩效评估决策阶段公民参与的考察主要包括以下几个方面:(1)是否启动绩效评估上公民的发言权;(2)评估对象选择("条条"、"块块"还是全面考评)上公民的发言权;(3)评估方式选择(全面评估还是专项工作评估、系统评价还是万人评政府、政府内部组织还是第三方评估)上公民的发言权;(4)绩效评估的制度化水平。第四个考察维度针对中国特有的问题:一把手调动后绩效评估随之终止或者在评估对象、内容、方式等方面发生重大变化。我国地方政府绩效评估被称为"首长工程"或"一把手工程",这意味着一把手高度重视是评估得以启动并有效实施的首要条件,同时隐含着评估决策环节公民参与的缺失。如果某地发生过绩效评估"人走政息"的情况,会从侧面印证绩效评估重大决策问题上公民参与的缺失,有助于对当地评估决策环节的公民参与状况作出判断和评价。

以上考察维度不是简单询问"有"或"无"，而是综合调查各个考察维度上公民参与的主体结构、参与渠道、参与的实际影响等等。这需要通过焦点群体的深度访谈获取信息。

2. 评估体系设计环节

评估体系设计环节从"评估体系设计过程中的公民参与"和"评估指标体系中体现的公民导向"两个角度来考察并进行评价。

评估体系设计过程中的公民参与包括：体系设计中公民参与的具体方式及其发挥的影响；是否进行了公民需求和关注点调查——例如许多地方设立了社情民意调查机构；这些调查和绩效评估体系设计之间的直接关系；调查结果如何反映在评估体系中——例如重点或中心工作确定、指标体系结构和指标权重设计中如何体现或反映公民需求调查的结果，是否有典型案例的佐证等。

评估指标体系中体现的公民导向包括：客观指标中如何突出民生和公共服务；公民满意度在评价体系中的地位。这一部分是对"产出"即设计出的评估指标体系及其演进的评价，主要采用文本分析的方法。

3. 绩效监测与评估实施环节

绩效监测与评估实施环节关注的重点是参与的条件和渠道以及公民参与发挥的实际作用。(1)绩效信息公开的平台和渠道(报纸、网络、部门领导电视或网络述职接受公众评议等)；(2)相应平台绩效监测公开信息的范围与质量；(3)居民投诉(市长信箱或其他平台)率对相关部门绩效评估的影响(是否存在投诉数据和单位绩效评价两张皮现象)；(4)公民满意度调查的组织安排，核心是调查主体的中立、客观程度；(5)公民满意度调查对象是否充分体现了代表性，如样本选择是否科学、居民代表所占比重以及产生方式等；(6)满意度调查设计中对操纵民意行为是否有惩戒措施。

4. 评估结果利用环节

结果利用环节关注的是评估结果的透明性以及结果是否影响到政府官员的行为。(1)评估结果信息公开情况：公开的平台、公开信息的范围、绩效信息与核心目标的契合度;目标未完成时是否"绕着走"用模糊语言来搪塞。(2)评估结果与市民的互动情况:部门未完成核心目标时或绩效较差部门是否要面向公众公开作出解释?与公众互动的平台形式是什么?(3)结果利用中公民的影响:公众了解评估结果后能够对相关部门产生什么样的影响?包括官员任命、重大决策、资源配置等方面,以及发挥影响的方式、效果和典型案例。

评价框架和维度体系可见表1。

表1 公民参与绩效评估的系统评价框架及维度

评估环节	评价维度
决策环节	1.绩效评估启动与否的决策 2.绩效评估对象的选择 3.绩效评估方式的选择 4.绩效评估的制度化水平
设计环节	1.体系设计过程中的公民参与 (1)公民参与的具体方式及其影响 (2)是否及如何进行公众需求和关注点调查 (3)需求调查结果如何反映在评估体系中 2.指标体系中体现的公民导向 (1)客观指标中如何突出民生和公共服务 (2)公民满意度在评估体系中的地位
监测评估	1.绩效信息公开平台和渠道 2.绩效信息公开范围和质量 3.居民投诉率对相关单位的影响 4.公民满意度调查主体的中立性 5.公民满意度调查对象的代表性 6.对弄虚作假行为的惩戒措施
结果利用	1.评估结果信息公开情况 2.评估结果与公民互动情况 3.结果利用中公民的影响

需要说明的是,我们原计划在综合考察基础上对15个城市进行公民参与状况的统一排名或档次划分,借此推动地方政府在绩效评估中关注公民参与。项目组和西安交通大学吴建南教授合作,围绕系统评价框架及考察维度设计了结构性访谈提纲和社会调查问卷,以便进行统一排名或档次划分。但

是,由于种种现实原因档次划分也无法实现。于是,我们仅提供了系统评价框架及考察维度,3个调查组专家可以根据调研地的情况,对考察维度进行操作化和必要的调整。相应地,报告的内容重点改为诊断导向的描述分析。

系统评价研究发现,随着时间推移和服务型政府意识的提升,各地为绩效评估中公民参与的科学化和制度化付出了持续的努力,取得了一些成效并展示出良好的发展势头:在绩效评估的决策环节,虽然公民参与的规模和范围较小,但开始重视专家的参与;指标体系设计上,公民导向的指标所占的比例在增大;监测和评估阶段公民参与的渠道和途径更加丰富,满意度测评在持续改进;在绩效评估结果的利用方面,信息公开范围和公民参与渠道在扩大,公开述职等方式也提高了官员的责任意识并形成绩效改进的压力。

但总体上看,我国政府评估中的公民参与还处于"有限参与"的阶段,发展很不平衡且存在很大改进余地。不平衡既表现为地域发展的不平衡,也表现在不同环节公民参与的不平衡。监测评估环节的公民参与的力度最大,满意度测评则是公民参与的主要方式;评估指标体系设计阶段次之,主要表现为客观指标设计中不断突出了民生和公共服务;结果利用阶段的公民参与相对有限,而且在信息公开和公众问责方面出现了一些反复;公民在评估决策环节几乎没有什么发言权。

(三)地方政府绩效评估中的公民参与模式

考虑到系统评价可能造成的信息损失,我们选取了8个公民参与政府绩效评估的案例,提炼总结公民参与的方式、主要特征、制度安排、运作技术和创新工具等。每一案例要对绩效评估诸环节中的公民参与情况进行系统描述分析,同时鼓励突出各地实践的特色和某些环节或技术方面的最佳实践。案例研究成果与系统评价的调研报告形成呼应,有助于对系统评价结论的理解。同时,案例研究可以提供一些制度和技术创新方面的有效实践,推动绩效评估中的公民参与。

项目研究选取的8个案例都是公民参与绩效评估实践的典型代表,但在基本做法上存在鲜明的个性,既有政府主导、公民参与的模式,亦有独立第三方的评价模式。案例的异质性对于鉴别"有效的参与机制"具有重要价值,不仅为学界提供第一手的实时材料,也能够为绩效评估的科学化提供切实的实践指导。

1. 青岛市:向市民报告、听市民意见、请市民评议的"三民活动"

"三民活动"是青岛市政府绩效评估中市民参与的最主要方式和体现。2009 年以来,青岛市实施了"向市民报告,听市民意见,请市民评议"的"三民活动"①,要求全市所有政府部门负责人集中向市民代表述职,接受市民评议与监督。这一实践曾在国内产生较大影响,于 2010 年获得中国地方政府创新奖。

2. 福建省:第一个全面绩效管理的省

福建的效能建设是我国第一个在全省范围内实施绩效管理的范例。从"勤政建设"到"效能建设",再到"绩效评估"和系统的"绩效管理",福建的相关实践不断发展。福建绩效管理的特点之一,是省委省政府自始至终高度重视,省主管机构在确定绩效评估重点领域、基本原则和底线要求的前提下,给下级政府及部门留下创新的余地,福建省各地的公民参与呈现出多种方式和不同特点。

3. 杭州市:公民参与为特色的市直部门综合考评

杭州市政府从 2000 年起在全国率先开展"满意单位不满意单位评选"活动,并在之后的每年年底,杭州市都要请市民为政府机关打分、提意见;以公民参与为特色的市直部门综合考评至今已持续长达 13 年。13 年的变化让杭州市绩效评估中的公民参与渐渐臻于成熟,而期间的成就与遇到的问题亦颇具代表性。

4. 南京市:万人评议机关

2001 年,为了进一步加强和改进机关的作风建设,南京市委提出了"向人民学习、为人民服务、请人民评判、让人民满意"口号,在国内率先开展了

---

① "向市民报告"就是由全市所有政府部门负责人通过公开述职的方式,集中向市民代表报告全年工作的完成情况、存在问题及改进措施;"听市民意见"就是听取市民代表和社会各界对政府和政府部门工作的意见建议;"请市民评议"就是请市民代表对政府各部门工作进行评议。

"万人评议机关"的活动。南京市"万人评议机关"活动是由南京市委、市政府部署,市机关作风建设办公室具体负责实施、公众广泛参与的政府机关作风评议活动,至今已连续开展了十多年。

5. 广东省:公民满意度的民间独立评估及影响

广东省公民参与绩效评估机制的最大特点是以独立第三方为评价主体,其评价标准、评价过程和评价结果均独立于地方政府。2007 年 11 月,广州市媒体率先公布了华南理工大学政府绩效评价中心发布的《广东省地方政府整体绩效评价报告》。报告以广东全省 142 家市、县两级政府为评价对象,由高校学术团队自选题目,独立操作,评价过程贯穿公民参与。至 2012 年,已经连续开展七年,使"地方政府倍感压力"。

6. 广西壮族自治区:公民参与政府绩效评议

2008 年起,广西壮族自治区启动公众评议工作。为了提高评议的有效性,广西壮族自治区绩效办先后对公民参与评议方案做了两次大的调整:第一阶段 2008—2010 年,评议对象为 8 个设区市和 17 个自治区人民政府工作部门,评议内容为:对设区市,主要从经济发展、社会发展、民生改善、社会稳定、服务态度、工作效率、勤政廉政等方面进行评议;对自治区政府厅局,主要从履行职责、服务态度、工作效率、勤政廉政等方面进行评议;第二阶段 2011—2012 年,评议对象扩展为 14 个设区市、55 个自治区人民政府工作部门和 34 个自治区党委群团类单位,评议内容为:专项评议和年度整体绩效,各类评价对象的专项评议和年度整体绩效的评价内容又各有不同。

7. 深圳市:全国绩效管理试点单位

深圳市于 2007 年开始积极地探索开展政府绩效管理,目前已初步实现了政府绩效管理的系统化、电子化、过程化、精细化和标准化。2011 年 6 月,深圳市被确定为全国开展政府绩效管理试点的 8 个地区之一。2013 年 1 月,政府绩效管理工作部际联席会议办公室组织工作小组对深圳市政府绩效管理工作进行全面的检查和评估,认为其改革取得较好的、可供外界参考的经验。深圳市绩效评估以"标杆管理、过程控制、结果导向、持续改进、公众满意"为理念,全市公民参与政府绩效评估的主要方式是政府绩效公众满意度调查,经过多年发展已比较成熟,能体现深圳市公民参与评估的现状。

8. 山东滨州市:自上而下推进的公民满意度调查

滨州市公民参与政府绩效评估实践的主要形式是"社情民意调查"。2008 年,滨州市成立了"滨州市社情民意调查中心",自上而下地推行公民满意度调查。2011 年,共调查了近 2000 个社区和社会公众 5 万多人次。2012 年,先后开展了市县区科学发展综合考核 30 余次的民意调查,如"公安机关群众满意度调查"、"行政管理部门群众满意度调查"、"乡镇政府工作群众满意度调查"、"党风廉政建设群众满意度电话调查"、"村'两委'换届群众满意度电话调查",以及就业、医疗、教育、环境保护、困难群众救助等群众反映强烈的社会民生问题。

参与强化政府绩效评估中的公民参与,就是要实现公民"从某些环节的'部分参与'到'全程参与'的转变,从被动的'信息供给者'单一角色向'信息供给和决策共享者'综合角色的转变;并且,在整个过程中,公民的发言权和影响力应不断提升"①。这种进步与理论界和实践界的关注和深入研究是分不开的。我们相信,更加系统的顶层设计和更加精细化的制度设计将是未来努力的方向;缺乏系统性的视野将导致地方政府难以摆脱运动式公众参与的宿命;而仅满足于概念、意义、内涵上的充分探讨,缺乏科学、精细、可操作的制度设计,公民参与最终将难以摆脱形式主义和自我满足的尴尬,这也是本书的初衷所在。

/ 作者简介 /

周志忍:北京大学政府管理学院教授,北京大学政治发展与政府管理研究所研究员。

李　倩:北京大学政府管理学院博士研究生。

---

①　周志忍:《政府绩效评估中的公民参与:我国的实践历程与前景》,《中国行政管理》2008 年第 1 期。

参考文献

1. 邓国胜、肖明超:《群众评议政府绩效:理论、方法与实践》,北京大学出版社 2006 年版。

2. 王锡锌:《行政过程中公众参与的制度实践》,中国法制出版社 2008 年版。

3. 房宁:《政治参与蓝皮书:中国政治参与报告》,社会科学文献出版社 2011 年版。

4. 毛寿龙、陈小华:《政府绩效评估中公众参与的限度及超越》,《理论探讨》 2011 年第 1 期。

5. 王锡锌:《公众参与、专业知识与政府绩效评估的模式——探寻政府绩效评估 模式的一个分析框架》,《法制与社会发展》2008 年第 14 期。

6. 周志忍:《政府绩效评估中的公民参与:我国的实践历程与前景》,《中国行政 管理》2008 年第 1 期。

7. 王佳纬:《全过程参与:公众参与政府绩效评估的一种路径突破》,《学术探 索》2008 年第 1 期。

8. 沈开举、程雪阳:《中国语境下的公民评议政府机制:价值、制度与服务政府》, 《中国法学会行政法学研究会 2008 年年会论文集(下册)》。

9. 吴小建:《政府绩效评估中的公众参与问题研究》,《安徽广播电视大学学报》 2007 年第 3 期。

10. 麻宝斌、马振清:《新时期中国社会的群体性政治参与》,《政治学研究》2006 年第 2 期。

11. [美]马克·霍哲:《公共部门业绩评估与改善》,张梦中译,《中国行政管理》 2000 年第 3 期。

12. 尤建新、王波:《基于公众价值的地方政府绩效评估模式》,《中国行政管理》 2005 年第 12 期。

13. 周志忍:《公共组织绩效评估——英国的实践及其对我们的启示》,《新视 野》1995 年第 5 期。

14. 邓琼:《政府绩效评估中的公民参与》,《行政与法》2004 年第 11 期。

政府绩效评估中
公民参与研究综述

李 倩

一、国外关于公民参与政府绩效评估的研究

20 世纪 90 年代起,西方国家绩效评估的关注重心发生重要转变,从繁文缛节、内部控制逐渐向外部满意发展,结果导向和外部责任原则成为当代政府绩效评估区别于传统实践的主要特征,例如英国的公民宪章运动和美国政府再造运动推行的顾客至上。

与此相呼应的是,国外对于公民参与政府绩效评估的实践探索和理论研究也日益涌现。依阿华州的"公众发起的绩效评估(CIPA)"成为公民参与政府绩效评估的典范。CIPA 组建由市议会代表、政府官员、公众代表组成的"评估小组",鼓励公民参与绩效测量的设计和使用,使用绩效评估能够反映公众的偏好和需求,进而使政府官员能够据此决策①。

研究者相信,将公共参与与政府绩效评估相结合,能够强化政府治理和

---

① Ho, Alfred, and Paul Coates. "Citizen-initiated performance assessment: The initial Iowa experience." *Public Performance & Management Review*, Vol. 27, No. 3 (Mar., 2004), pp.29-50.

公共服务的质量①,让政府对公民的需求负责②。有学者利用实证数据说明公民能够参与政府绩效评估,例如,Kelly 和 Swindell 对政府职员的内部评估与公民外部评估进行比较研究后,证明公民可以做出正确的评估③;Berman 对美国全国范围内市政经理和行政官员调查后发现,公民参与政府绩效评估可以有效降低公众对政府的批评、增强对政府的信任。④

在西方发达国家的民主传统之下,公民参与对于政府绩效评估的必要性几乎不证自明。因此,研究者更多地将目光放到实现公民介入绩效评估的工具——公民主观评价指标体系之上。相关的研究既有探讨公众评价指标体系的设计,如服务质量、生活质量、市民预期、感知透明度、感知价值、市民满意度等作为评价维度;有研究着重探讨公众评价维度之间的关系如将政府态度、服务质量、市民预期、感知价值等视为公众/市民满意度的前提⑤;也有研究讨论公众评价方法在政府管理中的作用,如公共服务提供过程对市民评价的影响⑥、市民感知评价对政府决策过程的影响⑦、公民满意度对政府绩效、政府信任度的作用机制等⑧。

---

① Ho, Alfred Tat-Kei, and Paul Coates. "Citizen participation: Legitimizing performance measurement as a decision tool." *Government Finance Review*, Vol. 18, No. 2(April, 2002), pp.8–11.

② [美]马克·霍哲:《公共部门业绩评估与改善》,张梦中译,《中国行政管》2000 年第3 期。

③ Kelly, Janet M., and David Swindell. "A Multiple-Indicator Approach to Municipal Service Evaluation: Correlating Performance Measurement and Citizen Satisfaction across Jurisdictions." *Public Administration Review*, Vol. 62, No. 5(Sep.–Oct., 2002), pp.610–621.

④ Berman, Evan M. "Dealing with Cynical Citizens", *Public Admninistration Review*, Vol. 57, No. 2(Mar.–Apr., 1997), pp.105–112.

⑤ DeHoog, Ruth Hoogland, David Lowery, and William E. Lyons. "Citizen satisfaction with local governance: A test of individual, jurisdictional, and city-specific explanations." *The Journal of Politics*, Vol. 52, No. 3(Aug., 1990), pp.807–837.

⑥ Glaser, Mark A., and W. Bartley Hildreth. "Service delivery satisfaction and willingness to pay taxes: Citizen recognition of local government performance." *Public Productivity & Management Review*, Vol. 23, No. 1(Sep., 1999), pp.48–67.

⑦ Wang, Xiaohu. "Assessing public participation in US cities." *Public Performance & Management Review*, Vol. 24, No. 4(Jun., 2001), pp.322–336.

⑧ Van Ryzin, Gregg G. "Pieces of a puzzle: Linking government performance, citizen satisfaction, and trust." *Public Performance & Management Review*, Vol. 30, No. 4(Jun., 2007), pp.521–535.

对于主观指标的关注,导致大量的研究将侧重点放到主观评价方法以及指标体系的构建上,导致对于公民参与政府绩效评估的研究"多见树木"而"难见森林",缺乏系统性的分析。然而,公民满意度、公众评价的主观指标体系仅仅是公民参与政府绩效评估中的一小部分;事实上,公民参与应贯穿于绩效管理的全过程,必须由公民鉴定要评估的项目、陈述目的并界定所期望的结果、选择衡量标准或指标、设置业绩和结果(完成目标)的标准、监督结果,向公民展示有意义的业绩评估报告、并通过使用结果和业绩信息了解公民需求。①

二、国内关于公民参与政府绩效评估的研究

相比之下,国内学者对于公民参与政府绩效评估的研究则更多集中于公民参与对于政府绩效评估的理念、价值之上。在公民参与政府绩效评估的意义方面,蒋容认为,把外部评价作为评估的主维度,可以使政府知道现在所提供的服务是否符合人民的需要,从而进一步调整施政策略,为稀缺的人力物力资源得到有效配置提供依据。② 邓琼分析了政府绩效评估中公民参与的价值,认为公民参与有利于凸显民主理念,实现政府宗旨、提高政府绩效,以及通过公民的外部监督增强评估结果的有效性。③ 尤建新、王波认为,评估政府绩效主要不是看政府投入了多少、做了多少工作,而是主要看它在多大程度上满足了社会和公众的需要,只有当政府的公共服务被公众接受时,政府才是有绩效的。④

对于实践问题,国内大量文献则是围绕公民参与政府绩效评估活动的

---

① [美]马克·霍哲:《公共部门业绩评估与改善》,张梦中译,《中国行政管理》2000年第3期。

② 蒋容:《中国政府绩效评估现状及其完善》,《黑河学刊》2003年第5期。

③ 邓琼:《政府绩效评估中的公民参与》,《行政与法》2004年第11期。

④ 尤建新、王波:《基于公众价值的地方政府绩效评估模式》,《中国行政管理》2005年第12期。

现状、影响、问题进行总结,重点关注"公众评价政府"这一活动。吴建南从多方面总结了我国近年来开展"公民评议政府"的情况,并指出了其存在的一些问题。① 尹樱洁、刘旭涛认为当前公众评价政府绩效存在"评估主体的抽样不合理"、"评估内容设定不够具体"、"评估结果有失公允以致被评部门产生抵触、对评价结果回应性不足"的问题。② 邓国胜、李一凌从网上评议政府的视角分析,认为虽然网络能为政府绩效评估带来高效与便利,但同时也存在着评议主体的代表性不够、评议结果的有效性需质疑、网络审查机构的中立性有待提高等问题。

　　总体而言,国内研究主要集中于公众评价政府绩效的价值取向、现状分析以及影响效果等方面。一方面,多集中于对"公民评价政府"这一类活动的问题和效果探讨,较少从全过程的角度进行系统性的理论分析和实践探讨;另一方面,缺少对政府绩效评估中公民参与水平的评估,缺乏系统绩效评估中公民参与水平的测量工具和实证分析,导致针对地方绩效评估中公民参与的诊断分析不具备实践指向性。针对这些不足,一部分学者开始关注这一问题:在描述政府绩效评估中公民参与的系统性分析框架方面,周志忍从参与的基本形式、参与的范围与广度、参与产生的效果三个维度,将政府绩效评估中的公民参与划分为五个层次,并依此对我国公民参与政府绩效评估的历史进程进行描述;③邓国胜、肖明超提出群众有效评议政府的"四环五要素模型",即评估信息采集阶段的客观公正性、评估信息反馈的有用和可操作性、应用评估结果的压力掌控适度性、回应评估结果的及时有效性、评估动力持续性要素;④王佳纬提出,要让公众对政府绩效评估的全过程(从评估之前、评估开始到评估进行和评估结束)发生影响,全面提高

　　① 吴建南、庄邱爽:《"自下而上"评价政府绩效探索:"公民评价政府"的得失分析》,《理论与改革》2004 年第 5 期。

　　② 尹艳红、刘旭涛:《公众评价政府绩效的探索与创新:以北京市公众评价数据库构建为例》,《公共管理变革》2012 年第 5 期。

　　③ 周志忍:《政府绩效评估中的公民参与》,《中国行政管理》2008 年第 1 期。

　　④ 邓国胜、肖明超:《群众评议政府绩效:理论、方法与实践》,北京大学出版社 2006 年版,第 6 页。

公众主导度、信息透明度、互动沟通度和参与深入度。① 在实证研究方面，虽然尚未有针对公民参与政府绩效评估的系统测量与评估，然而针对公民参与的实证分析已有成果。《政治参与蓝皮书：中国政治参与报告（2011）》，在问卷调研的基础上，较为系统地分析了中国公民参与的机制，并对参与的全过程进行描述，并从参与主体的效能感和参与程度两个角度对政策参与进行评价。②

综观现有研究，主要存在以下不足：

（1）缺乏系统性分析框架，导致公民参与政府绩效评估的研究深度受到限制。公民参与不仅仅意味着公民评价政府、公民满意度的使用，还包括公民在决策中的权利、公民在监测绩效评估过程中的参与渠道等等。从全过程考察绩效评估中的公民参与，才有可能推动参与机制的科学化与常态化。

（2）缺乏对绩效评估中公民参与的系统评价工具和精细化的定性研究。目前研究中过于笼统和含糊的结论，正是因为缺乏量化工具和精细化的事实依据所致。只有系统评价和实证分析成为可能，才可能参照各地实践、鉴定导致有效参与的关键因素，进而实现对地方经验的复制、推广和有效的顶层设计。

三、对公民参与政府绩效评估的系统评价

为填补这两个方面的缺憾，本部分将构建系统评价公民参与政府绩效评估的系统评价体系。为此，本部分重点对公民参与以及绩效评估中的公民参与的测量及示标进行了文献综述。

---

① 王佳伟：《全过程参与：公众参与政府绩效评估的一种路径突破》，《学术探索》2008年第1期。

② 房宁：《政治参与蓝皮书：中国政治参与报告》，社会科学文献出版社2011年版，第135—143页。

（一）公民参与：测量、示标与经验研究

1.社区参与水平的测量工具与操作化指标

公民政治参与具有多样化的形式和层次。美国学者 Sherry R. Arnstein 从政治体制演进与公民参与的自主性程度角度,将公共参与分为由低到高、渐进发展的三个阶段和递进发展的八种形式,由此奠定公民参与的理论基础。[①] 这一理论模型一改过去对公民参与粗放和含混的提法,将公民参与细化为不同程度公民权利的集合,为公民参与水平的测量提供了建设性的理论框架。

在 Arnstein 的研究基础上,有学者从实践角度构建了社区参与的监测工具,为评估公民参与的水平提供操作化的维度和指标。例如,Danny Burns 和 Marilyn Taylor 认为,当前的公民参与仍存在许多问题:如"游戏规则"不由公民决定;公共部门与有效的社区参与不兼容;社区组织也没有足够的能力和资源实现有效的参与。为有效解决上述问题,他们提出,应从五个维度测量社区参与的实际情况。

表1　**Danny Burns 和 Marilyn Taylor 监测公民参与的维度和指标**

维度	指标
描绘参与的历史和类型	A.本地社区活动的规模和水平如何? B.哪些社区参与了与公共部门的合作? C.社区参与遭遇了哪些本土化困境?
公共部门合作伙伴采取的参与策略的质量	1.(1)谁决定伙伴关系的规则? 　(2)伙伴关系的内部权力如何分配? 2.(1)社区参与存在于哪些过程? 　(2)社区有多大的影响/权力? 3.(1)为发展和维持社区参与有何投入? 　(2)伙伴关系或合作组织有多强的领导力? 4.是否能通过多种方式实现社区参与?

---

① Sherry R. Arnstein (1969) A Ladder Of Citizen Participation, *Journal of the American Institute of Planners*, Vol. 35, No. 4(July, 1969), pp.216-224.

续表

维度	指标
合作组织支持社区参与的能力	5.能否在邻里层面实现决策? 6.公共政策的决策结构是否考虑到本地的多样性? 7.服务机构之间能否实现协作? 8.服务机构的机构是否与社区参与兼容?
社区自身实现有效参与的能力	9.是否有本地会议? 10.社区小组是否具有代表性?运行是否有效? 11.这些小组如何确保自己的代理人是负责任的?
影响评估	12.参与式决策在多大程度上是有效的? 13.参与的产出是什么? 14.参与的收益是什么?

资料来源:Burns, Danny, and Marilyn Taylor. *Auditing Community Participation*. Bristol/York: The Policy Press/Joseph(2000).

Danny Burns 和 Marilyn Taylor 相信,这一工具能够帮助人们:(1)确认社区中有效合作关系的关键要素——这也是伙伴关系中的社区和机构应该考虑的问题;(2)找到实现有效社区参与的手段;(3)诊断是否有提升的空间;(4)寻找是否已经存在良好的实践;(5)提供外部检验。

2.测量公民参与水平的经验研究

除了对公民参与的类型细化以及测量工具的开发,也有学者直接对公民参与的水平展开实证研究和量化分析。[1] 为了评估美国城市的公民参与情况,Xiaohu Wang 在 20 世纪 90 年代初,开展了一项涵盖 541 个城市、超过 5 万人口的调研,并考察了美国城市中公民参与的实际水平。

首先,他从两个方面定义公民参与:一是公民在社会服务(如环境保护、教育等)和管理事务(如预算)中的参与;二是公民在政策制定或决策过程中的参与。

在此基础上,Xiaohu Wang 从三个维度对公民参与的程度进行了测量:(1)是否有使用公民参与机制;(2)在核心管理职能上是否有公民参与;

---

① Wang, Xiaohu. "Assessing public participation in US cities." *Public Performance & Management Review*, Vol. 24, No. 4(Jun., 2001), pp.322-336.

（3）在决策过程中是否有公民参与。三个维度包含的指标如表2所示。

Xiaohu Wang采取五分制的量表设计，询问公民是否同意使用和参与了下列指标所代表的活动。通过计算量表的得分，最终得出不同城市的参与机制指数、职能指数和决策参与指数，用以描绘城市的公共参与水平。

表2　公民参与水平的维度和指标设计

维度	参与机制	职能	决策中的参与程度
指标	1.听证会 2.公民咨询委员会 3.社区或邻里会议 4.公民代表 5.公民调查 6.公民焦点群体 7.公民电话热线 8.网络	1.管理职能 (1)预算 (2)人事 (3)采购 2.服务职能 (1)分区与规划 (2)公园与娱乐 (3)治安与公共安全 (4)法案实施 (5)交通和街道维护 (6)固体废弃物和垃圾收集	1.目标设定 (1)识别机构或项目的长期与短期目标； 2.决定战略、政策和限度 (1)制定战略，以完成机构或项目目标； (2)制定政策或项目方案 (3)机构预算的协调 (4)决定城市的执行预算 3.监测和评估 (1)监测服务提供过程 (2)评估服务提供过程 (3)审计服务或项目结果 (4)评估政策或项目结果

资料来源：Wang, Xiaohu. "Assessing public participation in US cities." *Public Performance & Management Review*, Vol. 24, No. 4 (Jun., 2001), pp.322-336.

上述研究为公民参与的测量提供了基础理论框架，使得大规模定量和定性分析成为可能，也为本研究提供了方法上的有益启示。

（二）政府绩效评估中的公民参与

与范围广泛的公民政治参与相比，政府绩效评估中的公民参与限于特定舞台。政府绩效评估与公民参与有着各自不同的维度，如何确定公民参与绩效评估的"衔接点"、如何收集处理复杂的公众信息、如何保证政府绩效评估对公民承诺且公民有意愿参与到绩效评估中，让绩效评估将公众摆在第一位，这都是需要考虑的问题。

1. 政府绩效评估中公民参与的方式和内容

马克·霍哲概括了良好的评估和绩效改善体系包括的七个步骤，将公民参与融入每一步骤并描述了参与的方式和具体内容,描述了公民参与在不同绩效评估环节中的理想状态。① 有人则从实践角度探讨了实现公民参与绩效评估的具体方式和技术工具:②

(1)识别公民的偏好和满意度。这一参与形式主要在决策之前采用,以便收集民意。具体内容主要包括:公民调查(如网络、电话邮件等)、焦点群体访谈、意见卡、公共会议(如听证会、市民大会、社区愿景会议等),互动式优先权确认工具等。

(2)建立公共(社区)咨询团体、委员会和非正式工作组。这一形式持续贯穿于绩效管理的过程中,具有收集信息(如规划阶段的民意调查)和衔接绩效评估的不同环节(包括方案决策、执行、评估和报告等环节)的功能。

(3)向公众提供信息。这一形式贯穿于绩效管理的全过程。具体的方式有:简讯、社区媒体的公告;听证会;公开报告(如预算简报、财政年度报告、绩效报告等);网站;向个人或群体发送电子邮件、电话联系或面谈。

(4)运用技术手段。如采用民众关系管理系统(Constituent Relationship Management systems),该系统被用于管理服务关系,同时也用来识别公共偏好、设置优先权。

2. 不同阶段绩效评估中公民参与的示标体系

除了分析绩效评估中公民参与的具体形式,也有研究尝试将绩效管理的环节与公民参与的内容结合起来,构建新的理论框架。③ 以下我们将主要介绍《putting the public first through performance management》一文中的理论框架。

首先,作者将绩效管理定义为“为提升真实绩效、让用户和公民得到更

---

① 〔美〕马克·霍哲:《公共部门业绩评估与改善》,张梦中译,《中国行政管理》2000年第3期。

② GFOA Best Practice:Public Participation in Planning, Budgeting, and Performance Management(2009)(BUDGET),http://www.gfoa.org/public-participation-planning-budgeting-and-performance-management.

③ PMMI(2006),Putting the Public First through Performance Management. http://www.idea-knowledge.gov.uk/idk/aio/4446549.

好的结果而采取的行动",并将绩效管理划分为四阶段:(1)规划(PLAN):
理解当前的绩效状况,识别优先事项,选择行动方案并制定改进计划。(2)
执行(DO):提供系统和过程保障;采取行动、管理风险并帮助人们改进绩
效。(3)审查(REVIEW):考察执行效果;监测绩效;与用户和利益相关者
交流绩效经验。(4)修正(REVISE):吸取前几个阶段中的经验,为在将来
的绩效管理中提升效率和效果作准备。

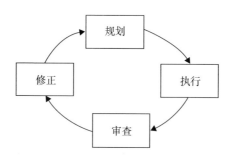

图 3 绩效评估的阶段划分

资料来源:PMMI(2006),Putting the Public First through Performance Management. http://www.idea-
knowledge.gov.uk/idk/aio/4446549,p.10.

其次,在 Arnstein 公民参与理论的基础上,针对绩效管理提出新的公民
参与类型。与 Arnstein 类似,这一类型划分亦位于一个连续谱上,依次代表
了公众控制力的大小:(1)公民与用户控制:权力掌握在公民手中,公民实
施控制,并对自己负责。(2)协同生产:社区议会与公民共同提供产出。
(3)代理控制:官方拥有正式的权力(和责任),但直接的控制权在用户和公
民手中。例如,社区议会可能拥有一栋社区大楼的所有权并负有责任,但大
楼的日常使用将会交给管理委员会。(4)选择:选择权在个人手中,而不是
询问需求然后直接给予。(5)咨询:公民有机会表达观点,是比市场调查更
开放的方式。(6)市场调查:私人部门的标准化工具,如焦点群体访谈等。
(7)客户信息:使用从用户和公民处收集的信息,如选举注册信息、图书馆
使用信息等。(8)告知:仅将事项告知人们。

最后,将绩效管理的阶段与公民参与的类型整合,得到新的理论模型,
用以描述绩效管理不同环节中公民参与的具体形式及程度。例如,在绩效

管理的规划阶段,公民参与程度最高,也就是分权最彻底的方式是"完全由公众制定自己的规划",参与程度最低的方式则是"公众仅被告知规划"。四个阶段中,公民参与的表现形式具体如下表:

表4 绩效管理各环节中的公民参与形式

绩效管理的阶段	规 划	执 行	审 查	修 正
公民参与的形式（参与程度高↑参与程度低）	公众自己制定规划	由公众直接负责或委任相关活动	用户能够通过自己的经验和委员会反馈得知实际情况	用户和公民委员会实施修正
	协同规划		通过特定的公民选择可以找到隐含的反馈	共同协商公共行为和服务提供的改变
	基于真实选择的规划	合作提供服务（如邻里互助计划）	基于公民的不同选择进行反馈	提供新的选择
	向公众咨询还未确定的议题			与用户和公民共同制定改进计划
	向公众咨询已制定好的方案	可以对服务进行日常选择	有选择权	向公民咨询改进计划
	以焦点群体访谈法测试特定方案		协同审查	
	依据观察到的行为进行规划	公共服务由提供者主导	调查、焦点群体访谈	公民仅被告知有新变化
	公众仅被告知规划		用户信息、观察以及自动收集的信息	

资料来源:PMMI(2006),Putting the Public First through Performance Management.http://www.idea-knowledge.gov.uk/idk/aio/4446549,p.43.

国外对于测量公民参与水平(特别是测量绩效评估的公民参与)做出的努力,为我们的系统评价框架构建提供了有力基础,也为我们的调研提供了新视角。然而,我们也发现,这些评估体系以及技术工具根植于国外的制度文化之中,对于尚处于公民参与初级阶段的中国地方政府并不适用。以社区参与的测量为例,中国城市中的社区参与普遍薄弱,难以对政府事务产生直接影响;如果采用国外社区参与的示标结构,几乎无法反映出不同区域的参与水平差异。

要想让理论研究"接地气",就必须立足中国地方实践。本项目开展的深度案例研究,再次反哺系统评价体系的构建:在充分考量中国国情的基础上,我们对以往的评估及示标体系进行修正和补充;新的评价框架将被用于观察和诊断我国各地公民参与政府绩效评估的实践,为推动中国绩效评估的科学化乃至民主进程建言献策。

| 作者简介 |

李　倩:北京大学政府管理学院博士研究生。

参考文献

1. Berman, Evan M. "Dealing with Cynical Citizens", *Public Admninistration Review*, Vol. 57, No. 2 (Mar.–Apr., 1997), pp.105–112.

2. Burns, Danny, and Marilyn Taylor. "*Auditing Community Participation.*" Bristol/York: The Policy Press/Joseph(2000).

3. DeHoog, Ruth Hoogland, David Lowery, and William E. Lyons. "Citizen satisfaction with local governance: A test of individual, jurisdictional, and city-specific explanations." *The Journal of Politics*, Vol. 52, No. 3 (Aug., 1990), pp.807–837.

4. Dusenbury, Patricia J., Blaine Liner, and Elisa Vinson. *States, citizens, and local performance management.* Urban Institute, 2000, www. urban. org/UploadedPDF/ citizens.pdf [accessedJ anuary2 3, 2007].

5. Glaser, Mark A., and W. Bartley Hildreth. "Service delivery satisfaction and willingness to pay taxes: Citizen recognition of local government performance." *Public Productivity & Management Review*, Vol. 23, No. 1 (Sep., 1999), pp.48–67.

6. Ho, Alfred, and Paul Coates. "Citizen-initiated performance assessment: The initialIowa experience." *Public Performance & Management Review*, Vol. 27, No. 3 (Mar., 2004), pp.29–50.

7. Ho, Alfred Tat-Kei, and Paul Coates. "Citizen participation: Legitimizing performance measurement as a decision tool." *Government Finance Review*, Vol. 18, No. 2(April, 2002), pp.8-11.

8. Kelly, Janet M., and David Swindell. "A Multiple-Indicator Approach to Municipal Service Evaluation: Correlating Performance Measurement and Citizen Satisfaction across Jurisdictions." *Public Administration Review*, Vol. 62, No. 5 (Sep. - Oct., 2002), pp.610-621.

9. PMMI (2006), Putting the Public First through Performance Management. http://www.idea-knowledge.gov.uk/idk/aio/4446549.

10. GFOA Best Practice: Public Participation in Planning, Budgeting, and Performance Management(2009) (BUDGET), http://www.gfoa.org/public-participation-planning-budgeting-and-performance-management.

11. Sherry R.Arnstein(1969) A Ladder of Citizen Participation, Journal of the American Institute of Planners, Vol. 35, No. 4(July, 1969), pp.216-224.

12. Wang, Xiaohu. "Assessing public participation in US cities." *Public Performance & Management Review*, Vol. 24, No. 4(Jun., 2001), pp.322-336.

13. Van Ryzin, Gregg G. "Pieces of a puzzle: Linking government performance, citizen satisfaction, and trust." *Public Performance & Management Review*, Vol. 30, No. 4 (Jun., 2007), pp.521-535.

14. 邓国胜、肖明超:《群众评议政府绩效:理论、方法与实践》,北京大学出版社 2006 年版。

15. 王锡锌:《行政过程中公众参与的制度实践》,中国法制出版社 2008 年版。

16. 房宁:《政治参与蓝皮书:中国政治参与报告》,社会科学文献出版社 2011 年版。

17. 毛寿龙、陈小华:《政府绩效评估中公众参与的限度及超越》,《理论探讨》 2011 年第 1 期。

18. 王锡锌:《公众参与,专业知识与政府绩效评估的模式——探寻政府绩效评估模式的一个分析框架》,《法制与社会发展》2008 年第 14 期。

19. 周志忍:《政府绩效评估中的公民参与:我国的实践历程与前景》,《中国行政管理》2008 年第 1 期。

20. 王佳纬:《全过程参与:公众参与政府绩效评估的一种路径突破》,《学术探索》2008 年第 1 期。

21. 吴小建:《政府绩效评估中的公众参与问题研究》,《安徽广播电视大学学报》2007 年第 3 期。

22. 麻宝斌、马振清:《新时期中国社会的群体性政治参与》,《政治学研究》2006 年第 2 期。

23. [美]马克·霍哲:《公共部门业绩评估与改善》,张梦中译,《中国行政管理》2000 年第 3 期。

24. 蒋容:《中国政府绩效评估现状及其完善》,《黑河学刊》2003 年第 5 期。

25. 尤建新、王波:《基于公众价值的地方政府绩效评估模式》,《中国行政管理》2005 年第 12 期。

26. 王嘉纬、屠谨:《公众全过程参与政府绩效评估的路径分析——美国衣阿华州"公众发起的绩效评估(CIPA)"项目为例》,《创新》2007 年第 5 期。

27. 周志忍:《公共组织绩效评估——英国的实践及其对我们的启示》,《新视野》1995 年第 5 期。

28. 邓琼:《政府绩效评估中的公民参与》,《行政与法》2004 年第 11 期。

政府绩效评估中的公民参与：
我国的实践历程与前景

周志忍

公共组织绩效评估是新公共管理的重要组成部分之一。政府部门实施绩效评估的努力由来已久①，但结果导向和外部责任原则，无疑是当代政府绩效评估区别于传统实践的主要特征。结果导向意味着评估侧重点从投入、过程、产出向效果或影响的转变，从繁文缛节和遵守规则向公民所期望结果的转变②。外部责任原则强调，绩效评估不能像传统实践那样局限于层级控制和内部管理的改进，而应着眼于向公民展示绩效水平并为此承担相应的责任。用绩效评估强化问责被视为政府责任机制的根本性变革，因为它向公众展示了他们从交纳的税金中能够得到什么。③ 结果导向和外部

① Buck, A. (1924), Measuring the Results of Government, *National Municipal Review*, Vol. 3, No. 3, 1924; Ridley, C. and Simon, H. (1938), *Measuring Municipal Activities: A Survey of Suggested Criteria and Reporting Forms for Appraising Administration.* Chicago: International City Management Association.

② National Performance Review (1993), *From Red Tape to Results: Creating a Government that Works Better and Costs Less*, September 1993; Office of the Auditor General of Canada (2000), *Implementing Results-Based Management: Lessons from the Literature.*

③ Rouse, John, *Performance Management Under New Labour: really new or merely more of the same?* (working paper), February 2001; Office of the City Coordinator, City of Minneapolis, *Performance Measurement: A New Model for Minneapolis*, April 1999; Jackson, Peter M. (ed.) (1995), *Measures for Success in the Public Sector*, London: CIPFA.

责任可以归结为政府绩效评估中的公民为本,要实现绩效评估聚焦于公民期望的结果并使之成为推进责任政府的有效机制,公民在绩效评估过程中的广泛参与至关重要。

本章立足我国 20 多年来的实践,对政府绩效评估活动中的公民参与做一回顾、评价与展望。第一部分讨论相关理论,旨在为政府绩效评估中的公民参与构建一个适当的概念体系和分析框架。第二和第三部分分别以"政府主导与公民无参与阶段"、"公民有限参与阶段"为题,通过历史回顾和比较,描述政府绩效评估实践中公民角色和地位的演变。第四部分在现实评价的基础上,提出推进政府绩效评估中公民参与的着力点。

一、理论、概念体系与分析框架

虽然政府绩效评估中的公民参与受到普遍重视①,但迄今为止,国内外相关文献中对此尚缺乏系统的理论研究。其原因也许是,对西方发达国家来说,绩效评估中的公民参与属于一个基本解决因而不需要深入探究的问题。但对我国而言,绩效评估还处于初级阶段,由于政治体制和环境等特点,公民参与尚在发展变化过程中。因此,要描述和分析我国政府绩效评估实践中公民参与的发展历程,首先有必要借鉴国内外相关研究成果,构建一个绩效评估中公民参与的概念体系和分析框架。

公民政治参与具有多样化的形式和层次。在比较不同国家公民参与发展水平和制度演进的基础上,Sherr Arstein 提出了"公民参与阶梯论",把公民参与的发展历程分为八种具体形式、三个阶段。第一阶段属于"公民无

---

① National Partnership for Reinventing Government, *Balancing Measures: Best Practices in Performance Management*, August 1999; National Center for Public Productivity, Rutgers University. *Citizen-Driven Government Performance: Case Studies and Curricular Resources*; Executive Session on Public Sector Performance Management, John F. Kennedy School of Government, Harvard University, *Get Results Through Performance Management: An Open Memorandum to Government Executives* (State and Local Version) 2001.

参与",对应形式分别是"政府操纵"和"宣传教育";第二阶段为"象征性参与",具体形式包括"给予信息"、"政策咨询"和"组织形成",公民在一定程度上具有进入公共政策过程和参与机会,但为保护其决策权力,政府会改变参与团体的权力分配来决定参与过程,公民参与的自主性程度不高;第三阶段为"完全型参与",公民享有合法的实体性权利与程序权利,参与公共政策的制定和执行,对社区的公共事务进行自主式的管理,其具体形式包括"合作伙伴关系"、"授予权力"、"公民自主控制"。① 与此类似,本杰明·巴伯(Benjamin Barber)在《强势民主》一书中,划分了公民政治参与的十二种方式。② Mark Abramson 等人把公民政治参与的角色分为"政府信息的消费者"、"政府服务的客户"、"政府决策的参与者"三种类型。③ 马克·霍哲(Marc Holzer)等人则立足信息时代的大背景,探讨超越投票箱的"数字化"公民参与潜力,认为公民参与正在从传统的"静态信息传播"发展到政府/公民之间广泛互动的"动态模式"。④

与范围广泛的公民政治参与相比,政府绩效评估中的公民参与限于特定的舞台,由此决定了参与的独特范围、方式以及相关主体之间的独特关系。从相关主体角度来看,政府及其组成部门是绩效评估的客体,公民则是绩效评估的主体。⑤ 实践中,公民的主体身份主要通过两种形式来体现:一是公民团体或第三部门自发启动、自主实施,对政府绩效进行独立的评价;二是公民参与由政府部门发起并组织实施的绩效评估活动,参与方式从低层次的"接受信息"、"被动信息供给"(如顾客满意度调查中填写问卷、接受

---

① 参见陈金贵:《公民参与研究》,《台湾行政学报》1992年第24期。
② [美]本杰明·巴伯:《强势民主》,彭斌、吴润洲译,吉林人民出版社2006年版。
③ Abramson, Mark A., Jonathan D.Breul, and John M.Kamensky(2006), *Six Trends Transforming Government*, IBM Center for The Business of Government, Special Report Series.
④ Holzer, Marc, James Melitski, Seung-Yong Rho, and Richard Schwester(2004), *Restoring Trust in Government: The Potential of Digital Citizen Participation*. IBM Center for The Business of Government, Special Report Series.
⑤ 特定部门绩效评估中要收集来自上级、下级、专门机构如审计部门的信息和评价,这些部门都成为评估主体,政府部门在绩效评估中因此具有客体和主体的双重身份。但是,从公民和政府的关系看,它们无疑属于绩效评估的对象或客体。

访谈等）等到高层次的"决策分享"（如共同选择要评估的部门或项目、共同确定评估的内容和侧重点等）。据此可以把政府绩效评估中的公民参与划分为两种基本形式：公民独立实施的政府绩效评估；政府绩效评估中的公民参与。

政府绩效评估是一个由多种环节和要素构成的动态过程，公民在政府绩效评估中的介入涉及不同的环节，由此决定了参与的范围或广度。马克·霍哲概括了良好的评估和绩效改善体系包括的七个步骤，将公民参与融入每一步骤并描述了参与的方式和具体内容。① 依据这一成果，可以把政府绩效评估中公民参与的范围概括如下表所示。

表 1　评估及绩效改进步骤及公民参与的方式和内容

评估与绩效改进的 7 个步骤	公民参与的方式和内容
鉴别要评估的项目	共同决定是否实施绩效评估，在评估对象（项目或部门）的选择上具有发言权
陈述目标并界定所期望的结果	和政府部门一起制定政府部门的使命、愿景、战略规划和重要目标
选择衡量标准和示标	与公共部门管理者一起确定评估指标体系，包括投入、能力、产出、结果、效率和生产力等
设置绩效和结果的标准	与管理者一起确定目标实现程度的评价标准，即如何确定所陈述的有效性及质量标准是否达到
监督结果	与管理者一起系统地、周期性地监督项目或部门绩效，寻求采取纠正措施的机会
绩效报告	绩效资料的表述应立足于公民，绩效报告公开化以利公民的监督
使用结果和绩效信息	与管理者一起确认优势、缺点和改善机会，从而改进和完善绩效规划、资源配置和内部管理

评估本身并不是目的，充分利用相关信息提高组织绩效和公共服务质量才是绩效评估的最终目的。不论独立评估政府绩效还是参与政府的绩效

---

①　马克·霍哲：《公共部门业绩评估与改善》，《中国行政管理》2000 年第 3 期。

评估活动,只有当公民意愿和评价产生了相应的影响或切实发挥了作用时,公民在绩效评估中的主体地位才能够真正确立。在这里,政府部门对公民评估的回应至关重要,主客体之间的互动和依存关系因此成为绩效评估中公民参与的核心特征。换言之,作为"完全型政治参与"形式的公民"自主控制"和"自主治理",在分析绩效评估中的公民参与时并不适用。至于公民参与绩效评估时发言权和影响力的大小,目前尚无科学的评判标准。可以认为,公民的发言权和影响力类似一个连续谱,处于从毫无影响到决定性影响两极之间的某一位置。

上述讨论涉及政府绩效评估中公民参与的三个重要方面:参与的基本形式,"独立自主实施"还是"介入政府发动的绩效评估活动";参与的范围或广度,即绩效评估诸环节中公民具体参与了哪些环节;参与产生的实际影响,这既包括公民在绩效评估诸环节决策中的发言权大小,又包括公民的满意度表达在多大程度上能推进相关部门的工作改进。综合三个方面的考虑,可以把绩效评估中的公民参与划分为以下五个层次。

• 公民无参与:政府启动并组织实施绩效评估,目的限于控制和内部管理,评估基本上属于政府的内部活动且评估结果主要由内部消费,公民连"被动信息供给者"甚至"信息接受者"的角色也无从发挥。

• 无效参与:公民独立对政府绩效进行评估,这本身反映了其参与热情与积极性,但被评估对象对评估结果缺乏积极的回应,公民评估活动从自主实施开始,以自我欣赏、自我消费结束,没有产生所期望的影响,其积极性也难以持久。

• 有限参与:对公民独立实施的政府绩效评估而言,有限性主要表现为评价结果影响力的有限性;对政府绩效评估中的公民参与来说,有限性既可以表现为公民仅参与了绩效评估全过程的某些环节,又可以表现为公民参与绩效评估诸环节的决策但发言权有限,还可以表现为公民满意度表达对部门的影响力有限。

• 高度参与:公民参与政府启动和实施的绩效评估活动,不仅参与范围广(参与了绩效评估诸环节的决策选择)而且公民参与能产生显著的影响。

●主导型参与:公民发动评估并在各环节的决策中拥有高度自主权,评估结果对政府决策、资源配置以及管理改革产生了实质性影响。从公民中心的视角来看,这无疑是政府绩效评估中公民参与的最高形态或模式,但目前国内外实践中尚无范例。

公民参与的层次划分及其参考因素可图示如下。

参与产生的实际影响

图1　绩效评估中公民参与的层次

本章随后部分将参照以上概念体系和分析框架,对我国政府绩效评估中公民参与的历程进行回顾和展望。讨论集中于政府绩效评估中的公民介入这一基本形式,这一方面出于篇幅的限制,另一方面是因为,虽然近年来零点集团等民间团体开展了对政府绩效的独立评估[①],但评估模式及其效果还有待观察。

二、政府主导与公民无参与阶段

政府组织绩效评估进入我国是在改革开放时期,其发展历程可分为三个阶段。第一阶段从20世纪80年代中期到90年代初期,绩效评估在"目标责任制"的旗帜下实施,并构成目标责任制的重要组成部分。第二阶段

---

① 袁岳、范文、肖明超、付艳华:《中国公共政策及政府表现评估领域的零点经验:独立民意研究的位置》,《美中公共管理》2004年第1期。

从 90 年代初期开始,持续 10 余年。这一时期绩效评估的主要特征包括:目标责任制依然是绩效评估主要载体,但采取了自上而下系统推进的方式;政府绩效评估关注的焦点是经济增长。进入 21 世纪后,随着最高领导集体的更替,政府的施政理念发生了明显变化,绩效评估由此进入了发展的第三阶段,其特征是逐步摆脱过去的 GDP 崇拜,更关注民生和可持续发展,从而体现科学发展观。①

但从政府绩效评估中的公民介入角度看,我国的发展可以说经历了两个基本阶段:20 世纪 80 年代中期到 21 世纪初期,可以说是"政府主导与公民无参与阶段";21 世纪初期至今,则属于政府绩效评估中公民"有限参与"阶段。需要说明的是,上述阶段划分属于一种发展趋势的描述,不同阶段并不存在一个清晰的时间界限。原因之一是,在中央政府没有提出统一要求和制度规范的情况下,绩效评估主要由地方政府启动和实施,而各地的做法千差万别。

目标责任制在我国始于 20 世纪 80 年代中期,是国际流行的目标管理(MBO)技术的变通应用。目标管理包括组织目标的确立、目标的分解、目标进展状况的监测反馈、目标完成情况的考核评估等多个环节,组织绩效评估无疑是其重要组成部分。这一时期的目标责任制具有自愿性质,中央没有提出统一要求,也没有相应的规范和实施指南。1988 年中国城市目标管理研究会成立时,共有 13 个大中型城市参加②,表明目标责任制的应用比较普遍。虽然这一时期目标责任制的实施情况缺乏完整纪录和描述,但从少量简评性质的文章看③,基本上属于政府内部管理方法和技术的变革,公民在其中没有发挥作用甚至对有关实施情况也缺乏

---

① 有关的详细讨论可参见周志忍:《公共组织绩效评估:中国实践的回顾与反思》,《兰州大学学报》2007 年第 1 期。

② 侯永平主编:《城市目标管理与竞争力论坛论文汇编》,中国城市目标管理研究会秘书处 2002 年。

③ 乌杰:《目标管理与领导科学》,《科学管理研究》1986 年第 4 期;曹可营:《目标管理责任制的实践与启示》,《中国人事》1990 年第 24 期;任君达:《地方行政机关目标管理体系初探》,《中国人事》1990 年第 24 期。

系统了解。

与20世纪80年代的实践相比，20世纪90年代的目标责任制具有两个明显特征：一是自上而下的系统推进，二是关注焦点在经济增长。有学者把这一管理体制称为"压力性体制"，即"一级政治组织为了实现经济赶超、完成上级下达的各项指标而采取的数量化任务分解的管理方式和物质化的评价体系"。压力性体制的运行过程大致可分为四个阶段。第一阶段是指标和任务的确定，通常由上级政府设定，各项指标的增长幅度一般高于平均增长率，并与竞争者(邻近地区)拉开距离。第二阶段是指标和任务的分解，签订岗位目标责任制是其制度化方式，因其政治色彩较浓，又被称为政治承包制。政治承包由地方各级党政领导部门牵头，层层签订责任书，一直到基层政府中的一般工作人员，而且每经过一个层次，派发的目标会被相应地拔高，以确保指标能够完成。第三阶段是指标任务的完成，责任承担者千方百计完成自己的任务，上级部门对进展情况进行周期性监测和反馈。第四阶段是指标和任务完成情况的评价，标准一般是建设项目的多少、引进资金的数量以及各种经济指标的增长幅度。成绩突出者进行奖励，未完成目标或成绩不突出则实施处罚。奖惩不仅涉及物质经济利益，更重要的是官员的升迁、荣辱都与指标的完成情况挂钩，因此被形象地称为"一手高指标，一手乌纱帽"。[①]

表2展示了1999年F省C县对所属乡镇经济责任目标完成情况的考核指标体系，可以从中对以经济增长为中心的"压力型体制"下的绩效评估内容有一个初步印象。各地产业结构、发展战略和条件有很大的不同，由此带来绩效具体评价指标方面的差异，但总体上看，这一时期政府绩效评估的基本内容框架大同小异。

---

① 参见荣敬本等：《从压力型体制向民主合作体制的转变——县乡两级政治体制改革》，中央编译出版社1998年版；伏耀祖、穆纪光主编：《中国县级政治体制改革研究》，甘肃人民出版社1993年版。

表2　1999年F省C县县政府对乡镇政府的考核指标体系

内　容	指　标		季度考核情况				备注
	任务	权数	一	二	三	四	
一、农业(小计)		100					
1.农业总产值(亿元)	1.84	10					
2.农业结构调整		25					
香蕉种植面积(万亩)	1.58						
3.水果总产量(万吨)	2.22	10					
4.食用菌		25					
蘑菇种植面积(万平方米)	110						
食用菌总产量(万吨)	1.18						
5.生猪出栏数(万头)	2.56	20					
6.水产品产量(吨)	790	10					
二、个体与私营企业(小计)		100					
1.个私经济区建设		40					
新建企业数(家)	4						
投资额(万元)	200						
2.投资10万元以上个体工商企业(不含个私经济区、内联企业)		60					
新建企业数(家)	16						
投资额(万元)	240						
三、外引内联(小计)		100					
1.三资企业产值(亿元)	0.62	15					
2.合同利用外资(万美元)	750	30					
3.实际利用外资(万美元)	350	20					
4.新办外资企业数(个)	3	20					
5.新办50万元以上内联企业数(个)	2	15					
四、固定资产投资(小计)		100					

续表

内　容	指标		季度考核情况				备注
	任务	权数	一	二	三	四	
1.固定资产投资(万元)	2300	20					
2.重点项目额(万元)	500	80					
五、重点建设项目		100					
六、财税工作(小计)		100					
1.财税收入		80					
2.对县财税贡献率		10					
3.人均财税收入		10					

我国绩效评估实践的主要特征:首先是其"内向性"。评估主要是一种政府内部的行为,由政府部门发动并组织实施,评价结果主要用于"内部消费",对社会和公民相对封闭。其次是评估的"单向性"。从政府层级关系看,绩效评估主要是上级对下级的评估;从行政机关与其他公共部门的关系来看,重视政府主管部门对所属企、事业单位的评估,忽视企业、事业单位对各自主管部门的评估。第三是评估的"控制取向"。更多着眼于内部控制和监督。① 这方面一个明显的对比是,"国外相关文件多以'XX 人民有权利享受更好的政府服务……'开场,而我国地方政府的类似文件中出现频率最高的却是'为贯彻落实……'或'为保障政令畅通',内部控制的特色很明显"。② 也许由于这一点,国外学者更多地把考核评估作为中央控制地方和干部的手段来讨论。③

在学习和落实科学发展观的讨论中,我国学者对以经济增长为中心的

---

① 周志忍:《公共组织绩效评估:中国实践的回顾与反思》,《兰州大学学报》2007 年第1 期。

② 周志忍:《政府绩效管理研究:问题、责任与方向》,《中国行政管理》2006 年第 12 期。

③ Edin,Maria(2003),State Capacity and Local Agent Control in China:CCP Cadre Management from a Township Perspective,*The China Quarterly*,No. 173;Huang,Yasheng(1995),Administrative monitoring in China,*The China Quarterly*,No. 143.

"压力型体制"的是非功过已进行了很多分析,这里不再赘述。立足政府绩效评估中的公民介入,我们可以得出一个结论:这一阶段的绩效评估完全由政府主导,虽然评估考核轰轰烈烈并导致干部之间激烈的"政绩竞争",但平民百姓只能扮演观望者的角色,公民参与基本上处于零状态。

三、公民有限参与阶段

进入 21 世纪后,随着最高领导集体的更替,我国政府的施政理念发生了明显变化:高层形成了"经济增长不等于经济发展,经济发展不等于社会进步,增长不是发展的目的而是发展的手段"共识,在这一基础上提出了以人为本构建和谐社会的目标,并依据新目标提出了新的发展战略即科学发展观,它包含了转变经济增长方式、实现可持续发展等丰富内涵。

在这一大背景下,改进传统的政府绩效评估体系受到高层的重视。在2003 年 10 月举行的中共十六届三中全会上,中共中央总书记胡锦涛指出:"要教育干部树立正确的政绩观,包括正确看待政绩、科学衡量政绩。要树立正确的政绩观,首先要树立科学的发展观,不坚持科学的发展观,就不可能落实正确的政绩观。……不坚持正确的政绩观,也不可能落实科学的发展观。"响应中央政府"构建科学的政府绩效评价体系"的要求,我国学术界和实践界付出巨大努力,构建能体现科学发展观的评价体系:绿色 GDP、小康社会评价指标等的学术研究走出象牙塔并逐步在实践中得以体现。人事部课题组提出了由 3 个一级指标、33 个二级指标构成的比较系统的"地方政府绩效评价指标体系"。[1] 许多地方政府也构建了自己的评价体系。表3 展示了 2006 年 F 省对设区市政府的绩效评估指标体系。

---

① 张楠:《绿色 GDP》,《经济日报》2004 年 4 月 15 日;国务院发展研究中心:《解读全面建设小康社会指标体系》,《经济参考报》2004 年 3 月 15 日;刘世昕:《中国政府绩效评估指标浮出水面》,《中国青年报》2004 年 8 月 2 日。

表3 2006 年 F 省设区市政府绩效评估指标考核表

考核内容	考核指标	权数	考核内容	考核指标	权数
可持续发展（32）	（1）GDP 增长及其贡献率	5	和谐社会构建（25）	（19）新农村建设指数	3
	（2）财政发展指数	4		（20）城镇居民收入指数	3
	（3）全社会固定资产投资增长率	4		（21）农村居民收入指数	2
	（4）非国有经济发展程度	3		（22）教育发展指数	3
	（5）人口发展指数	3		（23）公共卫生发展指数	3
	（6）人才资源增长率	3		（24）社会保障覆盖率	3
	（7）环境质量指数	4		（25）城镇登记失业率	2
	（8）资源消耗指数	3		（26）社会安全指数	3
	（9）政府债务逾期额增减率	3		（27）社会治安满意率	3
现代化进程（25）	（10）城镇化程度	3	依法行政（18）	（28）抽象行政行为合法率	3
	（11）第三产业发展指数	3		（29）具体行政行为合法率	3
	（12）工业增加值比重	4		（30）行政诉讼败诉率	2
	（13）新型工业化实现程度	3		（31）行政复议纠错率	2
	（14）R&D 占 GDP 的比重	2		（32）信访工作效率	3
	（15）高新技术产业增加值比重	2		（33）效能投诉办结率	2
	（16）专利授权量	2		（34）行政违纪违法人员比重	3
	（17）出口依存度	3			
	（18）实际利用外资增长率	3			

与以前的评估体系比较,近年来的评估重点有两个明显变化:(1)按照科学发展观的要求,增加了新农村建设、经济增长方式转变、科技对 GDP 的贡献率、能源消耗等方面的内容,在抓总量增长的同时突出经济效益和可持续性;(2)社会职能和公共服务方面的指标大幅度增加,诸如就业、居民收入、教育、医疗卫生、社会保障、治安等。其他地方的做法各有千秋,但政府绩效评估的上述发展趋势大致相同。

另一种体现以人为本的绩效评估模式是"为民办实事"考核。表 4 是湖南省 2007 年的 8 件实事考核指标。①

表4　2007年湖南省8件实事考核指标

事　项	考核指标	主要责任单位
一、健全覆盖全省农村的公路网络	建成县到乡镇公路	省交通厅
	建成乡镇到村水泥(沥青)路	
	洞庭湖区畅通工程桥梁建设	
二、健全覆盖全省农村的通信和流通网络	新增通电话自然村	省通信管理局
	农村"乡乡能上网"信息化工程	
	解决农村广播电视盲区人员听广播、看电视问题	省广播电视局
	标准化乡村农家店建设	省商务厅
三、实施覆盖全省农村的义务教育经费保障新机制	政策范围内农村义务教育阶段学生杂费免除率	省教育厅
四、健全覆盖全省农村的卫生服务体系	新建、改造乡镇卫生院	省卫生厅
	推行新型农村合作医疗制度的县(市、区)	
五、完善覆盖全省城乡的污染治理体系	设市城市污水、生活垃圾无害化处理率	省建设厅
	新建(筹集)城镇廉租住房	
	新建农村沼气池	省农办
	解决农村饮水不安全人数	省水利厅
六、完善覆盖全省城乡的社会救助体系	城市低保资金按规定标准拨付到位 农村最低生活保障资金按规定标准发放到位	省民政厅
	新建、扩改建乡镇敬老院	
七、健全覆盖全省城镇的就业和社会保险体系	新增城镇就业人员	省劳动和社会保障厅
	城镇零就业家庭就业援助	
	新增企业基本养老保险参保人数	
八、实施覆盖全省的计划生育奖励扶助制度	农村部分计划生育家庭奖励扶助金发放到位率	省人口和计生委
	部分独生子女死亡伤残家庭扶助金发放到位率	
	符合条件的再生育夫妇施行出生缺陷干预到位率	

---

① 易仲民:《地方政府绩效评估指标体系构建的新框架》,中国人事科学研究院、全国政府绩效管理研究会、哈尔滨市人民政府编《政府绩效评估指标体系研讨会"材料选编》(2007年8月)。

如果说上述变化主要反映了指标设计中向公民的倾斜,那么,公民参与政府绩效评估在这一阶段有了长足进展。首先,公民(居民)满意率普遍列入评估指标体系,而且其权重呈现逐步加大的势头。以浙江省杭州市对市直机关的综合绩效考评为例,根据常务副市长孙景淼的介绍,这一工作的价值核心是四个导向:战略导向、职责导向、群众导向和绩效导向。考评基本分为100分,此外有创新创优目标作为加分项目,自愿申报专家组评估,分值设定2分。基本分的考评内容与分值结构为:目标考核(45分)、领导考评(5分)、社会评价(50分),其中的社会评价包括人大代表、政协委员、新闻记者、企业代表等,但市民满意率权重最大。① 社会评价在部门基本分中占据一半比重,这属于比较激进的做法。

青岛市同样将民意指标纳入部门绩效考核体系。满意度评价主体为企业、市民和焦点群体。市民评价以老百姓最关心、关注的问题为重点,采取问卷调查和计算机辅助电话调查(CATI)相结合的方式进行。2006年,民意调查主要设计了为民办实事情况、社会治安状况、社区管理服务情况、机关工作作风等四大方面十余项评价指标。如针对社会治安状况,设计了"您感觉到您周围居民家中被盗或发生抢劫现象多吗?"、"您夜间独自一人外出或回家的途中感觉安全吗?"、"您平常能看到治安巡逻车和联防队员巡逻吗?"、"您对您居住的社区治安状况满意吗?"等问题,然后根据受访者回答的满意度进行赋分。当年民意调查占整个绩效考核的权重为8%,2007年提高到14%。据介绍,这一做法强化了以人为本的价值导向,有效促使各级领导干部做到"眼睛既向上又向下",使更多的官员把关注民生、体察民情,服务百姓作为为官的首要责任,把心沉下去、把腰弯下来、把工作切实地搞上去,真正做到权为民所用,情为民所系、利为民所谋。②

① 孙景淼:《以"四个导向"为价值核心的杭州综合考评体系》,2007年7月10日在杭州召开的"绩效评估与政府创新"国际研讨会上的主题发言。
② 青岛市目标绩效考核办公室:《目标绩效考核民意调查的探索与实践》,中国人事科学研究院、全国政府绩效管理研究会、哈尔滨市人民政府编《"政府绩效评估指标体系研讨会"材料选编》(2007年8月)。

另一种更为激进的方式是以民意评价为单一内容的绩效评估。1999 年 10 月,珠海市启动"万人评议政府"活动,一个由人大代表、政协委员、新闻记者、企业代表组成的 200 人测评团,明察暗访,并用无记名方式对被测评单位做出"满意"或"不满意"的评价。① 类似活动,沈阳、杭州、南京等城市也在持续开展。以影响比较大的南京市万人评政府部门为例,考核内容分为机关作风建设与"三个文明"建设情况、机关党风廉政建设情况、机关作风建设基础性工作三大类,考核分值依次为 50,30,20。以 2001 年为例,全市共发放评议表 8348 份,回收 6373 份,回收率达 76.34%;发放调查问卷 37.4 万份,收到意见和建议 3.6 万多条。实际参与评议活动的人数超过 1 万人。根据公众评议的结果,90 个部门被放在一起排序,相应实施绩效奖惩:位居前列的 8 个部门受到表彰和奖励,位居末位的几个局领导分别受到降职交流、免去行政职务、诫勉谈话等处罚。② 我国一些学者对类似"一票否决"、"末位淘汰"等严厉处罚措施的公正性和有效性提出质疑和批评,但从另一角度看,公民参与政府绩效评估切实发挥了重大影响,当然其前提是评价没有过多水分。

从上面的讨论可以看出,这一时期我国政府绩效评估实践发生了两个明显的变化:一是评估侧重点向公民的倾斜,主要体现在评价体系中民生类指标的扩展及其权重的增加;二是政府绩效评估中公民的介入,主要形式是满意度测评或社会评价,虽然所占权重各地之间差异很大,但总体上呈现出逐步加大的势头。

四、评价与展望

近年来我国政府绩效评估中的公民参与取得了明显的进展,但总体上

---

① 蓝志勇、胡税根:《中国政府绩效评估:理论与实践》,2007 年 7 月杭州"绩效评估与政府创新"国际研讨会论文。

② 参见邓国胜、肖明超:《群众评议政府绩效:理论、方法与实践》,北京大学出版社 2007 年版。

尚处于"有限参与阶段"。首先是参与范围或广度的有限性。公民高度参与应该是评估与绩效改进整个过程的"全程参与"，从选择被评估对象、界定所期望的结果一直到绩效信息的使用。对照表 1 所列的诸环节和公民参与的方式我们可以发现，目前我国绩效评估中的公民参与属于少数环节的部分参与。比如"监督结果"环节，公民或市民参与方式主要是填写满意度问卷或接受各种形式的访谈；在"绩效报告"环节，评估结果公开化近年来受到重视，这为公民的监督提供了基础条件。除此之外，公民在绩效评估与改进的其他环节上基本上无从发挥作用。此外，由于缺乏统一规定和制度化，公民参与在各地的发展很不平衡，一些地方政府沿袭传统做法，绩效评估中没有给公民留下余地，这也是参与范围有限性的表现之一。其次是角色或参与方式的单一性。近年来公民参与的主要形式是满意度测评或社会评价，这意味着公民仅在监督结果环节担当了"消息供给者"的角色。至于重大问题的决策，比如是否实施绩效评估？对哪些部门或项目实施评估？民意评价应占多大权重？多长时间进行一次公民评价？如此等等，基本上取决于党政主要领导的意愿或自觉，公民基本上没有发言权，决策共享也就无从谈起。最后，由于参与范围有限且角色单一，公民参与在政府绩效评估全过程中的影响力总体上看还相当有限。

在各地自发实施多年之后，我国的政府绩效评估正在走向统一和规范化。其标志之一是，政府绩效评估与机构改革、行政审批、依法行政、行政问责制一起，被国务院列为当前及今后一个时期要迫切研究和解决的重点课题。2007 年初，人事部从省、市、县（区）政府等不同层面，选定了 5 个政府绩效评估工作联系点，有关的制度规范也在制定中。① 强化公民参与，应该是政府绩效评估制度化建设的主方向之一。这不仅是以人为本、责任政府等现代理念的具体体现，而且是绩效评估科学化和有效性的保证。

强化公民参与，就是要实现公民从某些环节的"部分参与"到"全程参

---

① 《国家人事部高度肯定南通市机关作风建设和绩效考评工作》，http://www.jsrc. com/jsggfw/newsfiles/186/2007-07/19900.shtml。

与"的转变,从被动的"信息供给者"单一角色向"信息供给和决策共享者"综合角色的转变,而且在整个过程中,公民的发言权和影响力应不断提升。我国的现实与绩效评估中的"公民高度参与"还有相当大的距离,有限参与将是一个相当长的历史阶段,公民参与的发展也将是一个持续、渐进的过程。就目前情况而言,推进绩效评估中的公民参与,特别需要在以下两个方面下功夫。

第一,绩效评估决策中的公民参与,在是否实施绩效评估、对哪些部门或项目实施评估等问题的决策中拥有发言权。长期以来,许多地方政府绩效评估的特点之一是围绕政府确定的中心工作展开,这些中心工作是否从群众中来,是否切实反映了人民群众的要求和愿望,目前还存在一些值得深入思考的问题。应该说,与老百姓的要求和愿望相比,"政绩工程"、"形象工程"、"首长工程"等更有可能成为地方政府的中心工作。在是否实施绩效评估和评估对象选择等重大问题上公民缺乏发言权,绩效评估有可能沦为"形象工程"的一种新形式。

第二,公民在界定目标和结果、确定评估内容及侧重点、设定评价标准和指标体系中的参与。目前的公民参与主要是担任信息供给者的角色,虽然公民满意度测评价值很大且受到各国的普遍重视,但依然属于公民对政府绩效的主观评价,对主观评价的过度依赖具有明显的局限性。首先,对诸如消防、急救等特殊的公共服务以及政府内部的管理效率等,绝大多数公民没有亲身体验的机会,他们的评价难以摆脱随意性。对我国而言,政府管理的封闭性较强,透明和公开性不足,这一问题无疑更为严重。其次,涉及公民的判断能力。在英国财政部看来,对什么构成一种公共服务有准确把握的公民屈指可数,在缺乏比较参照系的情况下,确认自己如何满意对公民来说也是一个大难题。[1] 彼得斯(Peters)也指出:"就多数服务而言,公众可能并不知道他们的期望是什么,也不知道如何去界定服务的质量。……对于比较复杂的服务如医疗和教育,其服务质量的高低是一般公民能确定的吗?

---

[1]　HM Treasury(UK),*Service Transformation Agreement*,October 2007.

就算是一般性的公共服务,也很难说到底怎么样才算'足够好'。……事实上,如果火车因为安全原因而误点,与冒着危险而准时相比,应该是高质量的象征。对某些公民是好的服务(如旅客希望快速通过海关的检查),对全体公民却未必如此(如产生走私的漏洞)。"①再次,公民满意度测评的比较作用有限,这是由满意评价的相对性所决定的。理论界公认,顾客满意与否不存在完全客观的标准,而取决于"期望质量"与"感受质量"之间的差距。当长期为服务质量低劣所困扰因而期望值不高的情况下,些微的改进也会导致较高的顾客满意率。但在另外一个地区或服务领域,相对较高的服务质量可能会导致较低的满意率,因为公民习惯于高质量服务因而期望值更高。正是由于上述原因,英国内阁办公厅提出一个忠告:顾客满意率取决于诸多因素,因而政府绩效评估最好不要孤立使用这一指标。②

界定期望的结果、确定评估内容及指标体系中的公民参与,目的在于摆脱目前对公民满意率这类主观指标的孤立运用和过分依赖。主观指标(subjective measure)立足于个人的认知、态度和主观感受,如感到安全的居民的比率、对警察工作的满意度;客观指标(objective measure)立足于经验观察和记录的成就和效果,如抓获罪犯数量、犯罪率的降低等。③ 一个良好的以公民为本的绩效评估体系,应该是主观指标和客观指标的合理平衡。

上述公民参与理想模式与重点努力方向的讨论,明显属于"应然"角度的规范表述。一个不能回避的核心问题是:推进政府绩效评估中公民参与的动力来自何方? 在比较西方发达国家与我国行政改革的动力机制时,我们曾做过这样的评论:"西方行政改革的动力源于社会,我国改革的动力则主要源于政府本身。政府在体制转换过程中扮演着变革推动者、制度设计者、资源调动者、利益协调者等多重角色,因而带来了许多难以解决的矛盾:

---

① [美]B.盖伊·彼得斯:《政府未来的治理模式》,吴爱明等译,中国人民大学出版社2001年版。

② UK Cabinet Office (2007), *Promoting Customer Satisfaction: Guidance on improving the customer experience in Public Services*.

③ Wang, Xiaohu and Gerasimos A.Gianakis(1999), Public Officials' Attitudes toward Subjective Performance Measures, *Public Productivity & Management Review*, Vol. 22, No. 4.

政府既是改革的主体,同时又是改革的客体;改革的目标是克服社会萎缩,但社会的强化却依赖政府的自我克制;市场经济本质上是'看不见的手',而看不见的手却要靠政府这只'看得见的手'去创造"。① 应该说,上述内在矛盾同样适用于绩效评估中的公民参与:强化公民参与意味着给公民共享决策和问责政府官员的权力,但在现有政治体制下,这一权力赋予在相当程度上只能依靠政府官员的自觉甚或恩赐。如果公民在官员的政治前途上没有掌握决定性权力,公民政治参与就缺乏强有力的制度保障。因此,对我国来说,推进政府绩效评估中的公民参与并不是一个仅靠工具理性可以解决的技术问题,而是一个涉及政治和行政管理体制全面改革的系统工程。

/ 作者简介 /

周志忍:北京大学政府管理学院教授,北京大学政治发展与政府管理研究所研究员。

---

① 周志忍:《我国政府职能优化的理论思考》,《现代化进程中的政治与行政》(北京大学政治学与行政管理系纪念文集),北京大学出版社 1998 年版。

诊断与改进取向的公民满意度调查

——英国警察服务满意度调查对我们的启示

徐艳晴　周志忍

一、问题的提出：国内公民满意度研究及其缺失

中央提出以人为本理念、服务型政府与和谐社会等目标以来，"把群众满意不满意作为衡量各项工作的根本标准"的观念在公共部门日益扎根，政府绩效评估中的公民参与相应成为一个热点研究问题。[①] 公民满意度测评是中国公民参与政府绩效评估的主要方式，由此衍生出不同的实践模式：以珠海、南京等为代表的"万人评政府"模式；以对半开（社会评价占50%的比重）为特点的"杭州综合考评"模式；以"顾客导向"为价值取向，以非公有制企业为评价主体，以委托第三方评价为特点的"甘肃模式"；以独立第三方为评价主体，以全省142家市、县级政府为评价对象，由高校学术团队自选题目、独立操作为特征的"广东实验"；以"三民活动"（向市民报告、听市民意见、请市民评议）为特点的"青岛模式"；等等。政府绩效评估中引入并

---

① 以"绩效评估"和"公民参与"为主题词搜索"中国期刊网期刊全文数据库"，2003—2013年有关研究论文高达281篇，其中博士论文2篇，硕士论文数十篇。

日益关注公民满意度测评是一个重大的历史性进步:反映了政府绩效评估价值取向的变化,即从政府为中心到公民为本的转变,从管制型行政向服务型行政的转变;反映了绩效评估目标从"内部控制"到"外部责任"的转变;①反映了绩效评估主体从技术官僚向人民大众的转变。

然而,由于现有体制约束和实践经验不足诸原因,公民满意度测评在实践中遇到一系列问题和难题,引起学界的关切和探讨。数据的真实性一直是社会关注的焦点之一,"被满意"相应成为一个热门词汇。举例而言,2005年江苏省实施的省级机关公众评议中,10312个访问对象共提出了6948条批评意见和建议,主要表现在两个方面:一是服务效能不高,存在推诿扯皮、行政不作为等问题;二是清正廉洁不够,权力利益化、利益部门化、权钱交易等还多有存在。虽然高达67%的人提出了批评和建议,但群众的满意率依然达到99.3%。② 另一个例子是,北京市卫生局2006年搞了一次以"医德医风"为主要内容的民意调查,结果是群众对医院的"满意率"最低的为92%,高的竟然达到97%和99%。这样的满意率引发了不少群众的质疑。有的群众公开说:"如果我们的医院真的这么好,和谐社会就建成了!但谁会相信?!"③畸高的满意度与老百姓的实际感受之间存在较大落差,相互矛盾的评价结果使得满意度数据失去公信力。

学界对满意度数据失真的研究涉及诸多方面。首先,在对数据失真的普遍性和严重程度进行梳理判断的基础上,学者们探讨政府部门操纵满意度测评的手段及其发展趋势。潘洪其指出,地方政府满意度测评中的博弈策略经历了三个发展阶段:第一阶段是赤裸裸的编造数据,所谓"我的调查我做主",测评主体缺乏独立性以及结果缺乏公开性使之成为可能;第二阶段的博弈策略是"公共关系",测评主体的相对独立使地方失去了操纵的手

---

① 关于"外部责任"和"内部控制"型绩效评估的划分及各自特征可参见周志忍《我国政府绩效评估需要思考的几个问题》,《行政管理改革》2011年第4期。

② 孙立忠:《99.3%的满意率是真实的民意吗》,《中国商报》2005年1月18日。

③ 《"民意调查"也应打假 弄虚作假和形式主义不容忽视》,《上海法治报》2006年12月1日。

段,于是只能在公共关系上做文章,具体措施包括辅导公众如何"正确"填写满意度问卷,对正确回答者实施奖励等;第三阶段是技术操纵,如吉林省永吉县满意度调查只设置了"满意"和"非常满意"两个选项,福建省莆田市政府 2010 年政风行风网上满意度测评规定"不满意票数不能高于 50%",重庆市开县政风行风测评的公式是满意率 = (非常满意×100% + 满意×90% + 基本满意×70% + 不满意×50%) ÷ 得票总数×100%。[①] 其次,学界从不同角度探讨了民意调查数据失真的深层次根源,涉及意识、制度、技术等诸多方面。[②] 最后,基于实践中存在的种种问题,有学者对公民满意度调查在政府绩效评估中的地位进行了反思。周志忍对完全依赖公民满意度主观评价提出了质疑和批评。他进一步指出,满意度测评作为公民参与的主要方式具有局限性,主要是"参与范围或广度的有限性"和"公民角色或参与方式的单一性"。在他看来,强化政府绩效评估中的公民参与,就是要实现公民"从某些环节的'部分参与'到'全程参与'的转变,从被动的'信息供给者'单一角色向'信息供给和决策共享者'综合角色的转变,而且在整个过程中,公民的发言权和影响力应不断提升"。[③]

浏览现有论文可以发现,诊断与改进取向的公民满意度调查尚未进入国内学界的研究视野。所谓诊断与改进取向的公民满意度调查,就是通过科学的设计和调研,对影响公民满意度的主要因素进行系统排序和诊断,进而针对性地设计公共服务的改进方案。忽视满意度调查的诊断与改进功能会带来一系列缺憾:"知其然不知其所以然",知道公民对某一方面满意或不满意,但无法搞清背后的驱动因素是什么,也不知道导致不满的具体环节

① 潘洪其:《"伪民调"何以大行其道?》,《北京青年报》2011 年 1 月 5 日。
② 张红艳:《我国政府绩效评估中开展公众满意度评价的障碍及解决途径》,《学习论坛》2005 年第 11 期;曾莉:《基于公众满意度导向的政府绩效评估》,《学术论坛》2006 年第 6 期;陈俊星:《地方政府公众满意度测评的困境与出路》,《东南学术》2011 年第 7 期;齐刚:《基于公众满意度的地方政府绩效评估问题研究》,硕士学位论文,西安建筑科技大学行政管理系,2011 年。
③ 周志忍:《政府绩效评估中的公民参与:我国的实践历程与前景》,《中国行政管理》2008 年第 1 期。

和方面;对导致不满的原因不甚了了,也就无法针对性地设计改进方案和措施,而绩效评估的精髓恰恰是持续性改进。理论研究的缺失导致了实践的缺失,浏览多地政府的满意度调查问卷,基本上停留在简单化的初级阶段。公民满意度调查日益受到重视且代价不菲,忽视其诊断与改进功能意味着资源的浪费。

本章以英国警察服务的满意度调查为例,展示诊断和改进取向的满意度调查设计及其调查结论,这不仅可以填补国内公共管理界学术研究的一个空白,而且对实践具有重要的启示和借鉴意义。

二、警察服务满意度调查的背景与框架设计

公民导向的警察服务(citizen-focused policing)是当代公安管理的新理念,提高公民满意度是这一理念的核心目标,公民参与则是实现该目标的重要手段。在英国政府看来,公民导向的警察服务不仅有助于提高公民对警察的信任,而且能从四个方面帮助降低犯罪率,提高警察的工作绩效:向警察提供社区的有关情报和信息;准确评估需求并确认热点犯罪领域和地区;受害人或证人更愿意向警察报案;公民与警察的合作有助于尽快结案,把犯罪分子绳之以法。①

英国每年都进行系统的犯罪调查(British Crime Survey-BCS),公民对警察服务的满意度是调查的主要内容之一。2002 年的一系列相关调查发现一些值得注意的现象:(1)公民对警察的信任和对警察服务总体肯定性评价在 20 世纪 90 年代保持稳定,1998 年以后开始出现下滑;(2)与警察打交道的感受在相当程度上决定着公民对警察的信任和对警察工作的总体评价——受访者中,85% 对接触过程满意的人对警察工作持总体肯定性评价,而对接触过程不满的人中,仅有 38% 对警察工作持总体肯定性评价;(3)与

---

① Office of Public Services Reform(UK)(2003),*Citizen-focused Policing*,August,2003.

警察打过交道的公民对警察的总体评价相对较低——72%的人对警察工作持总体肯定性评价,而没有与警察打过交道的公民中,78%的人对警察工作持总体肯定性评价,这与其他公共服务领域(地方政府和公交系统除外)形成明显对比;(4)与警察打交道有"警察主动接触公民"和"公民主动接触警察"两大类,警察主动接触公民过程中公民满意度保持稳定,而公民主动接触警察过程中的满意度明显下滑;(5)犯罪受害者对警察工作的满意度呈明显下滑状态——从1984年的68%到2002年的58%,伦敦的下滑更为明显,从1981年的87%到2000年的66%,结果是不到50%的公民遇到侵害时选择向警方报案。①

上述事实可以归结为一个因果链:公民与警察打交道过程中的感受决定着他们对警察的信任和对警察工作的总体评价;公民主动接触警察过程中的满意度下滑明显,从而影响到对警察的信任和警察工作的总体评价;信任度和总体评价下滑影响了公民向警察提供情报和信息的合作意愿,进而影响到警察的绩效,从而形成某种恶性循环。于是,有关部门启动了专项调研,试图探讨"公民主动接触警察"过程中满意度下降的主要原因并寻求改进之策。调查由内阁办公厅公共服务改革办公室创意,委托默里(MORI)社会研究所实施。

默里社会研究所的调研定位于诊断与改进,为针对性地设计警察服务改进方案提供信息和事实依据。所设计的警察服务满意度调研框架包括四个方面:公民接触警察的事由;公民接触警察的方式;警察接警后的具体处置;公民群体的个性特征。简便起见,这里把接触事由、接触方式、群体特征等视为背景或情境因素,把警察处置视为自变量,公民与警察接触时的满意度视为因变量。背景或情境因素可见表1。

---

① Office of Public Services Reform(UK)(2003),*Citizen-focused Policing*,August,2003.

表 1　背景或情境因素

类　别	包含的具体因素
接触警察的事由	报告自己遭受到的非法侵害 报告自己受到的滋扰如噪音等 报告自己看到或知晓的犯罪行为 寻求相关信息或咨询 报告事故或紧急状况 提供其他方面的信息 报告人员失踪和财产失窃 对警察进行投诉 其他
接触警察的方式	打电话（非紧急电话） 打紧急电话（999） 亲自到警察局接触警员 直接面见街警或其他公共场合的巡警 其他地方面见警察 写信 发邮件 社区会议 其他
群体的个性特征	性别 年龄 就业状况 种族

资料来源：根据 MORI Social Research Institute（2003）*Contacting the Police-Customer Satisfaction Survey*（Final Report）中的相关图表整理。

　　作为自变量的警察处置过程比较复杂，默里社会研究所设计了四个考察维度，称为四类"标题因素"（headline factors），每个标题因素又包含若干次级因素（sub-factors）。标题因素和次级因素的结构可见表2。

　　调研的核心目的是：针对不同的接触事由、不同的接触方式、不同的个性特征，探讨警察处置过程中的哪些方面易于导致满意和不满。一句话，不同背景和情境下警察处置过程的诸多方面（自变量）与公民对接触过程的满意度（因变量）之间的相关分析。默里社会研究所称之为"关键驱动因素分析"（Key Drivers Analysis），旨在"确定警察处置过程的哪些方面会最大程度地影响到公民接触警察时的综合满意度"（以下称为"综合接触满意度"）。由于特定方面的评价是综合接触满意度的一个强有力的预测指

表2　警察处置的考察维度与具体因素

标题因素	接待处置过程中警员的行为	联系警方的难易程度	初次接触时警方的回应性	警方提供信息的情况
次级因素	警员文明礼貌程度 表现出同情和理解 是否认真倾听诉说 感知的重视程度 处理是否公正	联系方式多样性 找对合适警员 找对电话号码 找到警察局 赴警局方便 找到接触场所 找警方通讯地址 找警局传真号码 找警局邮箱地址 找警局网站	电话接听速度 是否能很快和合适警员对话 接警后反应速度 见合适警员速度 接案确认与反馈的及时度 是否要求重复报告信息	提供信息的相关性 提供案件进展的信息 提供的信息是否易于理解

资料来源：MORI Social Research Institute（2003）*Contacting the Police-Customer Satisfaction Survey*（Final Report），p.34.

标①，从中可以判断出导致不满的主要因素及其相对权重，从而使满意度调查具有诊断功能。关键驱动因素分析分别针对标题因素和次级因素独立进行：首先分析和确认四个标题因素方面的满意度与综合接触满意度之间的相关性；然后分析确认二十四个次级因素方面的满意度与综合接触满意度的相关性。关键驱动因素分析的具体方法有三种：直接向公民询问警察服务的哪些方面最重要或哪些方面最需要改进；多元回归分析以确定变量之间的因果关系；两极评价首因分析，即分别针对"非常满意"的人和"非常不满"的人，调查导致相应评价的首要因素及其相对权重。其中，回归分析是主要方法，其他两种作为辅助，以便对结果进行交叉验证。

现场调查于2002年11月11日至22日实施。采访者用随机数字拨号的方式进行电话采访。采访开始时的问题中包含一些筛选性问题，以确保所有受访者在过去一年中确实与警察打过交道。调查者共采访了800名16岁以上的公民，其年龄段、性别和居住区域等设置了一些指标限制，以保证受访者在这些方面的结构与2000年英国犯罪调查报告中的结构大致相同。在分析阶段，依据2000年英国犯罪调查报告，对受访者年龄、性别、就

---

①　MORI Social Research Institute（2003），*Contacting the Police-Customer Satisfaction Survey*（final report），August，2003.

业状况和居住区域等方面的数据进行了加权处理,以确保样本的代表性。①
默里社会研究所的调研报告于 2003 年 8 月正式发布,内阁办公厅公共服务
改革办公室专门发文简述调研报告的要点,要求各地警察局依据相关结论
和证据,围绕公民接触警察过程中的所有环节和方面设计方案和措施。②

三、公民接触警察及其满意度概况

默里社会研究所调研报告冗长且结构复杂,篇幅所限,本文仅选择性讨
论相关性比较高的内容。首先展示公民主动接触警察的事由、方式、满意度
及其群体间差异等方面的调研结果,然后重点讨论关键驱动因素分析。

1. 接触警察的事由及其群体间差异

图 1 展示了公民主动接触警察的事由。

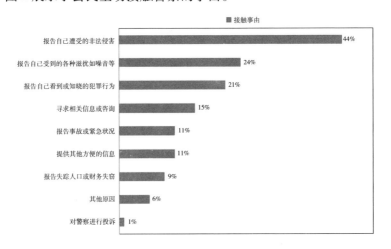

图 1 公民主动接触警察的事由

资料来源:MORI Social Research Institute(2003)*Contacting the Police-Customer Satisfac-tion Survey*(Final Report),p.9.

---

① MORI Social Research Institute(2003),*Contacting the Police-Customer Satisfaction Survey*(Final Report),August,2003.

② Office of Public Services Reform(UK)(2003),*Citizen-focused Policing*,August,2003.

调查还发现,不同群体在主动接触警察的事由或报案意愿上存在一些差异:遇到非法侵害时,40%的男性选择向警方报案,而仅有33%的女性采取相同行为;在受到噪音等的滋扰时,22%对警察工作总体不满的人会选择向警方报告,而对警察工作总体满意的人中只有15%采取相同行为。

2. 接触警察的方式及群体间差异

接触方式方面的调查结果见图2。打电话是英国公民主动接触警察的最主要的方式,800个受访者中666人采取了这一方式,其中81%用的是座机,但16—34岁的年轻人中有25%用的是手机。

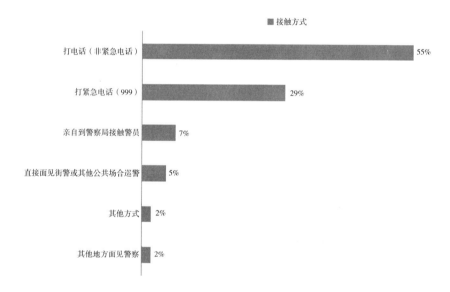

图2 公民主动接触警察的方式

资料来源:MORI Social Research Institute(2003)*Contacting the Police-Customer Satisfaction Survey*(Final Report),p.11.

3. 综合接触满意度和群体间差异

综合接触满意度(满意和非常满意)为66%,不满意和非常不满的占22%,净满意度(net satisfaction)为44%。女性比男性具有稍高的净满意度(44%比42%);16—34年龄段的人比35—54年龄段的人有更高的净满意度(46%比41%);英裔白人比黑人和少数族群有更高的净满意度(44%比39%)。相关数据见图3。

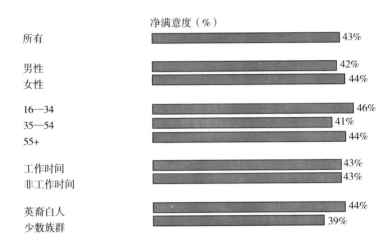

净满意度（%）

图3　综合接触净满意度及群体间差异

资料来源：MORI Social Research Institute（2003）*Contacting the Police-Customer Satisfaction Survey*（Final Report），p.30.

4. 标题因素的满意度及群体间差异

影响综合接触满意度有四个标题因素，各个因素上的公民满意度调查结果可见表3。

表3　四个标题因素上的公民满意度比较

标题因素	非常满意	满　意	中　立	不满意	非常不满	不知道
处置过程中的行为	38%	41%	7%	7%	7%	1%
联系警方难易程度	32%	38%	8%	13%	6%	2%
接触时警方回应性	30%	38%	7%	11%	10%	5%
警方提供信息情况	29%	41%	6%	10%	5%	9%

资料来源：根据 MORI Social Research Institute（2003）*Contacting the Police-Customer Satisfaction Survey*（Final Report）中的相关图表综合整理。

默里报告中还针对各个标题因素，分别描述了满意度方面的群体间差异。这里仅以"处置过程中警员行为"为例予以展示。调查表明，公民对"接待处置过程中警员行为"的满意度为79%，不满意者占13%，净满意度66%。相关数据和结果可见图4。调查还发现：女性比男性有更高的满意度,表示"非常满意"的女性达43%,男性中仅有32%的人表示非常满意;年轻人比中年人更容易表达不满,16—34 年龄段有 18% 的受访者表示不满意,而 35—54 年龄段不满者的比重为 11%。

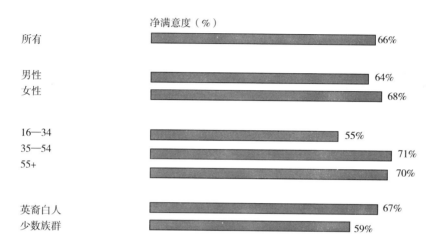

图 4　对警察处置行为的满意度及群体间差异

资料来源:MORI Social Research Institute(2003)*Contacting the Police-Customer Satisfaction Survey*(Final Report),p.13.

四、关键驱动因素分析

关键驱动因素分析就是以综合接触满意度为因变量,影响综合满意度的标题因素和次级因素为自变量,分别独立进行相关性分析,从而确认导致满意和不满的关键因素及其相对影响力。分析的主要方法是多元回归,在对全部样本的整体情况进行分析的基础上,又分别立足不同群体、不同接触事由和不同接触方式进行各自的分析。两极评价的首因分析作为辅助方法,以便对回归结论进行交叉验证。

1. 标题因素与综合接触满意度的回归分析

表 4 展示了标题因素与综合接触满意度间的相关性。四个标题因素

中,"联系警方的难易程度"对综合接触满意度的影响甚微,其他三个则有着重要影响。"接待处置过程中警员的行为"与综合接触满意度之间的相关系数为0.36,这意味着这方面进步一个基点(比如从"非常不满"到"不满"或从"不满"到"中立"),可能会导致综合接触满意度提高0.36%。

表4　标题因素与综合接触满意度的回归分析

自变量(标题因素)	因变量	回归系数
接待处置过程中警员的行为	综合接触满意度	0.36
初次接触时警方的回应性		0.36
警方提供信息的情况		0.29
样本量 = 769　　　R-squared value = 52%		

资料来源:根据 MORI Social Research Institute(2003)*Contacting the Police-Customer Satisfaction Survey* (*Final Report*)中的相关矢量图整理。

2. 次级因素与综合接触满意度的回归分析

表5展示了二十四个次级因素中的关键因素与综合接触满意度间的相关性。

表5　关键次级因素与综合接触满意度的回归分析

自变量(次级因素)	因变量	回归系数
案件处理的公正程度	综合接触满意度	0.22
电话接听速度		0.20
警察对案子的重视程度		0.20
找对合适的警员		0.11
及时提供案件进展的信息		0.11
提供的信息是否有用		0.08
是否认真倾听诉说		0.08
N = 769　　　R-squared value = 56%		

资料来源:根据 MORI Social Research Institute(2003)*Contacting the Police-Customer Satisfaction Survey* (*Final Report*)中的相关矢量图整理。

3. 关键驱动因素重要性排序上的性别差异

表4和表5展示的是全部样本的整体情况,如果结合群体特征,因素的相对重要性排序和回归系数会发生变化。关键标题因素排序方面的性别间差异可见表6。

表6 关键标题因素重要性排序的性别差异

男　性		女　性	
关键标题因素排序	回归系数	关键标题因素排序	回归系数
初次接触时警方的回应性	0.38	警员接待处置行为	0.39
警员接待处置行为	0.32	初次接触时警方的回应性	0.33
警方提供信息的情况	0.30	警方提供信息的情况	0.28
N = 386　　　R-squared value = 50%		N = 413　　　R-squared value = 54%	

资料来源:根据 MORI Social Research Institute(2003) *Contacting the Police-Customer Satisfaction Survey* (Final Report)中的相关矢量图整理。

次级因素与综合接触满意度的回归分析呈现出相似状况。所确认的六个相关性比较高的次级因素中,相对重要性排序上的性别差异可见表7。

表7 关键次级因素相对重要性排序的性别差异

男　性		女　性	
关键次级因素排序	回归系数	关键次级因素排序	回归系数
警察对案件重视程度	0.24	案件处理的公正程度	0.28
电话接听速度	0.23	警察对案件重视程度	0.20
案件处理的公正程度	0.18	电话接听速度	0.19
容易找对合适警员	0.16	及时通报案件进展情况	0.14
及时通报案件进展情况	0.10	表现出的同情与理解	0.10
提供信息的有用性	0.09	容易找对合适警员	0.10
N = 386　　　R-squared value = 55%		N = 413　　　R-squared value = 58%	

资料来源:根据 MORI Social Research Institute(2003) *Contacting the Police-Customer Satisfaction Survey* (Final Report)中的相关矢量图综合整理。

4. 不同接触事由中关键驱动因素的相对重要性

不同接触事由中导致满意与不满的关键驱动因素有所不同。鉴于"报告自己遭受到的非法侵害"和"报告自己受到的滋扰如噪音等"是公民主动接触警察最重要的事由,这里展示一下两者间的差异。结果可见表8。

表8 不同接触事由中关键标题因素重要性排序比较

报告自己受到的滋扰如噪音		报告自己遭受到的非法侵害	
关键标题因素排序	回归系数	关键标题因素排序	回归系数
警员接待处置行为	0.46	警方提供信息的情况	0.35
初次接触时警方的回应性	0.30	初次接触时警方的回应性	0.34
警方提供信息的情况	0.24	警员接待处置行为	0.31
N=133　　R-squared value = 66%		N=294　　R-squared value = 53%	

资料来源:根据 MORI Social Research Institute(2003) *Contacting the Police-Customer Satisfaction Survey* (Final Report)中的相关矢量图整理。

不同接触事由中关键次级因素相对重要性排序的比较可见表9。

表9 不同接触事由中关键次级因素重要性排序比较

报告自己受到的滋扰如噪音		报告自己遭受到的非法侵害	
关键次级因素排序	回归系数	关键次级因素排序	回归系数
电话接听速度	0.41	案件处理的公正程度	0.25
是否认真倾听诉说	0.33	容易找对合适警员	0.21
表现出的同情与理解	0.26	是否认真倾听诉说	0.20
		及时通报案件进展情况	0.19
		电话接听速度	0.15
N=133　　R-squared value = 67%		N=294　　R-squared value = 54%	

资料来源:根据 MORI Social Research Institute(2003) *Contacting the Police-Customer Satisfaction Survey* (Final Report)中的相关矢量图综合整理。

5. 不同接触方式中关键驱动因素的相对重要性

不同接触方式中导致满意与不满的关键驱动因素亦有所不同。"拨打一般电话"和"拨打999紧急电话"是公民主动接触警察最重要的方式,这里展示一下两者间的差异。结果可见表10。

表10　不同接触方式中关键标题因素重要性排序比较

拨打一般电话		拨打999紧急电话	
关键标题因素排序	回归系数	关键标题因素排序	回归系数
警员接待处置行为	0.37	警员接待处置行为	0.40
初次接触时警方的回应性	0.34	初次接触时警方的回应性	0.38
警方提供信息的情况	0.29	警方提供信息的情况	0.22
N＝436　　R-squared value＝57%		N＝230　　　R-squared value＝52%	

资料来源:根据 MORI Social Research Institute(2003)*Contacting the Police-Customer Satisfaction Survey* (Final Report)中的相关矢量图整理。

不同接触方式中关键次级因素相对重要性排序的比较可见表11。

表11　不同接触方式中关键次级因素重要性排序的比较

拨打一般电话		拨打999紧急电话	
关键次级因素排序	回归系数	关键次级因素排序	回归系数
电话接听速度	0.21	对案件重视程度	0.36
对案件重视程度	0.21	电话接听速度	0.33
案件处理的公正程度	0.20	提供信息的有用性	0.17
及时通报案件进展情况	0.15	是否认真倾听诉说	0.14
容易找对合适警员	0.12		
是否认真倾听诉说	0.11		
N＝436　　R-squared value＝56%		N＝230　　　R-squared value＝61%	

资料来源:根据 MORI Social Research Institute(2003)*Contacting the Police-Customer Satisfaction Survey* (Final Report)中的相关矢量图整理。

6. 两极评价首因分析

除回归分析外,默里报告中还应用了两极评价首因分析,即针对表示"非常满意"和"非常不满"的人,分别询问导致相应评价的首要因素是什么。结果见图5和图6。可见,对综合接触满意度最高的受访者而言,三个关键标题因素的影响力不相上下;而对综合接触满意度最低的受访者而言,标题因素中的"警员接待处置行为"是导致不满的首要因素,影响力远远超过其他因素。围绕次级因素的调研表明,导致"非常满意"和"非常不满"的次级因素及其影响力有很大的不同。

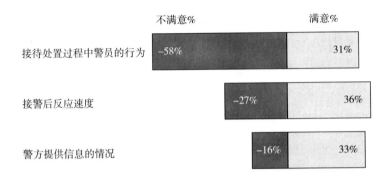

图5 导致"非常不满"和"非常满意"的标题因素

资料来源:MORI Social Research Institute(2003)*Contacting the Police-Customer Satisfaction Survey*(Final Report),p.47.非常不满的相关数据加总超过100%是四舍五入的结果。

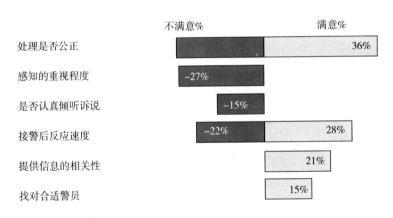

图6 导致"非常不满"和"非常满意"的次级因素

资料来源:MORI Social Research Institute(2003)*Contacting the Police-Customer Satisfaction Survey*(Final Report),p.47.

除上述整体状况外,两级评价首因分析还分别围绕性别和种族进行了比较。

五、英国实践对我们的启示

就公共服务满意度调查而言,英国实践从理念、制度、技术等多个层面,对我国相关理论研究和实践提供了诸多有益的启示。

第一,充分认识诊断和改进取向的满意度调研的重要意义。中央强调把群众满意不满意作为衡量政府各项工作的根本标准,满意度调查的意义因此不言而喻。但是,一般满意度调查只是一种手段帮助我们了解客观事实,持续性提高公民满意度才是根本目的。两者之间有一个必不可少的核心环节,那就是搞清楚导致群众满意和不满的具体原因,从而针对性地设计改进方案。因此,诊断与改进取向的满意度调查尤为重要。

第二,诊断与改进取向的满意度调研需要基本前提,那就是善于发现并勇于承认现实中存在的差距和不足。从前面的讨论可以看出,正是从年度犯罪报告中发现公民对警察总体满意度下滑趋势,发现公民主动接触警察过程中的满意度明显下滑是其主要原因等问题,英国主管部门才启动了相关的专项调研。我国满意度调查中出现严重的数据失真问题,这不仅对政府公信力造成很大损害,而且类似做法使代价不菲的民意调查失去了价值,既难以反映真实的民意,更无从发挥诊断和改进功能。全国都在强调学习型政府和学习型社会,在我们看来,从不足和失败中学习才是最有效的学习。

第三,诊断与改进取向的满意度调研需要进行专门设计:不仅要有明确的诊断和改进意识,而且要针对具体公共服务领域、部门甚至工作的具体方面量身定做。国内公共部门的公民满意度调查发展迅速,但不论从理论研究和实践看,诊断与改进取向的满意度调研还任重道远。

第四,英国实践从技术角度为我们提供许多有益的借鉴,这包括:问题确认和研究主题的设定(公民主动接触警察中的满意度);诊断与改进取向的满意度调研总体框架设计,特别是接触事由与接触方法;变量的具体化以及相关分析技术等。应该说,这些专门针对警察活动特定方面的技术可以扩展应用到其他公共服务领域。

　　除了公民满意度研究之外,上述案例也是"循证决策"和"管理精细化的"范例,这里不予展开。我们想强调的是:实现决策科学化和管理精细化,仅仅靠大力呼吁和决心是远远不够的,闭门造车可能跟在发达国家后面爬行;就像技术发展需要一个引进、消化、提高、创新的过程一样,管理创新也需要一个引进、消化的过程,需要借鉴发达国家的操作工具和经验。本文的意义正在于此。

/ 作者简介 /

徐艳晴:海南大学政治与公共管理学院副教授,北京大学政府管理学院博士后。

周志忍:北京大学政府管理学院教授,北京大学政治发展与政府管理研究所研究员。

第 二 编

公民参与绩效评估状况的系统评价：
　　基于 15 个城市的调研

公民参与政府绩效评估状况调研报告(一)[*]

——基于"长沙、深圳、南宁、福州、厦门"的调研

卓　越

厦门大学政府绩效管理研究中心

一、研究背景与设计

(一)政府绩效评估中的公民参与:理论背景

顾客导向、公众满意、回应公民是政府绩效的价值构成和目标导向。而政府绩效评估中的公民参与,则是实现上述目标最有效的途径,也是一种具有理论价值和实践意义的公民政治参与、公民参与政府管理和治理的有效方式和途径。

政府绩效评估中的公民参与,以政治参与理论为逻辑基础,是公民参与在公共管理、政府管理领域的表现。在政治学的理论中,参与式民主理论构成公民参与的政治理论基础。参与式民主理论主张通过公民对公共事务的

---

　*　感谢长沙市绩效办陈主任、长沙县绩效办陈主任、深圳市绩效办张处长、朱博士、南宁市绩效办刘主任、福州市效能办林主任、综合处叶处长、厦门市效能办绩效处林处长、兰州大学尚虎平博士、广西财经学院蒋文能博士等诸多人士对课题调研的大力支持和帮助。

共同讨论、共同协商、共同行动解决共同体的公共问题。公民不仅仅是选民,也不能仅仅把自己看作是政府管理的对象,而强调公民是管理者、自治者,是自己命运的主宰者,为此而参与公共事务的讨论、协商和决定。① 作为一般意义上的参与,就是让人们有能力去影响和参加到那些影响他们生活的决策和行为;而作为一种制度化的公民参与民主制度,是指公共权力在进行立法、制定公共政策、决定公共事务或进行公共治理时,由公共权力机构通过开放的途径从公众和利害相关的个人或组织获取信息,听取意见,并通过反馈互动对公共决策和治理行为产生影响的各种行为,它是公众通过直接与政府或其他公共机构互动的方式决定公共事务和参与公共治理的过程。② 可以看出,公民参与的领域、层次存在较大差异。而本研究主要从政府管理、公共治理的角度,对公民参与政府绩效评估进行阐述,并将政府绩效评估中的公民参与界定为:普通公民以个体、群体(组织)的形式,在特定的行政环境与既定的政府绩效管理与评估制度的框架下,通过特定的途径、渠道、方式主动参与或被动要求参加到政府部门的绩效评估过程和绩效管理过程,对其绩效评估产生影响。

根据上述界定,我们可以对政府绩效评估中的公民参与做如下具体的理解。第一,政府绩效评估中公民参与的主体是政府外部的公民或者公民群体、组织,这是本研究关注的参与主体;第二,政府绩效评估中的公民参与,同样需要政治环境、行政环境的支持,特别是在直接的政府绩效管理与评估制度中对公民参与绩效评估的潜在方式、渠道、频率等进行制度化设计;第三,公民参与政府绩效评估,作为个体公民或组织化公民的政治、行政行为,必须有特定的参加方式、参加频率和参加结果,这些构成公民参与政府绩效评估水平与程度的评价要点。

公民参与政府绩效评估,受到理论界的重视。公民参与绩效评估,对政府管理转型、治理创新,对于提升绩效管理和评估工作的质量,对于公民本

---

① 陈炳辉:《参与式民主的现代衰落与复兴》,《中国社会科学院报》2009 年第 4 期。
② 蔡定剑:《公众参与:风险社会的制度建设》,法律出版社 2006 年版,第 5 页。

身来说,都具有重要的意义。公民参与政府绩效评估,是一种新的治理模式。群众参与政府绩效评估,是实现政府有效治理必不可少的步骤,对于政府行动的合法化,政府决策的科学化以及政府形象的改善都具有重要意义。① 在这种治理模式下,公民的作用不仅仅是投票人,公民参与政府绩效评估可以帮助政府识别重要问题、提供解决办法、判断目标是否达成。② 公民通过参与绩效评估,直接为政府的绩效目标和绩效结果输入公民的需求和预期,并帮助政府确认目标的完成情况,这对于实现以公民满意为导向的政府绩效目标以及促进政府管理的改进提升,都有重要作用。从公民自身角度看,公民主动参与政府绩效管理和评估,是维护自身利益、公民群体利益、社会整体利益的需要。政府绩效评估,引导着政府应该做什么、为谁做什么、做到什么程度等管理的关键问题。这些内容,不仅涉及具体公民的权利、权益、服务的保障和落实,更牵涉到特定地区公民整体的社会利益、公共服务和公共利益实现。而公民参与到政府绩效评估过程中,则为上述公民利益的实现输入了一种监督、制衡、引导的力量。

目前学术界对公民参与政府绩效评估的模式研究中,最具代表性的是政府绩效评估全过程的公民参与模式。这一模式建立在政府绩效管理的三个基本环节之上:绩效决策、绩效实施和绩效结果控制③,倡导在政府绩效评估的核心过程阶段构建公民参与途径与方式。在该模式中,提升公民主导度、参与度、信息透明度、互动沟通度等四大核心维度是各个公民参与途径应提升的目标所在。④ 本项研究基于这种理念方式,力图从政府绩效评估实践的过程和流程中,寻找各地政府公民参与政府绩效评估的方式、程度的经验证据。

---

① 邓国胜、肖明超等:《群众评议政府绩效:理论、方法与实践》,北京大学出版社 2006年版,第 8 页。

② ［美］凯瑟琳、纽科默等:《迎接业绩导向型政府的挑战》,张梦中等译,中山大学出版社 2003 年版,第 123 页。

③ 蒋敏娟:《政府绩效管理中的全程参与模式探析》,《中国行政管理》2009 年第 5 期。

④ 王佳伟:《全过程参与:公众参与政府绩效评估的一种路径突破》,《学术探索》2008年第 1 期。

（二）评价公民参与政府绩效评估现状的意义、标准和方法

21 世纪以来，以政府绩效评估为核心工具的政府绩效管理，在中国地方政府得到了极大的推崇、应用和扩散。至 2010 年，全国约有三分之一的地方政府不同程度地开展了政府绩效评价工作。① 从发展历程看，我国的政府绩效评估经历了从纯粹的内部考核逐渐向外部评估导向转变的过程。在这一转型过程中，其突出的特征就是公民参与到政府绩效评估中去，并成为重要评估主体之一。尽管如此，学术界总体认为，我国政府绩效评估的公民参与仍处于初步阶段②，或者"有限参与阶段"③。在扩大、提升公民参与政府绩效评估的理论共识下，对地方政府绩效评估中公民参与的实践状况、参与程度和范围进行系统评价，具有重要意义。

一方面，对地方政府公民参与绩效评估进行系统评价，将提供公民参与绩效评估现状水平的可靠证据。尽管在已有研究中，学者普遍认为我国政府绩效评估中的公民参与不足，但这种结论一般是基于主观经验的判断，缺乏对实践的系统考察，缺乏对参与程度的可靠描述和测量。而本研究力图在一定研究设计之下，基于定性的测量方法，得出样本省会城市或副省级城市公众参与绩效评估的现状水平。对现状的全面了解是解决问题的前提，是改进和提升公民参与绩效评估的基础。另一方面，基于地方政府绩效评估持续、快速发展的现实，不少地方政府在公民参与政府绩效评估方向上已经形成了一些成功的实践案例、经验做法。对实践经验的总结、推广和扩散，对于促进政府绩效评估中公民参与的政策学习和制度创新，有重要意义。

在公民参与政府绩效评估的评价标准上，本研究以课题组统一的"全

---

① 郑方辉、尚虎平：《2011 中国地方政府绩效评价红皮书》，新华出版社 2011 年版，第 165 页。

② 毛寿龙、陈小华：《政府绩效评估中公众参与的限度及超越》，《理论探讨》2011 年第 1 期。

③ 周志忍：《政府绩效评估中的公民参与：我国的实践历程与前景》，《中国行政管理》2008 年第 1 期。

过程式"的参与模式为评价框架,以绩效评估的四个核心阶段"绩效评估决
策环节、评估体系设计环节、绩效监测与评估实施环节、评估结果利用环
节"为统筹,分析与评价每个环节谁参与了绩效评估,以什么样的方式参与
了政府绩效评估,参与对政府绩效评估造成了何种影响的分析框架,如下表
所示。

表1　公民参与政府绩效评估:评价框架与评价标准

维度	较低程度公民参与	高度的公民参与
绩效评估决策环节	●决策过程完全不公开/公民不知情 ●公民对评估决策无影响/政府体制内部拍板绩效评估决策	●决策过程和结果向所有公民多渠道公开,信息完全透明公开 ●公民、专家、社会组织等利益相关者共同参与评估决策制定 ●评估决策多方决定/公民主动取得评价权
评估体系设计环节	●体系设计过程完全不公开 ●公民不知道评估体系产生过程与存在 ●公民对评估指标选取、评估权重设计无影响	●体系设计过程和结果完全透明公开 ●公民、专家、社会组织等利益相关者共同参与评估指标、权重设定 ●指标体现公众导向、民意导向/公民评价指标权重处于重要地位或主导
绩效监测与评估实施环节	●评估对象绩效过程信息和完成情况不对外公开 ●公民无从获知评价信息/公众投诉对评估对象得分无影响/绝大多数公民不知道有满意度调查评价 ●公民对评估对象的得分结果无影响	●评估对象绩效过程信息和完成情况透明公开 ●公民获取的评价信息充分/公民满意度调查样本量大,随机性强,不受干扰,/公民投诉影响评估对象得分/公民参与部门业绩监控 ●公民被机会均等地抽中参与政府满意度评价/满意度测评具有信度和效度
评估结果利用环节	●评估结果不对公民公开 ●公民无从获知评价结果信息 ●公民对评估结果的使用、绩效改进无影响	●评估结果完全公开透明 ●绩效较差部门、绩效较差工作向公民解释并回应整改 ●公民促进绩效改进,参与并影响部门绩效改进决策

本研究的评价框架与评价标准,以"绩效评估决策环节、评估体系设计

环节、绩效监测与评估实施环节、评估结果利用环节"四个环节为统筹,以
"绩效评估信息公开——参与主体——参与渠道与形式——参与结果"四
个维度为评价指标,区分各个环节较低程度公民参与和高度的公民参与的
评价与调查标准,对样本地方政府的绩效评估中的公民参与现状进行系统
考察。这一评价框架和评价标准的设计,主要基于以下理由。

首先,以"绩效评估决策环节、评估体系设计环节、绩效监测与评估实
施环节、评估结果利用环节"为评估框架,体现了全过程式的公民参与绩效
评估模式。绩效评估是一项实践导向的管理行为,具有流程性和程序性。
以全过程的视角考察公民参与绩效评估的状况,不仅是绩效评估过程自始
至终体现公民导向、外部导向的要求,也评价了公民参与的全面性、广泛性
和深度。

其次,本研究在评估指标的设计上,除了衡量一般性的参与主体、参与
渠道方式、参与结果等三个方面以外,研究者还加入了"绩效评估信息公
开"这一评价维度。知情是公民参与的前提,无知情权就不可能行使参与
权和监督权。[①] 因此,绩效评估信息的公开,是构成公民主动参与的信息基
础、知识基础、评价基础,理应纳入评估的范畴。政府绩效评估的相关信息,
是否对外部公众公开、在媒介载体上公开传播,构成这一评价指标关注的焦
点。在这四个方面的评价指标方面,参与信息的公开渠道多样性,信息透明
构成其具体评价标准;在参与主体和参与方式上,多元性、多样性、主动性是
其评价标准;在参与结果方面,参与影响的实质性、影响力度是其评价标准。

再次,本研究区分了"低等程度参与和高等程度参与"的正向和逆向评
价标准和证据。毫无疑问,公民参与政府绩效评估的总体状况以及具体方
面的参与程度,都呈现出由低到高、由少到多的区分。本研究中对五个样本
城市政府公民参与的评价,不采取定量指标体系得出评价分数的方法,而是
采取定性评价和专家评价的方法。评价的方式主要通过调研、证据寻找的
方式完成,对每个案例城市在环节的评价维度和评价指标上面的正面证据

---

① 关云芝:《地方政府绩效评估中的公民参与研究》,《社会科学战线》2011 年第 6 期。

和负面事实进行描述和评价。

在评价方法的选取上,本研究主要采取定性评价的方式展开。公民参与政府绩效评估的状况,可以向特定地区的公民发放调查问卷,得出量化的评价结果。然而,这一评价方法的实施成本高昂,而且由于公民实际参与政府绩效评估的规模较小,调查问卷的发放对象难以命中覆盖实际参与的公民(除非进行普查),调查结论预期会低于实践现实,不具有可靠性。而本研究采取的定性方式评价省会城市或副省级城市公民参与绩效评估的状况,主要的评价方法为基于前述评价框架和基于证据的定性评价方法:寻找公民参与政府绩效评估的主观和客观证据进行专家判断和评价。具体的评价方法,主要采取如下两种:(1)访谈法。本研究主要选取样本地方政府绩效评估组织实施的领导、工作人员,应用结构化的深度访谈法,按照课题组统一的访谈提纲,对地方政府绩效评估决策环节、评估体系设计环节、绩效监测与评估实施环节、评估结果利用环节公民参与的做法、证据进行访谈、记录、整理,特别是收集样本城市在公民参与绩效评估方面的亮点、特点和成果经验做法,寻找各个评价指标的正面证据和负面事实。(2)文献资料收集法。主要采用文献文本资料分析的方法,寻找和验证地方政府绩效评估公民参与的证据。文献资料收集的途径多样,包括向样本城市的绩效评估组织实施机构单位搜集,也包括研究者利用网络网站渠道、应用关键词检索法获得样本城市公众参与绩效评估的事实文献、文本资料。最后,综合前述各方面的事实证据,课题组得出案例城市在各个维度的公民参与的总体结论。

(三)调研设计与调研过程

本研究选取我国南方5个省会城市或副省级城市进行调研,包括长沙、深圳、南宁、福州、厦门,涵盖了中国的东中西三大区域。在实地调研阶段,课题组于2013年9月10日至9月30日,依次前往上述五个城市开展调研。调研主要应用深度访谈法,总共访谈上述地方政府绩效评估的组织实施机构的领导或工作人员共计30余人次,并随同访谈开展文本资料的收集和对访谈人员开展问卷调查。此次调研访谈,还兼顾了市级政府管辖的、开展绩效管理实践的区级政府或者市级组成部门,这有助于更全面地考察案例城市公民参与政府绩效评估的现状与实践做法。

表 2　南方五市公民参与绩效评估的调研过程

调研城市	调研时间		调研形式	调研部门	调研对象
长沙市	2013 年 9 月 10 日	9:00—12:00	问卷调查 深度访谈	长沙县绩效办	长沙县绩效办主任、长沙县绩效办副主任、长沙县绩效办科员
	2013 年 9 月 10 日	15:00—18:00	问卷调查 深度访谈	长沙市绩效办	长沙市绩效办主任、长沙市绩效办市直部门评估处处长、长沙市绩效办县级评估处处长、长沙市绩效办科员
	2013 年 9 月 11 日	10:00—11:30	深度访谈	长沙市绩效办	长沙市绩效办主任
深圳市	2013 年 9 月 12 日	10:00—12:00	问卷调查 深度访谈	深圳市绩效办	深圳市绩效办处长、深圳市绩效办博士
	2013 年 9 月 12 日	15:00—17:00	深度访谈	深圳市绩效办	深圳市绩效办博士
南宁市	2013 年 9 月 16 日	8:45—11:45	问卷调查 深度访谈	南宁市绩效办	南宁市绩效办主任、南宁市绩效办副主任、南宁市绩效办区县评估科科长、南宁市绩效办综合科科长
	2013 年 9 月 16 日	15:10—16:40	问卷调查 深度访谈	南宁市绩效办	南宁市绩效办主任
		16:55—18:00	问卷调查 深度访谈	南宁市绩效办	南宁市绩效办区县评估科科长
	2013 年 9 月 17 日	9:00—11:40	问卷调查 深度访谈	南宁市绩效办	南宁市绩效办副主任
	2013 年 9 月 17 日	15:00—17:00	问卷调查 深度访谈	南宁市青秀区绩效办	南宁市青秀区绩效办主任、南宁市青秀区绩效办副主任

续表

调研城市	调研时间		调研形式	调研部门	调研对象
福州市	2013年9月24日	16:00—17:30	深度访谈	福州市行政服务中心（绩效管理试点单位）	福州市行政服务中心综合处处长
	2013年9月25日	8:30—9:30	问卷调查深度访谈	福州市效能办（绩效办）	福州市效能办主任、福州市效能办副主任、福州市效能办综合处处长
		10:00—12:00	深度访谈	福州市国家统计局福州调查队	福州市国家统计局福州调查队处长
	2013年9月25日	15:00—17:30	问卷调查深度访谈	福州市闽侯县绩效办	福州市闽侯县绩效办主任、福州市闽侯县绩效办办公室科员
	2013年9月26日	9:00—10:30	深度访谈	福州市效能办（绩效办）	福州市效能办副主任
		10:40—12:00	问卷调查深度访谈	福州市效能办（绩效办）	福州市效能办综合处处长
厦门市	2013年9月28日	15:00—18:30	深度访谈	厦门市海沧区效能办（绩效办）	厦门市海沧区效能办投诉中心主任
	2013年9月29日	9:00—12:30	深度访谈	厦门市效能办（绩效办）	厦门市效能办绩效处处长

在调研过程中和实地调研结束后,研究者通过访谈笔记整理、实践文本材料收集、网络文本材料收集等方式,获得五个城市公民参与绩效评估的基础材料。对这些文本材料,按照统一的框架进行梳理和整理,形成各个城市公民参与绩效评估的评价证据。接下来的内容,将分别从绩效评估的决策环节、绩效评估体系设计环节、绩效评估实施环节、政府绩效评估结果使用环节,对南方五个省会城市或副省级城市(长沙、深圳、南宁、福州、厦门)公民参与绩效评估的状况进行逐一讨论。

二、政府绩效评估决策环节的公民参与

地方政府开展政府绩效评估是一项重要的管理决策,包括绩效评估启动决策、年度调整决策、评估对象选择决策、评估方式选择决策等。绩效评估的决策环节,既是地方政府绩效评估实践的逻辑起点,也直接决定了绩效评估实践的评估制度、评估框架、评估体系建设等重大问题。因此,公民参与绩效评估决策,是最能体现公民在绩效评估中的话语权和地位的参与环节。绩效评估决策是否开放和公开,是否有各种类型的公民参与形式和渠道是决策环节公民参与状况考察的重点。

(一)绩效评估决策的开放与公开情况

决策过程向公民开放、决策信息向公民公开是公民绩效评估决策的前提。从南方五个省会城市或副省级城市的调研来看,绩效评估决策的开放性与公开性都不足。在决策过程的开放性方面,上述城市都能通过征求体制内各级政府部门关于绩效评估意见实现决策过程的体制内部的开放性;然而对于社会公众,要么仅对极少数特殊公众群体,例如部分专家学者,有选择性地开放了绩效评估决策环节的某些环节,要么完全没有社会公众参与的渠道与机会。伴随着决策过程的内部性和封闭性,绩效评估决策过程信息仅仅在政府内部流动和使用,决策过程信息不具有公开性。尽管决策结果信息向公民公开了,但公民在此时已经失去了参与绩效评估决策的时效和主动权。

(二)专家学者在政府绩效评估决策中的参与

专家学者以及组织化的科研机构,是一类特殊的公民群体。因为其特有的专业知识、权威性,并有代表普通公民利益的潜质,此类群体最有可能成为地方政府绩效评估决策中参与的最主要的公民群体。南方五市在绩效评估决策环节中正式引入专家学者参与的正面案例,主要集中在南宁市和深圳市,尤其以南宁市的专家参与的深度、广度、持续性最强,其他三市则没有专家学者参与绩效评估决策的事实证据。

在南宁市以及市辖区一级的绩效管理和评估实践中,一个特殊的科研团体——复旦大学公共绩效与信息化研究中心①深度、持续参与了南宁市政府(机关)绩效评估决策和体系设计。从课题组的调研来看,该研究机构与南宁市以及南宁市一些市辖区,在绩效评估启动决策、年度调整决策、评估框架设计决策、绩效管理与评估软件平台开发等方面都有全面和持续的合作。南宁市政府(机关)绩效评估中的专家参与,有以下特点:专家团队的长期和持续参与南宁市政府(机关)绩效评估工作;专家参与了整体的评估框架设计决策,也参与了比较核心的评估指标体系设计决策;专家的意见对南宁市绩效评估形成了实质性的影响。

深圳市在绩效评估决策中的专家参与,主要体现在绩效评估启动决策、年度调整决策、评估框架设计决策等方面召开专家座谈会征求意见,融入了独立机构的决策咨询意见。

(三)普通公民参与政府绩效评估决策

五个城市均缺乏普遍公民参与政府绩效评估决策的实践事实。从调研访谈和文本文献中,都难以找到上述地方政府在绩效评估决策环节中设计有普通公民参与渠道、参与途径方面的案例。

(四)政府绩效评估决策中公民参与的结论

1. 公民参与政府绩效评估决策的总体状况

从课题组负责的南方五个城市的案例调研来看,南宁市、深圳市在绩效评估决策方面有一定程度的公民参与,主要是由于上述两个城市在绩效评

---

① 复旦大学设立的校级跨学科研究机构,专注于中国公共绩效管理理论、方法及相关信息技术的研究开发。

估决策环节有专家学者、科研机构的介入;而长沙、福州、厦门尚缺乏公民参与绩效评估决策的证据。而普通公民在政府绩效评估决策中基本没有参与的渠道和机会。总体来看,调研城市公民参与政府绩效评估决策的水平偏低,问题的焦点在于地方政府绩效评估决策过程的封闭性、内部性,决策过程对公民的开放性、决策信息对外的公开性远远不足。这必须在地方政府开展绩效评估的动力、契机方面寻找原因。

表3 五个案例城市公民参与绩效评估决策的现状汇总

城市	公民参与绩效评估决策的正面证据	公民参与绩效评估决策的负面事实
长沙	决策结果信息的外部公开	绩效决策过程信息内部流动 绩效评估启动决策和年度决策的政府内部决定 普通公民无评估决策参与渠道
深圳	绩效管理与评估制度、评估指标的外部公开 评估决策征求专家意见	绩效评估启动决策的政府内部决定 普通公民无评估决策参与渠道
南宁	决策结果信息的外部公开 专家和科研机构参与评估决策	普通公民无评估决策参与渠道
福州	缺乏	公民在决策中基本无直接参与 决策结果信息仅政府内部公开 绩效评估启动决策、年度决策的政府内部决定
厦门	决策结果信息的政府网站公开 (绩效管理制度、工作方案)	评估决策主要受上级影响,公民在决策中基本无直接参与 绩效评估启动决策、年度决策的政府内部决定

2. 地方政府绩效评估启动决策的动力分析

公民对绩效评估决策的影响是间接的,地方政府开展绩效评估的决策动力,往往来自于上级和本级政府的主政领导。各地启动绩效评估的实践,既有行政环境的潜在动力,也有直接的决策契机。长沙市和深圳市绩效评估的启动决策,主要是地方政府主政领导的意图,而南宁市、福州市、厦门市开展绩效评估的启动决策,主要是由于上级考核的压力。决策动力源泉的内部性,决定了地方政府绩效评估决策过程的内部完成性。

长沙市开展绩效评估的间接动力有中央决策部署的领会、干部人事管理的实际需要,而时任长沙市主要领导直接推动了这项工作。

长沙开展绩效评估工作,首先是有中央层面的要求,中央提出科学发展观、科学政绩观,用指标体系评价干部,识别干部,让干部的评价、使用更加具有公信力。① 绩效管理是一个大的工作机制,这项工作的开展,与主政主要领导的认识、设想有很大关系。绩效考核工作是工作抓人、抓事,以绩效考核推动工作、推动建设的很好机制。2006 年底,时任长沙市委书记直接推动了这项工作。②

长沙市政府绩效评估启动决策的动力,也主要是内部的。源于此,其绩效评估的决策过程,也全部在政府内部完成。

南宁、福州、厦门三市启动政府绩效评估工作时,其上一级的省级政府已经先开始了全省(自治区)的绩效评估实践。这些地方开展政府绩效评估工作的决策动力,很大程度上源于上级政府的创新示范、上级绩效管理部门的行政要求和指导、下级政府承接分解上级考核的体制需求。福州市和厦门市政府绩效评估制度与模式,与福建省一级的政府绩效评估模式,具有体制与制度架构的一致性。因此,这两个城市的政府绩效评估,主要承接上级的评估框架和评估任务、评估内容。在福建全省开展机关效能建设与绩效管理实践的大背景下,福州和厦门市开展政府绩效评估的动力是外生的,主要是省级考核压力和工作要求。

我们开展政府绩效评估工作,主要是对接省里的工作。我们政府绩效评估体系,也主要是遵循省里的体系,包括指标考核、公民评议、察访核验三个部分。③

由此,下级地方政府开展绩效评估的决策动力,源于上级政府绩效评估的压力效应、示范效应,下级政府与上级政府的绩效评估框架也具有一致性。

---

① 长沙市访谈笔记,CSFTJL 003。
② 长沙市访谈笔记,CSFTJL 005。
③ 厦门市访谈笔记,XMFTJL 013。

三、政府绩效评估体系设计环节的公民参与

绩效评估体系设计环节的核心任务是设计评估指标体系。一个完整的评估指标体系,包括评估维度、评估指标、指标权重、评估尺度等要素。公民在绩效评估体系设计环节的参与,主要考察评估体系的设计过程是否向公民开放与公开,考察公民是否参与了评估体系各项要素的确定,以及最终形成的评估指标体系的公民导向指标所占的分量与价值。

(一)绩效评估体系设计过程的开放与公开情况

案例城市在绩效评估体系设计过程的开放与公开,总体优于绩效评估决策过程的开放与公开情况。南方五个城市,例如南宁、深圳都在评估体系设计环节向专家学者主动开放了评估体系决策过程,其他三个城市尚无专家学者参与评估体系设计的积极证据;长沙市则将年度的评估指标体系进行了全面的公开公示,征求社会公众的意见;深圳市对评估指标予以外部公开,南宁市对年度评估方案、评估指标和权重进行了公开,厦门市将评估体系方案、指标和权重对社会公开,而福州市的评估指标体系则难以公开获得。相比较决策信息的内部性,评估体系信息的公开性较强,案例城市都会利用媒体(网络、报纸)渠道,对评估体系的初步信息、结果信息公之于众,接受公民的监督,征求公民的意见。

(二)专家学者参与绩效评估体系设计

调研结果显示,有专家参与绩效评估决策环节中的城市,其绩效评估体系设计环节也有专家参与的实践案例;反之,则没有。在五个案例城市中,南宁市、深圳市有专家参与绩效评估体系的设计,而长沙市、福州市、厦门市则缺乏专家参与的证据。是否有专家参与绩效评估体系设计和绩效评估的组织实施者的行政惯例、行政传统有一定关系。

如前所述,在南宁市的政府绩效评估工作中,复旦大学的一个科研团体深度、持续参与了南宁市政府(机关)绩效评估决策和评估体系设计。

市绩效办邀请复旦大学的专家一起到各个考评单位一对一辅导对接,对已经填报的指标进行逐条点评,提出修改建议。5月中旬,绩效办组织多个职能部门与复旦大学专家对98个部门的绩效指标进行了为期5天的集中审核,共发现各部门重要工作漏项300多项,规范指标1800多条。①

2012年4月,市绩效办牵头组织数据采集单位和有关专家学者,根据指标设置依据,分解年度目标,确定2012年度机关绩效考评指标体系框架。②

可以看出该专家团队的长期和持续参与南宁市政府(机关)绩效评估体系设计,既参与了整体的评估框架设计,也参与了比较具体的评估指标设计和选取、评估权重设计环节。

深圳市在评估指标体系构建的过程中,有专家和科研机构的参与。深圳市为了进一步总结经验、提升水平,在2010年下半年,深圳市绩效办与专业研究机构成立联合课题组,对既往指标体系进行了完善。联合课题组的研究过程融入了专家学者这类特殊社会公众群体的意见。专家参与的形式有座谈会和问卷调查两种。通过召开征求意见座谈会,绩效评估组织实施者与专家多次磋商、研讨,形成共识。为了科学确定指标及权重,联合课题组根据新修订的指标体系,设计咨询调查问卷,对被评估单位、专家学者进行指标重要程度的问卷调查,收回有效问卷,并根据调查结果,运用科学方法进行量化的统计分析,形成《深圳市政府绩效评估指标体系指标与权重》,为筛选指标及确定权重提供参考。③

我们发放了问卷,市领导、评估对象、人大代表和政协委员,也包括给深

---

① 南宁政府网:《我市绩效办绩效指标形成机制初步建立》,2010年8月31日,ht-tp://www.nanning.gov.cn/n722103/n722120/n722225/n7327016/8736857.html。

② 南宁市绩效考评领导小组文件:《2012年度南宁市机关绩效考评实施方案》(部门文件)。

③ 杨洪:《政府绩效管理——深圳的探索和实践》,新华出版社2011年版,第94页。

圳大学、社科院、综合开发研究院的专家发放了问卷。在问卷调查的基础上,根据层次分析法做了处理。最终由市绩效委决定指标取舍和权重。①

每到岁末年初深圳市都要组织对绩效指标体系的修改工作,往往要通过多次广泛征求被评估单位、相关指标数据责任单位以及专家学者的意见,最终形成大家都认可的方案。②

可以看出深圳市政府绩效评估体系的设计,融入了独立机构的决策咨询意见。在评估指标体系确定后,深圳市每年都会在一级框架不变的情况下对具体的评估指标和权重进行修订,而在这种年度评估体系设计的环节,也有一定程度的专家参与。

(三)普通公民参与绩效评估体系设计

普通公民主动、直接参与绩效评估体系设计的成功案例,在南方五个城市中都比较缺乏。绩效评估体系设计,更多是政府体制内的事务,普通公民对评估体系设计的影响力非常有限。但是,也有一些地方政府积极尝试进行评估体系的全面对外公开,并征求公民对评估指标的意见;或者在开展公民满意度调查时,征求对被评估对象工作的意见,将存在问题比较突出的公民意见纳入下一年度的考核指标中去。

长沙市在政府绩效评估指标体系的信息公开方面已经形成制度化的绩效指标公开和征求意见制度。长沙市通过政务网站、报纸两个主要渠道对区县评估目标(指标)、市直部门评估目标(指标)进行了完全公开。尤其是以专题网页公布评估指标,并在公开的载体上留有公民参与的途径,为公民直接、间接参与评估指标的制定、调整、修改留下参与空间。长沙市绩效评估的决策者对公民的建议也非常重视,进而有公民的建议被吸收为区县市、市直部门考评指标的实证案例。

在我们的民意调查中,除了满意度评价,民众还可以写下对有关部门的

---

① 深圳市访谈笔记,SZFTJL 009。
② 朱衍强:《中国地方政府绩效管理研究:以深圳的实践为例》,经济管理出版社 2013 年版,第 84 页。

评价意见,我们一年可以收集 3000—6000 条意见,这些意见中我们梳理哪些意见比较突出、强烈、真实,我们将这些意见反馈给部门,同时选取部分群众反映的民意性指标进入单位下年度工作目标考核。每年人大、政协会议的提案、议案以及我们舆论媒体所报道的一些问题,我们从这些方面收集民意性指标。①

虽然公民在最初的评估决策中没有参与或者难以参与,但在绩效评估决策制定后,公民在年度的指标动态调整中有一定程度参与。这一方面得益于长沙市绩效评估实践者对绩效目标公开公示的勇气,也得益于绩效评估实践者对公民参与渠道的设计和保留,得益于实践者对公民意见、呼声主动的捕捉和积极的采纳。

(四)绩效评估体系中公民评议的制度设计

尽管各地公民参与政府绩效评估体系设计的程度较低,但从五个城市最终的绩效评估体系设计的决策结果来看,都无一例外地将公民满意度评价作为一个重要的评估维度纳入了绩效评估体系中来,并予以了制度化。

长沙市考核区县市领导班子的评估体系结构由工作目标、党的建设、社会公认评估三个模块构成,分别占 55%、15%、30%的权重,其中社会公认评估包括服务对象评价,下级组织、统计部门、市领导的评价。深圳市的政府绩效评估体系结构和维度,包括内部评估和外部评估两个模块,含电子系统客观评估(指标体系)、市委市政府领导评价、社会公众满意度调查评价三个维度,针对公众的满意度评价放置在外部评估模块中,这一评估维度占30%的权重。南宁市的评估体系维度包括:过程督察与日常考评、年度绩效指标考评、公众评议、领导评价、察访核验、内部绩效考评、绩优绩差考评。福州市与厦门市的绩效评估体系具有相似性,且受福建省一级对市级的评估体系结构的影响较大。总体的评估体系包括指标考核、公众评议、察访核验三个模块构成。

---

① 长沙市访谈笔记,CSFTJL 011。

可以看出,南方五个案例城市都将公众评议纳入绩效评估体系中来。这样的评估体系设计结果,不是公众直接参与评估体系设计的结果,而是主要源于地方政府绩效评估的决策者对政府定位、绩效内涵的理解与认识水平,意识到公民参与政府绩效评价的必要性。

我们开展政府绩效考核工作,有公众维度的考量。以往的考核评价,都是体制之内的,这种体制之内的考核具有一定的保护作用,难以考出差别。只有我们的服务对象、人民群众的评价,是比较真实的,不会顾及其他。所以必须逐步实现制度化的让公众参与绩效评价。①

我们政府好不好,公众满意不满意,群众说了算。假如我们关起门来说自己好,没有意义。我们以前有各种内部考核,评优评先,内部决定哪个单位优秀。现在不一样,老百姓说好,政府才能说好。我们政府绩效少了公众评价这一块,就失去了实际意义。所以我们一开始,就把公众的满意度纳入了进来。②

政府绩效评价标准,应充分体现科学发展观的要求,树立起以公民满意度为价值取向的责任政府、有限政府、透明政府、诚信政府、人本政府的理念。③

因此,绩效管理和绩效评估公民评议参与的评价权,直接取决于高层决策者的认知和理念,而决策者这种公民满意度的绩效意识,是公众乃至整个社会对政府转型、对建设服务型政府的压力需求输入与政府主动回应的间接结果。因此,公民对绩效评估决策的影响是间接的。

(五)绩效评估体系中客观指标的公民导向

客观指标评估占据案例城市的绩效评估体系的主要部分,主要由一些统计性指标、工作任务目标构成。评估指标反映了地方政府工作重点、评估优先权,公民导向的评估指标理应成为政府绩效指标的价值取向。为了评

---

① 长沙市访谈笔记,CSFTJL 008。
② 深圳市访谈笔记,SZFTJL 005。
③ 农生文:《加强和创新社会管理,转变公共行政管理模式》,2011 年 6 月 14 日,http://www.nanning.gov.cn/n722103/n722210/n729437/n4212610/n4212687/12051165.html。

价与比较南方五个案例城市客观指标中的公民导向指标的构成、所占分量，课题组根据政府职能和评估取向，建立"公共服务（民生、服务）、社会管理、市场监管、经济发展、自身管理（内部管理与运作）"等五个方面的客观评判框架，对五个案例城市评估下级区（县、市）级政府的客观评估指标进行了归类聚类，并汇总各类指标所占的权重（按照客观指标总权重为100%计算），以此评价案例城市绩效评估客观指标的公民导向性。五个案例城市经分类后的客观指标结构如下表所示。

表4　南方五个案例城市评估区级政府客观指标的结构与权重占比

城　　市	长沙	深圳	南宁	福州	厦门
公共服务（民生、服务）类指标占比	30%	43%	37%	36%	21.5%
社会管理类指标权重占比	15%	22%	13%	6.5%	7.5%
市场监管类指标权重占比	3%	5%	0	3.5%	3.5%
经济发展类指标权重占比	41%	18%	50%	47%	42%
自身管理（内部管理与运作）类指标权重占比	11%	12%	0	17%	25.5%

长沙市评估区县市的评估指标体系共有53个指标，包括经济发展、民本民生与社会管理、两型社会建设、项目建设与中心工作等四个模块。对这些客观评估指标及其权重按照五个类别的指标归属划分聚类，可看出，与公民切身利益相关的公共服务类指标、社会管理类指标、市场监管类指标的权重占了48%，其评估指标有较好的民本、民意、民生导向。

深圳市评估区级政府的客观评估指标共有33个，包括公共服务、社会管理、经济调节、市场监管等维度。通过对指标进行再次归类，从表中可以看出深圳市与公众切身利益直接相关的公共服务指标权重占比43%，与公众相关的社会管理和市场监管指标也占了近三成的比例，经济发展指标和自身管理指标仅占三成。深圳市具有公民导向的公共服务指标、社会管理指标、市场监管指标的权重占据了主导，其评估指标有非常强的民本、民意、民生导向。

南宁市评估下级区级政府的评估指标体系,包括经济指标、城市管理、美丽南宁、维稳工作四个维度共 10 项指标。其中经济指标的数量和权重占据了主导,公共服务和民生指标以及社会管理指标合计占一半的权重。广西作为西部地区,经济发展仍然是评估下级政府绩效的主要内容。

福州市评估区级政府和政府部门的客观评估指标考核是重要评估模块,占 70% 的权重。福州市的评价下级区政府的指标体系,对接福建省一级评估指标,并结合福州实际进行了增加调整,评估区级政府的指标共有 92 个,非常细致。归类后可以看出,与公众切身利益相关的公共服务类指标、社会管理类指标、市场监管类指标的权重占了约一半,而经济类指标独占五成左右。总体来看,其评估指标民本、民意、民生导向还有待增强。

厦门市评价下级区政府的指标体系,也对接福建省一级评估指标,并结合厦门市实际进行了增加调整,其评估区级政府的指标共有 87 个,占据评估总分 60% 的权重。从上表可以看出,厦门市的评估指标结构与福州市具有相似性,与公众切身利益相关的公共服务指标、社会管理指标、市场监管指标的权重占 30% 左右,经济类指标和自身管理类的指标占比较高。总体来看,其评估指标的民本、民意、民生导向,还有待增强。

(六)绩效评估体系设计中公民参与的结论

从比较总结南方五个案例城市公民参与绩效评估体系设计的实践可以得出如下的几点结论。

第一,在评估体系设计中最为核心和关键的评估指标选择和评估权重设计方面,除了个别城市有专家参与之外,主要是在政府内部完成,公民没有渠道参与指标选取决定、指标权重决定。公民直接参与评估体系设计的程度较低。

第二,专家参与绩效评估体系设计是目前公民参与的主要形式,以南宁市和深圳市为代表。

第三,五个案例城市共同的可取之处在于将公民评价纳入了评估体系设计,这主要得益于地方政府领导和绩效评估决策者和组织实施者的执政理念和绩效观念。

第四,各个城市客观评估指标类别与权重存在差异,深圳市的客观指标中的民意、民生、公共服务指标占据的比例最大,评估指标的公民导向最明显,南宁、厦门、福州几个城市指标的经济导向比较明显。

表5 案例城市公民参与绩效评估体系设计的现状汇总

城市	公民参与绩效评估体系设计 的正面证据	公民参与绩效评估体系设计 的负面事实
长沙	将公民意见和建议发展为民意性指标 民生、服务类指标占比比较高 评估维度中包含了社会公认评估 评估体系设计包含公民评价	公民没有渠道参与指标选取决定、 指标权重决定
深圳	公共服务白皮书的公开、意见征求、纳入 评估指标体系 专家和科研机构参与指标选取决定、权 重确定 民生、服务、公民导向类指标占比非常高 评估体系设计包含公民评价	普通公民没有渠道参与指标选取 决定、指标权重决定
南宁	评估方案、指标和权重的公开 科研机构参与指标选取决定、权重确定 评估体系设计包含公民评价	普通公民没有渠道参与指标选取 决定、指标权重决定
福州	评估体系设计包含公民评价	评估方案、指标和权重不对社会公 开 公民没有渠道参与指标选取决定、 指标权重决定
厦门	评估体系方案、指标和权重对社会公开 评估体系设计包含公民评价	普通公民没有渠道参与指标选取 决定、指标权重决定 民生、服务类指标占比有待提高

四、政府绩效评估实施环节的公民参与

(一)政府绩效评估实施过程中的信息公开

案例城市在绩效评估实施过程中的信息公开程度、公开方式、公开渠道存在较大差异。厦门市、深圳市、南宁市都建立了政府绩效评估的专题网站,这为绩效评估实施过程信息的公开、公布提供了优良的平台。上述案例城市的网络绩效信息公开内容,一般都包括年度的绩效目标、绩效指标、绩效评估工作方案、绩效评估工作宣传等方面。长沙市以专题网页公布了年度绩效评估指标,但其没有绩效评估工作的网站,这限制了绩效评估实施过程中的信息公开。福州市缺乏绩效评估信息网上公开的正面证据。

南宁市的绩效展示,是评估管理者和评估对象在绩效评估实施过程中向公众的主动绩效正面宣传,也是五个案例城市中唯一公开公示绩效完成情况方面的实践案例。为了使得评议对象获取充分的评议信息,南宁市政府(机关)绩效管理和评估工作中创设了绩效展示这一工作方式,促进绩效评估对象的绩效完成情况和绩效信息在政府(机关)内部充分流动,并且拓展渠道,促使这些绩效信息接近社会公众。

在年底评议开展前,南宁市绩效办会要求每个部门撰写1000字左右的绩效展示材料,这些展示材料会在内部的绩效管理系统进行公布。在每年两会时,我们会制作部门绩效展示的展板,放置在市两会会议现场进行集中展示。除此之外是电视和报纸上都会有专题报道,南宁市机关绩效考评网、各个部门的网站上也会进行展示。每年市和县区两会的时候,我们要求县区搞成板报的形式放在会场。去年南宁市召开两会的时候,我们总共制作了14块展板,由各个部门提供素材,我们统一制作。这已经成为制度化的做法。[①]

我们开展绩效展示的目的在于让老百姓了解绩效考评工作,了解部门工作。现在搞测评时,我们觉得公众评议不是很准。你干了工作,干了哪些工作,部门有哪些职责,你要让老百姓知道。让百姓了解部门,了解政府,也可以增强评议的针对性。通过这几年的开展,还是有效果的,评议的误差(评为优秀的单位,百姓评价也高,两者不合则为误差)也小了一点。[②]

---

① 南宁市访谈笔记,NNFTJL 010。
② 南宁市访谈笔记,NNFTJL 013。

南宁市的绩效展示工作，以新闻媒体宣传为中介，为内外部的评议主体提供了部门相对正面的绩效信息。在公众获取评估对象绩效信息的积极性、主动性和信息存量不足的情况下，这种做法增进了评议主体对评估对象的了解，一定程度促进了评议的针对性。

（二）绩效评估体系实施中的公民投诉

回应公众诉求，是政府绩效的应有内涵之一。将公众投诉以及公众投诉的反馈纳入绩效评估，有助于建设回应性政府、责任政府。在南方的五个案例城市中，仅有福州市、厦门市、南宁市将公众投诉或公众投诉的处理纳入了绩效评估中，深圳市和长沙市尚无公众投诉纳入考核的正面证据。

福州市在构建公众诉求与政府回应之间的互动机制方面，创新性地建立了福州市便民呼叫中心 12345 系统。该系统在互联网上构筑一个技术平台，公民、法人或其他组织可以通过电话、传真、上网等通信手段反映日常生活、生产经营中遇到的困难和问题，要求解决，并由政府部门分类处理，批转市（区）直有关单位办理，办理结果反馈给诉求人。① 通过这一系统平台，公众可以向政府输入的诉求内容非常广泛，是公众维护自身权利、获取政府服务、表达权益诉求的良性渠道，也是公民参与政府运行过程的一个很好载体。在政府绩效评估制度建设方面，福州市也将县区和市级部门处理公众诉求的效率、回应质量纳入政府绩效评估的制度之中，并在察访核验中设定了考核权重和分值：

办理"12345"诉求件逾期的，每件次扣 0.01 分，推诿扯皮、敷衍塞责的，每件次扣 0.1 分。②

通过公众诉求表达平台、回应机制、考核机制的建立，保障公众诉求处理的效率和质量。此外，福州市将效能建设与政府绩效管理与评估制度紧密结合，将公众效能诉求的回应也纳入绩效考核，主要在绩效评估框架的绩

---

① 《福州市便民呼叫中心 12345 系统运行管理暂行办法》（部门文件）。
② 《福州市 2013 年度县（市）区及市级机关单位绩效管理察访核验工作方案》（部门文件）。

效管理察访核验模块予以体现。

厦门市与福州市类似,主要是将公众效能诉求的回应纳入绩效考核,在绩效评估框架的绩效管理察访核验模块予以体现。

南宁市主要在过程督察与日常考评的评估模块中将处理公众投诉情况纳入考核。

数据采集单位定期或不定期对被考评责任单位在日常工作、处理百姓投诉、履行绩效考评工作职责等方面进行督察,在督察过程中,发现问题及时做好日常考评记录,每季度通过部门绩效管理考评系统在线填报考评扣分情况。①

可见,上述三个城市主要是将被评估对象处理公众诉求纳入了考核,主要评估公众诉求回应的时效,而不是将公众投诉本身直接计入评估总分体系中。

(三)绩效评估实施中的公民满意度评价

从五个案例城市的调研来看,公民参与满意度评价是地方政府绩效评估中公民参与最主要、最直接的形式。五个案例城市在组织实施绩效评估的过程中,都开展了公民满意度评价,并纳入了评估总分。各地的政府绩效评估实践,对公众评议的公众对象做了非常广义的理解,既包括体制的监督主体、上级主体、服务对象,例如人大代表、政协委员、党代表,也包括纯粹的外部独立普通公众,例如城市居民、农村居民等。各地开展的公民满意度的实践做法,既有相同之处,也在公众结构、所占权重、评估内容、组织实施等方面存在差异。鉴于公民参与政府满意度评价的重要性和各地的差异性,有必要分别讨论案例城市的实践做法,并进行比较。

1. 长沙市公民参与满意度评价的实践

长沙市公民满意度测评包含于社会公认评估模块中,其中社会公认评估包括服务对象评价,下级组织、统计部门、市领导评价。长沙市的社会公

---

① 《2012年度南宁市机关绩效考评实施方案》(部门文件)。

认评估,综合了360度考核模式,内部评议和外部评议相结合,融入了社会公众的直接参与。以长沙市考核区级政府绩效的社会公认评估为例,课题组根据《2012年度长沙市区县(市)领导班子绩效考核社会公认评估实施方案》,对社会公认评估的评估参与主体的结构、权重进行了整理。课题组根据评估主体的来源,将社会公众评议的主体划分为内部评议和外部公众评议两个维度,其中内部评议涵盖了市领导、市直单位负责人、市两代表一委员、基层两代表一委员、乡街及区县直负责人;外部公众评议则包含了媒体记者、企业负责人、政务中心办事群众、居民(村民)。

长沙市公民参与政府绩效满意度评价有以下几个方面的特点:第一,参与政府绩效满意度评价的公众的结构多元,不仅包括了城市居民和农村居民,还涵盖了企业、媒体记者这类特殊职业群体,也包括了和政府有直接业务交往的服务中心办事群众。这些群体对政府的了解程度、信息掌握程度都相对较高,其评价结论也具有较高的可靠性。第二,公众评价结果所占分值和权重,具有分量且具有影响力。据课题组推算,长沙市外部公众评议占整个社会公认评估分数的权重在50%以上,对整个区级政府绩效得分的权重在15%以上,公众评价的话语权、评价权得到一定体现。第三,委托专业机构开展外部公众评议,抽样方式具有随机性,调查方式较为先进,公众评议结果具有较高信度。外部公众评议由长沙市社情民意调查中心组织实施。该机构是隶属于统计局的专业调查单位,独立于市绩效办,公众满意度测评的专业性、独立性得到保证。第四,样本数量规模较充足。平均每个区级政府接受近700位公众的满意度评价,外加450余位内部评议主体的评价,近1000份的调查样本在科学抽样的前提下已可以充分反映母体情况。第五,长沙市社会公众评议的问卷,经过不断修正和完善,较为科学。长沙市针对不同评议主体,设置了不同的满意度测评内容,调查问卷的最后也留有开放式的"意见和建议"栏目,为公众的进一步参与留下空间。此外,公众参与评议的问卷调查中,为了增强评议群体对相关部门工作的了解,减少评议主体与评议对象信息不对称的问题,长沙市在市直部门的评议问卷中,除了评议部门、评估尺度(满意、较满意、基本满意、不满意、不了解)等栏目外,还增设了"部门主要职责提示"栏目,告知评议主体评议对象的工作职责、工作内容,增加了评议结果的可靠性。

表6　长沙市评估区级政府社会公认评估结构与调查实施

评议维度	具体类型	样本数	抽样方式	调查方式	调查实施单位	占社会公认评估权重	占总评分的折合权重
内部评议	市领导	60	全部	测评大会集中调查	市绩效办	D1	A类评议主体65% * 30 * 100 = 19.5%;B类评议主体20% * 30 * 100 = 6%;C类评议主体5% * 30 * 100 = 1.5%;D类评议主体10% * 30 * 100 = 3%。
	市直单位负责人	150	全部	测评大会集中调查	市绩效办	C1	
	市两代表一委员	50	随机抽样	测评大会集中调查	市绩效办	A1	
	基层两代表一委员	50	随机抽样	测评大会集中调查	考核组	A2	
	乡街及区县直负责人	133	全部	测评大会集中调查	考核组	B1	
外部评议	媒体记者	100	随机抽样	邮寄、电子邮件、传真	市民调查中心	A3	
	企业负责人	100	随机抽样	上户调查、邮寄问卷	市民调查中心	A4	
	政务中心办事群众	50(30)	随机抽样	上户调查	市民调查中心	A5	
	居民(村民)	450(470)	随机抽样	电话访问(CATI)	市民调查中心	A6	

注:社会公认评估(100%)部门权重分布,服务对象:A1+A2+A3+A4+A5+A6=65%;下级组织:B1=20%;同级部门:C1=5%;市领导:D1=10%。

2.深圳市公民满意度评价的实践

深圳市针对公民的满意度评价放置在外部评估模块中,这一评估维度占30%的权重。深圳市在政府绩效评估中的满意度调查,采取了大评议团评议模式和政府办事场所随机调查相结合对区级政府和市政府组成部门进行评议的方式。在大评议团的内部结构方面,主要包括市党代会代表、市人大代表、市政协委员代表、市政府监测点代表、被评估单位公务员代表、被评估单位服务对象代表。该评议团由9360人组成,每类群体的具体评议对象,各类群体中再按照一定比例随机抽取,对每个单位的评议人数均为620人。具体的评议主体、评议结构、评议主体评分权重和占比如表7所示。整个评议过程由独立调查机构组织实施,市绩效办、市统计局、公证机构参与过程监控和质量监控。

表7 深圳市评估区级政府外部评估的结构与实施

评议维度	具体类型	样本框	样本数	抽样方式	调查方式	调查实施单位	占社会公认评估权重	占总评分的折合权重
内部评议	市党代会代表	100	50	等距随机抽样	邮寄调查表	独立调查机构	85%	30%
	市人大代表	100	50	等距随机抽样	邮寄调查表	独立调查机构		
	市政协委员代表	100	50	等距随机抽样	邮寄调查表	独立调查机构		
	市政风监测点代表	40	20	等距随机抽样	邮寄调查表	独立调查机构		
	被评估单位公务员代表	820	410	等距随机抽样	现场集中评议	独立调查机构		
外部评议	被评估单位服务对象代表	200	40	等距随机抽样	现场集中评议	独立调查机构	15%	
	市民中心行政服务大厅办事群众		200	随机偶遇	截访	独立调查机构		

总体来看,深圳市政府绩效满意度调查中的公民参与有以下几个特点:第一,被评估部门推荐参与评议的服务对象、公民参与满意度调查的机会由部门决定。第二,绝大多数评议主体采取集中填写测评问卷的调查方式。第三,公证机构参与了抽样见证、现场见证、结果见证,一定程度保障了结果按照既定规则开展进行。

3.南宁市公民参与满意度评价的实践

南宁市政府(机关)对区级政府和市委市政府组成部门的评估得分包括:过程督察和日常考评、年度绩效指标考评,领导评价,公众评议,绩优加分,绩差扣分等几个部分。其中,公众评议机关内部评议和服务对象评议两部分,外部公众的评议占到区级政府评估总分 15% 的权重,占到市直部门 10% 左右的权重。南宁市区级政府绩效考评公众评议参与主体的结构、权重进行了整理如表 8 所示。

表 8　南宁市评估区级政府公民评议的结构与实施

评议维度	具体类型	样本框	样本数	抽样方式	调查方式	调查实施单位	占公民评议权重	占总评分的折合权重
内部评议	各级干部职工	1200 左右（每个县区从中抽取 400 左右）	100 左右	分层配额随机抽样	电话访问（CATI）	广西自治区统计局社情民意调查中心	25%	5%
	党代表、人大代表、政协委员		100 左右		电话访问（CATI）		25%	
外部评议	社会公众		200 左右		电话访问（CATI）		50%	15%

南宁市的公民评议也采取了大评议团评议模式,调查对象涵盖了人大代表、政协委员、机关干部、企事业人员、城乡居民等,并由统计局的独立调查机构应用流行的计算机电话调查系统(CATI)进行,由各被考评责任单位和有关部门按要求提供基础样本资料,建立公众评议样本库,按分层配额、随机抽样的原则抽选调查样本。从权重方面来看,外部公众占评估对象得分的权重也较有分量。南宁市针对不同的评议主体设置不同的评议内容,赋予不同的评分权重,增强公众评议的针对性。

4. 福州市公民参与满意度评价的实践

福州市绩效管理制度创建之初,就将公民评议纳入了评估框架中,并且一开始就委托了政府内部专业的统计调查队开展公众的满意度调查。国家统计局福州调查队是福州市公民评议的实施单位。该机构是国家统计局的派出机构,受国家统计局福建调查总队直接管理。可以看出该机构承担公众评议满意度调查的机构专业性、独立性较强。从该市《2013年县(市)区及市级机关单位绩效管理公众评议实施方案》来看,该方案的主体内容包括了调查方式、样本量设计、抽样方法、评分标准等内容,调查方案的完备性、抽样的科学性、调查方式的科学性都得以体现。具体的调查方式如下表所示。

表9 福州市评估区级政府公民评议的结构与调查实施

评议维度	具体类型	样本数	抽样方式	调查方式	调查实施单位	占公民评议的权重	占总评分的折合权重
内部评议	人大代表	50	随机等距抽样	电话访问（CATI）	国家统计局福州调查队	20%	20%
	政协委员	50	随机等距抽样	电话访问（CATI）	国家统计局福州调查队	20%	
外部评议	企业经营者	50	分层抽样	电话访问（CATI）	国家统计局福州调查队	20%	
	城镇居民	50	PPS抽样、随机抽样	面访调查	国家统计局福州调查队	10%	
		150	随机抽样	电话访问（CATI）	国家统计局福州调查队	10%	
	农村居民	50	随机等距抽样	面访调查	国家统计局福州调查队	10%	
		150	随机抽样	电话访问（CATI）	国家统计局福州调查队	10%	

可以看出，福州市在调查对象的选择上，采用了分层、多阶段、等距随机抽样，兼顾了城乡样本；在调查方式上，福州市主要利用计算机辅助语音调查系统（CATI）进行调查，专门建立了电话访问调查系统和实验室，招聘福州高校经济、广播专业的高年级本科生担任访问员，并建立起配套的访问员培训、访问质量监控制度，调查结果的可信度较高。在公众评议对象构成上，企业经营者、城镇居民、农村居民等体制外公民评议权重占主要地位。

5. 厦门市公民参与满意度评价的实践

在福建省绩效评估的评估框架基础上，厦门市也自上而下、较早地将公民评议纳入评估维度中，并占据了约40%的权重。同其他各地的评估实践相类似，厦门市的公民评议采取的大评议团的满意度评价模式，评议主体包括了人大、政协、机关互评、企业、居民等多元评价主体，并根据不同的评估对象进行不同公众评议主体的搭配设置。以2011年为例，厦门市针对区级政府的公众评议构成如下表所示。①

表10　厦门市评估区级政府公民评议的结构与实施

评议维度	具体类型	样本数	抽样方式	调查方式	调查实施单位	占社会公认评估权重	占总评分的折合权重
内部评议	人大代表	30	随机等距抽样	书面调查（邮寄）	国家统计局厦门调查队	19%	37%
	政协委员	30	随机等距抽样	书面调查（邮寄）	国家统计局厦门调查队	19%	
	市直机关	48个	普查	全面调查、书面调查（邮寄）	国家统计局厦门调查队	24%	
外部评议	企业	50	等距抽样	入户调查	国家统计局厦门调查队	19%	
	城乡居民	60	PPS抽样，两阶段抽样	入户调查	国家统计局厦门调查队	19%	

　　企业对政府部门满意度评价的指标内容,主要包括区级政府促进经济发展、企业发展环境、环境保护、机关办事效率、办事便利程度、政府廉洁、班子整体形象等几个方面。而城乡居民对区级政府满意度评价,主要包括提高居民收入、基础设施建设、社会治安状况、教学与教育、医疗、文化娱乐、就业、环境保护、医保、低保、社保、食品安全、安全生产、政府信用、机关办事效率、办事便利程度、政府廉洁、班子整体形象等18个方面。

　　总体来看,厦门市的公民评议委托国家统计局厦门调查队负责,实施机构具有一定的专业性、独立性。但相比较可以看出,厦门公民评议针对居民的调查方式主要为比较传统的入户调查。由于入户调查的时间成本、人力成本较高,这也限制了厦门市居民评议政府的规模和人数。

（四）探索与实践中的网络公民满意度调查

　　网络公民满意度调查是公民参与绩效评价最为便捷的方式。南方五个

――――――――――
① 《厦门市政府及其部门绩效评估公众评议实施办法》（部门文件）。

案例城市中,已有厦门市、深圳市、南宁市开展相关探索和试点,且仅有厦门市的网络公民满意度调查纳入了绩效评估的总分结构中去。

厦门市是课题组调研的南方五市中目前唯一已经将网上公众满意度评价纳入绩效总分的城市。厦门市实施了网上公众评议政府已有几年历史。在实践初期,网上公众满意度的分值为 8 分,占到了公众评议 40 分中的 20%。后来,厦门市不断减小了网上公众评议的分值权重,从 8 分降到 6 分,再降低到 4 分,再到现今的 3 分。这主要是因为绩效评估的组织实施者发现了网上公众评议存在的道德风险和逆向选择问题:

我们网上公众评议,不论是本地外地,都可以评价。我们规定一台电脑只能投一票,一个 IP 地址一票。我们发现历年实践过程中,产生了一定程度的造假。举个例子,某个单位,如果他有下属单位,有管理对象和服务对象,例如企业,他可以发动企业给他投票,存在一定的拉票行为。还有的使用辅助性软件,重复投票。道高一尺,魔高一丈。所以我们把分值减少,降低其作弊的动力。①

尽管网上公众评议还有诸多待破解的问题,评议主体也比较复杂,但不可否认网上公众评议中,毕竟还有大部分真正来自一般百姓的评价和呼声。厦门市保留网上公众评议的公众参与绩效评估渠道,并设定一定分值的做法,是值得称道的。

早在 2009 年,深圳市就尝试在网络开展政府部门工作的满意度调查(电子民调),并占到公众满意度 30% 中的 5%。开展一年后,深圳市发现电子民调的评价,存在一定的偏差。

我们是在 2009 年搞的电子民调,开展完之后发现一个缺陷——有的单位,比如某局有 2 万多人,他们可以发动自己部门的人点击满意度评价,很容易把自己部门的分数拉得很高;而有的单位只有 10 多人,这些部门能发动点击的人数就少。电子民调虽然是一个很方便的途径,但是其客观性不足。所以到了 2009 年之后,我们也搞电子民调,但只是做一个参考。目前

---

① 厦门市访谈笔记,XMFTJL 015。

主要是收集意见为主。①

　　课题组在深圳市政府绩效管理网站中找到了"2013年度政府绩效公众满意度调查"专栏。该调查面向全体市民,不记名。由于该网络满意度调查系统,是全开放式的调查,不限地域、不限身份、不限时间、不限投票次数,被评估对象拉票、自评等逆向选择问题难以避免。这一现象背后,是公众参与网上满意度评价规模不足,才导致满意度调查结果受部门人员规模影响,最终影响了评估结果的可靠性和使用。不过,从正面的角度来看,网络开放式的满意度评价属于地方政府在公众满意度调查工作方面的创新,深圳的探索,有助于培育公众网络评价的人群和素养;其网络评价平台也设置有公众参与、选择、表达意见和建议的渠道。因此,该平台目前仍是网上公众满意度调查试验平台,是公众参与政府绩效管理、反映社情民意的一个渠道。

　　2010年,南宁市委、市政府启动建设机关绩效综合管理信息平台,决定分三期建成"十个系统,一个中心",即:部门绩效管理考评系统、百姓满意度培育系统等十个系统及绩效数据中心。② 而百姓满意度培育系统的核心就是,网上的公众满意度调查。该网络满意度调查平台包含评价、投诉、咨询、建议的功能,集合了部门职责、工作计划、工作完成情况公示公开的功能,常年运行。同深圳市一样,南宁市基于网络调查的可信度考量,目前也还没将网络的满意度调查评分计算到评估对象的总分中去。

　　网络方面,我们也有一个调查,但是只是作为参考。最初建立的时候,初衷是想让百姓参与到政府工作的评价。但是我们有一个顾虑——网络评议技术上怎么保证? 怎么才能防止拉票等行为? 目前只是作为一个参考,没有纳入到评分中。③

　　值得肯定的是,作为一个常态化的公众满意度调查和培育系统,南宁市

---

① 深圳市访谈笔记,SZFTJL 007。
② 南宁市城乡数字化建设办公室:《南宁市机关绩效综合管理信息平台上线运行》,2010年9月19日,http://jy.nanning.gov.cn/5165/2010_9_19/5165_336389_1284882687000.html。
③ 南宁市访谈笔记,NNFTJL 015。

公众满意度评价网在以下几个方面为公众参与创造了机会和条件:(1)公众咨询、建议、投诉的实质参与和反馈。课题组调研结束后对该网络平台进行了在线体验,可以证实公众在该网络上任何咨询、建议、投诉,都会得到回复,这种回复以在线滚动的方式予以展现或者以在线查询的方式获取反馈意见,回复的内容多且有文件的依据,这反映了政府部门对公众诉求的认真对待。(2)公众可以参与形式上的满意度评价,特别是评价前,该网络平台公开公示了部门的主要职责、主要领导简介、部门上年度工作完成情况、部门当年度的工作计划,为公众满意度评价提供了相关评价信息,增强了评价的准确性。(3)该网络满意度的评价,成为公众参与政府绩效评估的模拟和学习。

(五)绩效评估实施中公民参与的结论

南方五个案例城市的实践证据表明,绩效评估实施中的公民参与,特别是公民满意度评价是地方政府绩效评估中公众参与的主要环节和形式。各地的公众满意度评价,都委托政府内部的独立机构进行调查和测评,调查对象多元,并运用了抽样方法,公众参与满意度评价初步成熟。但也可以看出,上述案例城市开展的公众满意度测评的科学性和测评的广泛性还有待增强。

表 11　案例城市公民参与绩效评估实施现状汇总

城市	公民参与绩效评估体系设计的正面证据	公民参与绩效评估体系设计的负面事实
长沙	开展普通公民的满意度评价 独立专业机构调查 调查公民群体多元 随机抽样过程 样本规模较好	公民对政府的投诉没有纳入评估指标 公民无法获取部门工作完成信息
深圳	独立机构开展调查,公证机构公证 公民满意可获取部门公共服务白皮书完成情况信息	公民的投诉没有纳入评估指标 服务对象选取的随机性不强 样本规模不多

续表

城市	公民参与绩效评估体系设计的正面证据	公民参与绩效评估体系设计的负面事实
南宁	独立机构开展调查 绩效展示与网上满意度调查平台,公民可方便获取绩效信息 公民的投诉纳入考核	服务对象评议由评估对象推荐,选取的随机性不强 样本规模不多
福州	独立机构开展满意度调查 满意度调查的专业性、科学性、随机性较强 公民投诉、效能投诉纳入考核	样本规模较少
厦门	独立机构开展满意度调查 满意度评价的抽样方法科学 公民参与网上满意度评价,并纳入总分 公民投诉、效能投诉纳入考核	样本规模相对较少

五、政府绩效评估结果使用环节的公民参与

(一)绩效评估结果的外部公开

厦门市对绩效评估结果信息公开的力度较大。研究者运用关键词检索以及在厦门市政府信息公开栏目查阅,检索到了《2008 年度厦门市各区人民政府绩效评估综合成绩汇总表》、《2008 年度厦门市政府组成部门绩效评估综合成绩》、《关于 2008 年度政府及其部门绩效管理工作情况的通报》、《关于 2009 年度政府及其部门绩效管理工作情况的通报》等相关文件,这些公开文件对绩效评估对象的评估结果等级、评估总得分进行公布,并对整体绩效评估的成效与问题进行了总结。可见绩效评估结果公开力度较大。然而,在新近的 2010 年度、2011 年度、2012 年度难以找到相关的绩效评估对外公开的文档。

长沙市的政府绩效评估工作依托组织部展开,在评估结果利用环节,绩

效评估结果比较明显地影响到了被评估部门领导的晋升,因此公众满意度评价结果以及民意指标的评估结果应用的效力较高。但是长沙市的政府绩效评估结果,只是在政府内部公开公布,公众无从知晓政府部门的绩效结果、绩效状况,而政府部门对公众的绩效改进回应、绩效诉求回应也缺乏明显的证据。

南宁市在评估结果利用方面,将评估对象存在的问题、公众所提意见的整改落实情况以整改方案的形式对外公开,体现了对公众回应的绩效改进理念。但在评估结果信息公开方面,仅对社会公众公开了评估优秀单位,结果信息公开的深度和力度方面还不够。

深圳市、福州市在政府绩效结果信息公开方面,还有待拓展,尚无评估结果公之于众的正面证据。

(二)绩效评估结果使用中的公民回应与绩效改进

绩效提升与改进是绩效评估结果使用的一项重要目的,也是绩效评估开展绩效管理与评估工作的根本宗旨。从公民参与维度评价绩效评估结果使用的要点,主要在于促使绩效评估过程公民参与并输入的绩效意见、绩效建议、绩效评分得到绩效评估组织和评估对象的重视并及时向公众反馈绩效改进的进展。

南方五个案例城市在这一方面的共同实践优点,体现在绩效评估的组织实施机构都将公众满意度测评中收集的公众对被评估对象的意见、存在问题、工作建议等完整反馈给被评估对象。无论是开展电话调查,还是书面调查,上述案例城市在满意度测评中的最后一个问题都设置为开放式的对评估对象的工作意见和建议,这是公民参与部门绩效改进的良性渠道。各市的绩效办都会将收集的这些意见逐一整理,并反馈给被评估的下级政府或市级部门。然而,普遍存在的不足之处是,这些公众意见反馈给被评估的对象后,往往没有了下文。评估的组织实施者没有监督某些合理建议的采纳情况、监督实际问题整改情况,而被评估对象也缺少对公众意见的直接回应。

在评估结果的其他利用方面,例如部门绩效的整改,评估结果纳入政府决策、评估结果纳入人事部门的人事晋升决策、纳入财政预算管理与决策方面,这些方面五个案例城市都缺乏公众直接参与的正面证据,更多是政府内部事务和决策过程。

(三)绩效评估结果使用中公民参与的结论

与绩效评估组织实施环节相比,南方五个案例城市公民参与绩效评估结果使用的程度较低。首先,五个案例城市的绩效评估结果信息对外公开、公布的程度低,仅有厦门市在特定年段以政府信息公开的文件形式把评估详细结果对社会公开。这导致了公众获得绩效评估结果信息的不足,制约了参与的信息基础和积极性。其次,各个案例城市,都能将绩效评估公众满意度测评收集的公众文字意见反馈给被评估对象,但是评估组织实施者和被评估对象普遍缺乏向公众的后续反馈。再次,在绩效评估结果使用的绩效改进环节,公众无从知晓并评估结果较差的部门、评估结果较差的工作的绩效改进措施、进展。

总体而言,南方五个案例城市绩效评估结果使用环节的公民参与渠道、程度都还有待于拓展提升。

表 12　案例城市公民参与绩效评估结果使用的现状汇总

城市	公民参与绩效评估结果使用的正面证据	公民参与绩效评估结果使用的负面事实
长沙	向评估对象反馈满意度测评收集的公民意见	评估结果的内部公开 缺少绩效改进的公民回应
深圳	向评估对象反馈满意度测评收集的公民意见	评估结果信息的内部公开 缺少绩效改进的公民回应
南宁	向评估对象反馈满意度测评收集的公民意见 绩效整改方案的公开	评估结果仅对公民公开评估优秀单位 绩效改进未向公民反馈
福州	公民意见和建议反馈给评估对象	评估结果政府内部公开与使用 绩效改进未向公民反馈
厦门	评估结果在政府内部和外部公开 向评估对象反馈满意度测评收集的公民意见	绩效改进未向公民反馈

六、公民参与政府绩效评估的总体评价与未来展望

（一）南方五市公民参与绩效评估的调查与评价结论

从课题组负责的南方五市公民参与绩效评估的调查与评价中，可以看出上述地方政府的绩效评估中已经有了一定程度、一定范围的公民参与。各地公民参与绩效评估的渠道、方式、程度既有共同之处，也有各自特点。尽管这五个省会城市或副省级城市的样本数还偏少，彼此间公众参与绩效评估的差异性较大，通过比较分析我们仍可以得出南方五个案例城市公民参与绩效评估的总体定论。

1. 公民参与绩效评估实践的城市比较：共性与差异性并存

课题组调研的长沙、深圳、南宁、福州、厦门五个城市，在公民参与绩效评估方面既有共同之处，也有个性之处，而且彼此的差异性大于彼此的共性。通过调查，可以看出南方五个案例市在公民参与绩效评估方面的突出共性表现在，在评估框架中设计有公民满意度评价并占评估总分的一定权重。此外，通过系统评价也可以看出，南方五市在绩效评估决策、绩效评估结果应用方面的公民参与普遍低于其他绩效评估环节。除此之外，各地公民参与绩效评估的各个环节的实践做法、渠道、程度，仍存在较大的差异。这种差异，不能绝对地用东、中、西部的经济发展程度来解释。事实上也不存在从东部地区至西部地区公民参与绩效评估程度和范围递减的趋势。这种差异很大程度上归因于各地的行政环境和传统，归结于地方领导者和绩效评估组织实施者对公民参与的自觉意识、重视程度、态度成见。在共性和个性并存的背景下，有必要总结各地公民参与的成功经验和不足教训，在比较借鉴的视野中，积累公民参与绩效评估的经验。

2. 满意度评价:公民参与绩效评估的主要途径

尽管各地探索建立的公民与政府绩效评估工作的联系方式已有多种,但毫无疑问,公民参与满意度评价是目前公民参与绩效评估最主要、最有影响力的方式。上述城市都将公民满意度调查纳入评估体系之中,并委托政府内部或外部的专业统计调查机构组织实施。调查过程和测评结果初具科学性、公平性。根据前文分析,各地纯粹外部公民(居民、企业者、媒体记者等)的满意度评价占据评价总分的权重在15%—25%之间,这足以对评估对象的总分产生实质影响。研究者对相关城市的评估结果得分进行分析发现,客观指标考核很难拉开差距,而政府体制内的公众(人大代表、政协委员)等的满意度评价差距也不大。相反,纯粹外部公众的评分结果明显低于其他评估模块的项目得分,且评估对象的得分差异最大。因此,在现有的评估制度中,公民满意度评价的公众参与,具有一定的影响力。当然,也应认清地方政府绩效评估中公民满意度评价存在的普遍问题:样本规模小,真正参与的民众不多;抽样的科学性,评估的信度效度、公正性、科学性都还有待提高。

3. 政府绩效评估中被动式为主的公民参与

相对于公众主动参与政府绩效评估,被动式的公民参与是公众以消极的态度和等靠要等被动式的行动构成的一种参与状态。从本研究各个评估维度来看,政府绩效评估中的公民参与主要属于被动式的参与。地方政府的绩效管理和评估的制度设计和政策设计决定了公民参与绩效评估的渠道、方式和程度。而基于调研的证据显示,除了极少数的专家、科研机构能够对绩效评估的制度设计、管理决策产生影响之外,绝大多数的普通公众是没有机会和渠道参与绩效评估的决策和制度设计的。这意味着公众能否参与到政府绩效评估中去,主要取决于政府内部决策者和制度设计者的公众意识。因此,公众不能决定能否参与绩效评估以及如何参与绩效评估。此外,在绩效评估运行的过程中,普通公众也处于被动等待参与绩效满意度评价的状态。具体到公民个人,即便想对政府工作进行评价,也不一定有具有影响力的评价机会。因此,在假设公民具有参与积极性的前提下,公民也不一定能对政府绩效评估表达具有影响力的话语权。而在整体公民参与积极性不高的背景下,这种被动式的公民参与表现得尤为明显。

4. 公民参与绩效评估的影响力:形式大于实质

尽管各地都将公众满意度纳入了评价框架,也有其他或多或少的参与渠道和方式,但是地方政府公民参与的结果效力还远远没有发挥出来。公民参与绩效评估是公民的目的性行为,公众理所当然具有参与预期结果。而在绩效评估实践中,尽管公众以某种方式参与了绩效评估的某个环节,但是参与的实质结果无从谈起,或者公众无从知晓产生了什么样的结果。评估结果的不对公众公开,公众反映的问题、意见没有得到评估对象的回应,公众评价的突出问题没有得到部门的正视,这些都降低了公民参与的效力、影响力,也进一步降低公民后续参与的积极性。

5. 绩效信息公开:"犹抱琵琶半遮面"

绩效评估相关信息的公开和传播,会影响公民的参与认知和态度,构成公民参与绩效评估的前提。总体来看,地方政府绩效信息公开的力度和勇气都还不够。绩效评估决策过程的透明度不高,绩效评估相关制度的公开性、可获得性不足,绩效完成信息、绩效监测信息、绩效结果信息、绩效改进信息等关键绩效信息流目前仍主要处于政府内部传播、消费的形式。对外公开的绩效信息也主要以正面的绩效信息为主,公众主动或被动接收的绩效信息总体较少。绩效信息不足,作为重要的环境影响变量,制约了在现有制度设计中公众参与的积极性和主动性。

(二)公民参与政府绩效评估的制度再设计:南方五市的经验

1. 博采众长:南方五市公民参与绩效评估成功经验集合

公民参与绩效评估具有理论和实践的双重价值,归根到底是实践导向的。以实践的经验促进理论的建构,是丰富公民参与绩效评估内涵的有益路径。如前所述,南方五市在公民参与绩效评估方面兼具共性和个性,特别是各地的实践做法具有较大的差异性。因此,从比较借鉴的视角,整合各地在公民参与绩效评估方面的有益探索、实践经验,将为整体的公民参与绩效评估制度设计提供有益参考。综合本研究的调研和评价,我们以绩效评估的四个环节为统筹,综合各地的实践经验,得出如表13所示的南方五市公民参与绩效评估成功实践做法的集合。这为地方政府间的公民参与绩效评估制度设计和政策学习,提供了制度范本。

表13 南方五市公民参与绩效评估成功实践做法的集合

公民参与维度	公民参与绩效评估的成功经验	经验来源
绩效评估决策	专家参与绩效评估启动决策、年度决策	深圳市、南宁市
	专家参与绩效评估制度修订决策	深圳市、南宁市
	绩效决策结果信息公开:评估制度、评估工作方案的公开	长沙市、厦门市
评估体系设计	专家参与评估指标设计、修订	深圳市、南宁市
	专家参与评估指标权重设计、修订	深圳市、南宁市
	将公民意见和诉求转化为评估指标	长沙市
	公民导向的评估指标体系	深圳市
	评估指标、绩效目标的公开公示	长沙市、厦门市
	绩效目标承诺(公共服务白皮书)	深圳市
绩效监测与评估实施	独立专业机构满意度调查	福州市、长沙市、南宁市、厦门市、深圳市
	网上满意度评价	厦门市
	公民投诉诉求纳入考核	福州市、厦门市
	绩效完成情况的公开	南宁市
评估结果利用	评估结果外部公开	厦门市
	满意度评价中的公民意见、建议反馈给评估对象	长沙市、南宁市、深圳市、福州市、厦门市
	绩效整改向公众回应	南宁市

2. 构建公民参与和公民导向的绩效管理和评估制度

公民导向的绩效评估是地方政府绩效管理和评估工作的未来发展方向,而公民参与则是连接公民满意与绩效评估的纽带。构建公民参与和公民导向的绩效管理和评估制度,须以全过程、广覆盖、多样化、有影响力的公民参与为手段,以良性行政环境、信息公开为环境保障,以公民满意为最终依归。为了实现上述目的,地方政府的领导者和绩效评估的组织实施领导,需要着力做好以下几方面的工作。

第一,拓展提升公民在绩效评估决策中的参与,让公民的需求、期望成为地方政府绩效评估的内容、指标、目标。为了破解政府评估分数高但公民仍不满意的难题,必须保障公民的呼声、需求能在绩效评估重要决策中得到体现:评估谁、评估什么、评估标准是什么、评估不达标如何问责并整改、向公民回应。为此,绩效评估决策过程中,除了易做到的专家参与,还亟须开拓一般公民参与绩效评估决策的参与渠道。

第二,提升公民参与满意度评价的质量。尽管地方政府绩效评估已经纳入并开展了满意度评价,但仍存在公民满意度评价分值偏低,参与规模较小,满意度调查的科学性和公正性不高,参与成本高的问题,影响到公民评价政府的参与质量。未来的公民满意度评价,应具有广泛性、方便性、公正性、科学性的特点。这需要实践者和理论研究者破解满意度调查中存在的难题,并解决网上公众满意度调查的技术和道德难题。

第三,构建公民回应的绩效评估结果使用机制。公民参与的效力和效果,关键在于评估结果的使用。现有政府内部的评估结果使用存在不足,特别是面向公民的绩效结果使用还非常之少。建立公民评估结果反馈机制、公民意见和诉求的回应机制、面向公民问责机制是未来评估结果使用公众导向的关键所在。

第四,建立绩效信息的公开和透明机制。针对公民获取绩效评估相关信息的严重不足,地方政府绩效评估的组织实施部门应以保障公民的信息权和参与权为起点,建立绩效评估的网站网页,并利用各种新媒体手段,面向社会主动公开政府绩效评估各方面的绩效信息,营造公开透明的政府绩效评估过程,进而影响公民对政府绩效评估的认知和态度,获取积极的公民参与行动支持。

公民参与政府绩效评估状况调研报告（二）

——基于成都市、银川市、昆明市、重庆市和长春市的调研

姜晓萍　田　昭　张　鹏　王郅强

四川大学公共管理学院

一、引　言

（一）研究问题

公民参与政府绩效评估既是当前推进政府全面绩效评估的重要内容和推动力量，也是公民维护自身权益、践行自身权利的重要方式。尽管我国也有部分地方政府将公民参与纳入了绩效评估的过程，但在当前的绩效评估中公民参与的广度和深度如何、公民参与的方式如何、公民参与对于整体绩效评估的影响和效用如何却较少被讨论和研究。本次调研就旨在了解和总结当前政府绩效评估中参与的广度和深度、公民参与的主要方式以及参与的效用情况，以为未来进一步完善绩效评估体制机制建设提供参考。

研究中的公民包括了公民大众与专家学者，也包括了部分作为服务和管理对象的政府部门工作人员，他们也以被管理者或被服务者身份参与到

政府的绩效评估之中。

（二）研究目的与意义

本研究的目的在于通过了解各个城市公民参与政府绩效评估的现状，总结当前公民参与政府绩效评估中存在的不足和经验，为推进和扩大公民参与绩效评估提供参考与建议。

（三）研究设计

1. 样本选取

本研究选取 5 个省会城市进行调研，包括成都、昆明、银川、重庆、长春。调查城市主要分布在国内经济发展和社会发展相对较为落后的西部区域和东北区域，被调查城市所处的环境有一定的相似性。

2. 数据收集

通过与各城市绩效办（考核办、目督办）有关领导干部、工作人员访谈，配合相关文件、学术研究等的文本分析，收集各城市公民参与政府绩效评估状况的数据。

2013 年 8 月，姜晓萍教授与昆明市市委目督办朱珠副处长、戴国艳副处长对昆明市政府绩效管理进行了研讨与访谈，云南大学罗红霞副教授参与了座谈。

2013 年 11 月，姜晓萍教授与成都市政府办公厅目督办副巡视员安澜、成都市目督办区县处处长王志强对成都市政府绩效管理进行了研讨和访谈。

2013 年 11 月，姜晓萍教授对银川市委目督办相关领导进行了访谈，调研了银川市政府绩效管理与公民参与情况。

2013 年 12 月，委托吉林大学王郅强教授对吉林省和长春市目督办相关领导进行了访谈，并对目督办工作人员进行了调研。

2013 年 12 月，委托重庆大学张鹏教授对重庆市目督办相关领导进行了访谈，并对目督办工作人员进行了调研。

3. 分析框架

从政府绩效评估的决策环节、评估体系设计环节、绩效评估实施环节与评估结果使用四个环节来考察公民参与的状况。

首先,绩效评估决策环节上,评估决策的关注重点是是否要推行绩效评估以及评估决策的启动情况如何,评估对象选择,评估方式选择以及评估主体的选择情况。

其次,评估体系设计环节上,一是评估体系设计过程中的公民参与,即体系设计过程中公民参与的具体方式及其发挥的影响;二是评估指标体系中体现的公民导向,主要包括客观指标中如何突出民生和公共服务以及公民满意度的状况。

再次,绩效评估实施环节上,考察绩效信息公开状况;市民投诉率对相关部门或单位绩效评估的影响状况;市民满意度调查的组织安排状况以及公民参与和影响绩效评估执行的其他情况。

最后,评估结果使用环节上,包括评估结果信息公开状况;评估结果与市民的"互动"状况;结果利用中市民的影响状况。

二、公民参与政府绩效评估决策环节

(一)政府绩效评估决策中的公民参与整体状况

公民参与政府绩效评估的决策在当前主要表现为公众的诉求、意见和利益在政府绩效评估体系中的反映和所占的权重。而这种地位又分为以政府为主导、以获取社会信息为目标的参与和以公民为主导、以彰显公民权利为目标的参与。当前的公民参与主要体现为前者。

表1 调查城市公民参与政府绩效评估决策情况

项 目	成 都	昆 明	银 川	重 庆	长 春
1.公民参与了政府职能部门的绩效评估	符合	符合	基本符合	基本符合	基本符合
2.公民参与了区县政府的职能评估	符合	不符合	不符合	基本符合	不符合
3.公民参与了政府内部组织的职能评估	符合	符合	符合	符合	符合
4.公民直接参与到政府的职能评估之中	符合	基本符合	基本符合	不符合	符合
5.公民通过参与调查参与到政府职能评估之中	符合	符合	符合	符合	符合
6.公民评价被纳入到政府职能评价表项目之中	符合	基本符合	符合	符合	基本符合

如表1所示,从参与对象来看,当前公众对于政府绩效评估的参与仍然体现为部分参与,政府职能部门仍为公民参与的主要对象,各市所推进的公民参与政府绩效评估也主要表现为对市级政府职能部门的参与;而区县部门目前参与度普遍较低,除了成都和重庆部分涉及之外,其他地方均未涉及;当前政府内部组织参与主要体现为作为服务和管理对象的政府工作人员参与,社会公众因为利益相关性不足均未参与其中。

从参与形式来看,在当前的公民参与政府绩效评估中主要仍体现为政府通过各种形式的问民之需实现公民诉求在政府绩效评估中的体现,同时公众的满意度和民生与公共服务指标都已经反映到了政府的绩效评估体系中,并且所占的权重越来越高。调查中发现,成都市、昆明市、银川市、重庆市、长春市都采取了以调查问卷和民主访谈等形式的问民之需活动,并都将公众的意见纳入了政府的绩效考核之中。同时,成都市、昆明市、银川市还将专家纳入了绩效评估的决策咨询机制之中,且专家具有一定的决策权。目前,公众直接参与到政府绩效评估的尝试较少,除了成都市所推行的82位市民代表和银川市的督察员直接参与政府绩效评估制定以外,其他城市尚未涉及公众对于绩效评估决策的直接参与形式。

（二）政府绩效评估决策中公民参与的方式

公民参与政府绩效评估决策主要在于实现公众对政府评估决策的影响力,当前主要通过以下渠道进行:

一是通过网络媒体来问民之需,包括官方网络、电台、报纸等媒体成为了政府征求公民需求、完善绩效评估体系的重要方式。成都市在这方面的做法尤为突出,其他各市也都通过这种渠道来向民问政,其中重庆市还通过展开百姓座谈会来了解公众所关心的问题,并纳入政府的绩效考核之中。

二是通过人大代表、政协委员来问民之需,被调查的城市都努力在发挥人大代表和政协委员的作用,通过他们来获取民意和民需。

三是通过独立的第三方调查来获取公民需求。目前,银川市、昆明市通过城调队来推进调查,成都市、重庆市则是彻底委托第三方公司开展,长春市主要通过政府来直接推动。

四是通过部分专家学者参与确保政府绩效评估决策的科学性。目前,成都市、昆明市和长春市都将专家学者的参与纳入了绩效评估决策体系之中,重庆和长春也在绩效决策中充分征询专家的意见。

（三）绩效评估决策中公民参与的内容

成都市公民参与政府绩效评估决策情况:一是通过网络媒体问民之需,包括政府网站、报纸、电台以及市长公开电话等方式了解公众对于政府下一年工作重点的期望和建议。二是通过市民代表问民之需。成都市组建了包括82名市民代表,包括主城区的40名代表以及下属区市县每个区县3名代表,共计82名代表进行社情民意的收集和意见的反映。三是人大代表和政协委员参与政府绩效评估的决策。四是专家学者参与。政府绩效评估的设定要通过专家咨询和评审。

重庆市公民参与绩效评估决策情况。每年重庆市考核领导小组根据重庆市5个功能区划分,分别到渝东南、渝东北、渝西等地区、县召开百姓座谈会,询问百姓目前最关心哪些事情。同时在每个不同地方发问卷,让百姓写出他(她)最关心的 5 个问题。然后,进行汇总,找出百姓最关心的共性问题,反映最多、最强烈的问题,再把它们列入政府绩效考核的相关内容中,作为区县政府绩效考核的重点或中心工作,比如"重点民生实事完成率"、"基本公共卫生服务群众受益率","城乡居民收入增长率",这实际上也使百姓参与到考核内容的设计中来。

昆明市公民参与政府绩效评估决策情况。一方面,昆明市各部门以及各区县的绩效评估指标设计中必须经历专家参与评审的环节,并报市级领导审批。另一方面,昆明市通过 12345 市长信箱、行风调查等形式获取公众的意见,并将这些意见纳入政府绩效评估的决策之中。

银川市公民参与政府绩效评估决策情况。银川市的政府绩效评估指标每年都要邀请专家审核,并根据市委市政府的工作重点进行相应的政策调整,而且绩效指标全面对外公开,接受公众的监督和质询。同时,在绩效指标的决策中,银川市的督察员参与其中。督察员由 30 多位市民代表组成,参与整个政府绩效评估的全过程。

长春市公民参与政府绩效评估决策情况。长春市公民直接参与政府绩效评估决策情况较少,当前公众主要通过参与政府调查来对政府绩效评估产生影响。

(四)绩效评估决策中公民参与的地方特色

表 2　调查城市公民参与政府绩效评估决策的特色经验总结

城　　市	经　　验
成都	市民网络与媒体参与、市民代表直接参与
重庆	百姓座谈会、民生指标
昆明	专家参与、公众各种意见的综合利用
银川	绩效指标公开接受公众质询、督察员制度
长春	政府调查参与

三、公民参与政府绩效评估体系设计环节

(一)绩效评估体系设计中的公民参与整体状况

在绩效评估体系设计中,公民参与主要体现在两个方面:一是作为被评估对象的政府部门工作人员参与了评估体系设计,成都市、昆明市、银川市、重庆市、长春市的绩效评估中都有部门参与评估指标设计的环节;另一方面,公众也直接或间接参与到了绩效评估体系设计之中,成都市的市民代表和专家学者参与到了绩效评估体系设计中,昆明市和银川市的专家学者参与到政府绩效评估之中。同时,被调查的五个城市都一定程度上将社会调查、市民投诉、舆情报告等反映公众诉求的信息纳入了绩效评估体系设计之中。成都、昆明、银川、重庆、长春的政府绩效平台体系中都体现了公民导向。成都市的绩效评估体系的指标制定、指标权重、评估主体方面都体现了工作导向;昆明市绩效评估体系中的指标和指标权重方面体现了公民导向;银川市在评估指标和评估主体方面体现了一定的公民导向;长春市、重庆市在评估指标方面都一定程度体现了公众导向。具体如下表所示。

表3 调查城市公民参与政府绩效评估体系设计情况

项　目	成　都	昆　明	银　川	重　庆	长　春
1.绩效评估体系设计中参考了网络上的公众意见	符合	基本符合	符合	基本符合	基本符合
2.绩效评估体系设计中参考了公众投诉的意见	符合	基本符合	基本符合	符合	基本符合
3.绩效评估体系设计中参考了公开听证的意见	不符合	不符合	基本符合	基本符合	基本符合
4.进行了公众需求和关注点调查,如进行社情民意调查	符合	符合	符合	符合	符合

续表

项 目	成 都	昆 明	银 川	重 庆	长 春
6.公众需求和关注点调查结果反映到了绩效评估体系中	符合	符合	符合	符合	不符合
8.绩效评估体系的客观指标中突出了民生和公共服务	符合	符合	符合	符合	基本符合
9.绩效评估体系中公众满意度占有一定比重	符合	符合	符合	基本符合	基本符合
10.公众直接参与到绩效评估体系的制定	不符合	不符合	不符合	不符合	不符合

（二）绩效评估体系设计中公民参与的方式

1.专家学者参与评估体系设计

通过政府文件与领导的访谈，在成都市、昆明市、银川市绩效评估体系设计中有专家学者参与，而且政府的绩效指标设定必须有专家审核环节才能最终通过和施行。

在重庆的绩效评估体系设计中未见专家学者参与，主要由绩效考核部门和被考核部门共同拟定考核指标，并报领导审批。

2.公民参与评估体系设计的方式

成都市公民参与政府绩效评估主要通过以下两种方式进行：一是政府通过网络媒体问需于民，并将相应的公众诉求纳入绩效评估体系设计之中。二是成都市组织82名市民代表进行民意收集和意见，并反映到绩效指标设计之中。

重庆市公民参与绩效平台体系设计主要通过调查实现，通过座谈和问卷收集公众关心的问题，然后将其纳入政府绩效考核的相关内容之中，并作为区县政府绩效考核的重点或中心工作。

银川市的政府绩效指标全部对外公开，接受公众监督和质询，公众通过网络等方式可以对指标提出建议。

昆明市的绩效指标设计中充分参考了市长信箱、行风调查数据、听证会意见等方面的公民诉求，并由暗访组对公众进行暗访，从而获得公众对绩效评估指标体系设计的意见。

长春市绩效评估体系设计中尚未见到公民参与。

(三)绩效评估体系中的公民导向

成都、重庆、银川、昆明、长春政府绩效评估体系中都体现了相当程度的公民导向。

成都市绩效评估体系中的公民导向。对于绩效考核中的公民参与，成都市主要在对政府创新学习和满意度测评方面大力推进公民参与的外部测评体系建设，而对于政府业绩和内部管理等与群众并无直接服务关系的指标则仍通过内部测评体系进行。在内部测评方面，主要涉及政府部门的业绩和内部管理，成都市主要从服务对象的角度出发扩大参评主体，包括上评下、同级评和下评上三个测评维度，采取问卷的方式由三大主体(市领导、部门和区县)采取问卷方式对部门的年度工作和协调服务情况进行测评，权重为11.6%，其中下评上的权重为8.3%。在外部测评方面，当前的测评主要分为三大块内容，由纪委牵头的党风廉政暨软环境测评、由文明办牵头的文明指数测评和由目督办牵头的民生工程满意度测评、民生工程效果评分和创新能力测评。其中，满意度测评主要通过市社情民意调查中心调查评估、民生工程由市民代表进行评估，创新学习由驻蓉专家三方进行评估。整个外部测评占测评总权重的20.7%。其中，民生工程效果评价的权重为1.6%、满意度调查为12.5%、党风廉政暨软环境测评为2.5%、创新学习为4.1%。

重庆市绩效评估中的公民导向。目前重庆市政府绩效考核内容分为四大板块：一是经济社会发展的实绩考核，对区县政府推动区内经济社会发展的绩效进行评估；二是党建工作考核；三是民主测评；四是民意调查，即社会评价，纯粹是百姓对区县政府工作的满意度评估。政府绩效考核坚持"群众需要"和"问题导向"，客观指标中特别是经济社会发展的实绩考核板块，涉及20件民生问题，包括："城镇万人新增就业人数"、"万人公共体育设施面积和免费开放率"、"城乡居民收入增长率"、"市政设施保障率"、"环保五大行动达标率"、"城市人均绿地面积保持率"、"万元 GDP 能耗降低率和主要污染物削减达标率"等,公众满意度在考核指标中得以体现。同时,关于市民投诉率对相关部门或单位绩效评估的影响,重庆市政府绩效考核中设定有指标为"信访稳定",专门反映市民投诉占绩效考核的一定比例。

银川市绩效评估中的公民导向。目前银川市形成了以目督办为评估主体的面对 6 区县和经济技术开发区等区县级政府和全部政府职能部门为评估对象的全面绩效评估体系。针对各部门的绩效评估,除了年终的评估考核结果以外,还有季度考核结果简报,初步形成了结果考核与过程控制的绩效管理体系。在评估主体方面,除了专门负责考核的目督办之外,上级主管领导和人大代表与政协委员也参与到了评估之中。另外,银川市还推进公民作为评估主体的体系建设。一方面,组织了 30 多位市民督察员,进行暗访跟踪考核、监督和评估部门的绩效情况;另一方面,委托了第三方机构通过对市民调查将市民的意见和评价形成对政府绩效部门的评价,并作为绩效考核的重要组成部分。银川市的绩效评估按照被评估部门的属性不同,形成了不同的基于服务对象的评估主体。其中,内部的行政部门,如机关党委部门的考核主体包括了其服务的职能部门工作人员、上级部门和独立的第三方调查主体。而外部机构,包括行政执法部门和社保等民政部门,其评估要由第三方组织通过匿名对市民进行满意度和需求调查从而得出评估结果,体现了服务对象在绩效评估中的话语权,且基于第三方调查和评估监督小组的评估结果要占到总体绩效评价结果的 40%比重。

昆明市绩效评估中的公民导向。昆明市积极探索了多元主体参与的监督考核体系。一是组建专项督察小组,督察小组成员包括普通市民、相关职业群体和志愿报名人员,专项督察小组通过调查暗访的形式对督察对象进行调查,并形成相应的结果交至相应的职能部门,部分存在的问题也可以列入纪委快查快办。以南博会的环境卫生整治为例:一是由市民、环卫工人等组成的专项督察小组每月两次进行相应的检查工作,并将检查结果转至环卫部门。二是由市领导牵头组成了 7 个督察小组,专门负责职能部门的监督考核工作,通过定期调研实现对职能部门的绩效控制和监督。三是由纪委牵头推进行风评议工作。行风评议工作 2011 年开始,行风评议由部门的管理和服务对象做出,评价的结果在整个绩效评估中占据 15—20 分的比重,同时行风评议结果向社会公示,保障了结果的公开性和执行性。

长春市绩效评估中的公民导向。从长春市绩效评估的评估主体来看,绩效评估表现出主体多元化的发展趋势。在政府绩效评估机制中,评估主体有:被评估部门、专门评估部门(包括政府绩效办、政府办公厅、审计厅、监察厅等)、领导、人大代表和政协常委、企事业单位代表、市(州)及县(市、区)政府、省政府工作部门,共七类。他们分别完成了自我评估、领导评估、跟踪评估和社会评估四个内容。从绩效评估的指标比值和评估方法比重来看,长春市政府评估中重点业务工作目标占 100%的比重,共性目标作为减分项或降等次项。从评估作用的角度来看,被评估部门负责自我评估;专门评估部门负责跟踪评估、年度绩效计划完成情况评估和共性目标评估;领导分别对分管的本级政府工作部门年度工作完成情况做出相应等次和档次的意见;本级人大代表和政协常委、企事业单位代表、本级政府工作部门的评估统称为社会评价。最终的评估结果由年度绩效计划完成情况评估、跟踪评估、领导评估、社会评价四部分分别计算权重构成。其权重比例,2007 年分别 60%、10%、10%、20%;2008 年为 60%、5%、15%、20%;2013 年为 65%、10%、15%、10%。

(四)公民参与政府绩效评估体系的地方特色

表4　调查城市公民参与政府绩效评估体系参与特色经验总结

城　　市	特色经验
成都	市民代表直接参与民生工程体系设计和测评、专家专职参与创新能力体系设计和测评;整个外部测评占整测评的 20%以上
重庆	专门设计社会评价指标,并且以民生工程作为参照指标
昆明	专项督察小组参与体系设计,行风评议列入评价体系,投诉建议列入评价体系
银川	绩效指标全部对外公开,督察组参与指标体系
长春	多元评估体系、专门的社会评价指标

四、公民参与政府绩效评估实施环节

(一)绩效评估实施中的公民参与整体状况

在绩效评估实施中,各市政府绩效信息实现了不同方式、不同内容的公开,被调查的城市都积极推进信息公开,让公众了解用于政府绩效评估的信息。从总体上来看,五市政府都完成了政府网站建设,并逐步将非机密类的信息挂在了网上供公众参考。同时,五市政府还通过电视、报纸以及手机短信的方式进行信息公开。如下表所示。

表5　调查城市公民参与绩效评估实施情况

项　　目	成　都	昆　明	银　川	重　庆	长　春
政府绩效信息进行了报纸公开	符合	基本符合	符合	符合	基本符合
政府绩效信息进行了网络公开	符合	基本符合	符合	符合	基本符合
部门领导进行了电视或网络述职接受公众评议	不符合	符合	不符合	不符合	不符合
市民投诉率很大程度上影响了相关部门的绩效评估	符合	符合	符合	符合	基本符合
市民满意度调查对象结构中普通市民所占比例大	基本符合	符合	符合	符合	基本符合

从具体参与实践来看,各地的公民参与也各有特色,成都市充分利用市民代表进行绩效信息核准工作;昆明市通过专项督察组以暗访的形式进行调查并反映到相应部门;银川市也组建了市民督察员队伍,参与到市民意见的手机和对政府绩效的评价。

另外,成都市、重庆市、昆明市、银川市、长春市都开辟了多种公民投诉渠道,包括市长信箱、政务微博等形式,并将市民投诉状况作为其目标考核

121

中的一部分内容,对政府绩效评估有着实质的影响。

在公众满意度调查中,成都市、重庆市、银川市、昆明市、长春市都开展了市民满意度调查,且公众满意度在政府绩效评估中都占据一定的分值。在满意度调查开展方面,成都市和重庆市都是委托第三方机构开展,银川市和昆明市则委托城调队开展,长春市目前主要通过政府自身开展。

(二)绩效评估实施中公民参与的具体情况

1.成都市公民参与政府绩效评估执行情况

成都市政府活动中的公民参与主要体现在三问三试工作法上。其中,三问主要表现为问需于民(政府要做什么)、问计于民(怎么做)和问效于民(做得如何),而三试则是对于三问的问题进行试验并最终寻找出最有利于民众的方案。通过这种三问三试工作法,成都市在政务活动中的公民参与水平一直处于一个比较高的水平,特别是绩效评估中的公民参与有着与其他地方相比较为明显的特色。成都市公民参与政府绩效评估执行主要通过以下渠道:

一是通过网络媒体问效于民。包括政府网站、报纸、电台以及市长公开电话等方式了解公众对于政府职能工作履行情况的评价。

二是通过市民代表考评政府绩效。在市民代表的评价中,市民代表主要由专家学者、人大政协委员、社区书记以及退休人员组成,市民代表对民生工程进行全程式跟踪监督,并在每年年底和年中进行两次集中考评,考评对象由市民代表进行"点名"评价,市民代表对职能部门进行评价,在年底的汇报会中,市民代表对于民生工程相关单位具有"一票否决"制。

三是专家学者的打分评价。成都市每年都要邀请特定的专家学者参与到政府部门绩效的考评之中,并作出占有一定比重的打分。

四是通过满意度调查实现公民参与。成都市的公民参与绩效评估执行市民代表评价制度和满意度问卷调查制度涉及了大范围的公民参与。在调查问卷中,要求每个职能部门单位至少有250个样本的覆盖面,总共的问卷调查有2800多份,由社情民意调查中心负责实施,调查方式以问卷调查为主、电话调查为辅。调查问卷一共有 4 个问卷,内部职工问卷、下级对口单位卷、服务对象卷和针对党代表、人大代表、政协委员、政风行风监督员、专家学者、离退休人员、普通市民、街道(乡镇)工作人员、社区(村)工作人员的调查问卷,其中的满意度调查占据了整个绩效考评的 12.5%权重,体现了公民对于绩效评估的参与力度。

2. 昆明市公民参与政府绩效评估执行情况

昆明市将公民参与的结果纳入绩效评估之中,实现了绩效评估中的公民参与。

一是将市民通过 12345 的市长信箱反映的问题和投诉情况纳入目标考核之中,作为政府绩效评估的扣分项。

二是通过行风调查获取公民对于政府部门的意见。行风评价由城调队具体实施,通过分层抽样和随机抽样对公众的满意度和意见进行调研,并作为绩效评估的重要内容。

三是通过听证会等方式获取公众对于公共项目的意见,并将公众所反映的问题和诉求纳入政府的绩效评估之中。

四是督察组的暗访形式,获取公众评价,并作为绩效评估的重要依据。

五是通过数字城管系统以信息技术平台做好获取居民需求和投诉的载体,并作为分类统计统一归至目督办,作为评估指标修改的依据和评分的基础材料。

六是由市委办公厅和宣传部定期收集的社情民意,通过统计局的电话调查进行获取,也作为绩效评估的材料。

3. 银川市公民参与绩效评估执行情况

在绩效评估的执行中,银川市主要通过以下方式进行:

一是通过督察员的暗访形式参与了绩效评估的全过程,实现了对绩效评估指标设计、评估实践和评估结果应用的全方位参与,督察员行动独立,评价客观,成为了推进绩效评估改革的重要力量。

二是通过第三方专业机构的公民调查实现公民对于部门绩效评估的参与。公民的满意度成为绩效评估的重要内容,第三方机构采取的匿名调查也保障绩效评估的科学性和客观性。

三是建立了专门的市委市政府官方微博"微博银川"。目前,有100多人的队伍专门处理公众的微博申请和投诉工作,有39个部门参与到了与公众的微博互动之中,效果良好,为公众解决了大量问题,微博意见也作为绩效考核的重要参考。

四是设置了市长信箱和书记信箱专门受理公众的参与,为公众反映情况提供了有效渠道。同时还有互动平台、市长热线12345等沟通手段来受理公众参与,并纳入相关部门的绩效考核之中。

五是人大代表和政协委员的调研评估。人大代表和政协委员根据自身的感受和对周围群众的调研,按照绩效考核表对部门的绩效进行打分。

4.重庆市公民参与政府绩效评估执行情况

重庆市公民参与政府绩效评估执行主要表现在以下方面:

一是通过问卷调查反映对政府工作的评价。重庆市考核领导小组对于民意调查问题的设计,并不是直接询问百姓对区县、部门政府工作的满意与否,而是通过具体评价,如"(1)你生活的地方干净不干净?(2)你在生活的社区去政府部门办事时公职人员的服务态度好不好?效率高不高?(3)你生活的地方看病方便吗?"等问题间接反映公众对政府工作的满意度。

二是召开百姓座谈会直接了解公众对于政府工作的评价。每年重庆市考核领导小组根据重庆市5个功能区划分,分别到渝东南、渝东北、渝西等地区、县召开百姓座谈会,同时在每个不同地方发问卷,了解公众关注点,有针对性地开展公众对于政府部门的评价工作。

三是通过民生指标设计和执行确保公众对于政府绩效评估的影响力。如客观指标中特别是经济社会发展的实绩考核板块,涉及20件民生问题,包括:"城镇万人新增就业人数"、"万人公共体育设施面积和免费开放率"、"城乡居民收入增长率"、"市政设施保障率"、"环保五大行动达标率"、"城市人均绿地面积保持率"、"万元GDP能耗降低率和主要污染物削减达标率"等,公众满意度在考核指标中得以体现。

四是公民通过投诉参与到政府绩效评估之中。重庆市政府绩效考核中设定指标为"信访稳定",专门反映市民投诉占绩效考核的一定比例。

五是公民参与政府绩效评估全过程受到客观保障。对市民满意度调查的组织安排问题,重庆市采取的是由市考核领导小组统一领导,考核办公室具体负责,委托第三方开展市民满意度具体调查活动。同时,为了防止基层村社干部作假以及监督检查第三方的工作落实,市考核办走村入户调查,派出大学生村官一对一监督第三方的专业调查员。

5. 长春市公民参与绩效评估执行情况

长春市公民参与绩效评估主要表现在评估中的跟踪评估和社会评估两个部分。其中跟踪评估(察访核验)中的公民参与表现为考察组下到部门采用实地考察、专项检查和抽样调查等方式对其进行评估,并对相应服务对象进行评估测定;社会评估中的公民参与则表现为以发放评价卡的方式,由本级人大代表、政协委员、市(州)党委、下级服务部门及社会服务对象对各部门工作情况做出相应档次的定性评价意见。而对于其他地方所推行的第三方评估,长春市以及吉林省的其他城市也暂时尚未推行,但政府推动的问卷调查一直在进行,2013 年在进行绩效评估工作的问卷反馈工作已经从以往的纸质版问卷变为电子版,但这种网络填表的方式方法并没有得到大家广泛的认可。

(三)绩效评估实施中公民参与的地方特色总结

表6 调查城市公民参与政府绩效评估体系参与特色经验总结

城　市	特色经验
成都	市民代表"点名"考核、专家参与评价、针对不同对象的满意度调查
重庆	公众"打分"式的指标评价、通过座谈会获得公众评价、监督保障满意度调查
昆明	公民投诉与社情民意搜集并作为评价依据、督察组暗访评估
银川	督察员暗访评估、人大代表与政协委员参与评估、微博参与评估
长春	公众通过评分卡进行评估

五、公民参与政府绩效评估结果使用环节

(一)绩效评估结果使用环节的公民参与整体状况

在绩效评估结果的使用上,成都、重庆、昆明、银川和长春都将绩效考核结果与部门的绩效、领导人员的晋升以及工作人员的福利相挂钩,绩效评估的应用反过来也促进了绩效评估在部门工作中的进一步落实,达到了提高部门工作效率、效益和效能的目标。

对于绩效评估结果,成都、重庆、昆明、银川和长春都实现了绩效评估的对内公开,各个部门的评估结果和排名情况都在政府内部进行了公开。而对外公开方面,只有重庆市(2011年以前)和昆明市将绩效评估结果通过报纸和网络对外进行了公开,成都、银川和长春尚未就政府绩效考核结果对外公开。

在评估结果与公众的互动上,昆明市未完成绩效考核任务的部门要通过网络互动平台对公众作出解释,重庆市考核未达标部门也要作出相应的回应。成都、银川和长春主要将考核结果反馈到政府内部,与公众较少互动。

总体来看,被调查城市绩效结果应用中公民参与度仍然较低。一是绩效评估结果的公开度仍然不足,大多数评估结果是处于保密状态,只有个别结果属于半公开范畴,调查中仅有昆明市政府通过一些渠道进行了相应的政府绩效评估结果公开,作为监督主体的公民难以获得相关信息,参与也便无从谈起。二是绩效评估结果应用中的公民参与渠道缺乏,公民参与仍仅仅停留在评估阶段,并在结果应用前便画上了句号,被调查的地方政府均没有在绩效结果应用中开辟出有效的公民参与渠道,公众无法影响到各个部门的最终绩效评价。三是绩效评估结果应用中评估对象的权利保障不足,被评估者绝大多数是在被动接受着评估结果对于自身的影响,权利救济渠

道尚不完善。

(二)绩效评估结果的具体应用情况

成都市绩效评估结果应用。成都市的绩效评估结果主要应用于以下方面:一是组织部门的评优和考核工作,单位绩效指标占有一定的权重;二是绩效评估的结果直接与个人的年终奖励有关,考核结果分为"先进、完成、没有完成"三个等级来决定部门绩效,再由部门根据个人情况决定个人相应的绩效奖励。三是利用年度考核集中会审,向各单位通报测评结果,送达评价意见书。四是对较为突出、急需解决的问题,纳入下一年度统筹安排,在次年政务督察、目标管理和测评考核中予以重点关注。目前来看,成都市绩效评估结果应用中的公民参与相对较弱。

昆明市绩效评估结果应用。对于绩效考评的结果,昆明市政府主要通过以下方式进行应用,确保考核结果对于部门工作的影响力。一是绩效考评的结果直接与部门的人事任免工作相挂钩,特别是作为领导干部提拔考核的依据,直接影响到部门主要领导的业绩。二是在每年人代会上,绩效考评不合格的部门要现场针对自身的问题作表态发言,接受人大代表的监督。三是绩效考核结果与年终奖金直接挂钩,对于绩效评估不合格的部门,领导免除年终奖金,一般工作人员下调30%,从而最大程度地计量工作人员完成绩效任务。

银川市绩效评估结果应用。年终的绩效考核结果都要汇总至银川市委市政府,市委市政府在对绩效结果分析的基础上对相关部门发出整改意见并进行督察,对于不进行整改或整改不到位的部门进行相应的问责。

重庆市绩效评估结果应用情况。关于政府绩效评估结果,重庆市的运用情况包括在政府内部以文件形式进行情况通报和考核结果改进意见督促,对外通过重庆日报和相关网络进行公布(2011年前)。在应用方面:首先,对每个区县的考核结果四大块每个指标的得分及其在所在功能区的排位情况向各个区县反馈;其次,考核结果与各区县和部门的干部考核挂钩;第三,考核结果(近年考核的总体结果)与干部任免(帽子)挂钩,连续排位居于各区县排位后面的属于负面清单范围;第四,考核结果与干部培训挂钩,该培训是针对绩效考核中居于后面区县的干部,属于带有惩罚性的培训。由于考核结果公开,公众了解各区县和部门的考核结果,绩效考核较差部门面临着较大的舆论监督压力。

长春市绩效评估结果应用情况。目前绩效评估结果虽然与部门奖惩、领导干部考评挂钩,但是参评结果主要还是应用在"奖金分配上"。一位受访者表示:"除了排名比较靠前的部门能得到个表扬,有个荣誉以外,其他作用微乎其微。"此外,政府绩效评估结果的公开程度也并不"四通八达",只在一些比较内部的场合或网站上公布。

六、公民参与政府绩效评估状况 总体评价与发展建议

(一)公民参与政府绩效评估状况总体评价

被调研的城市在政府绩效评估过程中都在尝试着公民参与的推进,并将公民参与作为自身绩效评估工作的重要内容,将公民作为政府绩效评估的主体之一;而作为参与主体的公众也将参与政府绩效评估作为自身权利履行和利益维护的一种手段。调查显示,总体而言,公民对于政府所开展的参与渠道认可度、接受度和利用度都比较高。

从公民参与政府绩效评估的广度来看,市级政府绩效评估的参与力度要明显高于其所属的县级政府(包括区、市和县政府)。公民参与绩效评估主要表现为对于市级政府职能部门的评价。所调查的成都市、昆明市、银川市、重庆市和长春市都在这一方面取得了进展和成就。而区县级政府则因为自身的经济、社会环境差异以及与市级政府所处的关系,更多表现为以上级政府为评估主体的绩效评估,而其服务对象对自身绩效评估的参与度较低。而对于政府内部组织的评估中,各个城市都在推进基于服务对象的公

众参与,与政府内部组织相关的服务对象基本都参与到了政府内部组织的评价之中,并占据了一定的比重,而外部公众由于与这些组织联系过少,知晓度不足,无法形成有效的参与,参与度也相应较低。

从公民参与政府绩效评估的深度来看,各个城市都在不断强化政府绩效评估中公众的影响分量,都或多或少地将公众评价纳入了政府职能评估的项目列表之中,成了整个政府绩效评估结果的重要组成部分。而在参与形式上主要表现如下:

各个城市的公民参与仍然以间接公众参与为主,部分城市在尝试公民直接参与模式,但仍停留在较小的范围和程度。如成都市推行了"市民代表"(全市 82 名)的直接参与政府绩效评估模式,银川市实践督察员直接参与模式,昆明市也探索了转向督察组的评估,重庆市通过百姓座谈会等方式尝试公众对于政府绩效的直接评价,长春市也探索了向部分公众直接发放评价卡的社会评估。但这些参与一方面存在着参与人数少的问题,另一方面则是直接参与的公众权责有限,对政府的绩效评估的影响力度还不是很足。

相对于公众直接参与的发展程度普遍较低现状,公众作为被调查主体参与政府绩效评估则相对成熟,调查中的各市政府都推进了基于公众需求和满意度的调查,并将此纳入了政府绩效评估之中,且占据着重要的分值。如成都市政府委托专业公司所做的"市民满意度调查问卷",问卷每年总共达 2800 多份。银川市也委托了第三方组织开展问卷调查,且公众(包括督察员评价、人大代表和政协委员评价、第三方调查)对于政府绩效评估结果拥有近 40% 的话语权。昆明市组织了针对政府服务对象的部门行风评议工作,评价结果在整个政府绩效评估中占据了 15—20 分的分值。重庆市委托第三方机构进行调查,一是通过民调中心进行随机的电话调查,二是进行随机的入户调查。对于调查的样本量,重庆市控制在常住人口的千分之二,约 6 万个调查样本,常住人口不满 50 万人的区县(如城口县人口 19.3 万人,2010 年第六次人口普查数据)按照 50 万人计进行抽样。长春市则是采取政府推动的绩效评估模式,通过问卷、实地核查等方式获取居民对于政府的评价信息。

另外,相对于绩效评估决策和执行的参与,公众对于绩效评估的应用参与明显不足,公众在大多数时候仍被排除在绩效考核结果公布的范围之外,也基本上不了解绩效考核结果对于政府部门及其工作人员的具体影响,虽然一部分城市(重庆、昆明)做了相应的尝试,但在推广中仍然存在着较大的阻力。

(二)公民参与政府绩效评估未来发展建议

绩效评估中的公民参与在本质上体现为一种政府和社会基于某种治理目标的制定、执行和评估监督的互动过程。按照十八大报告所提出的"党委领导、政府负责、社会协同、公众参与、法制保障"的社会管理体制要求来看,各地政府都在积极推进公民参与的实践,并逐步将公民参与引入政府的绩效评估全过程之中。但从实践来看,在绩效评估的决策中和成果应用中,公众参与仍然不足,公众参与的被动性强而主动性不足;在绩效评估执行中,基于政府主导的参与出现了多元渠道和多种形式,公众参与到了政府绩效的评估之中,并发挥了一定作用,影响了部门的考核结果,但仍然难以影响到政府部门最终的奖惩选择。

对于未来政府绩效评估中的公民参与的发展,课题组通过调研认为应该从以下方面进行突破。

一是政府要将公民参与绩效评估纳入到绩效评估的整体规划之中,将公众参与评估的对象、评估的内容、参与的方式以及参与结果的保障纳入绩效评估的规划之中,保障公民参与的有效性和持续性。

二是政府要不断推进信息公开,扩大公民参与的基础。政府应该将要评估的内容、评估的指标设计、评估的结果进行公开,为公民参与创造条件,也确保公民参与能够对政府部门考评产生实质性影响。

三是政府要不断扩大公民参与绩效评估的广度和深度。一方面,扩大公民参与绩效评估的广度,将公众参与扩展到民生指标以外的其他绩效评估之中,体现公众对政府绩效评估的全面参与。另一方面,强化公民参与绩效评估的深度,让公众不仅仅参与政府的职能履行情况评估,还可以参加财政预算绩效考评和审计考评,从资源配置效率方面对政府绩效评估。

四是不断创新公民参与绩效评估机制。变当前政府主导公民参与为公民自己主导参与模式,让公民对政府的"认可"评价转化为对政府的"监督控制"评价,扩大公民对政府绩效评估的影响力。同时,还应不断创新公民的参与机制,充分利用当前的信息网络与智慧平台,扩展公民参与渠道,提高公民参与效果。

公民参与政府绩效评估状况调研报告（三）

吴建南　张　攀　刘张立
西安交通大学绩效管理研究中心
西安交通大学中国地方政府创新研究中心

一、引　言

近年来，"公民导向"已成为国内地方政府绩效评估的重要发展趋势之一。我们关注的是：现阶段中国城市中公民参与政府绩效评估的状况如何，即公民参与了哪些政府绩效评估的哪些内容，参与程度如何，有哪些特点和趋势。公民参与政府绩效评估就是指以非国家机关及其工作人员的身份参与或影响政府绩效评估活动的过程。

本部分内容选取5个省会城市（即HH、SS、QQ、WW、XX）进行调研，涵盖了中国东中西三个区域。我们通过对各城市绩效办（考核办）有关领导干部、工作人员访谈，配合相关文件、学术研究等的文本分析，收集了各城市公民参与政府绩效评估状况的数据，梳理了有关城市公民参与政府绩效评估的状况，以推动地方政府进一步关注公民参与，推进透明、高效、负责的中国行政管理体制的建设，促进联合国千年目标的实现。

在分析框架上，分别从政府绩效评估的决策环节、评估体系设计环节、绩效评估实施环节与评估结果使用四个环节来考察公民参与的状况。

首先，绩效评估决策环节上，关注重点是：是否要推行绩效评估以及评估决策启动过程中,是否有公民参与;评估对象选择,即评估条条(直属部门)还是块块(区县级政府),还是全面考评是否有公民参与;评估方式选择,即全面还是重点领域(专项工作)评估,系统评价还是万人评政府,政府内部组织还是第三方,是否有公民参与。

其次,评估体系设计环节上:一是评估体系设计过程中的公民参与,即体系设计过程中公民参与的具体方式及其发挥的影响;二是评估指标体系中体现的公民导向,主要包括客观指标中如何突出民生和公共服务以及公民满意度的状况。

再次,绩效评估实施环节上,考察绩效信息公开状况,市民投诉率对相关部门或单位绩效评估的影响状况,市民满意度调查的组织安排状况等。

最后,评估结果使用环节上,包括评估结果信息公开状况,评估结果与市民的互动状况,结果利用中市民的影响状况。

二、公民参与政府绩效评估决策环节

(一)政府绩效评估决策中公民参与的整体状况

HH市、WW市、QQ市在政府绩效评估决策中有不同程度的公民参与。在HH市绩效评估决策中,是HH市党委作出启动决策,专家学者参与了评估对象、方式的选择、设计,公众通过座谈会等方式也进行了参与。在WW市绩效评估启动决策中未见公众或专家参与,评估对象选择决策、评估方式选择决策中有一定程度的专家参与。早年QQ市绩效评估启动决策、评估对象选择决策、评估方式选择决策中未见公民或专家参与,但近年来一直在多方征求各方意见尤其是专家意见。

SS市、XX市在政府绩效评估决策中未见公民参与。在SS市绩效评估启动决策、评估对象选择决策、评估方式选择决策中未见公众或专家参与。XX市目标责任考核很大程度上受到其所在省份目标责任考核的影响,尤其是2007年以来启动决策、评估对象选择决策、评估方式选择决策中未见公民或专家参与。

(二)政府绩效评估决策中公民参与的方式

1. 专家学者参与评估决策

通过政府文件与领导的访谈,在 HH 市、WW 市、QQ 市绩效评估决策中有专家学者参与。在 HH 市绩效评估决策中浙江大学的一些专家学者参与了相关的决策。QQ 市、WW 市的绩效评估决策中征求过专家学者的意见。

在 SS 市、XX 市的绩效评估决策中未见专家学者参与。

2. 公民参与评估决策

HH 市在绩效评估决策与设计中召开了很多次座谈会,其中有市直部门、区县、公众参与,绩效评估决策环节是一个开放的过程。

在 SS 市、XX 市、WW 市、QQ 市绩效评估决策中未见普通公众的参与。

(三)绩效评估决策中公民参与的内容

1. 绩效评估启动决策中的公民参与

第一,HH 市在绩效评估启动决策中有公民参与。1992 年,HH 市在市直单位推行了目标责任制考核;2000 年,市委、市政府为优化发展环境,根治市直机关门难进、脸难看、话难听、事难办"四难"综合症,切实转变机关作风,在全国率先推出了"满意单位、不满意单位"评选活动,目标管理与满意度测评并行;2005 年,为进一步深化"满意单位、不满意单位"评选活动,全面、准确地反映和评价市直各单位工作实际,探索建立符合科学发展观要求的考核评价体系,市委、市政府决定,将"满意单位、不满意单位"评选(改称社会评价)与目标考核相结合,增加领导考评,对市直单位实行"三位一体"的综合考评。推出"满意单位、不满意单位"评选活动的决策"是 HH 市党委做出的,党委因考虑到城市管理问题的解决与百姓呼声而做出此决策。另外,有关大学的一些专家学者也参与了相关的决策"①。

---

① 访谈记录。访谈对象为 HH 市综合考评办干部。

第二，SS市、XX市、WW市、QQ市绩效评估启动决策中未见公民参与。1998年，QQ市召开了全市目标管理绩效考核工作会议，出台了《关于加强目标责任制管理的意见》，标志着QQ市通过创新绩效评估机制，落实公共部门责任、改进公共部门管理、提高公共部门效能、改善公共部门形象的新一轮行政体制改革正式拉开帷幕。2011年5月，QQ市委、市政府颁布了《关于建立健全促进发展方式转变绩效考核监督体系的意见》，对2011年的绩效考核工作作出新的部署，对以往绩效评估体系中的指标设置及权重做了重新规定。对十二区市设置了经济社会生态、公共目标、综合评议和追赶目标四个一级指标，对党群法检机关设置了业务职能工作、公共目标、综合评议三个一级指标，对市政府部门设置了工作目标、履行行政职能和综合评议三个一级指标。XX市在2004年，某主要领导同志任省委副书记、XX市委书记期间，XX市建立重点项目督察办公室。2007年，某领导同志调来担任省委书记建立年度目标责任考核制。这些城市的绩效评估启动决策主要是党委领导做出的。

2. 绩效评估对象选择、评估方式选择决策中的公民参与

第一，HH市、WW市在绩效评估对象选择、评估方式选择决策中有公民参与。

HH市最早的满意不满意文明机关评选当时挂靠在党工委，专家学者参与了体系设计。在具体的体系设计过程中，召开了很多次座谈会，其中有市直部门、区县、公众参与。"绩效评估决策上是一个开放的过程，在此过程中，专家学者和体制内的人参与较多，外部公众参与的并不多。"①

《WW市绩效管理和年度考评实施细则（试行）》第五条规定，要"建立专家论证机制。组织专家对设置的绩效管理指标进行论证，对绩效进行评估，对结果进行研判。专家由有关行业部门专业人员、市人大常委会委员、市政协常委、市政府咨询委委员、市政府参事室参事、高等院校和科研院所专家学者等组成"。在对WW市考核办领导干部访谈中，提到"自考核办成

---

① 访谈记录。访谈对象为HH市综合考评办干部。

立后,曾经邀请党校、社科院的专家参与,但效果似乎不好"①。

第二,SS市、XX市、QQ市在绩效评估对象选择、评估方式选择决策中未见公民参与。

SS市在市级机关领导班子绩效考核中,将其评估对象分为承担市委市政府重点工作任务单位和未承担市委市政府重点工作任务单位。在区县党政领导班子绩效考核中,其评估对象分为都市发展区域、郊区发展区域、城乡一体发展区域、综合配套改革试点区域、生态控制区域。绩效评估对象选择决策中未见公众参与。SS市从2002年开始,在其门户网站设立评议专栏,开展了对政府工作的网上评议活动。网上评议专栏选择市民能够切身体验和感受的项目作为评议内容,详细介绍评议活动的具体内容和做法,及时总结评议内容,适时公布被评议内容的动态,并对评议结果良好的部门进行表彰,对提出合理建议的市民给予适当的物质奖励。在设立网站评议的决策中未见公民参与。

XX市绩效评估对象与绩效评估方式的选择决策主要是由省委、市委市政府、职能部门三部分结合而设计。② 绩效评估对象选择决策中未见公民参与。

绩效评估对象方面,2009年之前,QQ市对所属的十二区市划分为三个组,市内四区为一组,城郊三区为一组,农村五市为一组。对市直单位及人大常委会、政协机关划分为十个组,分别是党务部门、经济协调发展综合部门、城市建设管理部门、农业职能部门、科教文卫体职能部门、政务和社会事务管理部门、司法与社会综合管理职能部门、群团组织、人大机关、政协机关。2009年,QQ市将考核对象分为六个大组,分别是十二区市、党群法检机关、市政府部门、市人大机关、市政协机关和市民主党派工商联机关。绩效评估对象选择决策中未见公众参与。2006年,QQ市在国内首创电话民意调查,把公众满意度纳入区市政府绩效考核。2008年,引入零点调查公

---

① 访谈记录。访谈对象为WW市考核办干部。
② 访谈记录。访谈对象为XX市组织部市考核办综合处干部。

司,在窗口部门绩效考核中实施第三方评价。与此同时,选聘党代表、人大代表、政协委员作为特邀考官对政府工作绩效进行评议。2009 年以来 QQ市充分利用广播、视频、网络等媒体,在政府绩效考核工作中创新性地开展了"三民"活动,进一步完善了公众评价机制。在 QQ 市绩效评估方式选择决策中未见公民参与。

三、公民参与政府绩效评估体系设计环节

(一)绩效评估体系设计中公民参与的整体状况

在政府绩效评估体系设计环节中,HH 市、WW 市、QQ 市有公众参与。HH 市主要是专家学者参与体系的设计;在绩效评估体系重点工作确定、绩效评估指标与评估指标权重上,一定程度上参考了公众意见。WW 市绩效评估体系设计中有专家学者与公众参与。QQ 市绩效评估体系设计中曾多方征求专家学者参与。SS 市、XX 市绩效评估体系设计中未见公众参与。在 XX 市政府绩效评估体系设计环节中,考核体系主要是由省委、市委市政府、职能部门三部分结合而设计。

HH 市、SS 市、XX 市、WW 市、QQ 市政府绩效评估体系中都体现了公民导向。HH 市政府绩效评估体系的绩效评估定位、评估指标、指标权重、评估主体、评估对象、结果使用上都较明确地体现了公民导向。QQ 市绩效评估体系中的绩效评估指标上、绩效评估指标权重上、绩效评估主体上以及结果使用上,体现了相当程度的公民导向。SS 市绩效评估体系中绩效评估指标上、绩效评估指标权重上以及绩效评估主体上体现了一定程度的公民导向。WW 市绩效评估体系中在绩效评估指标上以及绩效评估主体上,体现了一定程度的公民导向。XX 市政府考核体系的评估指标、指标权重、评估主体、结果使用上都一定程度上体现了重视民生和公民导向。

（二）绩效评估体系设计中公民参与的方式

1. 专家学者参与评估决策

通过政府文件与领导访谈，在 HH 市、WW 市、QQ 市绩效评估体系设计中有专家学者参与。

HH 市政府绩效评估体系设计"曾经开过公众参与的座谈会，也与百姓代表进行商谈，在权重设计上参考公众意见"①。但体系设计"主要还是参考专家、绩效信息员、部门意见，并没有直接向社会问询对体系设计的意见"②。

《WW 市绩效管理和年度考评实施细则（试行）》第十五条规定："在拟制各责任单位绩效管理指标草案中，一是要结合各责任单位指标设置建议，对全市重点管理绩效指标、特色工作指标和其他方面的绩效指标设置建议进行汇总。二是要组织协调有关行业主管部门、专家对各责任单位绩效管理指标设置建议进行论证，看是否体现了单位的主要职能，是否体现了市委、市政府的要求，是否体现 WW 市"中部第一，全国一流"的标准，是否对"三个中心"、"三个 WW 市"建设起到实质性推动作用。三是要汇总专家论证意见，拟制各区（功能区）、市直各单位绩效管理指标草案。

QQ 市绩效评估体系设计中曾多方征求专家学者参与。在 SS 市、XX 市的绩效评估体系设计中未见专家学者参与。XX 市政府绩效考核体系主要是由省委、市委市政府、职能部门三部分结合而设计。具体的指标设计，每年 12 月份启动，2 月份结束，由市委常委会、市政府常委会审定后下发。"有请专家学者参与指标设计的想法，但是每年时间紧，而且要征得领导认可，目前指标设计主要是官方的意见。"③XX 市绩效评估体系设计中未见专家学者参与。

---

① 访谈记录。访谈对象为 HH 市综合考评办干部。
② 访谈记录。访谈对象为 HH 市综合考评办干部。
③ 访谈记录。访谈对象为 XX 市组织部市考核办综合处干部。

2. 公民参与评估决策的方式

第一,HH 市、WW 市在绩效评估体系设计中有公民参与。

"HH 市在重大项目上,会征询服务对象的意见。"①推行"阳光规划",开放式决策覆盖到项目,一方面是社会需要,另一方面部门会考虑到民众利益与需求,部门也比较重视公众参与,如建委的项目,在项目规划和决策中都要反复吸纳民众的意见。② 另外,在满意度测评中,满意度问卷里有意见建议的部分,请公众填写对政府工作的意见建议。HH 市考评办会对重大议程和公众意见进行梳理,将公众意见作为该单位的整改目标,第二年将整改作为诉求回应目标,作为目标考核的一项进行评估考察。③ HH 市政府绩效评估体系设计中的公众参与方式主要有关键公众接触、公民调查、公民意见等。公民参与对政府绩效评估体系产生了一些实际影响,影响了绩效评估体系重点工作确定、绩效评估指标与评估指标权重。

在与 WW 市考核办领导干部访谈中,提到公众在绩效评估体系设计中通过"公民调查、建议提案"的方式进行参与。④

第二,SS 市、XX 市、QQ 市绩效评估体系设计中未见公民参与。

(三)绩效评估体系中的公民导向

HH 市、SS 市、XX 市、WW 市、QQ 市政府绩效评估体系中都体现了相当程度的公民导向,主要体现在以下方面。

第一,绩效评估定位上,HH 市以"创一流业绩,让人民满意"为宗旨,从社会评价、目标考核、领导考评及创新创优四个维度,对市直单位和区、县(市)实施全方位、多维度、综合性考核评价。评估定位上突出了以实现人民满意为工作的依据和准则,使得整体绩效评估体系中也都体现实现人民

---

① 访谈记录。访谈对象为 HH 市综合考评办干部。
② 访谈记录。访谈对象为 HH 市综合考评办干部。
③ 《关于实施 2012 年度市直单位综合考评的通知》(市委办发〔2012〕144 号),HH 市委办公厅、市政府办公厅 2012 年。
④ 访谈记录。访谈对象为 WW 市考核办干部。

满意这一宗旨。

第二,绩效评估指标上,HH市综合考评体系中包括社会评价、目标考核、领导考评、创新创优。社会评价直接调查公众对政府服务态度和工作效率、办事公正和廉洁自律、工作实效和社会影响的满意情况,目标考核中有社会评价意见整改目标、为民办实事项目等指标,都体现了公民导向。

SS市在绩效评估指标上,SS市区县党政领导班子绩效考核中,包括经济发展、社会发展、党政工作、其他(民主测评和民意调查)、特色工作(本地区创新性工作)的一级指标。其中,社会发展下设民生投入占财政预算支出比重、教育、医疗和社会保障等二级指标,这些指标重视改善和保障民生,体现了公众导向。另外,民主测评和民意调查也体现了公民参与。

XX市在绩效评估指标上,区县主要包括经济建设、社会建设、文化建设、生态文明建设、特色指标的五个一级指标。其中社会建设包括民生投入、居民收入、城镇就业、社会保障、保障性安居工程、城市建设与管理、统筹城乡、社会稳定、安全生产、食品安全等二级指标。可以看出,社会建设的这些指标充分体现了民生建设的内容,为公众服务,体现了公民导向。①

WW市在绩效评估指标上,为实现跨越发展、科学发展,要求各绩效指标值的设定都要体现"争先进位"的要求,即要在省内比较中"争先",在全国同类城市排序中"进位"。指标包括了民生建设、社会保障、社会稳定、安全生产等指标。可以看出,这些指标充分体现了民生建设的内容,为公众服务,体现了公民导向。

在QQ市综合考核体系中,一方面,区市设置了以"经济社会生态指标为重点、政治文化指标为支撑、社会评价与领导评价为印证、重点突破工作与奖励考核为补充"的指标框架,市直单位设置了以"业务职能目标为主体、公共目标为辅助、社会评价和领导评价为佐证"的指标框架,社会评价在指标体系中都占有了重要地位。另一方面,QQ市综合考核中,包含了城

---

① 《关于印发〈XX市各区县、开发区、市级部门2013年度目标责任考核指标〉的通知》,中共XX市委办公厅、XX市人民政府办公厅,2013年。

乡就业、教育均衡发展、医疗卫生、保障性住房建设、新型农村社区建设、安全生产、食品安全等方面保障和改善民生的指标。

第三，绩效评估指标权重上，HH市"3+1"综合考评模式中，市直单位综合考评，社会评价占50分，目标考核占45分，领导考评占5分，创新创优另外加分。区、县（市）综合考评中，社会评价占30分，目标考核占65分，领导考评占5分，创新创优另外加分。可以看出，社会评价在整个HH市考评体系中的所占权重很大。

SS市在绩效评估指标权重上，SS市区县党政领导班子绩效考核中，经济发展占30%、社会发展占40%、党政工作占20%、其他（民主测评和民意调查）占10%、特色工作（本地区创新性工作）另加分。① 可以看出，以改善民生为主的社会发展指标占有相当权重，民主测评和民意调查也占了一定权重。

XX市在绩效评估指标权重上，一方面，区县目标责任考核五个一级指标中，经济建设占40分，社会建设占40分，文化建设占5分、生态文明建设占12分、特色指标占3分。可见，社会建设的40分占有相当大比重，反映了指标体系中对民生建设的重视，反映了绩效评估指标体系的公众导向。② 在"全市领导干部大会评价"、"民主测评"、"社会评价"、"单位互评"四个板块20分的分值中，社会评价分值只有5分，权重设置较小。

QQ市在绩效评估指标权重上，一方面，市直单位业务职能目标、公共目标、社会评价和领导评价的指标中，权重分别占40%、20%、20%和20%，可以看出社会评价指标占有相当比重。另一方面，城乡就业、教育均衡发展、医疗卫生、保障性住房建设、新型农村社区建设、安全生产、食品安全等方面保障和改善民生的指标，权重占到15%以上。

第四，绩效评估主体上，HH市在社会评价上的主体包括了市党代表，市人大代表，市政协委员、省直机关、老干部、专家学者和市行风评议代表，

---

① 《关于做好2011年度市管党政领导班子和领导干部年度（绩效）考核工作的通知》，中共SS市委组织部，2011年。

② 《关于印发〈XX市各区县、开发区、市级部门2013年度目标责任考核指标〉的通知》，中共XX市委办公厅、XX市人民政府办公厅，2013年。

区、县(市)四套领导班子成员、区、县(市)的部、委、办、局及街道(乡镇)党政(包括人大)负责人、社会组织代表(含社区党组织和居委会负责人、行业协会负责人、民办非企业单位负责人)、企业代表、市民代表(含外来创业务工人员、HH市城镇居民和农村居民)。在目标考核上包括了对每个市直单位抽取一项重点绩效目标,通过电话访问、问卷调查、专家评估等方式进行的第三方绩效测评。

SS市在绩效评估主体上,勤政廉政、行风政风、行政效能和创新转型工作情况,承担市委市政府重点工作任务单位占8%,未承担市委市政府重点工作任务单位占15%;民主测评和民意调查、行风政风、行政效能的评议包括了公众的参与。另外,在其门户网站中的网上评议专栏,网民可以参与评议。

XX市在绩效评估主体上,其一,领导评价是以党政主要领导为评价主体,通过召开全市领导干部大会,依据在日常工作中对评价对象了解掌握的情况,对各区县、开发区和市级部门年度目标任务完成情况进行综合评价。其二,民主测评是广大干部对本单位情况进行的内部综合性评价。主要是通过组织召开工作报告大会的形式,对被测评的区县、开发区和市级部门年度目标任务完成情况和市管领导班子、市管干部进行综合评价和打分。民主测评涵盖了上级对下级的评价、同级之间的评价和下级对上级的评价。其三,社会评价是通过组织公众,对各自区域党政工作情况进行综合评价。主要是通过邀请"两代表一委员"和群众代表对当地党委、政府工作进行综合评价。在具体评价中,区县社会评价分市级和区县本级进行:区县本级"两代表一委员"由所在区县党代表、人大代表、政协委员、群众代表各20名在区县工作报告大会上进行测评;市级"两代表一委员"评价与开发区和市级部门一致,由市考核办在两会期间随机抽取市党代会代表和市人大代表、市政协委员50人进行测评。其四,单位互评是各同级考核单位之间相互评价、打分的一种办法。主要分为区县对市级部门的评价意见、开发区对市级部门的评价意见、市级部门对区县、开发区的评价意见。[1] 可见,在"全

---

[1] 《XX市2012年度目标责任考核落实细则》。

市领导干部大会评价"、"民主测评"、"社会评价"、"单位互评"四个板块中,社会评价只是一部分,普通群众成为评估主体参与 XX 市政府绩效考核的可能性小,公众参与的导向性还不够凸显。

WW 市在绩效评估主体上,2005 年 5 月至 2008 年 3 月,某领导任省委常委、WW 市委书记期间,2007 年曾邀请麦肯锡创新绩效管理体系,实行第三方评价工作,并进行试点一年。[①] 麦肯锡提出"一个体系,两个引入,三个衔接"的核心思想:一个体系,就是针对政府职能转变,建立一个科学、客观可操作的分类绩效考核体系;两个引入,是指引入独立的、权威的绩效管理机构,引入第三方评估;三个衔接,是指条块和部门间职能发生重叠的绩效考核指标相衔接、单位考核结果和领导升迁惩罚相衔接、年终考核与日常监督相衔接。并按照"指标少而精,突出职能"的要求设置指标。"该方案在执行过程中麦肯锡曾经考虑过引进调查公司作为第三方评估,但在现行体制下也难以操作,WW 市的做法是由人大代表、政协委员、市民以及不同机关的服务对象,作为第三方进行评估"。[②]

QQ 市综合考核体系中,社会评价实现了广泛的公众参与。对区市的评价主要通过电话民意访问(涵盖了市民、企事业单位、外来务工人员等各类知情者群体)、"特邀考官"(由"两代表一委员",即人大代表、党代表、政协委员和专家学者担任)制度、入户调查等多样化"民考官"形式,全方位、互为补充地了解人民群众对经济社会发展实效的满意度。对市直部门的评价,主要采取群众评价、"向市民报告、听市民意见、请市民评议"的三民活动等形式进行,部门主要负责人直接向万名群众代表述职报告,并通过媒体与市民展开积极互动,主动接受群众评判和监督。并且组织各区市和所有市直企业对市直单位工作进行评价,使考核由"上考下"变为"下评上"。万名群众代表包括服务对象代表和社会各界代表。其中,服务对象代表是指城乡居民代表、区市机关代表、企事业单位代表、乡镇街道代表、社会组

---

① 访谈记录。访谈对象为 WW 市考核办干部。
② 田祚雄:《我国地方政府绩效管理:实践、不足及改进——以武汉为例》,《武汉学刊》2012 年第 1 期。

织代表、个体经营代表、新市民代表;社会各界代表包括各级党代表、人大代表、政协委员代表和民主党派代表、群团组织代表、专家学者代表、媒体代表等。

第五,绩效评估对象上,HH市在绩效评估中市直单位包括综合考评单位和非综合考评单位。其中,综合考评单位包括社会服务相对较多的政府部门、社会服务相对较少的政府部门、党群部门,非综合考评单位包括征求意见单位和不参加社会评价单位。HH市综合考评中,这种按照社会服务多少为标准来划分评估对象的方法也体现了社会公众的主体地位。

第六,评估结果使用上,HH市在绩效评估的设计和实施环节都是公民导向的,最后产出结果也就体现了公民导向。另外,在评优、奖优、罚劣上也反映了公众意见。因此,绩效评估的起点和终点都体现了公民导向。

XX市在评估结果使用上,很大程度上考核结果用于干部任用方面。干部选拔任用优先从年度考核优秀等次单位中产生;年度考核结果一般等次的单位,班子成员和中层干部原则上一年内不得提拔使用;较差的,两年内不得提拔使用;年度考核结果一般等次的单位,当年对班子成员进行诫勉谈话,连续两年评为一般的,对班子进行组织调整。① 可见,考核结果得到较有力的使用,激励各单位重视考核指标的完成,由于指标中社会建设占有一定比例,一定程度上也就督促单位重视社会民生。

QQ市在评估结果使用上,一方面,QQ市综合考核的设计和实施环节中社会评价占有一定比重,社会评价对最后的考核结果也会产生影响。另一方面,"民考官"使各级决策层更加注重掌握民情、听取民意、改善民生,将群众反映强烈的问题作为筹划来年工作的重要参考,并纳入为民办实事的范围加以解决,让党委政府的决策和各部门的工作更加贴近群众,更加符合群众要求。

---

① 访谈记录。访谈对象为XX市组织部市考核办综合处干部。

四、公民参与政府绩效评估实施环节

(一)绩效评估实施中公民参与的整体状况

在绩效评估实施中,各政府绩效信息实现了不同方式、不同内容的公开。HH市通过网站、报纸、直接发放材料等方式公布了部门职能书、绩效目标计划、目标完成程度、整改结果、绩效报告。在SS市政府绩效评估中,政府部门职能等政府绩效信息通过政府部门网站等方式进行公开。在XX市政府绩效评估实施中,政府绩效信息实现一定程度的公开,特别是进行了考核信息系统预警管理,公布目标完成情况。在WW市政府绩效评估中,政府部门职能、目标任务、完成情况、民生服务等政府绩效信息通过电视、政府部门网站等方式进行公开。在QQ市政府绩效评估中,通过三民活动,政府部门工作职责、年度目标、年终述职报告等政府绩效信息通过政府部门网站、视频、现场述职等方式进行公开。

在市民投诉状况中,HH市、SS市、XX市、WW市、QQ市都设有多种公民投诉的渠道。只有HH市将市民投诉状况作为其目标考核中的一部分内容,对政府绩效评估有着实质的影响。SS市、XX市、WW市、QQ市未见将市民投诉状况与政府各地区、各单位绩效评估直接挂钩。

在公众满意度调查中,HH市公众满意度调查情况客观性、科学性较好。在QQ市三民活动中,市民代表根据市政府各部门工作职责、年度目标和年终述职报告,对各部门进行评议,满意度调查样本选择较为科学,过程较为客观。XX市主要是市级单位政务服务中心的工作满意度评估,而区县主要是通过邀请"两代表一委员"和群众代表进行评价。未见SS市、WW市的政府绩效评估中包含公众满意度调查。

(二)绩效评估实施中的政府绩效信息公开

1. 信息公开的方式

第一,通过政府部门网站进行公开。HH市政府绩效信息主要通过政府部门网站进行公开。如在HH市考评网上,公布各单位年度工作目标、目标完成程度、整改目标、社会评价意见等信息。在各市直单位、区县(市)的政府网站上都公开了机构职能。QQ市主要通过政府部门网站对政府绩效信息进行公开,如QQ市政务网,公布政府部门工作职责、年度目标、年终述职报告等内容。SS市公开政府绩效信息的方式,主要通过政府部门网站进行公开。XX市公开政府绩效信息的方式,主要通过政府部门网站进行公开。如在XX市考核信息网上,公布各单位年度工作目标、目标责任考核指标、目标完成进展、考核信息预警等信息。在各市直单位、区县(市)的政府网站上都公开了机构职能。

第二,通过报纸进行公开。HH市部门职能书也会在报纸上刊登。

第三,向市民代表发放信息资料。HH市在社会评价中,也给选取的万人代表直接分发了政府部门职能书。

第四,政府各部门负责人公开述职。QQ市政府56个部门的主要负责人面对面地向市民代表述职,市民也可以通过现场和视频了解政府各部门的述职情况。在部门主要负责人述职前、述职中、述职后,全程公开活动规则、工作程序、评价标准,做到"阳光操作、阳光评议",市政府运用新闻发布会、媒体采访、网络在线互动和市民代表座谈会等方式,及时通报三民活动进展情况,解答公众疑问,加强了多渠道、多层次、多形式的信息沟通。

第五,电视问政。电视问政是WW市电视台的一档直播节目,其形式是有普通民众当场质问政府官员关于社会安全、食品安全等关乎民生的问题。2012年12月17日,WW市治庸问责办公室主办的为期5天电视问政正式开场,多个政府部门的主要官员现场向百姓评委交出答卷。2013年12月9日,WW市纪委、市委宣传部、市监察局、市治庸问责办、WW市广播电视台联合公布了2013年下半年"十个突出问题"承诺整改电视问政直播方案。2013年WW市电视问政"期末考"分五场进行,于12月25日至29日举行,33位负责人上台接受问政。五个场次主题分别是:问作风、问执法、问服务、问管理、问环境。届时,"十个突出问题"承诺整改单位负责人与有关市领导将走进演播厅,围绕电视短片、督察组与市民群众反映的承诺整改问题,接受党代表、人大代表、政协委员、治庸问责督察员、专家、市民代表、新闻媒体代表的询问与评价。

2. 信息公开的内容

第一,部门职能。HH市、SS市、XX市、WW市政府各部门的网站公布其职能、机构设置等信息。QQ市在三民活动中,公布了QQ市政府部门工作职责。

第二,绩效目标计划。HH市公布了绩效目标计划。QQ市在三民活动中公布了年度目标。XX市公布了绩效目标计划和目标责任考核指标。在WW市综合考评网专门有板块公开年度WW市各政府职能部门目标任务。

第三,目标完成程度。HH市公开了各部门目标完成程度。在WW市综合考评网,专门有板块公开年度WW市各政府职能部门目标完成程度。XX市公布了目标完成进展,并进行了考核信息系统预警管理。如公布各区县主要考核指标完成情况的通报,对各项具体指标哪些区县达到、哪些区县未达到、与目标值相差多少、达到全年目标任务的多少比例、时序进度如何、哪些区县进展缓慢、无明显进展等等信息进行了公开。① 再如,进行考核信息系统预警管理,采用"红灯、黄灯、绿灯"三种预警提示信号,以季度为节点进行预警。红灯为量化指标完成情况未达到预期进度的60%,黄灯为量化指标完成情况未达到预期进度,绿灯为量化指标完成情况达到预期进度。市考核办各业务处室于每季度第一个月25日前,根据各单位指标完成情况、完成比例,按照预警规则提出预警意见,经市考核办领导审核后,由

---

① 《各区县三季度目标责任考核指标完成情况通报》,XX市年度目标责任考核委员会办公室2013年10月22日。

市考核办综合处统一发布。①

第四,整改结果。HH市公开了整改问题的完成结果。WW市开展了"十个突出问题"承诺整改状况的电视问政。

第五,绩效报告。HH市公布了部门的绩效报告。QQ市的年终述职报告等内容在QQ市政务网三民活动专页向社会公示。② 另外,QQ市政府56个部门的主要负责人面对面地向市民代表述职,报告部门一年的工作情况、存在问题和改进措施。通过现场和视频直播,全市约1万人次的市民代表在会场听取报告,现场对部门工作进行评议。而各部门负责人述职报告结束后,其述职过程也被制成了视频,通过QQ市政务网等网站及时向社会公示。XX市公布了绩效报告。

(三)绩效评估体系实施中的公民投诉

1.公民投诉的渠道

第一,电话投诉。HH市96666投诉电话,即HH市党政机关服务态度和效能投诉受理中心。96666投诉电话是HH市市委、市政府了解社情民意的重要渠道,有效落实人民群众监督权。WW市考核办领导干部提到"WW市长热线电话正在研究考虑中"③。XX市公民投诉可通过督察办电话的渠道。

第二,网络投诉。SS市在"中国SS"门户网站上设有政府工作参与栏目,有市领导信箱以及部门、区县领导信箱,可以建言献策、向相关部门提问、进行投诉等,网站进行回复选登、公开典型案例等进行情况反馈。SS市还设立网上信访受理(投诉)中心,受理投诉,进行办理。XX市公民投诉方面,有市长信箱的投诉渠道。WW市在2012年5月16日,由市纪委纠风

---

① 《XX市考核信息系统预警管理暂行办法》,XX市年度目标责任综合考核工作领导小组办公室2012年4月24日。

② QQ政务网"三民"活动专页,见 http://www.qingdao.gov.cn/n172/n27796275/index.html。

③ 访谈记录。访谈对象为WW市考核办干部。

室、市互联网信息管理办公室指导,长江日报报业集团长江网主办的 WW 市第一个政民互动平台——WW 民意通正式上线开通。和拨打市长热线类似,公众可通过 WW 民意通这个平台反映建议、意见。政府部门必须及时反馈,市监察局将统计办理情况,督办办理效率。网友可以在 WW 民意通网站上对 WW 市各政府部门进行投诉、咨询、建议、反馈,各部门在网站上对相关问题进行回复。QQ 市在 2013 年,在 QQ 市三民活动中,市民可上网提交意见建议。

第三,现场投诉。2013 年,在 QQ 市三民活动中,市民代表可现场提交意见建议;其他市民可由市民代表代为提交,对于征集到的市民意见建议,QQ 市将统一汇总、整理、分类后,反馈给市政府相关部门研究办理。对市民合理诉求和意见,及时办理落实;对一些尚不具备条件、难以实施的事项说明具体原因;对操作性强、借鉴价值高的建议纳入市政府或部门的工作计划、规划。活动还将评选部分优秀意见建议向社会发布。

2. 公民投诉结果的使用

第一,HH 市绩效评估中使用了公民投诉的结果。

一是行政效能指标中含有对效能投诉处置率的评估。一方面,提到 96666 投诉查办和明察暗访情况,"对上级机关转办、领导批办、市 96666 投诉中心交办的投诉件,不认真调查处理,导致当事人不断投诉,经市 96666 投诉中心重新调查核实,情况属实或基本属实的,每件扣 1 分;被媒体(网站)曝光,不认真调查核实或处理不到位造成不良影响的,每件扣 1 分;对市 96666 投诉中心转办的各类投诉件,因反馈情况与事实不符或处理不到位被退办的(以书面退办函为准),每件扣 0.2 分;未在规定时间内办结反馈的,每件扣 0.1 分;对明察暗访发现的问题,不认真处理,不积极落实整改措施的,每人次扣 0.5 分,扣完为止"①。另一方面,民情热线上线及投诉办理情况,"行政'一把手'未经市纠风办同意,不带队参加《民情热线》栏目

---

① 《关于印发 2012 年度 HH 市市直单位专项目标考核办法的通知》(杭考评办〔2012〕21 号),HH 市综合考评委员会办公室 2012 年。

的,每次扣1分;对转办件不按时办结,每件扣1分;经查实确属敷衍塞责、推诿扯皮的,每件扣2分,扣完为止"①。行政效能指标的考核对象是列入综合考评的所有单位。

二是诉求回应目标的考核。其中提到,"重要信访件落实'三见面'要求,未按要求及时办理的,每件扣0.5分。有效初信做到'事事有回音,件件有结果'。处理程序到位,处理意见书规范,未落实的每件扣0.1分。建立重复信定期排查、梳理和交办机制,将梳理出的重复信列入各级积案化解内容,未落实的扣1分。复查复核处理事项不规范的,每件扣0.5分。人民建议办理及成果转化工作未落实的,每件扣0.5分;差错件,每件扣0.5分。在规定办理期限内,对市领导关于信访问题批示意见不落实的,对信访复查、复核意见办理不落实的,对已签发文的信访事项办理意见不落实的,每件扣1分。由此引起群众重复信访投诉的,加倍扣分。扣分无改正的,可重复扣分,直到办结为止"②。其考核范围是除市委办公厅、市人大办公厅、市政府办公厅、市政协办公厅和市信访局外,其他107家列入综合考评目标考核的市直单位。

从上述HH市绩效评估的文件中,可以看到,市民投诉状况被纳入政府的目标考核指标当中。因此,能够对政府部门绩效评估的结果产生一定的影响。

第二,SS市、XX市、WW市、QQ市未见将市民投诉状况与政府各地区、各单位绩效评估直接挂钩。"由于投诉状况不一,各单位可比性不强,市民投诉率没有纳入XX考核指标当中。"③

(四)绩效评估体系设计中满意度调查

SS市和WW市未见其政府绩效评估中包含公众满意度调查。根据对

---

① 《关于印发2012年度HH市市直单位专项目标考核办法的通知》(杭考评办〔2012〕21号),HH市综合考评委员会办公室2012年。
② 《关于印发2012年度HH市市直单位专项目标考核办法的通知》(杭考评办〔2012〕21号),HH市综合考评委员会办公室2012年。
③ 访谈记录。访谈对象为XX市考核办干部。

WW市考核办领导干部的访谈,"这部分工作回答得很不明确,似乎目前是没有做"①。

HH市、XX市、QQ市在其政府绩效评估中包含了公众满意度调查,主要内容如下。

第一,满意度调查的主体。HH市公众满意度调查大概在每年的12月到次年1月份举行。总体是绩效办负责,问卷实行分头包干。满意度调查的内容有标准化问卷与整改意见。在调查中,区县和市直部门分开进行。市直、区县共3万份问卷,约90%的回收率,其中1/3会填写对部门的整改意见。HH市满意度调查总体是由综合考评办负责。问卷是由考评办设计,统计局负责分发和回收问卷。绩效评估过程中保证问卷回收、确保程序公平。②

第二,满意度调查的对象。HH市在抽取满意度调查的样本上,每年进行随机抽取,进行面访。先选取社区,再从社区中随机抽取样本。根据每年工作不同,样本的选取侧重也有所不同,比如去年侧重了新经济、小微企业代表的选取③。评选投票分九个层面进行:1.市党代表;2.市人大代表;3.市政协委员;4.省直机关、老干部、专家学者和市行风评议代表;5.区、县(市)四套领导班子成员;6.区、县(市)的部、委、办、局及街道(乡镇)党政(包括人大)负责人;7.社会组织代表(含社区党组织和居委会负责人、行业协会负责人、民办非企业单位负责人);8.企业代表;9.市民代表(含外来创业务工人员、HH市城镇居民和农村居民)。除企业、市民外,其余投票层面均按80%的比例随机抽样产生投票人员。抽样方式采取分层面抽样。

XX市在满意度调查方面,市级单位主要是各政务服务中心的工作满意度评估,调查对象为来政务服务中心办事的群众。XX市对区县没有进行满意度调查,而是采用群众评议的方式。主要是通过邀请"两代表一委员"和群众代表对当地党委、政府工作进行综合评价。④

---

① 访谈记录。访谈对象为WW市考核办干部。
② 访谈记录。访谈对象为HH市综合考评办干部。
③ 访谈记录。访谈对象为HH市综合考评办干部。
④ 访谈记录。访谈对象为XX市考核办干部。

在 QQ 市三民活动中,市民代表根据市政府各部门工作职责、年度目标和年终述职报告,结合市政府各部门负责人现场述职和平时掌握的情况,现场填写评议票。评议得分计入各部门年度科学发展综合考核成绩。QQ 市在满意度调查的样本选择上,10000 名市民代表是三民活动的评议主体,通过现场听取市政府部门负责人的述职报告,对市政府部门工作进行评议。三民活动中科学选择市民代表,确定市民代表的选取原则、样本框、抽样方法及抽样数量,按照随机抽取与组织推荐相结合的方法,保证了市民参与的代表性和广泛性。[1]

第三,满意度调查的方法。HH 市在实施满意度评选过程中,把关键绩效信息,如部门职能书发给参加评估的公众,保证公众了解部门职能,保证评得准。对于采集市民意见,采取上门入户的方式;对于企业意见,采取邮政的方式。另外,在实施过程中将年度的项目考核变成绩效考核的方式,随机抽取项目进行考核。项目建设过程中也有公民参与的满意度调查,民众层面的和监督层面的都非常重视。[2] 满意度的测评使得部门必须重视公众意见,必须注重同公众的良好互动。

XX 市在满意度调查方面,市级单位主要是将各政务服务中心的工作满意度评估纳入考核指标中。例如,对许多有相关职能的部门,有"确保行政审批事项按时办结率98%以上,群众满意度95%以上"[3]的指标,占 2 分的比重。对区县没有进行满意度调查,而是采用群众评议的方式。主要是通过邀请"两代表一委员"和群众代表对当地党委、政府工作进行综合评价。在具体评价中,区县社会评价分市级和区县本级进行:区县本级"两代表一委员"由所在区县党代表、人大代表、政协委员、群众代表各 20 名在区县工作报告大会上进行测评;市级"两代表一委员"评价与开发区和市级部门一致,由市考核办在两会期间随机抽取市党代会代表和市人大代表、市政

① 卞建平:《"民考官"青岛市创新政府绩效考核工作》,2010 年 9 月 9 日,见 http://news.163.com/10/0909/13/6G52VUMT00014JB6.html。
② 访谈记录。访谈对象为 HH 市综合考评办干部。
③ 《关于印发〈XX 市各区县、开发区、市级部门 2013 年度目标责任考核指标〉的通知》,中共 XX 市委办公厅、XX 市人民政府办公厅 2013 年。

协委员 50 人进行测评。另外,具体参与方面还有 XX 考核信息网的网上评议;考核办在开展考核工作时还会明察暗访,询问公众意见;在一些具体事项上也会开座谈会,请群众代表参与。①

QQ 市在实施满意度评选过程中,将政府部门工作职责、年度目标、年终述职报告等关键绩效信息通过政府部门网站进行公开,并且市政府 56 个部门的主要负责人面对面地向市民代表述职,保证公众了解部门职能,保证评得准。

第四,对操纵民意、弄虚作假行为的监督措施。HH 市在社会评价工作实施方案中明确以下监督措施:"一是请 HH 市公证处对选票的发放、回收、拆封、统计等环节实施全过程监督;二是请纪检(监察)部门和各投票层面代表参与有关评选活动的监督工作;三是请市级新闻单位对评选工作进行跟踪报道,实施舆论监督。"②

QQ 市对操纵民意、弄虚作假行为有一定的监督措施。一是市政府专门制定了工作纪律,对市政府各部门、各区市及组织活动的部门都做了严格要求。二是由市监察局组织社会监督员和市民代表对活动全过程进行监督。三是将通过抽查访问部分市民代表等措施,及时发现问题进行查处,确保活动的公正性。任何部门及工作人员违反活动纪律,要依据有关规定追究责任。被评议部门违反规定的,一经查实,直接取消年度考核中的评优资格。活动期间,市监察局还将设立专门举报电话85911697,QQ 纠风网开通举报网址。

五、公民参与政府绩效评估结果使用环节

(一)绩效评估结果使用环节公民参与的整体状况

在绩效评估结果使用、绩效评估结果公开方面,HH 市对绩效评估排

---

① 访谈记录。访谈对象为 XX 市考核办干部。
② 《关于实施 2012 年度市直单位综合考评的通知》(市委办发〔2012〕144 号),HH 市委办公厅、市政府办公厅 2012 年。

名、得分信息实现了对外公开。XX市公开了年度目标责任考核优秀单位和争先进位单位的名单。在QQ市政府绩效评估中,绩效评估结果通过科学发展综合考核工作会议进行公开。在SS市、WW市政府绩效评估中,绩效评估结果未见网上公开。

绩效评估结果与公众互动上,HH市绩效评估结果通过回应公众意见实现了与公众的互动。SS市绩效评估结果通过"中国SS"门户网站的互动平台一定程度上存在与公众的互动。WW市在绩效评估结果通过电视问政、网络问政等互动平台一定程度上存在与公众的互动。QQ市绩效评估结果通过三民活动的互动平台与公众实现一定程度的互动。XX市主要是实现政府内部的反馈,绩效评估结果较少与公众互动。

(二)绩效评估结果信息公开状况

SS市、WW市的政府绩效评估结果未见网上公开。

HH市、XX市、QQ市的政府绩效评估结果信息实现了公开,表现在以下方面。

第一,公开的方式。HH市的政府绩效评估结果通过HH日报、HH考评网、地方电视等方式进行公开。XX市的政府绩效评估结果通过XX考核信息网、XX日报、地方电视等进行公开。QQ市每年召开科学发展综合考核工作会议,会议概况在QQ市组工网、QQ市信息网等网站以及QQ日报等报纸进行了公开,一些获奖单位也在其官方网站和新闻网中公开其排名等次。

第二,公开的内容。HH市在评估活动结束之后,公开了各市直单位和区县(市)的总得分、排名位次和等次。没有公开各评估项目细化的得分。XX市在评估活动结束之后,公开了年度目标责任考核优秀单位和争先进位单位的名单。① QQ市每年召开科学发展综合考核工作会议,会议通报上一年度全市科学发展综合考核情况,表彰获得优秀、良好等次的区市和单

---

① 《关于表彰2012年度全市目标责任考核优秀单位和争先进位单位的决定》,中共XX市委、XX市人民政府2013年。

位,研究部署下一年度全市考核工作。

(三)绩效评估结果与公民的互动状况

各个城市的绩效评估结果与公众的互动方式各不相同。

HH市在每年绩效评估结束后,HH考评网上发布年度HH市市直单位综合考评社会评价意见报告,回顾上一年度社会评价意见整改情况,分析本年度社会评价基本情况及意见,提出下一步的对策建议。其次,HH市考评办梳理公众意见,将参评者意见作为重要的整改工作项目,作为特定单位下一年整改的依据。最后,HH市考评办将市直各单位这些重点整改目标的完成情况向社会公示。例如,曾经有市民发现阶梯电价有计算问题,在社会评价中反映此问题,考评办就将此问题作为电力部门一项整改任务,最终问题得到了了解决。①

SS市的"中国SS"门户网站包含了互动平台,公众可以通过以下方式参与政府工作。其一,市领导信箱,包括市委领导信箱、市长信箱,可以向市委领导、市长写信,提出问题或建言献策。其二,部门、区县领导信箱,包括市政府各委、办、局网上领导信箱,各区县、街道(乡镇)网上领导信箱。其三,在线访谈,包括访谈预告、访谈回顾、委办局、区县在线访谈预告、SS政务互动(微博)平台等内容。针对公众意见建议,进行回复选登、典型案例公开、情况反馈。

XX市反馈方面,"考核结果出来后,考核办会给单位发反馈意见函"②。主要是实现政府内部的反馈,绩效评估结果较少与公众互动。

WW市政府重点工作的完成情况与公众有多种方式的互动。其一,2013年电视问政"期末考"于年底开考,十个突出问题承诺整改单位负责人与有关市领导走进演播厅,围绕电视短片、督察组与市民群众反映的承诺整改问题,接受党代表、人大代表、政协委员、治庸问责督察员、专家、市民代表、新闻媒体代表的询问与评价。其二,2013年10月初,2013年十个突出

---

① 访谈记录。访谈对象为HH市综合考评办干部。
② 访谈记录。访谈对象为XX市考核办干部。

问题承诺整改网络问政已先行启动,市民可通过微博、微信以及在线留言的方式提供采访线索或进行报料。线索一经采用,WW 网络电视网给予奖励,活跃网友将成为媒体签约拍客。此外,活跃网友还被邀请为电视问政的市民代表。根据与考核办领导的访谈,"对于部门未完成绩效核心目标时,面向公众没有公开作出解释、进行互动"①。

QQ 市三民活动提供了一个政府与公众互动的平台。其中,"听市民意见"有两种渠道:一是在 QQ 政务网、人民网、大众网等八家网站三民活动网页开通意见建议征集系统,收集广大市民意见建议。二是参加活动的市民代表现场提交书面的意见建议。三民活动联席会议办公室设意见建议办理组,对所有意见建议进行汇总、分类、整理,按有关规定反馈给市政府相关部门。各部门对市民提出的建议,认真梳理分析,积极吸收改进,对前瞻性或可行性的建议,将纳入今后的工作计划。2009 年启动之后的三年来,"通过信函、电子邮件、网络等途径,征集到市民提出的各类意见建议 5.3 万件。其中,2500 多条意见建议已被吸纳进市政府工作报告、'十二五'规划或部门年度工作中,2009 年 700 多条,2010 年 800 多条,2011 年 900 多条,广大市民的参政热情逐年高涨,意见建议含金量越来越高。初步统计,自活动开展以来,QQ 市区两级累计有效办理各类市民建议 1.3 万条,解决各类难题近千个"②。

六、公民参与政府绩效评估状况
总体评价与未来展望

(一)公民参与政府绩效评估状况总体评价

在政府绩效评估决策环节中,HH 市、WW 市、QQ 市有不同程度的公众

---

① 访谈记录。访谈对象为 WW 市考核办干部。
② 卞建平:《青岛"三民活动"本月启动 54 个部门接受现场评议》,2012 年 12 月 6 日,见 http://www.qingdao.gov.cn/n172/n27796275/n27796276/28054655.html。

参与。在 HH 市绩效评估决策中,专家学者参与了评估对象、方式的选择、设计,公众通过座谈会等方式也进行了参与。在 WW 市绩效评估对象选择决策、评估方式选择决策中有一定程度的专家参与。早年 QQ 市绩效评估启动决策、评估对象选择决策、评估方式选择决策中未见公众或专家参与,但近年来一直在多方征求各方意见,尤其专家意见。SS 市、XX 市在政府绩效评估决策中未见公众参与。

在政府绩效评估体系设计环节中,HH 市、WW 市、QQ 市有公众参与。HH 市主要是专家学者参与体系的设计,在绩效评估体系重点工作确定、绩效评估指标与评估指标权重上,一定程度上参考了公众意见。WW 市绩效评估体系设计中有专家学者与公众参与。QQ 市绩效评估体系设计中曾多方征求专家学者参与。SS 市、XX 市绩效评估体系设计中未见公众参与。各城市在政府绩效评估体系中都体现了不同程度的公众导向。HH 市在其政府绩效评估体系中的评估定位上体现了公众导向;HH 市、SS 市、XX 市、WW 市、QQ 市则在评估指标上体现公众导向;HH 市、SS 市、XX 市、QQ 市则在指标权重上体现公众导向;HH 市、SS 市、XX 市、WW 市、QQ 市评估主体上都体现公众导向;HH 市在评估对象上体现公众导向;HH 市、XX 市、QQ 市结果使用上体现了公众导向。

在政府绩效评估实施环节中,各城市政府绩效信息实现了不同方式、不同内容的公开。在市民投诉状况中,各城市都设有多种公民投诉的渠道,但只有 HH 市将市民投诉状况作为其目标考核中的一部分内容,对政府绩效评估有着实质的影响。在公众满意度调查中,HH 市、QQ 市公民满意度调查情况客观性、科学性较好。XX 市主要是市级单位政务服务中心的工作满意度评估,而区县主要是通过邀请"两代表一委员"和群众代表进行评价。未见 SS 市、WW 市的政府绩效评估中包含公民满意度调查。

在绩效评估结果使用环节中,绩效评估结果公开方面,HH 市对绩效评估排名、得分信息实现了对外公开;XX 市公开了年度目标责任考核优秀单位和争先进位单位的名单;QQ 市绩效评估结果通过科学发展综合考核工作会议进行公开;在 SS 市、WW 市政府绩效评估中,绩效评估结果未见网上公开。绩效评估结果与公众互动方面,各城市都有其各自的互动方式,HH市绩效评估结果通过回应公众意见实现了与公众的互动;SS市绩效评估结果通过"中国SS"门户网站的互动平台一定程度上存在与公众的互动;WW市在绩效评估结果通过电视问政、网络问政等互动平台一定程度上存在与公众的互动;QQ市绩效评估结果通过三民活动的互动平台与公众实现一定程度的互动;XX市主要是实现政府内部的反馈,绩效评估结果较少与公众互动。

(二)公民参与政府绩效评估的趋势与未来展望

各市绩效办/考核办的有关人士都提到,公民参与是政府绩效评估的大趋势,公民参与政府绩效评估的机制都应进一步完善。例如,访谈过程中某位领导提到,公众参与程度不够,"一方面是由于政府的管理理念达不到,管理方法也比较单一,而政府的科学决策是一个发展过程。另一方面,也有公众参与的主动性不足,愿望不强烈,素质层次不齐的现实状况"。但他同时表示:"提升公众参与度是未来的一个大趋势。考核办也在开展群众路线教育实践活动,也想扩大公众参与度,考核工作也应当从群众中来到群众中去,也征求群众意见建议,在价值观方面也要以群众满意为考评的标准。"

第 三 编

案例研究:中国地方政府
绩效评估中公民参与模式研究

南京市"万人评议机关"中的公民参与

邓国胜　杨义凤

一、背景与历程

(一)背景

南京是中国四大古都之一。由于历史原因,南京形成了一种独特的"皇城文化",这一文化的影响之一便是官员的官僚作风更为严重、效率低下。为改进机关作风、提高工作效率,自 1991 年开始,每年春节之后,南京市第一个全市性的会议就是市级机关作风大会。

然而,仅仅依靠会议动员的方式,机关作风的改进有很大局限。2001年,为了进一步加强和改进机关的作风建设,达到立党为公、执政为民的根本目的,南京市委提出了"向人民学习、为人民服务、请人民评判、让人民满意"的指导思想,在国内率先开展了"万人评议机关"的活动。

难能可贵的是,南京市不仅在政府绩效评估过程中引入了公民参与的机制,而且"万人评议机关"活动已经连续开展了十多年,机关的作风和群众的满意度有了明显的变化。

在十多年的评议活动中,南京市根据公民评议政府绩效过程中遇到的困难或发现的问题,不断调整和改进评议的内容和方法,这些宝贵的经验和曾经走过的弯路特别值得其他城市学习和借鉴。

(二)历程

南京市"万人评议机关"活动是在南京市委、市政府的部署和要求下,由市机关作风建设办公室具体负责实施、群众广泛参与的政府机关作风评议活动,是公民参与政府绩效评估的一种形式。

十余年来,为了提高评议的有效性,南京市机关作风建设办公室先后对评议方案做了四次大的调整,在实践中不断改进评议的内容和方法。总的来说,南京市万人评议政府机关活动可以分为以下四个阶段:第一阶段2001—2003年,初步确立评议方案,尝试对评议人和被评议对象进行分组;第二阶段2004—2007年,根据部分被评议单位提出的细化评议内容的建议,加入了工作考核的内容,进行综合评议,并把评议对象分为三组,分别考评;第三阶段2008—2011年,根据各方的反馈和研究,取消了工作考核的内容,分单双年分别对局级机关和重点处室进行评议,将评议压力向处室传导;第四阶段自2012年迄今,引入政府服务热线评议、政务服务中心评议、行风评议,构建四位一体的评价体系,注重评议对象的日常表现。

除四次大的调整之外,南京市还进行过几次小范围的调整。例如,2002年,南京市机关工委与江苏省社科院联合开展了"南京市机关作风评价体系"课题,完善指标体系以增强科学性;2005年,在横向比较的基础上,增加了对评议结果的纵向比较;2006年增加了报纸评议和网络评议的内容;2009年,增加了被评议部门职能介绍和本年度工作成效汇报,以增进评议人对各部门工作情况的了解等(见表1)。

表1　南京市"万人评议机关"历次方案调整情况

时　间	名　称	评议人	被评议对象	评议结果
2001 年	万人评议	六个层次	不分组	向社会公布
2002 年	万人评议	十个层次	分两组	内部通报
2004 年	综合考评	十个层次	分三组,加入工作考评	内部通报
2008 年	轮回考评	十个层次	取消工作考评,局级单位与科室按单双年分开考评	内部通报
2009 年	轮回考评	十个层次	逢单年考评局级单位,增加职能介绍和工作汇报	内部通报
2010 年	轮回考评	十个层次	逢双年考评重点处室、科室,增加职能介绍和工作汇报	向社会公布
2012 年	四位一体	八个层次	分四组;电子问卷评议	向社会公布

二、南京市"万人评议机关"活动简介

(一)组织机构和评议主体

1. 领导小组和工作机构

南京市"万人评议机关"活动在南京市机关作风和行业作风建设工作领导小组的领导下进行,由南京市机关作风办公室(简称"作风办")作为牵头单位,统一组织实施。为了保证工作顺利进行,以市"作风办"为基础,成立群众评议办公室,作为开展评议活动的临时性机构,下设综合协调组、基层群众组、企业组、驻宁机构组、科教文卫组和其他评议人组。群众评议办公室采取相对集中的办公形式,办公地点设在市"作风办"。

2. 评议人

(1)评议人的结构

历年来,南京市"万人评议机关"活动的评议人大约在 10000 人。

2012 年,评议人的数量为 11000 人,按 90% 的回收率计算,实际发放评议表约 12000 份。为了体现评议人在各个社会阶层中的代表性,一般来讲,评议方案都要对评议人进行分层。相比以往,2012 年新版评议方案对评议人分布情况进行了调整,将原先十个层面的评议人按照身份、职业或阶层相似的特点合并同类项。调整后,原"部分市党代会代表、市人大代表、市政协委员"和"机关作风和行业作风建设监督员"合并为一个层面;原"区、县机关工作人员"和"街道、镇工作人员"合并为一个层面,总计八个层面。

表 2　南京市"万人评议机关"部分年份评议人分布情况　（单位:人）

	2002 年	2004 年	2008 年	2009 年	2010 年	2011 年	2012 年
市级领导干部	40	40	40		40		45
在宁的国家、省、市三级党代会代表、人大代表、政协委员	500	460	500	100	450	60	400
机关作风建设监督员	500	200	200	86	200	72	
市管干部机关督察督办人员	500	450	450		450	80	455
区、县机关工作人员	1300	1350	1350		1350		1600
街道、镇工作人员	800	660	660		600	240	
企业管理人员	3000	3000	3500	700	3500	550	3500
省级机关、驻宁部队机关、军事院校	500	500	500		600		500
专业技术人员	1000	1440	1440		1400		1000
基层社区群众	4000	4500	4500	社区主任 150	4500	社区主任 260	4500
总计	12140	12600	13340	1036	13090	1262	12000

注:数据根据历年《南京市市级机关作风评议方案》整理。

（2）评议人选取办法

"万人评议机关"活动中,对于不同层面的评议人的选取办法也不同:

一种是指定法,比如2002年的评议方案中,市人大代表、市政协委员、市级领导等为指定评议人;一种是抽样法,比如基层社区群众评议人按《居住常住人口登记表》的序号随机选出。2004年以后,评议人的选取办法中减少了指定评议人的数量,即除市级领导干部外,其他评议人均通过抽样的办法选取。同时,本着易于操作的原则,对党代会代表、人大代表、政协委员、市管干部、企业、科教文卫单位、境内外驻宁机构、机关作风建设监督员等,分门别类建立评议人(评议人单位)信息库,然后从信息库中抽取评议人(评议人单位)。① 另外,每年都会按照一定比例更新评议人及评议人信息库。

2012年,新的评议方案对信息库进行了整合,将评议人信息库分为社区群众评议人信息库,企业管理人员评议人信息库,中央驻宁机构、部省属科教文卫机构的评议人信息库,其他类型评议人信息库共四种类型。

(二)评议客体

自2001年开始,南京市"万人评议机关"活动的评议客体主要是党政机关及直属单位。不过,第一次评议活动,由于没有对被评议机关进行分类,以至于一些被评议机关对评议结果的公平性提出了质疑。为了增进不同机关之间的可比性,2002年开始,评议方案对评议对象进行了分组考评。2002年,根据各机关的工作性质、职能、同群众接触的方式和程度将所有机关分为两组。一组是经常与群众打交道的执法部门,另一组是综合部门和其他单位。2004年,根据各方反馈和研究,评议方案进一步把评议对象分为三组。第一组是直接面向广大人民群众服务和执法(有办事窗口和执法队伍)的部门及部分专营性企事业单位;第二组是政府机构中除第一组以外的部门及直属单位;第三组是党群机关、人大机关、政协机关、法检机关和直属单位。2012年,被列入评议范围的部门(单位)、行业,共98个,分为四组。

---

① 《关于印发〈南京市市级机关作风建设综合评价方案〉的通知》,2004年11月26日。

第一组：直接面向企业、面向人民群众服务和执法的市政府工作部门，与改善发展环境、与人民群众生产生活密切相关的垂直管理部门、专营性企业，共 30 个。例如，市公安局、市国土资源局、市物价局、南京邮政局、中石化南京分公司等。

第二组：除第一组以外的市政府工作部门、市直属单位，共 31 个。包括市政府办公厅、市发展和改革委员会、市民政局、市司法局、市财政局、市信访局、市级机关事务局等。

第三组：市委工作部门、市人大机关、政协机关、法检机关和群团部门，共 25 个。包括市委办公厅、市委统战部、市委组织部、市机构编制委员会办公室、市委党校、市总工会、市社会科学界联合会、市残疾人联合会等。

第四组：国务院纠风办确定评议的 12 个行业。包括学校、医院、铁路（火车站）、民航（机场）、城市公交（公交、出租车、地铁）、旅游、殡葬、银行、通信、供水、供电、有线电视等。

除了对评议客体进行分组考评以外，第一、二、三组的评议客体还要求提交 1500 字以内的部门（单位）职能与工作情况介绍，以增强评议人对本部门（单位）的了解。

（三）评议方法、指标

1. 评议内容与指标

评议表按用途分为两种介质。一种是"读卡式"的纸质评议表，另一种是"表单式"的网上评议表，分别提供给不同层面的评议人填写。其中，网上评议表是 2012 年新出现的评议样式，与纸质评议表类似，也分为评议说明、被评议对象名单及部门简介、评价表和征求意见表四部分组成，如表 3 所示。

表3 2012年网上评议简表

网上评议说明

欢迎参加2012年南京市机关作风建设群众评议活动。请您认真阅读网上评议说明,并根据提示进行评议。

1.对机关作风建设的总体评价,分为"满意"、"基本满意"和"不满意"3个选项,请点击符合您看法的任一选项进行评价。您可以在下方的空栏处填写具体评议意见,包括表扬、批评和建议意见。然后点击"下一步"继续评议。

2.对部门(单位)、行业的评价,分为"不了解"、"满意"、"比较满意"、"基本满意"、"不太满意"、"不满意"6个选项,默认为"不了解"选项。若您了解某一部门(单位)、行业的情况(不一定全面了解),请点击符合您看法的选项进行评价。

3.您可以点右侧的"填写具体意见",在新打开的页面中,填写对任一部门(单位)、行业的意见,包括表扬、批评或建议意见。如果您对某一部门(单位)、行业的评价是"不满意",请务必点击"填写具体意见",说明对该部门(单位)、行业不满意的原因。若您认为必要,可以留下姓名和联系方式,以便相关部门(单位)进一步了解情况,反馈整改结果。

4.点击某一被评议部门(单位)的名称,即可查看该部门(单位)的情况介绍,包括主要职能、加强机关作风建设的情况及获得的市级以上表彰奖励。

被评议部门简介

对机关作风的总体评价	满意	基本满意	不满意
表扬意见			
批评意见			
建设意见			

被评议部门(单位):第一组(共30个)(点击被评议部门(单位)名称,即可查看情况简介)

序号	部门	不了解	满意	比较满意	基本满意	不太满意	不满意

被评议部门(单位):第二组(共31个)(点击被评议部门(单位)名称,即可查看情况简介)

续表

序号	部门	不了解	满意	比较满意	基本满意	不太满意	不满意

被评议部门(单位):第三组(共25个)(点击被评议部门(单位)名称,即可查看情况简介)

序号	部门	不了解	满意	比较满意	基本满意	不太满意	不满意

被评议行业:第四组(共12个)

序号	部门	不了解	满意	比较满意	基本满意	不太满意	不满意

注:1.城市公交包括公交、出租、地铁。
2.银行包括中行南京分行、农行南京分行、工行南京分行、建行南京分行、交行南京分行。
3.通信包括中国电信南京分公司、中国移动南京分公司、中国联通南京分公司。

从评议表中可以看出,对具体部门(单位)的评价要比对机关作风的总体评价在指标上要细化,并且增加了"不了解"选项。对部门(单位)的"不了解"选项,始于2005年,选择该项则意味着对该处室评价视为无效。这主要是为防止部分评议人不了解被评议部门而随意打分导致评议结果失真的现象。

为了更好地排序,评议表赋予不同指标以不同分值。其中,"满意"票为100分,"比较满意"票为80分,"基本满意"票为60分,"不太满意"票为40分。以前三组为例,计算公式为:前三组被评议部门在某个层面评议人的评议初始分＝（满意票数×100＋比较满意票数×80＋基本满意票数×60＋不太满意票数×40）／被评议部门（单位）在该层面评议人的有效票数。在此基础上，按8个层面评议人的不同权重加权处理后相加，得出评议基本分。

2. 评议表的填答、发放与回收

"南京市万人评议机关"的评议表先后经历了纸质（2001—2007）、纸质读卡式（2008—2011）、电子式（2012—　）三种式样的变迁。除主观意见填写外，2008年以来，评议表主体部分采取纸质读卡式填写，以方便进行统计。2012年开始，面向基层社区群众和企业管理人员的问卷表实现了电子化，问卷发放方式也略有不同。

在发放与回收方式上，2001—2003年的评议活动，采取同渠道直接发放并回收的方式。2004年以后，直接发放与回收、委托发放与回收、邮寄发放与回收三种方式相互结合。2006年，开始增加了报纸评议和网络评议的内容。网上和报纸评议结果供参考，暂不计入群众评议总分。网上和报纸评议所征求的意见，与书面评议表征求的意见一并汇总，具有同样的效力。① 2012年，基层社区群众和企业管理人员的问卷实现电子化以后，评议表的发放也有所不同。

（1）发放、回收纸质评议表

市级领导干部、市管干部和机关督察督办人员、市机关作风建设监督员中的评议人，由群众评议办公室直接发放、回收评议表；市人大代表和政协委员、中央驻宁机构、部省属科教文卫机构中的评议人，通过邮寄方式发放、回收评议表；玄武区、白下区、建邺区、鼓楼区、下关区、栖霞区、江宁区、浦口区、六合区、溧水县、高淳县的社区群众评议人，委托有关区县作风办发放、回收评议表。

（2）发放密匙信函，网上填写评议表

委托省级机关作风办、各区县作风办及有关单位，向其余类型的评议人

---

① 《关于印发〈南京市市级机关作风建设群众评议方案〉的通知》，2010年11月2日。

（含秦淮区、雨花台区的社区群众评议人）发放网上评议的专用密匙信函。这些评议人使用密匙信函中一次性的用户名和密码，登录网上评议系统，在线填写、提交评议表。12000 份问卷中，约有 7000 份问卷通过网上填写评议表的方式进行。

（3）开通网上公众评议平台

网上公众评议平台，无需登录，面向社会征求对被评议部门（单位）的意见建议。网上公众评议的结果供参考，暂不列入评议计分。网上公众评议平台所征求的意见，与评议人的意见一并汇总。

3. 数据统计

（1）对评议人的权重划分

对评议统计来说，最为关键的是评议人的权重划分。在基本保持 2010 年评议人权重比例的前提下，根据评议人层面和被评议对象分组的调整情况，经过评估测算、专家论证和评议人代表模拟评议，对前三组部门（单位）的评议人权重系数进行了适当微调。同时，新增的第四组 12 个行业，其权重设定采用第一组部门（单位）的权重分值。

微调的主要原因是评议人分组情况发生了变化，由 10 组变为 8 组，变化之后对相应的权重进行了调整。以第一组为例，2010 年人大代表、政协委员一组的权重是 10.33%，市机关作风建设监督员的权重是 10.51%，两者合并之后，权重调整为 12.53%。2010 年区县机关工作人员和乡镇工作人员的权重为 9.2% 和 9.93%，合并之后，区县基层工作人员所占权重调整为 11.37%。

微调之后，其他层面的评议人权重均有所上升。以第一组为例，社区群众的权重增加值为 2.16%，企业管理人员的权重增加值为 2.1%，驻宁党政军（机关）代表的权重增加值为 3.74%，专业技术人员权重增加值为 3.56%，市管干部的权重增加值为 3.16%，市级领导干部的权重增加值为 1.53%。

表4　2012年不同层面群众评议结果的加权系数

评议人类别	权重分值（%）			
	1组	2组	3组	4组
社区群众	14.80	14.03	13.28	14.80
企业管理人员	14.58	13.56	13.88	14.58
驻宁党政军机关代表	11.46	12.51	11.34	11.46
专业技术人员	11.79	11.15	10.79	11.79
市人大代表、政协委员、市机关作风建设监督员	12.53	12.07	12.83	12.53
区县基层工作人员	11.37	12.27	13.05	11.37
市管干部机关督察督办人员	11.53	12.12	12.36	11.53
市级领导干部	11.94	12.29	12.47	11.94
合计	100	100	100	100

数据来源：《关于印发〈南京市机关作风建设群众评议方案〉的通知》，2012年9月13日。

表5　2004、2008、2010年不同层面群众评议结果的加权系数

评议人类别	2004年权重分值			2008年权重分值			2010年权重分值		
	1组	2组	3组	1组	2组	3组	1组	2组	3组
市级领导干部	10.41	10.70	10.70	10.41	10.70	10.70	10.41	10.70	10.70
人大代表、政协委员	10.43	10.11	10.38	10.33	10.01	10.28	10.33	10.01	10.28
市管干部	8.47	8.87	9.22	8.37	8.77	9.12	8.37	8.77	9.12
区县机关工作人员	9.30	10.79	11.01	9.20	10.79	11.01	9.20	10.79	11.01
企业管理人员	11.48	10.65	10.03	12.48	11.65	11.02	12.48	11.65	11.02
驻宁机构人员	8.10	7.92	8.19	7.90	7.72	7.99	7.90	7.72	7.99
专业技术人员	8.33	8.35	8.37	8.23	8.25	8.27	8.23	8.25	8.27
街道（镇）工作人员	10.03	9.85	10.07	9.93	9.65	9.87	9.93	9.65	9.87
基层社区群众	12.64	12.03	11.50	12.64	12.03	11.50	12.64	12.03	11.50
机关作风监督员	10.81	10.73	10.54	10.51	10.43	10.24	10.51	10.43	10.24
合计（%）	100	100	100	100	100	100	100	100	100

数据来源：根据历年度《南京市市级机关作风评议方案》整理。

（2）导入其他考评得分

导入其他考评得分是 2012 年评议方案的新增项，这主要是为了将平时评议成绩与年终评议结果相结合，注重平时考评，使评价体系更加科学。这一年，在数据统计方面与往年的最大不同在于，在评议活动中引入了"12345"政府服务呼叫中心综合考核、市政务中心窗口单位绩效考评、市纠风办民主评议政风行风活动的结果，将三项考评得分转化为统一标准的百分制导入分，形成四位一体的考评模式。同时，明确三项考评活动的固定权重，分别是 8%、6% 和 4%。

（四）评议成果及运用

1. 评议结果排序

根据各个群体评议的结果，经过加权计算，可以得出每个机关的综合得分，然后再按照被评议对象的分组，从高到低排序。不过，每年都有一些被评议部门只参加评议不参加排序。例如，2012 年，南京市四套班子的办事机构（市委办公厅、市人大机关、市政府办公厅、市政协机关）和直接组织评议活动的部门（市机关工作委员会）只参加评议不参加排序。第一组被评议对象中的市城市建设集团、金陵海关、市公安消防局、南京市邮政局、中石化南京分公司、中石油南京分公司六家单位只参加评议，不参加排序。

2. 根据排序结果评选先进

依据排序情况，每年排在每组前 25% 的部门（单位），评为"机关作风建设先进单位"；参考上次评议结果，连续两次被评为"机关作风先进单位"的，评为"机关作风建设人民满意单位"。"机关作风先进单位"和"机关作风建设人民满意单位"由市委、市政府表彰奖励。①

3. 公开发布评议结果

2002 年开始，为了避免引起过多社会反应，评议结果采取对内通报的形式。2010 年，评议结果重新开始向社会公布。2012 年，评议方案要求群

---

① 《关于印发〈南京市机关作风建设群众评议方案〉的通知》（2012 年 9 月）。

众评议活动排序的全部名单,以市机关作风和行业作风建设工作领导小组名义通过市属媒体向社会公布。

排序列每组末一位的部门(单位),由市机关作风和行业作风建设工作领导小组予以通报批评,市纪委、市委组织部、市委市级机关工委对其领导班子进行责任考核,并由市分管领导与其主要负责人诚勉谈话。在次年机关作风建设中,进行有计划、分阶段的机关作风整顿,年中进行考评验收。整顿结果,以其党组(党委、党工委)名义向市机关作风和行业作风建设工作领导小组做出专题报告。

4. 促成评议意见的落实

群众评议办公室每年都会全面汇总评议人提出的具体意见(包括表扬意见、批评意见和建议),并进行分类对口反馈。每年评议过后,市委、市政府会将企业和人民群众反映强烈、迫切希望解决的热点难点问题,作为次年机关作风建设的重点内容,以切实解决矛盾,高效抓好整改,让群众感受到评议的实效。例如,2007 年的评议中,企业对机关作风建设的满意率最低,仅为 46.3%,比总体满意率低了将近 12 个百分点。对此,南京市委、市政府决定,在市、区县两级政府,都要建立重大项目推进办公室,从相关职能部门抽调干部,对项目审批实行"保姆式服务",变基层跑审批为机关办审批,使重大项目在最短时间内建成。①

三、南京市"万人评议机关"活动中的公民参与

(一)公民在评估方案修订过程中的参与

公民参与政府绩效评估是国际的潮流。然而,从目前中国的实践来看,

---

① 俞巧云、孔小平:《南京市级机关评议满意率达 58.21%》,《扬子晚报》2008 年 2 月 14 日。

公民参与的政府绩效评估主要还是政府主导下的公民参与,尤其是在目前一些政府信息还未公开、评估方法和技术手段尚不完善的情况下。南京市"万人评议机关"也不例外。这项活动首先是由政府决定的,市委、市政府领导的重视直接推动了这项活动的展开,在全国"首开万人评议的先河"。而公众在评议决策阶段的参与主要体现在对评议方案的修改上,具体表现在以下三个方面。

(1)专家、学者的参与。例如,为了增进方案的科学、规范性,2002年南京市机关工委与江苏省社科院组成《南京市市级机关作风评价体系》课题组,联合对评议方案进行了修改,这首先体现了政府部门与科研机构的合作,形成了一个由官员和学者组成的精干团队。该团队通过召开座谈会、发放问卷、小组讨论、专家审议、面向被评议单位征求意见等方式,五易其稿,最终形成《2002年南京市市级机关评议方案》。与2001年的方案相比,该方案的变化主要体现在以下几点:评议人由六个层面扩展到十个层面,更有广泛性和代表性;被评议单位分为执法部门和综合部门两类,分类排序更科学;评议指标更加细化,在原先"满意"、"比较满意"、"不满意"三个选项的基础上,增加了"基本满意"、"不了解"两个选项。

(2)普通公众的参与。同样以2002年方案调整为例,课题组团队召开了19个座谈会,发放了200份问卷,听取包括人大代表、普通市民等各个层面的意见,并由此确定评议方案的框架模型。经反复修改后,2002年6月份完成了第一稿,送交该课题指导小组审议并最终确定2002年的评议方案。

(3)被评议对象的参与。在历次评议方案的修改中,通常都会征求被评议对象的意见,例如,评议进行到2004年,不少被评议机关提出了意见,认为评议指标太粗,建议加上对各机关的工作考核,由机关之间相互评议,以弥补群众对机关职能不熟悉、评议结果不科学的缺陷,最终促成了工作考核和群众评议各占30%和70%的综合考评方案。

接下来的几年中,南京市"万人评议机关"的评议方案又经过几次或大或小的修改,不断坚持、完善评议方案,使其更科学、更准确。几次大幅度的方案调整中,每次都会召开大规模的座谈会和实地调研,从而为公众参与决策提供了机会。不过,此阶段的参与主要以专家学者、人大代表、被评议机构的意见为主,真正的基层群众的意见在决策过程中作用并不明显。例如,2002年开始,评议结果开始只在内部通报,虽然有不少基层群众对这一做法颇有微词,认为既然参加了评议就应该知道结果,如果结果都不公布,还怎么叫"请人民评判"?[①]但他们的意见并没有迅速反映到评议方案中,而是直到2010年,在南京市委的推动下,重新开始对外公布评估结果。

(二)评估实施过程中的公民参与

为了保证公众科学、合理地参与评估过程和客观、全面地反映公众意见,南京市做了大量工作。首先,将群众分为不同层次,分别建立评议人数据库,并在实践中不断改进分层方法;其次,针对不同层面的群众评议结果进行加权处理,并且尽量提高权重分配的科学性;第三,完善评议人的选取办法,建立评议人数据库;第四,不断改进评议表的设置、发放与回收,确保评议的公平与公正;第五,增加部门(单位)职能介绍,让评议人尽可能多地了解评议对象,促进评议的客观性。在既定评议方案下,可以说,这些措施已经在相当大的程度上保证了评估效果的客观性。

1.被抽中评议人的参与

在纸质评议、纸质读卡式评议时期,被抽中评议人通过或分散或集中的方式填答问卷。问卷采取直接发放与回收、委托区县机关作风办工作人员发放和回收、邮寄发放和回收等方式进行。2012年采取网上评议的模式之后,大约有7000名评议人在收到邮寄的密匙函之后,凭一次性的用户名和密码填答问卷。对电脑和网络普及率相对较低、操作条件不具备的社区(行政村)评议人群体,将继续采取读卡式的纸质评议表,人数大约有5000名。此举减少了回收评议表的中间环节,更加方便评议人,实现评议数据自

---

① 《南京"万人评议机关"10年历程回顾:本身效力待提高》,《人民日报》2011年2月15日。

动生成和评议意见的电子版本,缩短评议的统计周期,提高了统计质量和效率。

2. 未被抽中的普通公民的参与

为了提升公民参与的程度,南京市充分利用信息网络技术,拓宽了普通公众的参与渠道。对于那些未被抽中的普通公民也可以参与评议活动,但鉴于目前技术上难以控制恶意评价、重复评价等行为,目前普通公众的评议结果仅供参考,暂不列入评议计分。但是,普通公众给出的相关意见却具有与评议人的评议意见相同的效力,会被统一汇总、传达给相关部门。2012年,网络评议专设"公众入口",给未被抽中的普通公民以参与机会,而在此之前,未被抽中的普通公民可以通过直接向各级机关工委反映意见或者通过网站、报纸发放的征求意见表等方式参与评议。相对而言,网络评议专设的"公众入口"为普通公民参与评议和给出意见提供了更便捷的渠道。

(三)结果运用中的公民参与

对评议结果运用的好坏,一定程度上决定了"万人评议机关"活动的有效性与可持续性。再科学的评议方案、再准确的评议结果,如果缺乏对评议结果的反馈运用,则难以产生实质性的影响。南京市"万人评议机关"活动也一直注重对评议结果的运用,例如:认真整理、反馈评议意见;对评议结果排序前25%的部门(单位)给予表彰;对评议末位的部门(单位)由市纪委、市委组织部、市级机关工委对其领导班子进行责任考核,并由市分管领导与其主要负责人诫勉谈话等。

在结果运用中,公民参与主要是指公众对结果运用的监督,尤其是对所提意见和建议履行状况的监督。在这方面,公民参与的力度不大,或者说,公民缺乏参与的有效途径。从2002年开始,评议结果连续8年未向社会公布。2010年,评议排序重新向社会公布,但是所公布的只是满意率排名,单凭这一项,公民难以对被评议部门(单位)有实质性的监督。目前为止,评议意见仍然采取内部反馈的形式,并且对评议结果末位单位的作风整顿、年中考评验收,也是以其党组(党委、党工委)名义向市机关作风和行业作风建设工作领导小组做专题报告。整个过程中,公众缺乏监督权。

四、经验与教训

(一)经验

1. 建立政府主导、公民参与评议机制

按照参与的程度和范围的不同,群众参与政府绩效评估有多种模式,可以由民间独立的研究机构来主导评议,也可以由政府某个部门,如南京市机关工委来主导评议。目前,一方面是政府信息公开程度还不够,另一方面是交给民间机构进行绩效评估的时机尚不成熟。因此,南京市"万人评议机关"选择了由政府主导、群众参与的模式。而这种模式的最大优势之一是,由于有领导的重视、人力物力的保障,特别是通过政府文件的方式,将公众评议活动制度化,从而使评议活动能够持续下去。2005年,南京市把"坚持群众评议机关作风作为加强政府自身建设的重要措施"写入了政府工作报告中,从而建立了政府主导、公民参与政府绩效评估的制度。

> "得到市委、市政府主要领导的支持是非常关键的。这项活动牵扯到的部门少则几十个,多则上百个,涉及到政府机关的大多数层面。如果缺乏政府高层的支持,是很难搞下去的。机关作风是每年全市大会上领导必提的一个话题……而且,我们总结经验,最好能得到至少四位市委常委的支持,来我们这里当组长或副组长,有了这个支持面,评议活动就能被接受了。如果没有市委领导班子的关注,推动力就得不到保障,也就很难长期开展下去。"[1]

公民参与政府绩效评估虽说是大势所趋,但从现实来看,在初期阶段,尤其是当评议效果短期内不能很好地显现时,公民的参与积极性会受到打

---

[1] 课题组与南京市机关工委负责人的访谈记录(2012112001)。

击。如果缺乏公民参与的积极性,"公众参与政府绩效"活动也就流于形式。此种情况下,政府主导的一个优势是以组织化的方式设计、发放和回收问卷,把参与机制保留了下来。

"有些问题整改起来是非常复杂的。今年群众提了意见,我们也反馈了。如果是一些浅层次的问题,比如工作态度、生活作风问题,可能比较容易解决。但另一些问题,比如说涉及到机构设置和政府职能问题时,整改需要一个过程。这时候,评议结果的运用不太可能产生立竿见影的效果。再比如说,因为我们不想在媒体上、在社会上引起这么大的关注,单靠一次评议就罢免某个官员的做法也不太科学。所以,后来有一段时间,我们的评议结果就没有向社会公布,而是内部通报。这个时候,群众参与的积极性怎么体现出来?我们通过政府主导的方式,组织化的发放问卷、进行评议。这么做的一个重要意义是把这种机制保留了下来。长期坚持下来,制度化的参与渠道也就形成了。有了这个渠道,政府与群众之间的沟通才能慢慢做好,整改才能有的放矢。我们没有半途而废,而是形成了制度化的参与渠道,把活动变成制度,这是我们的优势。"①

"我们采取的是指定评议人和抽样选出评议人相结合的方式。问卷发放和收回的方式比较安全,风险可控。有些地方的网络评议和报纸评议,因为评议人具有不确定性,很多网民都是水军,报纸是被买断的,是恶意填答。这样就有很多风险。因为我们的评议结果是要运用的。那么,既然要运用,我们就得保证这个评议工作是在规范有序的架构里边去运行,有组织化的收集信息,建立评议人信息库,可以防止一些带有某种特定意图的人来参与评估。"②

2. 不断优化、改进评议方案

南京"万人评议机关"活动的评议方案经过多次变迁,从而大大提高了

---

① 课题组与南京市机关工委负责人的访谈记录(2012112001)。
② 课题组与南京市机关工委负责人的访谈记录(2012112001)。

评议活动的科学性与有效性。例如：为了更广泛地收集意见和建议，2006年增加了报纸评议和网络评议的内容；为了增进评议人对各部门工作情况的了解，2009年增加了被评议部门职能介绍和本年度工作成效汇报；为了将平时评议与年终评议相结合，2012年引入了"12345"政府服务呼叫中心等部门的考核成绩，确立了四位一体的评议模式。一般来讲，公民参与政府评估的评估指标划分都相对简单，对各部门满意度的评价带有主观色彩，此种类型的评议活动中，增加被评议部门的职能介绍和平时评议成绩都是非常重要的。

除不断优化、改进评议方案之外，南京市机关工委作为评议机构，在评议过程中要处理好与评议人、政府领导、被评议部门之间的关系。一方面要及时向被评议部门反馈评议意见，督促整改；另一方面要向政府领导汇报评议结果，做好战略规划。同时，还要处理好与评议人之间的关系。

评议过程中，面对一些责任主体难以清晰界定的意见和建议，评议机构对被评议部门提出的期望是："只要命中，就该听取"，并对各部门的整改方案进行后续跟踪监督；面对政府领导提出的"机关作风的长期建设和长效管理"的要求，根据实际需要，适时调整评议方案；加强与评议人的交流沟通，定期召开座谈会，了解群众的意见和需求等。做好评议各方的沟通反馈工作，保持声音表达机制的畅通，是评议活动获得可持续性的重要保障。

"比如说，渣土车的问题，它实际上是多个部门共同参与的事情，环保、市政、城市管理局等都有责任，但在群众评议的时候，板子就打在城市管理局的身上了。老百姓提意见时，它不会去仔细思考应该给工地提意见还是给运输部门提意见。也就是说，有时候，群众评议人只是'命中'了这个问题，但提的并不'精准'。为了做好与被评议机构的沟通，我们的意见是，只要老百姓说的有道理，就该听取，只有这样才能利用好群众评议的结果。"①

"为了跟群众评议人做好沟通，我们印发了被评议部门的情况简

介,随评议表一起发放给评议人。评议人的很多意见和建议是针对我们国家的很多政策提出来的,我们作为一个具体的执行工作的部门,可以说,很多问题是需要相当长的时间去解决的。或许我们也无法给出满意的答复,但我们觉得毕竟是在代表政府行使职能,就应该正视这些问题,能解决的尽量解决,不能解决的做一些说服解释,就这样。"[1]

"在与政府的沟通方面,我们每年都会根据政府'加强机关作风建设'的最新要求和实际情况,不断修改、完善评议方案,并及时上报上级部门审批。"[2]

3. 不断提升评议的客观公正性

评议的客观公正性是使群众和被评议部门都认可和接受评议结果的基础,也是评议活动有效开展的前提。[3] 南京市"万人评议机关"活动通过评议方案的科学设计、问卷发放与回收过程中的监督等方式,尽量保证信息采集阶段的客观公正。

这首先表现在按照工作性质、职能、与群众接触的方式和程度等因素对被评议对象进行分组;面对不同的服务对象的被评议部门(主要是窗口单位)由不同的评议人进行评议。在此基础上,将评议结果进行横向比较,提高了结果运用的有效性。

"每个政府部门的职责都不同。例如,如果让居民来评价党委部门可能就不合适,因为党委部门是从事政府内部工作的,并不直接面向老百姓,老百姓可能对它不了解。简单地将所有的部门放在一起进行排序,很容易引起争议。再比如说,这几年,社会建设搞得不错,民生问题抓得比较紧,民政局的得分也就自然会高一些。而有些执法部门,得到的评价相对较低,这很可能是由工作性质的差异性引起的,不能搞

---

① 课题组与南京市机关工委负责人的访谈记录(2012112001)。
② 课题组与南京市机关工委负责人的访谈记录(2012112001)。
③ 邓国胜、肖明超等:《群众评议政府绩效:理论、方法与实践》,北京大学出版社 2006年版,第33页。

'一锅端'。"①

其次,考虑到有些政府工程比如基建项目持续时间较长可能会影响某一年的评议结果,并且需要给被评议部门一定时间改善服务质量,因此在横向比较的基础上增加了纵向比较的内容。不仅看本年度的满意率,而且与上年度的满意率进行对比,提高公众评议的公正程度。

> "比如说,现在我们正在搞道路建设,造成很多市民出行不便,到处都在修路。在今年的评议中,交通部门的打分肯定要受到影响。但是再过几年,过去这个时期,打分自然就上来了。这是一个方面。另一个方面是,有些整改项目,比如2006年群众反映的批评意见集中在机构重叠、职能交叉、文山会海、办事拖拉、与民争利等方面。而这些问题,不是哪个部门说改就能改的,它是一项系统工程,涉及到不同的部门,需要时间。因此,我们要把不同年份的满意率拿来做纵向比较……尤其是根据评议结果进行奖惩的时候,不能随便来。"②

(二)局限性

1.机关作风评议的内涵有待扩展

狭义上,"万人评议机关"活动主要涉及机关作风建设,主要解决"门难进、脸难看、人难找、事难办"等作风问题。然而,群众不仅希望政府的服务态度、机关作风得到改善,还希望政府提供公共产品和服务能力与绩效不断提升。也就是说,狭义的"作风评议"已经无法满足群众的需求,群众所提的意见和建议也包含越来越多的制度设置、服务质量等方面的问题。一定意义上,"群众对机关工作作风的不满,其实也是对某些不合时宜的现行政策、现行体制的不满,如果'万人评议'能够推动政策和制度的设置不断适应新的生产力发展的要求,并不断推进生产力的发展,'万人评议'的力量

---

① 课题组与南京市机关工委负责人的访谈记录(2012112001)。
② 课题组与南京市机关工委负责人的访谈记录(2012112001)。

才能真正显示出来"①。

但是,目前来看,南京市"万人评议机关"是由市级机关工委负责实施的,它主要还是侧重机关作风的评议,而不是政府机关整个服务质量与工作绩效的综合评估,这就带来了"作风评议"与"绩效评价"之间的矛盾和张力。

2. 评估机构的独立性和专业性不足

目前,政府主导、群众参与的评估方式有它的现实根据和优势所在的尤其是在组织动员和风险控制等方面,这一点不可否认。但是,从长远来看,评估机构的独立性和专业性不足,会导致一系列的问题,例如评议人的选取并没有严格按照科学抽样原则、对不同层面评议人的权重系数设置不尽合理等,这限制了评估获得突破性进展。

3. 评议人的参与机会不均等,存在改进空间

虽然评议方案采取了建立评议人信息库、科学抽样、定期按一定比例更新评议人信息库等做法,但目前的评议人选取很难说是严格意义上的"科学抽样"。例如,2012年南京市机关作风建设办公室下发了《关于推荐社区(行政村)群众评议人有关工作》的通知,要求各区县机关作风建设办公室推荐、产生4500名评议人。虽然在推荐原则中提出了广泛性原则、合理性原则、群众性原则等要求,但这种基层推荐的方式与科学抽样的原则有很大差距(详见下表),这对评议结果必然有较大影响。

表6 社区(行政村)群众评议人推荐登记表

姓名		性别		年龄		政治面貌	
文化程度		职业或工作单位					
居住地址						邮政编码	
身份证号						联系电话	
简要履历							

---

① 孙王生:《浅议合理构建机关作风建设科学评价体系》,江苏省交通厅机关党委2008年2月29日,见 http://www.jsdj.gov.cn/Html/2008-2/29/58123_2.shtml。

姓名		性别		年龄		政治面貌	
街道(镇)初审意见							（盖章）
区县复审意见							（盖章）
市作风办审批意见							（盖章）

4. 评议人权重划分的科学性有待商榷

对不同层面评议人赋予不同的权重,体现了不同层面评议人的重要性和影响力。权重赋值的科学性与评议结果的准确性密切相关,但南京市"万人评议机关"活动中,不同层面评议人的权重系数是凭主观设定的。例如,2004 年采用通过领导、社会科学领域的专家和专业工作人员分别给定再取平均的办法获取,即分别请 10 位专家、10 位市领导、20 个市级机关领导(5 个先进、5 个靠后的、10 个排名中间的)给出权重,然后进行算术平均,最终确定 10 个层面的评议人对 3 组被评议部门的权重系数。[1]

权重设定的原则是根据不同层面的评议人对被评议对象的熟悉程度,但总体而言,有以下几个值得商榷的地方。

其一,参与设定权重的市领导、市级机关领导共 30 人,占总人数的80%,而这一部分人本身是评议客体,由他们自身来设定能够影响评议结果的权重,难免有失偏颇。

其二,基层群众的权重偏低,尤其相对参与人数而言。例如,2012 年4500 名基层社区群众参加评议,占总评议人比重的 37.5%,但其平均权重大约在 14%左右(取四个不同组的平均值);而市级领导干部总共有 45 人参加评议,权重却占到 12%左右(取四个不同组的平均值)。

其三,不同组间权重的差异不高,难以体现分组的初衷。以 2012 年的

---

① 邓国胜、肖明超等:《群众评议政府绩效:理论、方法与实践》,北京大学出版社 2006年版,第 135 页。

评议方案为例,对被评议部门进行分组的一个重要标准是该部门同群众接触程度的不同,但是在权重系数设定上(详见上表3):第一组被评议部门——直接面向企业、面向人民群众服务和执法的部门等,基层群众和企业管理人员的权重占到29.38%(分别是14.8%和14.58%);而第三组被评议部门——主要从事政府内部工作的市委办公厅、市人大机关、市政协机关等,基础群众和企业管理人员的权重占到27.16%(分别是13.28%和13.88%)。也就是说,直接面向广大群众的政府部门,群众的权重系数也没明显升高;不直接面向群众的政府部门,群众的权重系数也没有明显降低。同时,四组之间指标权重差异细微,大多数控制在1%—2%之间。"这不能很好地体现各评价主体对政府各职能部门之间评价的差异。分组的意义似乎只限于排名顺序而已。"①

五、结 论

当前,群众评议政府绩效的实践在国内尚处于起步阶段,模式还很不成熟。受到群众参与意识和参与能力、政府信息公开程度、评估技术和手段等多方面的限制,不少地区的评议工作遇到了困难。有些地方在轰轰烈烈开展了一年或两三年之后,不得不暂停该项活动;或者虽继续开展,但已经越来越流于形式,真正能够产生实质影响的越来越少。

相对而言,作为政府部门主导的、群众参与评议机关的活动,南京市"万人评议机关"不仅"首开全国先河",而且坚持连续开展了十多年,对于南京市机关作风的建设、政府绩效的提升起到了非常明显的效果。"全市各级机关干部作风得到较大改变,工作压力普遍增加,工作积极性普遍增强,工作成效更加明显,党群干群关系更加融洽,经济社会发展更加迅速,得

---

① 吴江主编:《请人民评判:南京市"万人评议机关"的理论与实践》,党建读物出版社2006年版,第152页。

到了社会各界的广泛好评。"①十多年来,南京"万人评议机关"活动还根据被评估对象的反馈、专家学者的建议等,反复修订了多次,积累了大量宝贵的经验与教训,值得其他城市在开展群众评议政府绩效时参考与借鉴。

首先,从南京市"万人评议机关"活动的经验来看,由于受传统行政文化以及公民参与政府绩效评估的意识、能力和整个社会环境等因素的影响,公民参与政府绩效评估,很难一步到位建立由民间主导的公民评议机制。在起步阶段,建立由政府主导、公民参与的评议机制就显得非常重要。其意义在于开辟了一条公民参与政府管理的途径。不仅公众有了反映诉求、表达意见的渠道,而且政府部门也由此了解管理中存在的问题,在工作中更加注重回应公众的需求。

其次,南京市"万人评议机关"活动的经验表明,评议活动能否坚持并取得成效,不仅在于领导人的重视,而且在于让公众参与到评议的整个过程之中。南京市"万人评议机关"在每次评议活动结束之后,都会积极主动征求各方意见,让评议人、被评议对象和专家学者参与到评议方案的修订过程之中,从而使得各方对评议活动的认同度和接受度不断提升,评议方案的可行性和可操作性越来越强。从南京的试验情况看,各方共识的达成有时需要经过一个反复的过程,而公众参与评议方案的决策过程是共识的基础。例如,评议活动初期,一些被评议机关提出公众对各部门了解有限,现有的公众满意度评价过于简单,导致评议结果不客观,难以接受评议结果。因此,2004 年开始,南京万人评议活动增加了各机关的工作考核内容,由机关之间相互评议,最后计算公众满意度评价和机关工作考核评价的综合得分。然而,在纳入工作考核内容后,经过几年的评议,各方感觉问题更多,矛盾更大,更难以客观公正。在这种情况下,"公众评议政府绩效宜粗不宜细、宜简不宜繁"的共识才逐步形成。2008 年,评议活动取消了工作考核的内容,重新回到原有的公众满意度评价。为了增进公众对机关的了解程度,2009

---

① 管勤、尹友忠:《对南京〈机关作风建设综合评议方案〉的建议》,载中国南京市委市级机关工作委员会、南京市社会科学院编:《"请人民评判"十年行》,南京出版社 2012 年版。

年,增加了被评议机关的职能与本年度工作成效的介绍。

最后,南京"万人评议机关"活动的经验表明,公众评议政府绩效活动,应该让参与各方感受到可视的效果。公众评议政府绩效,涉及到方方面面,要让各方保持参与的热情,必须建立激励机制,让参与各方感受到评议活动的成效。例如,南京每年春节之后第一个全市性的会议就是市级机关作风大会,对评议结果排在前列的政府部门进行表彰,从而激励各个部门不断改进工作作风,提高服务质量。再比如,2002 年,考虑到评议结果向社会公布后,各部门的压力太大,因此评议结果的发布改为内部通报,这直接影响到了公众参与的热情。2010 年之后,为了激发公众参与的热情和评议活动的有效性,"万人评议机关"活动再次将内部通报改为向社会公布,其结果是公众参与的热情大大提升。2011 年,除了机关工委指定和抽取的评议人外,评议期间机关工委网站的点击为 26081 人次,是 2010 年的 2.3 倍,报纸征求意见收到 2210 份,比 2010 年上升 50%。①

总的来说,公民参与政府绩效评估是各国公共管理的潮流与趋势。这不仅有助于提升政府的服务质量与效率,而且符合以人为本的科学发展观的精神。然而,由于文化、环境、技术和公众自身参与的意识与能力等各方面原因,公民参与政府绩效评估又是一件非常困难的事情,以至于一些地方在轰轰烈烈开展群众评议活动一段时间后,由于各方面原因,不得不暂停或将公众评议的结果束之高阁。南京"万人评议机关"活动的经验表明,要做好公众评议政府绩效工作,关键是把握好四个环节、五个要素(见图 1)。②四个环节分别是"采集评议信息"的环节,"反馈评议结果"的环节,"运用评议结果"的环节和"回应评议结果"的环节。在不同的环节,所遇到的困难完全不同,核心是抓住问题的主要矛盾。在采集评议信息的阶段,关键是把握客观公正性要素。通过不断完善评议人的分类和被评议机关的分类,不断完善评议的指标和评议的方式方法,提高评议结果的客观公正性;在评估

---

① 《南京万人评议机关作风,78 个单位满意度排名全公布》,《扬子晚报》2011 年 2 月 1 日。

② 详见邓国胜、肖明超等:《群众评议政府绩效》,北京大学出版社 2006 年版。

机构向领导或委托方反馈评议结果的阶段,关键是把握反馈信息的有用与可操作性要素。在这方面,南京市通过广泛征求各方意见与建议,并对意见与建议进行分析,从而提高评议报告的有用性,使得各个政府机关不仅知道工作的成绩,也知道具体的问题所在和群众的期待所在,知道改进的目标和努力的方向;在政府领导运用评议结果的阶段,关键是把握压力适度性要素。南京市在这方面也有很多经验与教训。根据被评议人承受压力的能力和工作的动态需要,不断调整评议结果应用的压力大小;在被评议部门回应评议结果的阶段,关键是把握及时有效性要素。被评议部门只有根据评议的结果,特别是公众反馈的意见和建议,回应群众的需求,提升公众的满意程度,才能真正达到开展评议活动的目的;而要使得群众评议政府绩效的工作能够持续进行下去,关键是把握各方的受益与动力要素。让参与评议的各方都能从中受益,看到可视的效果。领导通过开展评议活动,促进各部门服务质量与效率的提升,被评议机关通过评议活动得到表彰和激励,公众感受到政府机关作风的转变。只要在这四个环节把握好五个要素,那么,公众评议政府绩效工作才能坚持并取得成效。

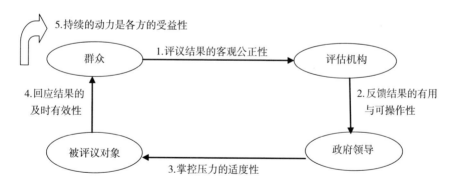

图1　四环节五要素模型

/ *作者简介* /

邓国胜：清华大学公共管理学院教授、博士生导师。

杨义凤：清华大学公共管理学院博士后。

"三民活动":
青岛市政府绩效评估中的市民参与

解亚红　雷尚清　缪燕子

    青岛是我国较早开展政府绩效评估的城市之一。经过不断的探索,现在已经基本形成了一套独具特色的考核模式,拓展了市民参与渠道,增加了普通市民对政府绩效评估的话语权,实现了从封闭到开放的评估模式的转变。尤其是 2009 年以来,青岛市实施了"向市民报告,听市民意见,请市民评议"的"三民活动",要求全市所有政府部门负责人集中向市民代表述职,接受市民评议与监督,这在国内产生了较大影响,于 2010 年获得中国地方政府创新奖。本部分在简要梳理青岛市绩效评估发展历程的基础上主要介绍"三民活动"的具体做法和特色。

一、青岛市绩效评估的发展历程

    20 世纪 80 年代中期,我国开始引入目标管理,并在青岛、武汉、南京等地进行推广。目标管理在初始阶段大多是以目标责任制与督察的方式出现的,青岛也不例外。此后,随着我国开始建设社会主义市场经济,目标责任制又演化为以经济绩效为核心的考核体系。到了 21 世纪,政府管理的重点扩展到社会发展和民生建设,政府考核体系又增添了公共服务和社会管理等方面的内容。青岛市绩效评估的发展也经过了这样的历程,总起来看,可以归纳为自发的目标责任制管理、系统化目标责任制管理、目标绩效管理和市民参与的目标绩效管理四个阶段,每个阶段绩效考核的重点有所区别,市民参与从无到有,参与的深度和广度也逐渐加大。

(一)自发的目标责任制管理(1985—1992)

1985年前后,西方的目标管理被引入我国,开始在部分城市生根发芽。青岛市就是率先引入目标管理的城市之一。由于当时刚刚开始改革开放进程,百业待兴,青岛市政府管理中也存在着较为严重的官僚主义、形式主义、重管制轻服务等现象,因此青岛市引入目标管理的出发点是通过外部压力驱使各级官员认真履行自己的职责,将工作重点转移到履行岗位职责、经济建设上来,目标管理因而被界定为目标管理岗位责任制。经过约四年的推广,到1989年青岛市市级机关全面推行了这一制度,并出台了《青岛市市级机关目标管理岗位责任制试行办法》,当年6月1日市委、市政府专门召开会议进行推广。

简言之,这个时期的目标管理岗位责任制主要是确立组织及各岗位目标,然后进行分解,落实到具体的个人身上,并定期对其履责情况进行监测、考核,以确保实现各级政府的目标。这一时期的目标管理有一个明显的特点,那就是中央政府没有统一要求,属于地方政府自愿尝试的性质。由于政府的重点是督促各级部门履行岗位职责,因此这一时期并没有市民的参与,主要是政府部门自我管理、自我监督。

(二)系统化目标责任制管理(1992—2002)

随着党的十四大将建立社会主义市场经济体制确立为我国改革开放的主要目标之一以及地方政府在推行目标管理方面取得了不错的成效,1992年中央发文将目标管理推广到全国,这标志着目标责任制管理在我国进入了系统推广时期。借此契机,青岛市在总结前期目标管理岗位责任制的基础上,对该制度进行了细化,在岗位责任中突出了经济发展的内容,并将之分解为具体的指标、任务,层层分派,官员的升迁奖惩都主要以此为标准。在这一时期,目标管理岗位责任制主要是政府内部的管理活动,市民参与政府绩效评估与管理仍然十分有限。这体现在以下几个方面。

第一,虽然 1994 年 9 月下旬青岛市印发了《市管领导干部廉洁自律细则》,其中一项是《民主评议市管领导干部廉洁自律的实施细则》。但这一评议主要在政府内部进行,属于下级官员对上级官员的评议,缺乏市民的参与,而且主要属于廉洁从政方面,并没有推广到岗位管理的所有领域。

第二,1999 年 1 月 1 日在全市所有机关部门实施的《关于加强目标责任制管理的意见》仍然将目标的分解落实、量化细化作为重点,并以此为基础构筑起人人肩上扛指标、"一级抓一级,一级对一级负责"的机制,组织落实、监控、考核、升迁等均以此为标准。虽然过程中引入了群众测评环节,但由于处于初始阶段,基本流于形式,考评仍然由上级部门实施。

第三,2000 年青岛市引入社会服务承诺制,并以此为机遇开始推行政务公开,不过这一时期的政务公开中,普通市民无法参与,只能被动接受公开的内容和公开的方式。

第四,2002 年《青岛市目标责任制管理实施细则》开始实行,政府机构目标责任的内容从经济发展为主扩展到社会事业、党风廉政建设、精神文明建设、社会稳定、公共服务、依法行政、政务公开。不过,变化主要体现在目标责任制的考核体系增加了社会管理与公共服务等方面的内容,市民参与仍然十分有限。

(三)目标绩效管理(2003—2009)

2003 年,青岛市将目标管理拓展为目标绩效管理,这标志着青岛市的目标责任制管理真正转移到绩效管理上来。突出的事件有二。其一,2004 年 4 月 23 日全市召开目标管理绩效考核工作会议,自上而下地全面推广绩效管理的理念、做法;其二,2005 年初青岛市开始将平衡计分卡引入"创建高绩效机关,做人民满意公务员"的机关绩效管理中,并于 2006 年初颁布了实施意见,进而逐步构建出以平衡计分卡为核心的绩效管理体系,致力于实现绩效管理的科学化、制度化和规范化。

这一阶段的考核实行分组考核,分类设置考核指标体系。青岛市把所属的 12 个区市划分为三个组,市内四区为一组,城郊三区为一组,农村五市为一组;把市直单位及人大常委会、政协机关划分为 10 个组,分别是党务部门、经济协调发展综合部门、城市建设管理部门、农业职能部门、科教文卫体职能部门、政务和社会事务管理部门、司法与社会综合管理职能部门、群团组织、人大机关、政协机关。

考核依据不同组类,分别设置有针对性的考核指标体系。其中对 12 区市设置了日常考核、年终考核和监督评议 3 个一级指标。在日常考核指标下,设置了工作落实、工作纪律、绩效审计、政务公开 4 个二级指标,日常考核指标分值占总分值的 10%;在年终考核指标下,设置了经济建设、政治建设、文化建设、社会建设、党的建设以及重要贡献 6 个二级指标,在每个二级指标下,又设置了若干三级指标,年终考核指标分值占总分值的 70%;在监督评议指标下,设置了民意调查、领导评议、领导班子及成员述职评议和领导班子及成员述廉评议等 4 个二级指标,监督评议指标分值占总分值的 20%,其中民意评议指标分值占监督评议指标分值的 40%。总分值实行千分制。对市直单位同样实行千分制,也设置了日常考核、年终考核和监督评议 3 个一级指标,但分值设置与 12 个区市不同。

在这一时期,青岛市开始探索在目标绩效管理中引入市民参与,尝试由"内考"向"外考"过渡。他们曾于 2006 年在国内首创电话民意调查(CATI),通过随机电话访问的形式,针对普通市民和学生家长、低保人员、失业人员以及中小企业经营管理者等特定群体,以解决老百姓最关心、关注的问题为重点,围绕社会保障、劳动就业、教育医疗、环境保护、社会治安等内容进行调查,并将满意度纳入区市党委政府目标绩效考核成绩之中。2008 年采取公开招标的形式,委托零点调查公司实施第三方评价,独立评价市直公共服务和社会管理部门的履职绩效情况,提高绩效评价的独立性和专业性。他们还建立"特邀考官"制度,聘请"两代表一委员"(即人大代表、党代表、政协委员)和专家学者,构建了一支专业化考官队伍,请他们全程参与决策目标、执行监控、考核评议等各个环节,确保监督评价有实效。另外,他们还实施"我为城市发展献计策"市民月、市民议事厅、"网上对话"、"行风在线"等活动,市民开始以满意度测评、社会评价等形式介入政府目标考核。

(四)市民参与的绩效考核(2009—)

从 2009 年开始,青岛市改变以往由市委、市政府两个办公厅组织纪检监察、组织、统计等相关职能部门对全市所有的党群部门、政府部门、市直单位、垂直管理部门和 12 个区市党委、政府进行考评的做法,由市政府办公厅牵头组织对市政府各部门的目标考核工作。所有政府部门按工作性质和职能划分为经济管理、行政执法、社会服务、内部综合 4 个组进行分类考评,考评内容包括目标考评、日常考评、综合评议、专项考评四部分。其中,综合评议由社会评议和领导评议组成,社会评议的主体为城乡居民(包括新市民)、管理服务对象和社会各界代表。

这一阶段的突出特点是在借鉴外地市民参与经验的基础上,加大市民参与政府目标绩效考核的力度,初步形成了以"三民活动"为主要形式的市民参与考核模式。与前一阶段的市民参与相比,这一阶段的市民参与有明显的变化。

首先,从参与主体来看,前一阶段的市民参与是通过民意调查随机电话访问形式的随机参与,范围十分有限,代表性不明显;这一阶段的市民参与是政府通过专门的社会调查取样方法选取的,样本数量大,覆盖范围广,代表性强。

其次,从参与形式来看,前一阶段市民参与的主要形式是接受电话采访、填写满意度问卷测评或社会评价,他们事先对政府有关工作可能并不熟悉,参与属于偶发行为;这一阶段的市民参与除保留了之前的形式外,更主要的是变过去的偶发参与为组织化的参与,参与行为从即时性的变为持续性的,将近 2 个月的时间中先了解政府部门的工作、听取报告,再做出评价,参与形式发生变化。

再次,从参与的结果来看,前一阶段的市民参与虽然可以通过满意度调查介入政府绩效考核,但针对性和对政府部门的约束有限;这一阶段对被考核的政府部门进行了区分,并由不同的市民代表进行考评,针对性加强。同时,市民评议占考核35%的权重也使得这一阶段市民的参与对政府部门的约束力增强。

二、青岛市"三民活动"的基本情况

"三民活动"是青岛市政府绩效评估中市民参与的最主要方式和体现。自2009年起,青岛市政府开始推行"向市民报告,听市民意见,请市民评议"的"三民活动"。"向市民报告",就是由全市所有政府部门负责人通过公开述职的方式,集中向市民代表报告全年工作的完成情况、存在问题及改进措施;"听市民意见",就是听取市民代表和社会各界对政府和政府部门工作的意见建议;"请市民评议",就是请市民代表对政府各部门工作进行评议。

(一)实施背景

2009年,青岛市新一届政府上任伊始就对如何更全面地发挥市民对政府工作绩效的评价作用进行了新的探索。夏耕市长在第十四届人民政府第一次全体会议上的讲话中强调:"目前,政府部门绩效考核存在三个问题:一是考核什么,二是怎样考核,三是考核结果如何利用,还没有很好地解决。新一届政府要积极引入群众对政府工作的监督和对政府部门的评价。下步:一是要完善政府绩效评估体系。这个评估体系应包括政府部门自身评价、社会中介组织评价和公众的评价,特别是要加大群众参与的比重,要探讨让中介组织考核评价部门工作,对政府及部门工作做出中肯的评估。二是强化回应责任。对综合评估提出的问题,有关部门要认真制定整改方案,建立改进的承诺和责任追究制度,以推进政府的各项工作更加符合民意。"

　　青岛市政府之所以提出要加大市民在政府部门考核中的作用,是基于以下几个方面的考虑。

　　建立促进科学发展的地方党政干部考核机制的需要。2009 年,中央强调要建立健全促进科学发展的党政领导班子和领导干部考核评价机制,并下发了《关于建立促进科学发展的党政领导班子和领导干部考核评价机制的意见》及附件《地方党政领导班子和领导干部综合考核评价办法(试行)》、《党政工作部门领导班子和领导干部综合考核评价(试行)》和《党政领导班子和领导干部年度考核办法(试行)》(简称"一个意见三个办法"),强调要进一步完善干部考核评价的各项制度,对已建立的考核评价办法进行梳理,研究制定具体贯彻落实的措施。要结合实际进一步完善考核内容、改进考核方式、扩大考核民主、强化考核结果运用,不断提高干部考核评价工作水平。

　　建设服务型政府的需要。青岛市委、市政府一直高度重视服务型政府建设,通过推行政府信息公开、深化行政审批制度改革、整合市长公开电话、启动公共资源交易大厅等一系列举措,全力推进服务型机关建设,取得了明显成效。但他们也认识到,个别政府部门机关工作人员服务意识淡薄等问题依然存在。这些问题的存在,影响了政府在人民群众中的形象。因此,通过开展这一活动,引导政府各部门进一步增强服务理念,把实现好、维护好、发展好人民群众的利益作为一切工作的根本出发点和落脚点,真正做到推进民主、重视民意、关注民生,老老实实为群众办实事、解难事。

　　考核方式方法进一步优化的需要。首先,有些政府部门的考核方式较为繁琐,把开会、发文件等日常性工作都纳入考核,加大了基层迎考负担;有的单位存在着年初争考核权重、年终打分送人情的现象。其次,是市民参与有限,如因技术原因,电话民意调查仅限于固定电话用户,没有纳入数量更为庞大的移动电话用户,影响了群众的参与度。另外,在社会评议活动中,受问卷设计、信息不对称等因素影响,评议结果的准确性有待提高。

　　接受社会公众监督和舆论监督的需要。青岛市政府领导深知,政府工作的成效,公众最清楚,最有发言权,政府工作必须"倾听民声,了解民意,反映民情,接受监督",增强政府工作的透明度和公信力。他们希望通过开展"三民活动",引导政府部门"眼睛向下看,围绕基层转",将群众定位于监督的主体,请社会各界和人民群众帮助政府部门查找工作中的问题和不足。引导政府部门准确定位、尽心履责,切实转变机关工作作风,进一步解放思想、更新观念,提高执行力,着力打造"政府效能最高、行政成本最低"的城市。

(二)主要内容

"三民活动"的主要内容包括"向市民报告"、"听市民意见"、"请市民评议"三部分。

"向市民报告"。"向市民报告"有两种方式:一是提前在青岛政务网、人民网、大众网、半岛网、青岛新闻网、青岛传媒网、青岛财经网等网站"三民活动"页面上公示各部门的工作职责、年度目标及年终述职报告等,供市民代表和广大市民查阅;二是将市政府部门根据职能性质分为4个组,由各部门负责人在主会场集中向市民代表述职。述职内容包括五个部分:一是年度业务职能目标完成情况;二是服务型政府建设的情况,重点是服务企业、服务市民、服务基层的新举措、新办法、新成效;三是上年度"三民活动"中市民代表意见建议办理情况;四是存在的问题或不足;五是明年工作打算。同时,报告材料由部门负责人审核后须放置在"三民活动"网页,以增进社会各界对市政府各部门工作的了解,方便群众阅读。述职报告通过视频网络系统向12个区市分会场直播。每组有2500名市民代表通过现场或视频观看,报告视频还通过青岛电视台党建频道向全市播放。

"听市民意见"。与"向市民报告"的两种方式相呼应,"听市民意见"也有两种渠道:一是在前述几家网站"三民活动"网页上开通意见建议征集系统,收集市民的意见建议;二是参加评议活动的市民代表现场提交书面的意见建议。"三民活动"联席会议办公室专门设立意见建议办理组,印发《关于网上意见建议办理通知》和《关于会场征集类意见建议办理通知》,对意见建议收集后的工作进行安排。根据这两个通知,征集到的意见采取"集中分办——部门梳理——集中答复"的方式,即由"三民活动"联系会议办公室集中组织录入后,分转到各承办部门,由各部门对市民反映的共性建议,全面研究措施,集中组织办理;对个别市民代表提出的具有代表性、针对性的建议,逐一进行办理,并将总体办理情况形成报告,集中向社会公开发布。对于网上意见,适宜公开发布的,在青岛政务网上公开答复;不适宜公开的,通过相关方式进行答复。对于会场意见,相关部门在认真办理的基础上形成《会场征集类意见建议办理情况》,在青岛政务网上公开发布。

"请市民评议"。"请市民评议"包括现场评议和日常评议。现场评议,主要是由市民代表根据评议现场部门负责人述职内容和平时掌握的情况,当场填写测评票,对各部门的工作进行评议,评议结果占社会评议的80%;日常评议,指政府各部门平时参加由市监察局和纠风办等机构与新闻媒体联合主办的"民生在线"、"行风在线"等活动所得的分值,其结果占社会评议的20%。市民评议结果最终以35%的权重计入市政府部门年度目标绩效考核总分。根据规定,若市民对部门述职不满意、目标绩效考核不合格的,对主要负责人进行诫勉;连续两年不合格的,对领导班子进行调整。

(三)"三民活动"的组织实施

在青岛,"三民活动"有明确的领导体系和组织体系,作为政府的一项工作内容严格组织实施。在市政府层面,由常务副市长牵头,市政府办公厅、市监察局、市统计局、市电政办、市纠风办、市政府新闻办等部门及各区市部门组成联席会议,负责领导和协调整个活动。各区市、各部门成立工作班子,确定分管领导和牵头部门。为了保证活动的效果,按照活动的设计和要求,他们制定了总体方案、具体工作方案和工作预案,建立健全了市区两级"三民活动"组织体系、工作推进体系、监督检查体系,制定了明确的目标和完成时限,形成上下联动、整体推进、协调运行的工作机制。活动开始前,最高负责人常务副市长都会进行动员,详细部署具体工作,相关部门、新闻媒体等也会进行相应的宣传活动,具体做好市民代表选定、会场组织等各项筹备工作。另外，为了保证活动的公开透明，他们不仅专门制定了评议工作纪律，还通过设立举报电话、加强现场巡查、回访市民代表等措施对活动过程进行全方位监督，确保活动公开透明、客观公正。评议过程中被评议单位若违反规定，一经查实，则直接取消年度考核中的评优资格。

"三民活动"从每年11月份开始，12月底结束。活动的具体实施步骤包括准备、评议及总结汇总三个阶段。

准备阶段：11月上旬至中旬，市政府研究制定《市政府部门"向市民报告、听市民意见、请市民评议"活动实施方案》；建立活动联席会议制度，成立市联席会议办公室，在市委、市政府领导下研究制定活动总体方案、统筹协调和指导活动组织实施工作；完成市民代表的筛选、确定工作，主、分会场选定和技术保障工作；完成市政府部门负责人述职报告材料上报、审核等各项筹备工作。

报告、听取意见、评议阶段：11月下旬至12月上旬，将市政府部门工作职责、年度目标、年终述职报告等材料在网上公布，同时开通网上意见建议征集栏目。12月中旬，市政府各部门按照时间和分组安排（见表1），在市级机关主会场依次进行述职报告，并接受市民代表的评议。同步完成市级机关和区市机关干部代表对市政府研究室、市机关事务管理局的评议工作。

办理、总结汇总阶段：12月中旬至12月底，完成市政府所有部门社会评议结果的汇总、统计工作；做好市民代表意见建议的汇总、分类和办理工作，分专题筛选、归纳市民代表和网民提出的意见建议，进行优秀组织单位、优秀建议的评选工作；召开专家学者、社会各界、新闻媒体、市民代表座谈会，听取改进和创新今后工作的意见；完成"三民活动"工作总结。

三、"三民活动"中的市民参与

青岛市的"三民活动"中，"向市民汇报"主要是对政府部门而言，其作用是向市民提供政府的工作职责和任务完成情况，为其后的市民评议提供信息和数据,汇报过程中不存在市民与政府部门官员之间的互动。因此,严格说来,这一环节不存在市民的参与。市民的参与主要体现在"听市民意见"和"请市民评议"两个环节。

(一)市民的选择

参与"三民活动"的青岛市民主要包括两部分:一部分是会场参与,包括市级主会场 4 个组,每组 100 人,共 400 人;12 个区市会场 9600 名,总共 1 万人。另外一部分是在线参与,人数不定。其中,会场参与的市民为主体,他们要对政府部门的报告进行评议、打分,并对政府工作提出意见建议;在线参与的市民主要是提出意见和建议。

会场参与的市民由组织推荐和随机抽样相结合的方法产生。根据青岛市"三民活动"市民代表选聘方案的规定,市民代表要符合三个条件:(1)政治素养高,具有较高的参政议政意识和较强的责任感。(2)具有良好的群众基础,关注政府工作开展情况,能够充分代表本单位对政府部门的工作作出评价并提出意见。(3)身体健康,能够坚持做好评议全过程工作。

市级主会场的市民代表由市政府"三民活动"联席会议办公室负责组织协调有关部门选聘,区市分会场的市民代表由各区市政府负责选聘工作。选聘采用随机抽样的方法。首先,建立服务对象代表类别和社会各界类别抽样样本;其次,在各类别样本框中按照一定的数量等距离抽取样本单位;最后,由抽取的样本按照一定的条件推选市民代表。各区市按规定需抽取 4 组市民代表,每组 200 人,共 800 人。青岛市共 12 个区市,共抽取市民代表 9600 人,规定不能重复选取同一个市民代表参加多个组的评议。

2010 年,依据市政府部门述职分组和工作职能,将机关代表份额压缩了 30.6%,城乡居民、企事业单位、乡镇街道代表份额分别提高了 61.3%、12.2%、16%,加大了基层的评议分量。特别是重点选取了对全市经济社会发展贡献突出、在市民中影响力较大的 134 名新市民,作为市民代表参加评议活动,切实丰富和优化了市民代表构成。

2013 年的市民代表中新增加了自愿报名的市民代表和行业协会代表

两个类别,减少了党代表、人大代表、政协委员以及民主党派、工商联、无党派人士的代表名额(2012年及2013年的具体构成请见表1、表2)。

表1　2012/2013年市民代表构成(一):市级主会场　　　(单位:名)

代表类别	人　数	代表类别	人　数
党代表、人大代表、政协委员	15/12	民主党派、工商联、无党派	9/6
政务督察社会监督员	4/3	市监察局特邀监察员	2/2
政风行风监督员	7/7	政务服务热线义务监督员	3/3
行风在线点评员	3/2	行政审批社会监督员	3/2
行政审批业务办事群众代表	5/5	专家学者	4/5
区市部门代表	15/15	企事业单位(含青岛市企业联合会)	12/12
居民代表	12/12	媒体	2/2
个体经营者	2/3	新市民	2/3
自愿报名市民	3(2013)	行业协会代表	3(2013)
合计	100/100		

表2　2012/2013年市民代表构成(二):区市分会场　　　(单位:名)

分类		一组	二组	三组	四组
服务对象代表	区市部门	15/15	15/15	30/30	15/15
	企业单位	30/33	30/33	21/24	30/33
	事业单位	10/10	10/10	20/20	10/10
	镇(街道)	15/15	15/15	10/10	15/15
	社会组织(含青岛市企业联合会)	10/10	10/10	12/14	10/10
	个体经营者	8/8	8/8		8/8
	社区或村	23/23	23/23		23/23

续表

分类 \ 分组		一组	二组	三组	四组
社会各界代表	各级党代表	18/15	18/15	20/17	18/15
	各级人大代表	22/19	22/19	25/22	22/19
	各级政协委员	22/18	22/18	25/21	22/18
	民主党派、工商联、无党派	10/10	10/10	10/10	10/10
	群团组织	10/15	10/15	20/23	10/15
	专家学者	5/8	5/8	5/8	5/8
	新市民	2/4	2/4	2/4	2/4
	自愿报名市民	2(2013)	2(2013)	2(2013)	2(2013)
合计		200/205	200/205	200/205	200/205

(二)"听市民意见"的具体做法

青岛市民向政府部门反映意见的途径主要包括"三民活动"期间的集中反映和常态的网络在线反映两种形式。

1."三民活动"期间的参与

这种参与途径主要包括述职评议会场以及青岛政务网、半岛网等7家网站和各区市联席会议办公室。"三民活动"期间，收集到的各类建议经市联席会议办公室整理、归并和部门梳理、归纳，会根据不同的情况进行回复和处理，有些会作为市政府部门重点集中办理事项，有些会吸纳到市政府工作报告或部门今后的工作规划。如2009年的"三民活动"期间，全市共收集社会各阶层、各利益相关主体意见建议18462件，经整理归并，共有1729条意见建议作为市政府部门重点集中办理事项。活动后期，市政府专门召开了政府部门负责人与市民代表恳谈会，4个办理意见建议较多、6个市民关注度较高的政府部门向市民代表当面答复，集中反馈了意见建议办理情况、问题整改情况。对于市民提出的有价值的建议，如关于加快推进"蓝色经济"建设、推动城乡一体化进程、加强节能减排和生态环境保护等建议，被吸纳到即将提交青岛市人代会审议的政府工作报告当中。有645条市民建议列入政府部门和行业重点工作,353件列入市政府各部门今后工作计划以及"十二五"规划和专业规划的起草工作中。

2012年,青岛市改进了意见建议办理方式:一是调整意见建议发布权限。在往年统一办理的基础上,增加了部门直接发布的权限,要求由部门将办理结果报单位负责人审批后,在网上直接发布答复意见。二是明确意见建议办理时限。要求各部门对适宜发布的意见建议必须在5个工作日内发布办理意见;对不适宜发布的,采取其他方式向市民答复。另外,他们还开展了优秀意见建议和优秀意见建议征集单位的评选活动,邀请2位社会监督员和5位专家学者组成评审团,按照"选题重大、调查深入、研究深透、对策可行、效果明显"的标准和评审团评审意见,评选了50条优秀意见建议及7家优秀意见建议征集组织单位,予以表彰。

从整个活动征集的市民意见来看,2009年至2012年意见总数有下降的趋势:2009年18462条,2010年17287条,2011年18270条,2012年17820条。但有些部门的意见呈上升趋势(相关数据请参见图1、表3、图2);活动征集到的意见以会场意见为主,如2012年"三民活动"征集到的

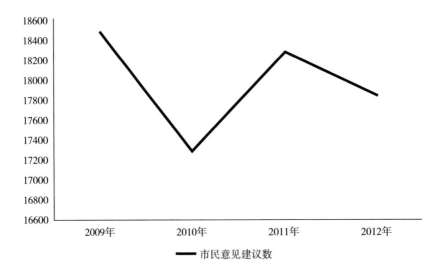

图1 "三民活动"中征集到的市民意见建议条数(2009—2012)

17820 条市民意见建议中,17193 条为政府部门述职评议会会场征集,627 条为网上征集,会场意见占 96.5%;梳理出的有效意见 9655 件中,会场 9225 件,网上 430 件,会场意见占 95.5%。建议主要集中在"三农"、教育、食品安全、社会治安、医疗卫生、交通运输、劳动关系、城市发展与规划、环境保护等方面。

表 3 青岛市"三民活动"会场征集市民意见建议情况举例(2009—2012)

(单位:条)

单位名称 \ 年份	2009 年	2010 年	2011 年(总数/有效数)	2012 年(总数/有效数)
市人力资源社会保障局	44(社会保障局)	无数据	42	60
市国土资源房管局	52	无数据	106/104	252/241
市政公用局	11	无数据	97	256/151
市规划局	32	无数据	122/116	253/244
市教育局	49	无数据	295/281	654/649
市环保局	20	无数据	152	230/200
市公安局	41	无数据	215/175	391/117
市城乡建设委	未成立	无数据	133	248
市城管执法局	14	无数据	126	184/166

案例 1

青岛市城乡建设委员会 2012 年度会场征集意见建议办理情况

本次会场征集,我单位共收到市民意见建议 248 条,有效建议 248 条,市民反映比较集中的建议主要集中在以下共性建议中的 35 个方面。此外,市民还提出其他建议 48 条。截至 2012 年 12 月 27 日,已全部按期办复。情况如下:

关于避免道路重复开挖的建议

建议内容:避免道路等设施的重复建设;做好规划避免重复开挖,堵塞

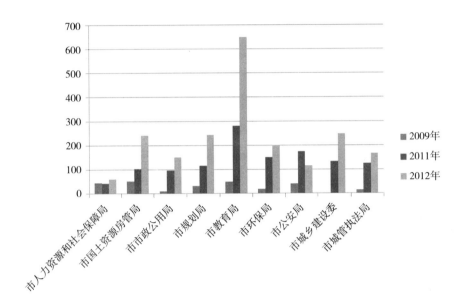

图2　青岛市"三民活动"会场征集市民意见建议情况柱状图（2009—2012）

交通;建议将马路拉链整治好;避免重复施工,集中施工,造成交通不便等。

办理情况:掘路工程因其特殊性,管理部门在审批过程中为减少施工对交通的影响、确保市民正常出行,通常要求采取左右半幅错时施工及分段施工方式,并结合实际采取交通调流措施,部分路段地下管线施工完毕路面临时恢复后,在短时间内再开挖另一段进行施工。另外,燃气、热力、给水、排水等地下管线由于种种原因时常需要进行抢修、维修,难免给人造成"重复掘路"的印象。

为最大限度减少道路重复开挖和"拉链路"现象,2009年7月市政府办公厅下发了《关于加强城市道路地下管线规划建设管理的通知》(青政办字[2009]94号),对掘路项目"统一计划,统筹建设"进行了明确要求,对各部门在管线规划建设方面的工作职责和联动机制进行了规定,在很大程度上保证了道路地下管线的合理有序建设。当然,由于受规划和各地下管线行业主管部门5年建设计划不能完善原因制约,真正做到掘路项目"统一计划,同步实施"还存在很大困难,这已引起市政府和包括我委在内的各相关部门的高度重视。作为市政行业监督管理部门，我们在坚持年度掘路计划申报制度的基础上，严格执行新（改、扩、翻）建道路工程公示制度、掘路工程施工联席会议制度和掘路施工前条件验收制度，逐步减少并杜绝重复掘路。

......

案例 2

青岛市公安局 2012 年度会场征集类意见建议办理情况

本次会场征集，我单位共收到市民意见建议 391 条，有效建议 117 条，市民反映比较集中的建议主要集中在以下四个方面：一是加强道路交通管理的建议共 226 条；二是加强社会面治安管理的建议共 62 条；三是加强流动人口管理 47 条；四是加大打击刑事犯罪工作力度 21 条。除此之外，市民还提出其他建议 35 条。截至 2012 年 12 月 26 日，已全部按期办复。情况如下：

（一）关于加强道路交通管理的建议

建议内容：市民建议加大路面道路管理力度，严厉查处大货车交通违法行为，深入开展治理酒驾活动，整治三轮摩托车交通违法行为，规范停车秩序。

办理情况：近年来，随着我国经济社会持续快速发展，城市交通已经成为各大城市的"通病"，缓解交通拥堵、构建和谐交通势在必行。日常工作中，我局充分发挥职能作用，大力提高道路交通智能化管理水平，不断优化勤务模式，建立交警"巡、防、控、处"一体化的路面交通管理勤务模式。并积极倡导现代交通管理理念和开展文明交通活动，不断提高人民群众交通安全意识，构建和谐交通。市民所提建议对缓解当前我市道路交通拥堵、预防和减少道路交通事故有很强的借鉴作用。下一步我局将进一步加大工作力度，改进公安交通管理工作：一是将进一步保持路面执法严管高压态势。以遏制重特大道路交通事故为目标,进一步加大警力投入力度,全面推进网格化管理措施,并充分依托各类交通安全检查站点,大力开展针对超员、超速、超载等严重道路交通安全违法行为的交通秩序整治;二是强化大货车整治。通过实行"关口前移",强化对货运场站、港口、码头以及建筑施工工地的源头管理,持续开展大货车专项整治等一系列手段,全力遏制大货车交通安全违法行为;三是进一步强化酒后驾车整治,不断探索新方式、总结新经验,建立整治酒驾长效工作机制;四是进一步强化残疾人三轮车治理。采取"备案制"的管理办法,由执勤民警逐个登记备案,主动协调残联、城管执法、交通稽查等相关部门加强残疾人机动轮椅车和三轮摩托车各类违法违章行为的整治工作;五是着力缓解停车难。通过积极论证,不断深挖道路自身潜力,努力为市民停车提供方便。

(二)关于加强社会面治安管理的建议

建议内容:市民建议的提高街面见警率、加强校园安全管理和重点区域巡逻、严厉打击"黄赌毒"违法犯罪,加强犬只管理。

办理情况:我局将认真采纳市民建议,进一步提高应对动态社会治安水平,大力完善勤务机制,全面整合资源,充分发挥群防群治优势,健全联勤联防模式,进一步提高街面见警率。

………

2.网络在线问政中的参与

青岛市的网络在线问政始于2010年,目的是把"三民活动"引向深入,更好地听民意、解民忧、聚民智、惠民生,提高政府决策水平,增强政府工作的透明度。市政府于2010年年初的3月和年中的8月分两次进行了部门负责人与市民互动的网络在线问政活动,听取市民对政府工作的意见建议(参见表4、表5)。2011年在继续开展年初和年中集中问政的同时,进行了常态化网络在线问政试点,参与试点的19个市政府部门,围绕教育、卫生、社会保险、劳动就业、道路交通、城市管理和市政等领域,共组织在线问政 369 场次,网民上线参与 52403 人次,受理意见建议及咨询 11272 件,办理答复 11060 件。

表 4　青岛市 2010 年年中网络在线问政活动说明

为把"向市民报告、听市民意见、请市民评议"活动推向深入,更好地听民意、解民忧、聚民智、惠民生,全面提高政府决策水平,增强政府工作透明度,建设人民满意的服务型政府,市政府定于 8 月 23 日—8 月 26 日组织开展 56 个市政府部门负责人与市民年中网络在线问政活动。届时,各部门通过青岛政务网向市民报告本部门上半年工作和年初网络在线问政意见建议办理情况,并围绕已确定的 2—3 个主题,在网上与广大市民进行互动交流,听取市民的意见建议,欢迎广大市民针对各部门已确定的主题谏净言、献良策。

表 5　网络在线问政议题举例（2010 年）

部门网络问政议题 1：市发展改革委
1.山东半岛蓝色经济区建设规划已获国务院批准发布实施,青岛市如何充分发挥在蓝色经济区建设中的龙头作用,推动岛城经济社会又好又快发展,请您积极建言献策。 2.请您对"十二五"期间,我市社会民生建设、重大基础设施和重点产业项目建设等方面提出意见建议。 3.转变经济发展方式事关经济社会发展全局,是当前和今后一个时期我市经济社会发展的主线,请您围绕战略性新兴产业发展、现代服务业发展以及生态文明建设等方面,提出意见建议。
部门网络问政议题 2：市城乡建设委
1.解决交通拥堵问题是重大的民生问题,是建设宜居青岛、打造幸福城市的内在要求。交通拥堵涉及多方面问题,请您从城市建设的角度提出意见建议。 2.请广大网民朋友就如何提升园林绿化水平提出意见和建议。 3.请广大网民朋友就我市推进建筑节能和可再生能源利用工作提出意见和建议。
部门网络问政议题 3：市旅游局
1.目前我市正在努力打造国际海滨旅游度假中心,请您就我市如何加快发展海滨度假旅游提出意见建议。 2.请您就如何缓解我市旅游旺季市区前海拥堵问题提出意见建议。

2012 年,网络在线问政实现常态化,全年共组织了 618 场次,部门参与网络问政的频次如下:

●年总 36 次以上,月均不低于 3 次的部门共 4 个:市公安局、市人力资源社会保障局、市国土资源房管局、市卫生局。

●年总 24 次以上,月均不低于 2 次的部门共 12 个:市教育局、市民政局、市城管执法局、市规划局、市市政公用局、市城乡建设委、市交通运输委、市商务局、市环保局、市食品药品监管局、市工商局、市文化市场执法局。

• 年总 6 次以上,每两月不低于 1 次的部门共 20 个:市政府办公厅、市发展改革委、市经济信息化委、市科技局、市司法局、市农委、市水利局、市海洋与渔业局、市林业局、市文广新局、市人口计生委、市体育局、市安全监管局、市旅游局、市物价局、市粮食局、市地税局、青岛仲裁办、市住房公积金管理中心、市质监局。

• 年总 4 次以上,每季度不低于 1 次的部门共 13 个:市财政局、市审计局、市政府外办、市统计局、市政府国资委、市人防办、市经合办、市盐务局、市畜牧局、青岛保税港区管委、市农机局、市老龄办、市贸促会。

• 年总 2 次以上,每半年不低于 1 次的部门共 7 个:市民族宗教局、市政府侨办、市政府法制办、市政府口岸办、市地震局、市史志办、市供销社。

2013 年,网络在线问政对网民的参与情况进行了跟踪统计。截至 11 月,具体参与情况如图 3、图 4 所示。

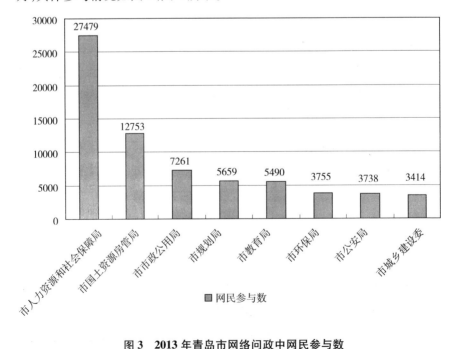

图 3 2013 年青岛市网络问政中网民参与数

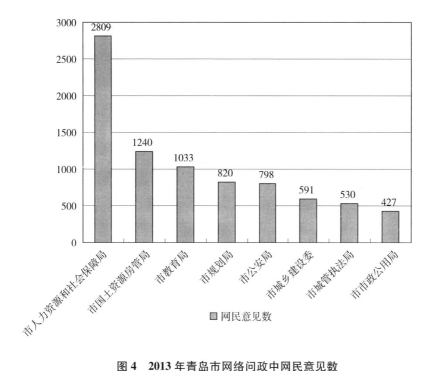

图4 2013 年青岛市网络问政中网民意见数

案例 3

网上意见举例

- 社区垃圾桶维护不及时，有的底都没了，给清理人员造成不便。

- 城区内经常看到清洁工扫马路时将土扫入下水道，容易造成堵塞。

- 排水设施建设要与城市发展同步，不能"重地上，轻地下"。

- 处理工厂污水、废水，保证市民饮水安全；协调小区内供水、供暖。

- 加快我市的旧城改造速度，不要老在沿海一线做文章了，多考虑一下西部、中部一带，千万不要遇到困难绕道走。

- 建议加强区市政府、市直部门的工作指导和协调。建议领导干部出行不再警车开道。建议加强政府实事督办落实力度。

- 校车座位间距较小,孩子拿着书包坐上很挤。建议调整座位间距;最靠边的两侧座位的暖气很热,孩子坐着有些烤得慌,建议找些东西遮挡一下。

- 节假日学校体育设施对外开放。

(三)"请市民评议"的具体做法

1.评议内容

"三民活动"中对政府的评议包括两部分:一部分是针对每个被评议部门现场填写测评票,其结果记入政府部门绩效考核成绩;另外一部分是针对社情民意问卷调查,不计入对政府部门的评估。2013年之前,对政府部门的评议内容包括年度工作目标完成情况、履行职责情况、政务(办事)公开情况、行政效率情况、服务态度情况、廉洁自律情况和总体评价共7项,每项内容设"满意"、"比较满意"、"一般"、"不满意"四个等级(参见表6)。目前正在进行的2013年"三民活动"评议项目由7个缩减为3个,即"年度工作完成情况、机关效能建设情况、总体评价"。

表6　2012年度青岛市政府部门民主评议测评票(样票)

代表身份:(请在相应格中画圈):社会各界代表1,管理服务对象代表2

评议内容 / 评议部门	年度工作目标完成情况				履行职责情况				政务(办事)公开情况				行政(办事)效率情况				服务态度情况				廉洁自律情况				总体评价			
	满意	比较满意	一般	不满意	满意	比较满意	一般	不满意	满意	比较满意	一般	不满意	满意	比较满意	一般	不满意	满意	比较满意	一般	不满意	满意	比较满意	一般	不满意	满意	比较满意	一般	不满意
市发展改革委	4	3	2	1	4	3	2	1	4	3	2	1	4	3	2	1	4	3	2	1	4	3	2	1	4	3	2	1
市经济信息化委	4	3	2	1	4	3	2	1	4	3	2	1	4	3	2	1	4	3	2	1	4	3	2	1	4	3	2	1
市科技局	4	3	2	1	4	3	2	1	4	3	2	1	4	3	2	1	4	3	2	1	4	3	2	1	4	3	2	1
市城乡建设委	4	3	2	1	4	3	2	1	4	3	2	1	4	3	2	1	4	3	2	1	4	3	2	1	4	3	2	1

续表

评议内容／评议部门	年度工作目标完成情况				履行职责情况				政务(办事)公开情况				行政(办事)效率情况				服务态度情况				廉洁自律情况				总体评价			
	满意	比较满意	一般	不满意	满意	比较满意	一般	不满意	满意	比较满意	一般	不满意	满意	比较满意	一般	不满意	满意	比较满意	一般	不满意	满意	比较满意	一般	不满意	满意	比较满意	一般	不满意
市农委	4	3	2	1	4	3	2	1	4	3	2	1	4	3	2	1	4	3	2	1	4	3	2	1	4	3	2	1
市水利局	4	3	2	1	4	3	2	1	4	3	2	1	4	3	2	1	4	3	2	1	4	3	2	1	4	3	2	1
市海洋与渔业局	4	3	2	1	4	3	2	1	4	3	2	1	4	3	2	1	4	3	2	1	4	3	2	1	4	3	2	1
市林业局	4	3	2	1	4	3	2	1	4	3	2	1	4	3	2	1	4	3	2	1	4	3	2	1	4	3	2	1
市商务局	4	3	2	1	4	3	2	1	4	3	2	1	4	3	2	1	4	3	2	1	4	3	2	1	4	3	2	1
市旅游局	4	3	2	1	4	3	2	1	4	3	2	1	4	3	2	1	4	3	2	1	4	3	2	1	4	3	2	1
市政府国资委	4	3	2	1	4	3	2	1	4	3	2	1	4	3	2	1	4	3	2	1	4	3	2	1	4	3	2	1
市经合办	4	3	2	1	4	3	2	1	4	3	2	1	4	3	2	1	4	3	2	1	4	3	2	1	4	3	2	1
市物价局	4	3	2	1	4	3	2	1	4	3	2	1	4	3	2	1	4	3	2	1	4	3	2	1	4	3	2	1
青岛保税港区管委	4	3	2	1	4	3	2	1	4	3	2	1	4	3	2	1	4	3	2	1	4	3	2	1	4	3	2	1

2. 评议对象

市民评议的对象是市政府直属的 58 个部门,由每个部门的主要负责人现场向市民代表进行报告。这些部门根据工作性质被分为经济管理、行政执法、内部综合、社会服务 4 个组(见表 7)。每个组用时半天,每个部门负责人在 10 分钟的时间内先进行述职报告,市民代表根据述职情况进行评议打分。

市政府专门制定了《市政府部门负责人述职报告注意事项》,规定述职内容包括年度业务职能目标完成情况、服务型政府建设情况、上年度"三民活动"中市民代表意见建议办理情况、存在的问题或不足、明年工作打算,各部分篇幅控制在 5∶2∶1∶1∶1 左右,总体上应与"三民活动"网页上公布的述职材料保持一致,但可突出重点,着重阐述。"要站在与市民互动交流的角度上,用平实的语言、温和的语气、真诚的态度实事求是地向市民报告。"
"可用幻灯片增加效果,幻灯片中应多放图片,幻灯片不超过 10 张。"同时,
"报告全年工作完成情况时要注意界定清楚本部门的工作和区市的工作,
不能混为一谈。属于协调、配合、帮助区市完成的工作,也应加以说明。"

表 7 青岛市政府部门负责人述职报告分组安排

组 别	市政府部门
第一组 (经济管理) 14 个	市发展改革委、市经济信息化委、市科技局、市城乡建设委、市农委、市水利局、市海洋与渔业局、市林业局、市商务局、市旅游局、市政府国资委、市经合办、市物价局、青岛保税港区管委
第二组 (行政执法) 15 个	市公安局、市司法局、市国土资源房管局、市规划局、市交通运输委、市审计局、市环保局、市安全监管局、市食品药品监管局、市城管执法局、市盐务局、市工商局、市质监局、市文化市场执法局、市地税局
第三组 (内部综合) 14 个	市政府办公厅、市财政局、市政府外办、市统计局、市政府研究室、市政府侨办、市政府法制办、市政府口岸办、市人防办、市粮食局、市史志办、市机关事务局、市供销社、市住房公积金管理中心
第四组 (社会服务) 15 个	市教育局、市民政局、市人力资源社会保障局、市政公用局、市文广新局、市卫生局、市人口计生委、市民族宗教局、市体育局、市畜牧局、市老龄办、市贸促会、市地震局、青岛仲裁办、市农机局

3. 评议结果

根据统计,市民代表对市政府部门工作总体满意基本在 90% 以上。例
如,2009 年,91.73% 的市民代表对政府部门的工作总体满意,满意度最高
为 95.32,最低为 84.25。四个组中,平均满意度最高的为内部综合组,满意
度为 93.40;其次为经济管理组,平均满意度为 92.88;再次为社会服务组,
平均满意度为 91.72;最后为行政执法组,平均满意度为 88.85。

2012 年,市民代表对市政府工作总体满意程度为 92.6%,分别比 2010
年和 2011 年提高了 1.4 和 1.2 个百分点。其中,回答满意的占 58.3%,比
较满意的占 34.3%,认为一般的占 6.9%,不满意的占 0.5%。与 2011 年相
比,回答满意的上升了 4.1 个百分点,如图 5 所示。

就具体履行职能的评价而言,根据 2009 年的数据,市民代表对政府部
门年度工作任务完成情况满意度最高,为 92.86%;其后依次为履行职责情

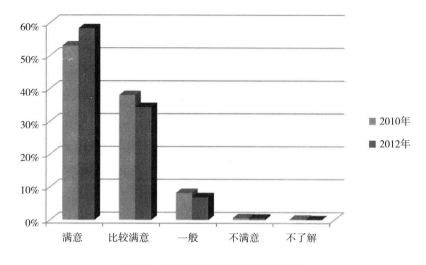

图5 市民对政府工作满意度评价

况91.70%,服务态度91.18%,政务公开情况90.91%,办事效率90.59%,廉洁自律90.49%。

"三民活动"期间,青岛市统计局还对参与活动的全体市民代表进行社情民意问卷调查,2010年回收问卷8743份,其中有效问卷7717份;2012年回收8609份,有效问卷7689份。2010年的调查结果显示,多数市民对政府工作表示满意,总体满意度为91.2%。其中满意的占53%,比较满意的占38%,一般的占8.2%,不满意的占0.6%,另外有0.2%的市民未发表意见。

2012年的问卷调查新增了有关改善民生方面的总体评价。调查结果显示,市民代表对市政府2012年在改善民生工作总体满意度为91.8%。其中,表示满意的占57.5%,比较满意的占34.3%,一般的占7.6%,不满意的占0.6%。总体上看,市民代表对青岛市的民生工作认可度较高,如图6所示。

就各领域满意度而言,2009年市民对各领域的满意度排序为经济发展93.5%,交通出行85.9%,社会保障85.1%,教育82.3%,社会治安82%,政务环境81.8%,环境81.6%,就业79.8%,医疗卫生64.1%,食品安全58%。

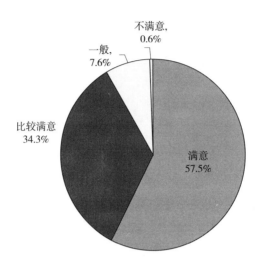

图6 2012年青岛市民在改进民生方面的工作满意度评价

2012年调查结果显示,市民代表对各领域的满意度由高到低依次为:经济发展方面96.3%,社会治安方面91.5%,社会保障方面90.8%,教育方面87.4%,政务环境方面87%,交通出行方面86%,就业方面84.9%,医疗卫生方面83.7%,环保环卫方面79.4%,住房方面73.3%,食品安全方面66%(见表8,图7)。

表8 各领域满意度情况比较(2009—2012)

工作领域	2009 年		2010 年		2011 年		2012 年		
	满意度(%)	位次	满意度(%)	位次	满意度(%)	位次	满意度(%)	位次	满意度升降(%)
全市总体	91.73	——	91.2	——	91.5	——	92.6	——	1.1
经济发展	93.5	1	95.8	1	95.9	1	96.3	1	0.4
社会治安	82	5	86.3	3	87.5	3	91.5	2	4.0
社会保障	85.1	3	88.4	2	90.0	2	90.8	3	0.8
教育	82.3	6	82.5	4	83.7	5	87.1	4	3.7
政务环境	81.8	4	83.0	5	84.7	4	87.0	5	2.3
交通出行	85.9	2	82.4	6	83.5	7	86.0	6	2.5

续表

工作领域	2009 年		2010 年		2011 年		2012 年		
	满意度（%）	位次	满意度（%）	位次	满意度（%）	位次	满意度（%）	位次	满意度升降(%)
就业	79.8	8	81.0	7	83.6	6	84.9	7	1.3
医疗卫生	64.1	10	78.0	8	79.3	8	83.7	8	4.4
环保环卫	81.6	7	74.7	9	77.2	9	79.4	9	2.2
住房	68.5	9	60.1	10	66.9	10	73.3	10	6.4
食品安全	58	11	58.8	11	59.6	11	66.0	11	6.4

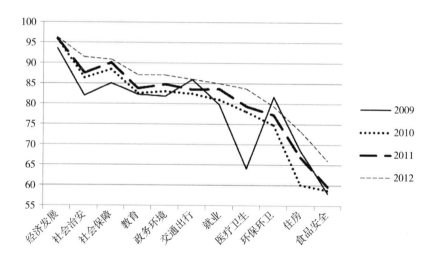

图 7 2009—2012 年青岛市政府工作领域满意度分布情况

2009—2012 年,市民代表对各领域满意度环比普遍有不同程度的提高。其中,医疗卫生在 2010 年到 2011 年提升了 13.9 个百分点,此后满意度一直保持在较高水平。除此之外,满意度提升最大的是住房和食品安全,均上升 6.4%;提升幅度最小的是经济发展,上升 0.4%。其他领域的上升幅度:上升幅度在 4—5 个点的是医疗卫生和社会治安,分别上升 4.4 和 4 个百分点;上升幅度在 2—4 个点的有教育、交通出行、政务环境和环保环卫,分别上升 3.7、2.5、2.3 和 2.2 个百分点;上升幅度在 1—2 个点的是就业方面,上升 1.3 个百分点;社会保障领域上升 0.8 个百分点。

2010 年市民在住房、环保环卫和交通出行方面的满意度比 2009 年分别下降了 8.4、6.5 和 3.5 个百分点。市民对这三个领域的满意度自 2011 年和 2012 年起有所改观,逐步提升,交通运输方面的满意度与 2009 年持平,住房满意度有明显的提升。

(四)参与结果的使用

与市民参与的两种形式相对应,其结果的使用也主要有两种方式。

第一,社会评议分值最大化,计入政府部门的考核结果。2012 年,在由目标考核、履职考核、社会评议和领导评议四部分构成的考核体系中,社会评议的比重达到 35%,这是四个考核体系中分值最高的。在社会评议的分值构成中,市民代表的现场评议结果按 80% 权重计入部门社会评议成绩;另外 20% 的权重是日常评议的得分,主要指政府部门平时在民生在线、行风在线等活动中所得的分值。

按照市政府的有关规定,市政府部门考核等次为优秀、完成任务、不合格三个等次。优秀等次数量原则上按各组总数的 30% 比例确定,完成任务的等次据实确定,综合得分低于 700 分的为不合格等次。考核结果作为对班子调整和干部使用的参考依据。对于不合格等次的部门,其负责人要进行诫勉谈话;对连续两年不合格的部门,建议对主要负责人进行调整。2009 年度全市目标绩效考核结果显示,有 36 个优秀单位和 7 个优秀区市,5 名同志被授予二等功;2010 年度,全市有 46 个单位和 7 个区市被评为优秀等次,59 个单位和 5 个区市为完成任务等次。

第二,市民意见建议回应责任化,部分意见纳入政府决策。"三民活动"期间,联席会议办公室会专门设立意见建议办理组,对所有的意见建议进行汇总、分类、整理,按有关规定反馈给市政府相关部门。各部门对市民提出的建议认真梳理分析,并在网上予以回应,前瞻性或可行性的建议可纳入今后的工作计划。2012 年,意见建议组对市民提出的较为集中和较有价值的意见建议进行汇总,编发《工作简报》38 期,市政府领导批示 20 期。为

了调动市民参与的积极性,青岛市政府每年评选50条优秀意见分为一等
奖、二等奖、三等奖建议予以表彰(参见表9)。

表9 2012年青岛市民意见一等奖

> ·关于提升青岛市名人故居的知名度,提高青岛市文化旅游品质的建议
> ·关于西海岸新区建设中生态环境保护问题的调研与对策
> ·以数字化为突破口,提高城市管理效能的对策建议
> ·关于构建我市供热、换热、服务三位一体、多种形式并存的大供热管理格局
> ·关于加快青岛市在中日韩自贸区中率先跨越发展的建议
> ·关于借我市地铁工程同步扩建地下停车场的建议
> ·关于进一步加快发展青岛市农村金融业促进县域经济大发展的建议
> ·关于逐步建成青岛市养老体系的建议
> ·青岛市交通发展的构想
> ·关于进一步推行生活垃圾分类处理的建议

值得注意的是,在调查中我们发现,市民评议的分值权重虽然占到
35%,但最终的考核结果还包括另外的三部分,并且考核结果并不公开,只
作内部通报,而几年来也并没有因为市民评议结果靠后而不合格的部门。
因此,市民评议对部门绩效考核名次及其负责人任职的影响目前还难以判
断,可能并无显著影响。相比较而言,对市民意见建议公开和回应做得
较好。

案例4

市民建议与政府部门回应

市民建议

青岛海湾大桥,是目前中国最长的跨海大桥,也是出入口最多的跨
海大桥。有市北区、李沧区、城阳区红岛、胶州市少海和黄岛区四个出
入口。大桥建设的非常美丽。美中不足的是在大桥上不能随便停车下
车,观看大桥和照相留念。一个是大桥是高速路,随便停车和人员随意
走动非常不安全,二是在大桥上停车将被罚款。

　　我们建议在跨海大桥四个进出口的靠近海边最合适的位置,建设以海湾大桥与胶州湾为背景的旅游观景点。建议如下:

　　建设以旅游汽车旅馆,旅游游客在这个地方可以停车、进餐、住宿、娱乐、购物和会议。有一个好的观看海湾大桥的观景台。

　　建设一个具有中国特色的塔楼的海边公园。就像武汉长江大桥边上的黄鹤楼(公园)那样。把这个胶州湾边的塔楼建设的好一点,高一点。建设成中国北方的名楼。与青岛旅游城市和青岛海湾大桥相配,使青岛海湾跨海大桥成为青岛旅游新景区,为青岛市民提供一个娱乐休闲的地方,成为外地游客必看的旅游景点。……

　　政府回应

尊敬的吴民:

　　首先感谢您对市政府工作的关心和对本次活动的支持! 您在青岛政务网《市民意见建议征集专栏》所提的关于建设青岛海湾大桥风景观景点的建议已收悉,经研究,现将有关意见答复如下:

　　首先,非常感谢这位市民朋友的热心参与,对青岛经济社会发展,特别是旅游业发展的关注。对您提出的建议,经我委研究现答复如下:一是将与市北、李沧、胶州、红岛等区市(管委)对接,建议其在区域产业布局规划或片区控制性详规中统筹考虑,在出口处靠近海边的合适位置设立观景台或建设海边公园,打造青岛旅游景观的新亮点。二是在加强规划布局的同时,积极开展项目定向招商,吸引有实力的投资公司参与海湾大桥周边旅游景观的开发建设,力争将海湾大桥景观区建设成青岛新名片。

　　再次感谢您的参与,希望您一如既往的关注青岛经济社会的发展。谢谢!

　　再次感谢您的支持!

市发展改革委
2012 年 12 月 28 日

（五）"三民活动"中市民参与的发展变化

青岛市"三民活动"自 2009 年开始以来已进行了 5 年，虽然总的制度安排、活动组织和参与形式变化不大，但他们每年还是有一些微调，其中最主要的变化体现在市民评议分值的增加、市民代表的构成和参与重点的变化上。

市民评议所占分值权重的变化。2009 年开始实施"三民活动"时，政府部门的考评类别中，目标考评、日常考评（履职考评）、综合考评的权重分别为 35%、15%、50%。其中，综合考评包括社会评议和领导评议两部分，社会评议分值占 70%，领导评议占 30%。2012 年，他们调整了考评的类型和分值，目标考评和日常考评的权重均为 25%，取消综合考评，改为社会评议和领导考评，其中领导考评权重 15%，社会评议权重 35%。社会评议又包括两部分："三民活动"的集中评议，分值占社会评议的 80%；常态的市民评议占 20%。这样，市民评议所占的分值在所有类别中是最高的。

市民代表构成的变化。主要的变化是代表的界别日益广泛，覆盖面更宽，代表比例向基层和服务对象、普通市民倾斜。2009 年，市民代表主要由城乡居民代表、基层代表、企事业单位代表、社会组织代表、专家代表、人大代表、政协委员代表等构成。2010 年，他们压缩了机关代表份额，扩大了城乡居民代表和企业代表份额。2011 年，进一步调整市民代表构成，从服务对象和社会各界层面进一步细化分类，新增党代表、人大代表、政协委员、工商联、无党派人士、政务督察社会监督员、政务服务热线义务监督员、市监察局特邀监察员等类别。2012 年，压缩了党代表、人大代表和政协委员的名额，增加了行政审批业务办事群众代表、小微企业代表数量、社区居民代表数量；2013 年，进一步压缩党代表、人大代表和政协委员的名额，补充了自愿报名市民代表，突出了基层的评议作用。

市民参与重点的变化。主要的变化是网上参与的逐步常态化。2010 年，他们将"三民活动"设计为"年初向市民报告"、"年中听市民意见"、"年终请市民评议"和"日常评议"四个板块。其中，年初和年中两个活动板块通过网络在线问政的形式开展。青岛市政府于 2010 年 3 月 3 日—3 月 30 日和 8 月 23 日—8 月 26 日分两次组织开展了 56 个市政府部门负责人与市民网络在线问政活动。2011 年,进一步完善,从 8 月上旬开始,市政府各部门将年初网络在线问政意见建议办理情况、部门上半年重点工作完成情况、工作中的热点难点问题等,放置在青岛政务网等网站,供市民查阅,将集中的网络问政(8 月 15 日—8 月 17 日每晚 19:30—21:00)与日常网络沟通相结合。作为"三民活动"的深化,市政府决定自 2012 年 3 月起,在市政府各部门全面开展常态化网络在线问政工作。

在刚刚开始的 2013 年"三民活动"中,有三个变化引人注目。首先是新增加 100 名自愿报名的市民代表,主会场增加行业协会类别,并增加了新市民代表和个体经营者代表数量;其次是简化了评议选项,由原来的"年度工作完成情况、履行职责情况、政务公开情况、行政效率情况、服务态度情况、廉洁自律情况和总体评价"7 个选项减为"年度工作完成情况、机关效能建设情况、总体评价"3 个选项;最后是部门负责人的现场汇报由过去的录播改为直播。

四、"三民活动"中市民参与的特点与完善

政府绩效评估中市民参与包括三个重要方面:参与的基本形式,即独立自主实施还是介入政府发动的绩效评估活动;参与的范围或广度,即绩效评估诸环节中市民具体参与了哪些环节;参与产生的实际影响,这既包括市民在绩效评估诸环节决策中的发言权大小,又包括市民的参与在多大程度上能推进相关部门的工作改进。就青岛的"三民活动"而言,从这三个方面来看,我们有以下初步的发现。

首先,从参与形式来看,"三民活动"中的市民参与是以介入政府发动的绩效评估活动为主、辅以市民一定程度的主动参与。"三民活动"本身即是青岛市政府主动发起的,无论是从活动方案的设计还是市民代表的选择、

活动的组织和具体实施,都是政府自身绩效评估行为的组成部分。在这方面他们做了很多工作。但从市民的角度来看,"三民活动"更多的是一种类似于运动式的短期集中参与,而非自发的具有可持续性的治理式参与。"三民活动"周期比较短,每年从 11 月中旬到 12 月底结束,总共不足两个月的时间。在这样短的时间里,市民的参与是被动接受政府提供的信息,与政府部门负责人没有互动,没有机会提出自己所关心的议题,只能通过部门述职报告和平时感受就匆匆进行评议。显然,这样的评议结果是不全面、不完整的。另外,正如一位市民所说:"各部门报告成绩偏多,就怕偏了,而在问题上谈得少,下步打算过于宏观,今后可否在请市民评议这个环节上进行改进,把工作成绩、存在问题、下步打算实行三三制,这样更利于部门在今后工作中更加注意落实,注重效率,注重改进,会更让市民满意。"

"三民活动"的实施集中于每年的年末,是政府年终绩效考核的组成部分,因此可以看作是一种类似于运动式治理的活动。然而,作为"三民活动"的延伸,他们近年来实施的常态化网络问政从某种程度上弥补了这种运动式治理的不足,借助于网络这一新型传媒工具,市民的参与推广到了政府的日常管理活动中,其意见也能得到相关部门的及时回应。这种形式的市民参与是主动的、积极的,但从目前的参与来看更多的是属于问政范畴,市民以反映自己遇到的问题和提意见建议为主,没有评议的功能,因此其参与行为对政府部门没有约束力。从一定意义上说,这种网络参与有助于政务公开,对政府绩效的影响则是间接的。

其次,从参与范围和广度来看,"三民活动"中的市民参与以绩效评估过程中的监督结果环节为主、辅以决策环节的一定介入。马克·霍哲认为,绩效评估包括七大步骤,每个步骤中公民介入的方式和内容是不一样的。在第一个步骤中,绩效评估需要鉴别评估的项目,公民参与应集中于决定是否需要绩效评估以及选择评估对象。在第二个步骤中,绩效评估的任务是陈述目标、界定期望的结果,此时公民参与应集中于帮助政府部门制定其使命、愿景、战略规划和重要目标。在第三个步骤中,绩效评估的主要任务是选择评估标准,公民参与也应该集中于此,致力于帮助政府部门从投入、产出、效率、结果、生产力等指标中选择合适的评价标准。在第四个步骤设置绩效和结果标准中,公民参与的任务也是帮助政府部门选择合适的评价绩效的标准,以便对相关绩效进行评判。在第五个步骤监督结果中,公民参与的任务是与管理者一起系统地、周期性地监督项目或部门绩效。在第六个步骤报告绩效中,公民参与的任务是确保报告公开化,并能够理解。在第七个步骤使用结果中,公民参与的任务是与管理者一起确认优势、缺点和改进机会,从而改进、完善绩效管理。①

从内容上看,青岛"三民活动"中市民参与勉强可以认为是集中于上述第五、第六、第七个步骤。这固然重要,但也正因为如此,使得"三民活动"的参与内容有较大的局限性,因为这三个方面的参与实际上是一种被动的参与,真正主动的参与主要集中于此前的四个步骤。例如,哪些项目需要被评估,期望的结果是什么,衡量标准如何,这些因素是市民参与绩效评估的关键变量。而在青岛市的做法中,恰恰是这些内容没有或很少纳入"三民活动"的范畴,如"向市民汇报"中的汇报内容是政府既定的,可能不一定是市民想了解的;市民的评议由于相关信息和标准的缺乏可能只是在"跟着感觉走",因此这里的市民参与其作用仍是有限的。当然,活动中市民的意见和建议有些也会被政府采纳吸收,转化成为政府的决策。因此,市民的参与除了作为绩效监督环节的信息提供者外也在一定程度上充当了决策的参与者,但这种决策的参与只能是辅助性的,作用有限。

第三,从参与产生的实际影响来看,"三民活动"中市民参与的象征性意义比以满足市民需求、提高决策质量为主的工具性意义更明显。王锡锌教授认为,公民参与具有三种意义:一是工具性意义,即通过吸纳各社会群体的参与,提高行政决策质量,进而改善治理效果。二是教育意义,政治生活本身就具有一个教育的维度,而参与对于公民来说也是一种自我治理的政治教育,使得他们从消极的被治理对象成为积极的、有判断力的现代国

① 周志忍:《政府绩效评估中的公民参与:我国的实践历程与前景》,《中国行政管理》2008年第1期。

家、国民。参与"倡导从那些与公民个人利益切身相关的微观领域入手，扎实地培育公民的政治认知和政治行动能力"。三是心理和文化上的意义，参与能够通过与同伴共同行动的经历，使公民克服其心理上对于社会和他人的疏离感，提升社会信任和社会团结。①

我们可以分别从政府和市民两个角度来看"三民活动"的意义。对政府而言，其工具性意义更多体现在"内部控制"上，即通过把市民参与纳入政府绩效考核体系以强化对政府部门完成工作任务和目标的制度约束，同时依此作为领导班子调整和干部教育、管理、使用的参考依据，而提高决策质量和改善治理效果可能并不是最主要的考虑。另外，"三民活动"的教育意义和心理文化意义也许对政府和政府官员的影响更大。活动要求各级政府官员从执政理念上有所改变，引导他们的价值导向，强化他们的群众参与意识，工作中注重掌握民情、听取民意、改善民生，将群众反映强烈的问题作为筹划来年工作的重要参考，并纳入为民办实事的范围加以解决，应该说，这对地方政府官员还是有一定触动的。在调查中我们了解到，很多官员为了准备向市民的报告下了很多功夫，一个比较明显的例子是改变了他们的文风和话语体系，平日里写惯了公文、说惯了官腔的一把手们正逐渐学会用老百姓听得懂的语言、态度温和地向市民代表汇报。

就市民而言，"三民活动"的工具性意义在于对政府部门的考核结果有35%的权重，但由于考核结果并不公开，因此市民对其参与评议的具体影响可能并不了解，活动的教育意义和文化心理意义有限，可能更多地是一种象征意义。市民主要是通过提前在网上了解政府工作职责、目标及任务完成情况和现场听取各部门负责人的述职报告，然后对各部门进行评议打分。汇报现场缺少政民互动环节，例如没有现场提问、现场答疑等环节，也没有统一的评分标准。因此，市民参与只是被动的参与，缺少参与的主动性，对政府绩效评估的关心度就有限，更谈不上通过参与提高政府的决策质量、从

---

① 王锡锌、章永乐：《"参与式治理"的兴起：经验模式、理论框架与制度分析》，《中国—瑞士"权力的纵向配置与地方治理"国际学术研讨会论文集》(2009年10月)。

参与中培养政治认知和行动能力,等等。

周志忍教授把绩效评估中的市民参与划分为以下五个层次:市民无参与、无效参与、有限参与、高度参与和主导型参与。① 按照这一划分标准,我们可以发现,"三民活动"虽然在一定程度上调动了市民在政府绩效评估中的参与积极性,但是整体上仍是一种介于有限参与和高度参与之间、以有限参与为主的参与模式。

"三民活动"虽然属于有限的市民参与,还有这样那样的不足,但这也许是符合现阶段中国发展和特殊的政治文化特点的一种参与模式。② 青岛市以"三民活动"为载体,构建了一整套包括市民参与在内的绩效考核体系,这一体系使政府的服务对象——市民的主体地位有所体现,有助于政府由管理向服务的转变。不过,这一参与仍没有突破传统的政府主导的范畴,在参与形式、参与内容和参与的影响力等方面都有自己的局限性。我们认为,对政府而言,要突破这种局限性,使市民在绩效评估中发挥更积极的作用,需要进一步明确三个基本问题,即:参与的目的是什么? 内容是什么?途径是什么?

首先,要进一步明确绩效评估中市民参与的目的。参与本身是一个见仁见智的概念,不同的学者对它有不同的解释。如:"从发展的角度来看,参与包括群众参与到决策的制定、项目的实施、结果的评估、利益的分享等过程中";"参与是指被排斥在资源的控制权之外的群体提高其控制能力的有组织的努力";"从最广的意义上讲,参与意味着发动群众,提高他们的接受性和能力,同时鼓励他们提出自己的创议。"③从目标的角度看,参与意味着决策机会的再分配,目的是使弱势或边缘群体加入现行的政治及经济运

---

① 周志忍:《政府绩效评估中的公民参与:我国的实践历程与前景》,《中国行政管理》2008 年第 1 期。

② 根据中国社会科学院组织的一项大型调查,中国人的政治文化是伦理主义的而非科学主义的。参见张明澍:《中国人想要什么样民主》,社会科学文献出版社 2013 年版,第258 页。

③ 叶敬忠、刘金龙、林志斌:《参与·组织·发展:参与式林业的理论、实践与研究》,中国林业出版社 2001 年版。

作过程,增强他们对社会的影响力;从参与的过程和活动范畴来看,参与意味着决策、执行和评估层面的参与。也就是说,"参与是指向政府的决策过程,提供意见和施加影响力的活动和行为"①。同时,从参与的方式来看,还可以把它分为作为手段的参与和作为目的的参与两种。

因此,在政府的绩效评估过程中,首先要明确的问题就是,我们需要的是怎样的参与? 是服务于政府的内部控制还是真正体现市民导向? 是作为手段的参与还是作为目的的参与? 是以获取信息为目的还是以增进政策的可接受性为目的? 抑或只是具有象征性意义的参与? 如果要真正体现市民导向,就应该在评估内容、标准、方法、指标体系以及参与群体的选择等方面立足于市民的角度予以重新设计。

需要注意的是,如果公众的参与只是一种形式,政府的评估或决策过程"尽管可以看到公众的身影,但他们对政策过程的参与和评价主要是点缀性的、符号化的,并不能构成对公共政策过程产生影响的因素"②,那么,长此以往,公众会对这样的参与产生反感甚至厌恶从而拒绝参与。因此,如何在理论层面、制度层面和行动层面上寻求市民参与正当性与技术理性的结合是核心问题所在。③

其次,要明确绩效评估中市民参与的适宜内容。约翰·克莱顿·托马斯曾提出"公民参与的适宜度"问题。他指出:"界定公民参与的适宜度主要取决于最终决策中政策质量要求(quality)和政策可接受性要求(acceptability)之间的相互限制。一些公共政策问题更多地需要满足决策质量要求,也就是说,需要维持决策的专业化标准、立法命令、预算限制等要求,而其他一些公共政策问题则对公众的可接受性有较大的需求,即更看重公众对政策的可接受性或遵守程度。"政策质量期望越高,对社会参与的需求程度越小;政策接受性期望越高,对社会参与的需求程度和分享决策权力的需

---

① 莫泰基:《市民参与:社会政策的基石》,中华书局(香港)1995年版。
② 王锡锌:《公众参与和行政过程:一个理念和制度分析的框架》,中国民主法制出版社2007年版。
③ 同上。

求程度就越大。两种需要都很重要时,就需要在要求增强社会参与和要求限制社会参与之间寻求平衡。① 在政府绩效评估方面,这样的平衡需求可能同样存在,需要予以考虑。

"作为一种管理工具,组织绩效评估的目的是通过科学的监测、评价和反馈,实现组织绩效的持续性改进。"② 如果市民参与评估的内容只限于他们并不熟悉的政府目标和任务,同时要求他们参与评估的政府又不能提供相关标准与信息,他们对所评估的部门绩效是否真正得到了改善并获得了持续性改进无从得知,长此以往,这样的参与恐难免流于形式。

最后,要明确绩效评估中市民参与的有效方式。从"三民活动"来看,市民的参与方式与国内大多数的参与形式类似,以填写调查问卷、提供自己的意见建议为主,形式相对单一。安德鲁·弗洛伊·阿克兰认为,有效的市民参与包括"数据收集、信息供给、咨询、参与、合作、委派指定权威"六个阶梯。③ 每个阶梯都有相应的不同参与方式。目前在欧洲也出现了很多公众参与的新方法,如市民评审团、市民意见征询组、焦点小组、顾问小组、地方战略伙伴、公共调查、公共辩论等。如何借鉴国外经验,进一步开拓评估中市民参与的新方式也值得注意。

不同的参与阶段会有不同的参与方法,但不管怎样,避免单一的参与方式或者自上而下的指导,具有开放的意识,尊重普通百姓及其智慧,不断寻找与新的理念和方法相适应的技术,这在任何时候都是需要的。同时,还应注意的是,应把参与看作是一个过程,而不是对一项任务的速战速决,它需要时间和耐心,不能单纯用"效率"来衡量过程。

---

① [美]约翰·克莱顿·托马斯:《公共决策中的市民参与:公共管理者的新技能与新策略》,孙柏瑛等译,中国人民大学出版社 2004 年版。

② 周志忍:《公共组织绩效评估:中国实践的回顾与反思》,《兰州大学学报》2007 年第 1 期。

③ 安德鲁·弗洛伊·阿克兰:《设计有效的公众参与》,于苏楠、蔡定剑译,《公众参与:欧洲的制度和经验》,法律出版社 2009 年版,第 299 页。

附件 1

2013 年青岛市"三民活动"
自愿报名市民代表选聘方案

一、人员安排

主会场每场次安排 3 名自愿报名市民代表,共计 12 名;每个分会场(高新区除外)每场次安排 2 名自愿报名市民代表,共计 88 名。总共 100 名。

二、报名时间

11 月 18 日至 22 日。

三、报名条件

1.拥护中国共产党的领导,政治素养、文化素养较高,具有较高的参政议政意识和较强的社会责任感。

2.遵纪守法、诚实守信、为人正直,具有较好的群众基础,关注政府工作,熟悉和了解所参加组的市政府各部门职能,能够对各部门工作作出公平、公正的评价。

3.年龄在18岁以上,身体健康,思维清晰,能够全程参加一个场次的述职报告会并作出客观评价。

4.非青岛市户籍人员应在青岛工作、学习、生活两年以上。

四、选聘程序

(一)宣传发动

在青岛日报、青岛政务网等媒体发布选聘公告,进行宣传发动,鼓励市民积极踊跃报名。

(二)市民报名

自愿报名市民可登录青岛政务网,填写市民报名登记表。考虑道路交通因素,市民应就近选择所在区市的分会场。市内三区市民代表既可选择主会场,也可选择所在区的分会场。报名人员根据自己的兴趣和对部门职能及工作掌握的情况,只能选择主会场或分会场一个场次的活动,不能重复参加多个场次活动。

(三)选聘办法

市统计局负责网上报名人员汇总,按条件进行初选、分类后,按报名人员居住区域交由各区市进行审核、确认,然后按照随机抽选的办法选定。各区市负责分会场人员抽选,市南区、市北区、李沧区还应负责为主会场每场次选定1名市民代表。

五、责任分工

综合协调组负责制定工作方案。

市监察局负责选聘工作的监督,确保选聘工作公平公正。

市统计局负责网上报名人员汇总,按条件进行初选、分类后,按报名人员居住区域交各区市政府。

各区市政府负责按照报名条件,核实报名人员信息,选定参会市民代表并做好参会的相关工作。

附件 2

2012 年度青岛市社情民意调查问卷

一、经济发展方面

1.您对我市一年来经济发展的总体感受是：

A.好　B.较好　C.一般　D.较差　E.没感受

2.您对我市未来经济社会发展有信心吗？

A.有信心　B.比较有信心　C.无所谓　D.没有信心　E.不了解

二、政务环境方面

3.您对政府信息公开感到满意吗？

A.满意　B.比较满意　C.一般　D.不满意　E.不了解

4.您对政府办事效率感到满意吗？

A.满意　B.比较满意　C.一般　D.不满意　E.不了解

5.您对政府依法行政感到满意吗？

A.满意　B.比较满意　C.一般　D.不满意　E.不了解

6.您对政府廉政建设情况满意吗？

A.满意　B.比较满意　C.一般　D.不满意　E.不了解

三、社会治安方面

7.您对我市的社会治安感到满意吗？

A.满意　B.比较满意　C.一般　D.不满意　E.不了解

四、教育方面

8.您对中小学的教育质量感到满意吗？

A.满意　B.比较满意　C.一般　D.不满意　E.不了解

五、医疗卫生方面

9.您对我市医疗卫生服务工作感到满意吗？

A.满意　B.比较满意　C.一般　D.不满意　E.不了解

10.您所在的镇卫生院或社区卫生服务机构看病方便吗？

A.方便　B.比较方便　C.一般　D.不方便　E.不了解

六、社会保障方面

11.您对我市开展的生活困难家庭(个人)社会救助工作感到满意吗？

A.满意　B.比较满意　C.一般　D.不满意　E.不了解

12.您对我市养老、医疗、失业、工伤、生育等社会保险待遇及时足额发放工作满意吗?

A.满意　B.比较满意　C.一般　D.不满意　E.不了解

七、就业方面

13.您对政府提供的就业岗位信息、培训等满意吗?

A.满意　B.比较满意　C.一般　D.不满意　E.不了解

八、食品安全方面

14.您对我市食品安全现状感到满意吗?

A.满意　B.比较满意　C.一般　D.不满意　E.不了解

九、住房方面

15.您对我市当前住房状况感到满意吗?

A.满意　B.比较满意　C.一般　D.不满意　E.不了解

十、交通出行方面

16.您乘坐公交车、出租车或长途车出行时感到方便吗?

A.方便　B.比较方便　C.一般　D.不方便　E.不了解

十一、环保、环卫方面

17.您觉得政府环境监管和污染防治工作做得怎么样？

A.好　B.比较好　C.一般　D.不好　E.不了解

18.您所在社区(村庄)的卫生环境怎么样？

A.好　B.比较好　C.一般　D.不好　E.不了解

十二、综合评价

19.请您对青岛市政府 2012 年的工作做一个总体评价：

A.满意　B.比较满意　C.一般　D.不满意　E.不了解他方

20.您最关注、最希望政府加强和改进哪方面工作(限三个方面,可从以上工作中选择,也可选择其他方面)？

附件 3

2012 年青岛市政府部门"向市民报告、听市民意见、请市民评议"活动实施方案

（讨论稿）

为把市政府部门"向市民报告、听市民意见、请市民评议"活动（以下简称"三民"活动）继续推向深入，根据市委、市政府《2012 年度青岛市科学发展综合考核办法》（青发〔2012〕8 号）要求，市政府定于 11 月中旬至 12 月份，组织开展市政府部门"向市民报告、听市民意见、请市民评议"活动。现制定实施方案如下：

一、指导思想

坚持以党的十八大精神为指导，认真贯彻落实市委十一届一次全体（扩大）会议精神，通过邀请人民群众和社会各界代表（以下统称市民代表）全程听取、评议市政府部门的公开述职活动，加快机关工作作风转变，改进市政府部门工作中存在的突出问题，进一步增强为企业、为基层、为市民服

务的意识，真正把人民群众的满意度作为评价市政府部门工作的根本出发点和落脚点，加快建设人民满意的服务型政府。

二、活动内容

围绕"听民意、聚民智、惠民生"，组织市政府部门负责人述职报告会，邀请市民代表对政府部门工作进行现场评议，同时，公开征集对市政府和市政府部门工作的意见建议。

（一）市政府部门负责人述职报告

58个市政府部门分为4个组，每个组用时半天，每个部门限时10分钟。主要报告本年度工作完成情况（包括上年度"三民活动"中市民代表提出的意见建议办理情况）、存在的主要问题及改进措施等。报告会全程通过网络视频会议系统向各区市分会场直播。部门述职后，召开媒体与部门负责人见面会，请述职人员回答媒体提出的有关问题。述职结束后，将述职视频连同见面会剪辑，通过青岛电视台和青岛政务网播放。

市政府研究室、市人防办和市机关事务局在市及区市机关内进行述职和评议。

邀请市民代表在市级主会场、12个区市分会场现场听取市政府部门负责人的报告。每组邀请不同的市民代表约2500人，其中市级主会场100人，各区市分会场各200人。

（二）市民代表提出意见建议

将市政府部门工作职责、年度目标、年终述职报告等内容提前在青岛政务网"三民"活动专页向社会公示，同步链接人民网、大众网、半岛网、青岛新闻网、青岛传媒网、青岛财经网等网站，同时开通"网上意见建议征集栏目"和"短信意见建议征集平台"。为便于评选优秀意见建议，倡导市民以实名方式,结合平时掌握了解的情况和对我市经济社会发展的思考,重点就2013年经济社会发展、加强服务型政府建设以及改进部门工作作风等方面提出意见建议,市民代表可参会前现场提交。

(三)市民代表现场填写评议票

市政府部门负责人述职报告结束后,市民代表根据述职内容和平时掌握的情况,采用无记名方式现场填写并提交评议票。同时,组织市民代表填写社情民意调查问卷和政风行风问卷调查表。

三、实施步骤

活动从 2012 年 11 月份开始,12 月底结束。

(一)准备阶段(11 月)

研究制定、印发《市政府部门"向市民报告、听市民意见、请市民评议"活动实施方案》,成立市联席会议办公室;完成市民代表筛选、确定,主、分会场选定和技术保障工作;完成市政府部门负责人述职报告材料上报、审核等各项准备工作。

(二)报告、听取意见、评议阶段(12 月上旬—12 月中旬)

将市政府部门工作职责、年度目标、年终述职报告等材料在网上公布,同时开通专栏向社会公开征集意见建议;市政府各部门按分组和时间安排(分组见附件一,时间另行安排),依次进行述职报告,并接受市民代表的评议;完成对市政府研究室、市机关事务局的评议工作。

(三)办理、总结汇总阶段(12 月中旬—12 月下旬)

完成市政府 58 个部门社会评议结果的汇总、统计工作;做好意见建议的办理,优秀组织单位、优秀建议的评选工作;召开市政府部门、专家学者、市民代表恳谈会;完成"三民"活动工作总结等。

四、责任分工

为确保活动顺利实施,建立由市政府分管领导为召集人,市政府办公厅、市监察局、市统计局、市委市政府信访局、市电政信息办、市政府纠风办、市政府新闻办、市网络办、市广播电视台、青岛日报报业集团、各区市政府等组成的联席会议制度。联席会议办公室设在市政府办公厅,主要职责:研究制定活动各项具体方案;领导组织活动的筹划、实施和评议、反馈、总结等工作;加强对活动的监督、管理等。联席会议办公室下设综合协调、技术保障、监督检查、新闻宣传、意见建议办理等五个工作组。

市政府办公厅负责整个活动的组织和协调等工作;市监察局负责会场监督、纪律监察、评议票收集统计等工作;市统计局负责市民代表选定、评议统计汇总和情况调查等工作;市委市政府信访局负责主会场并指导分会场做好信访稳定工作;市公安局负责述职报告期间主会场外的安全保障;市电政信息办负责主会场并指导分会场做好技术保障等工作;市政府新闻办、市网络办负责新闻宣传及网上舆论引导等工作;市广播电视台负责评议视频制作和播放;各区市政府负责各分会场的市民代表选定、审核、组织和会务保障等工作。

五、活动要求

(一)加强领导,精心组织。各级各部门要高度重视,充分认识活动的重要性,建立健全活动组织机构,构建"分工明确、责任落实、指令畅通、督促有力"的工作推进体系,精心筹划,严密组织,加强协作,整体推进,确保活动顺利开展。

（二）精心准备，注重实效。各区市政府要组织参加"三民"活动的市民代表，了解有关评议须知，上网查阅市政府部门的工作职责和年度目标等情况，便于市民代表有针对性地提出意见建议，确保评议结果更加客观、准确。市政府各部门要认真撰写述职报告，实事求是地报告工作，诚恳听取市民意见建议，积极采纳良策建议，更加科学地谋划好2013年工作，以实际行动问政于民、问需于民、问计于民，推动政府及各部门工作的科学发展。

（三）严肃纪律，确保公平。各部门和单位要严格遵守"三民"活动的各项纪律要求，会场监察人员和社会监督员要加强现场巡查，实行全过程监控，保证活动规范有序、公平公正地开展。

独立第三方评政府整体绩效：
"广东试验"与公民参与

郑方辉　卞　潇

华南理工大学政府绩效评价中心

在政府绩效评价体系中,评价主体及指标体系被视为两大核心问题。所谓评价主体,即谁来评价,也就是评价权的归属问题,学术界一般划分为内部主体与外部主体,其中外部主体又称第三方。按照主体关系程度,第三方评价再可划分为委托第三方评价和独立第三方评价。

2007 年 11 月,广州媒体率先公布了华南理工大学政府绩效评价中心发布的《广东省地方政府整体绩效评价报告》(即所谓"红皮书"),被主流媒体和学界称之为"破冰之举"及"广东试验",引起社会关注。这一评价的典型特征是以独立第三方为评价主体,以广东全省 142 家市、县两级政府为评价对象,由高校学术团队自选题目,独立操作,评价过程贯穿公众参与,体现真正意义上的第三方评价。至 2012 年,连续七年的评价已使"地方政府倍感压力",它的意义在于:"一是可以给政府官员一定的压力;二是可以给公民一个评价官员的载体;三是可以给决策以新动力"①,充分彰显公众参与对政府绩效评价的影响力。

---

① 《评价政府绩效,民间机构应恪守独立性》,《南方都市报》2009 年 10 月 13 日。

一、评价背景及目的

广东是中国现代化的缩影,社会经济发展到了新的拐点:作为中国经济实力最强的省份之一,广东整体上步入了"中等发达地区"之列。与此同时,社会经济发展过程中的深层矛盾日益凸显:粗放型的经济增长模式,科技创新明显不足,产业结构低层次重复;以"三高两低"(高能耗、高消耗、高污染、低工资、低社会保障)为动力的外贸规模及顺差强化了贸易摩擦;区域发展严重失衡,生态环境污染日趋严峻,交易成本居高,贫富分化加剧,道德价值迷惘,这一切强化了全社会对民主与政治体制改革、政府管理创新与评价政府绩效的祈求。可以说,广东社会经济的转型催生"广东试验"。经过三十多年的改革开放,广东社会正处于剧烈的转型期,由地方政府主导的迅速发展经济面对利益关系的重大调整,无可避免地产生政治结构变化的要求。事实上,新世纪以来,包括孙志刚事件在内一系列社会事件折射了广东民主化进程以及对全国的影响,在政府与公众的关系中,公众对政府拥有评价权的需求日益高涨。"欠发达国家的大幅度经济增长可能需要在现有的物质技术,甚至在政治结构和社会结构方面作出较大的改变。"[1]现代政体区别于传统政体的关键乃在其民众政治意识和政治介入的幅度,"如果要保持政治稳定,当政治参与提高时,社会政治制度的复杂性、自治性、适应性和内聚力也必须随之提高"[2]。

建设服务型政府要求体现政府及政策作为体现人民的意志,践行于公民最大限度地参与公共事务,最大限度地融入公共生活。民主的实现离不开参与,公民参与是民主的实现形式。基于有什么样的考核评价制度,就有什么样的政府行为,亦有什么样的社会型态,即或从公众的视角,目前我国

---

① 西蒙·库兹涅茨:《现代的经济增长:发现与思考》,《美国经济评论》第 63 卷。
② 亨廷顿:《变化社会中的政治秩序》,三联书店 1989 年版,第 73 页。

社会及地方政府存在的一系列问题,大都与评价机制和体系有关。自 20 世纪 80 年代中期以来,源自地方政府之间强大的竞争压力与自身利益的驱动,加之上级政府政绩考核导向,地方政府将主要精力放在发展地方经济上,但由于市场机制自身并不足以实现所有的经济职能,政府不可避免地卷入经济资源竞争的中心地位,偏离"守夜人"和裁判者角色,并且漠视经济发展中的环境、社会公正等问题。要改变此种状况,必须改变考核制度,包括重构评价组织与主体,重建指标体系,背后的核心问题是体制内评价大都指向政府"正在做什么"并非"应该做什么",充其量是评价政府执行力,并非"服务公民的能力"。因为体制内评价更多强调政府的行为过程,或者说,更多注重于政府的现状职能的实现程度,主要又是对上级政府目标的完成状况,在我国现有体制下,上下级政府职能之间具有传承性;体制内评价内设上级政府的正确性,难能形成政府"应该做什么"的纠错机制。

政府整体绩效评价,可称之为全面绩效评价、广义绩效评价或者综合绩效评价,西方广为接受的一个表达法是 Overall Performance Evaluation。我们以为,是"相对于公共部门绩效、公共项目绩效、公共政策绩效而言,具体是指一定时期内(如一年)作为一级特定地方政府的总体'成绩与效益',包括政府行使职能的各个方面,如经济、社会、教育、文化,甚至司法等"①。政府整体绩效评价具有典型的中国特色。与体制内自上而下的各类考评迥然有别,独立第三方组织作为评价政府整体绩效的主体,以主体独立、标准独立和过程独立为鲜明特征,改变了长期以来政府与公众的关系,宣示集权体制下政府的不可评估性已不再适用。"广东试验"基于独立第三方及公众满意度导向,避免了政府内部评价角色重叠的矛盾,过程公开透明,结果相对客观。评价的目的直指政府"该做什么",检验政府"该做什么"与"已做了什么"的成效及差距,也就是政府理想职能的实现程度。具体来说,在经济领域促进竞争,在社会领域捍卫公正,在自然领域保护生态环境,进而将

---

① 郑方辉、李振连:《论我国地方政府整体绩效评价》,《当代世界与社会主义》2010 年第 1 期。

政府职能定位于促进经济发展、维护社会公正、保护生态环境、节约运作成本、实现公众满意,有效融合客观指标与主观指标于一体,贯穿了政府执政为民的价值导向。

独立第三方评价政府整体绩效能够推动公民有序政治参与,推进政府职能转变和服务型政府建设。"公民参与是民主的希望"①,"一个参与型的政治文化自然是保持民主制理想土壤"②。事实上,公众的广泛参与是绩效评价得以顺利推行的重要因素,公众的评价是政府整体绩效的内在要求,开放和参与式的评价过程会引发公众对于政府及其行政过程更多的关注。"毋庸置疑,任何领域的发展都离不开政府进步的影响,而发展中的不足也大多能从政府缺失中找到缘由。以政府绩效来看待及评判发展有着现实意义,它为政府的理想职能、政府竞争的方向、政府变革等抽象议题增添了具体的民间标准。这是比排行榜更核心的价值,显示了社会力量对好政府的期待。"③事实上,由传统的官员政绩考核到政府整体绩效评价绝非是对体制内评价的简单补充,因源自民间并指向政府"整体",自然能产生恒久的推动力。

二、"广东试验"基本特征和优势

"广东试验"定位于独立第三方评价,它具有鲜明特征,主要表现为:

(一)独立第三方评价

"广东试验"作为真正意义上的独立第三方评价,是由高校学术团队自主发起、自选题目,独立操作,而非由政府或其隶属部门组织实施。其独立性的优势体现在四个方面。

---

① 马克·彼特拉克:《当代西方对民主的探索:希望、危险与前景》,《国外政治学》1989年第1期。
② 迈克尔·罗斯金:《政治科学》,华夏出版社2001年版,第117页。
③ 参见《民间评估政府绩效 社会襄助政府变革》,《南方都市报》2008年10月21日。

一是评价主体独立。主体独立是指评价主体必须独立于被评价的对象之外,两者无隶属和利益关系。评价主体是指直接或间接参与政府绩效评价过程的组织、团体或个人,一般分为内部主体与外部主体。内部主体是指从评价对象的组织管理体系内部产生的评价主体,包括政府部门自身、政府的上级主管部门等;外部主体是指从政府体系外部对政府绩效进行评价的主体,包括社会公众和第三方机构等。第三方作为多元评价主体之一,其独立性具体表现为:(1)组织上独立,第三方机构与政府组织机构不存在隶属层级关系。(2)人员上的独立,非政府人员从事评价工作。(3)经济上独立,第三方机构不与被评价政府机构存在财务利益关系。(4)精神独立,从事评价的工作人员保持超然的精神状态,这是第三方评价的内部要求。精神独立是实质上的独立,组织和人员独立是形式上的独立。(5)独立发表评价结果,并对评价结果承担责任,不受政府部门和其他组织的干预和影响。

二是评价标准独立。标准独立是指第三方评价有独立于体制内的评价标准。本质上,政府绩效评价为比较性评价,谁来制定标准以及制定什么样的标准直接影响评价导向与结果。作为体制内评价,我国古代已经具有比较完备的绩效考评制度,直指官员个体考绩,考评结果服务于官员的任免、升迁、奖惩,考评标准无例外是"考评者标准"。在这种情况下,上级官员的计划与目标成为考评所追求的标准,或者说,体制内所有考评的指向是被考评者正在按上级官员(政府)旨意"做什么",实际上即是内部属性的标杆管理或目标管理,也就无所谓标准的独立性。第三方评价标准并非"政府正在干什么",而是"应该做什么",背后的问题在于谁来制定标准。按照政治学逻辑,公共权力源于公民授权,公共管理行使及公共政策形成必须以多数人为依归。"西方国家政府绩效评价系统中隐含着一个预设的前提:公众满意是政府施政的归宿点,不论是评价绩效的指标层,或者具体指标,均必须以民意作为导向,满足民意需求。"[①]即是说,社会公众是政府绩效评价的

① 郑方辉、雷比璐:《基于公众满意度导向的地方政府绩效评价》,《中国特色社会主义研究》2007 年第 3 期。

标准制定者,有如邓小平所言,群众"拥护不拥护,答应不答应,赞成不赞成,高兴不高兴"是一切工作的终极目标与标准。但我国长期以来自上而下的政绩考评标准大都以 GDP 增长为核心,这样的标准必然偏离市场经济条件下政府的职能定位,亦成为以牺牲环境和浪费资源为代价的所谓粗放经营模式的源头,以至于现在很多情况下,不少地方政府政绩"显赫",但当地百姓却苦不堪言。独立的评价标准是一个综合的评价系统,对政绩进行立体式、全方位审视。"广东试验"按照反映和体现全球化背景下民主政治、法治社会、市场经济、有限有效的现代地方政府的职能实现程度,贯穿党和政府执政为民的终极目的是实现公众满意,将地方政府职能定位为"促进经济发展,维护社会公正,保护生态环境,节约政府成本,实现公众满意"。

三是评价过程独立。评价过程独立是指对政府绩效进行评价的整个过程由第三方独立运作,不受评价对象的干扰。过程的独立性决定结果的独立性,其中涉及几个关键点:一是信息来源与加工的独立性。政府绩效评价是一个信息搜集、筛选、加工、输出、反馈的过程。信息真实、及时是第三方评价的基本前提,因此,保持独立使用信息是体现过程独立的基本标志,有效的途径不仅是慎重采用政府的统计数据,更重要的是开发自身的数据源,化解政府对信息的垄断;二是评价经费独立筹措。整个评价的运行要有独立的经费来源,不能接受被评价者的资助,评价结果亦独立公布;三是开放评价过程。第三方评价要求政府开放获取信息权限的同时,亦将自身的评价置于社会的监督之下,透明操作。总之,要维护评价过程独立,"第一要务是自觉排除被体制招纳,不屈服;其次要培育评价报告的公信力,不媚权。与大众媒体中绝非充裕的公共声音一道,以学术的公共性壮大舆论声势,加强监督政府的社会协作。犹如响应梁启超的呼吁,健全舆论的五本:常识、真诚、直道、公心和节制"①。

四是评价结果独立。评价结果独立是指第三方组织独立发布绩效评价结果,独立于政府系统之外,与政府组织没有隶属关系和利益关系,这种

---

① 社论:《评价政府绩效,民间机构应恪守独立性》,《南方都市报》2009 年 10 月 13 日。

"不相关性"使其评价过程可以避开政府的压力和干预,也不用掩饰政府的错误,从根本上克服了政府内部评价双重角色的矛盾。"广东试验"独立于体制外,评价结果向社会公开。2007年第一份评价报告公布后,中央电视台、法制日报、工人日报、南方日报、羊城晚报、南方都市报等众多国内主流媒体竞相报道,广大网友对评价结果在网络上展开了热烈的讨论和反思,媒体和网络的广泛性、及时性、公开性极大拓展了公民对地方政府年度内的工作实绩的知情权。通过独立发布绩效评价结果,由公众给出政府绩效的成绩单,突破了体制内评价"报喜不报忧"的瓶颈。

(二)针对整体绩效,优化评价路径,体现结果导向

"广东试验"针对整体绩效,立足增量,兼顾存量,形成年度整体绩效指数,与区域竞争力评价形成差别。有别于部门绩效、项目绩效和政策绩效。具体来说,在经济领域促进竞争,在社会领域捍卫公正,在自然领域保护生态环境,进而将政府职能定位于促进经济发展、维护社会公正、保护生态环境、节约运作成本、实现公众满意,有效融合客观指标与主观指标于一体,贯穿了政府执政为民的价值导向。同时,"广东试验"基于公众满意导向,优化评价路径,重组评价指标体系,使独立的第三方评价变得具有操作性。基于体制外的各种约束条件,在获取完整数据相对困难及研究资源有限的情况下,作为层次分析法特例建立评价指标体系,以主观指标与客观指标相结合弥补统计数据不足或失真。尤其是强化针对性、可操作性(满足作为体制外评价的各种约束条件,并经过各种预先检验)、客观性(以被评价的地方政府指标增量值在区域内的相对位置作为标准,确定指标的得分)、可比性(充分考虑不同的历史环境和条件状况下各指标之间的可比性)以及区分度,兼顾指标增量值的特性,在逻辑严密、过程合理、方法科学的情况下,尽量拉开各指标得分的距离,有效识别绩效差异。

(三)指向两级地方政府,定期公开评价结果

"广东试验"覆盖全省所有的市、县两级政府,包括21个地级以上市和

121个县（市、区）。由于历史原因，广东可划为四大区域（珠三角、东翼、西翼、山区地区），其经济基础、文化传统、行政权限、社会结构等方面存在明显差距。"广东试验"研究将异质特征较为明显的被评对象置于统一的评价体系中，评价范围包括21个地级以上市和121个县（市、区）。同时，定期公开评价结果，对全社会负责。每年度通过媒体公布结果，形成"公众参与动力——政府感受压力——产生改进绩效需求"的激励与驱动机制，达成政府提高绩效的目的，与委托评价及体制内评价形成差异。

三、"广东试验"公众参与方式

"广东试验"的本质特征，说到底是民间主导、公众参与，某种意义上可视为中国民主化进程的一项试验。在中国政府绩效评价的历程中，公众参与评价早有探索，如福建省厦门市实施的民主评议行业作风，广东省珠海市、江苏省南京市、辽宁省沈阳市、湖南省湘潭市、河北省邯郸市等地开展的"万人评政府"活动，但这些参与评价仍旧局限于体制内部。"广东试验"中的公民参与体现于以下方面。

（一）评价主体民间主导

一般意义上的公众，是指对特定利益作出反应的一定数量的人群或团体，不仅包括特定的公民个人，还包括相关的团体，政府机构及其他组织。参与评价的公众有广义和狭义之分。广义的公众泛指有兴趣或意愿参与绩效评价的单位、机构、组织和个人，包括政府官员、非政府组织成员、专家学者、媒体和普通公众等。狭义的公众是指非服务于决策（政策、法律、规划、计划、项目建设等）的利益相关者，即除决策的编制/设计、审批，项目的投资、施工、监督等以外，与决策有直接或间接利益关系的单位、机构、组织和个人，兼包括某些非政府组织或非营利性民间组织、专家学者及其他组织和成员。

　　政府绩效评价可以有不同的主体,很多情况下甚至存在多重主体,包括体制内主体与体制外主体的结合,但不论哪种情况,明确评价主体,即明确"由谁来为政府评价的问题"是保证政府绩效评价结果有效性和公信力的基本条件。20世纪90年代以来,在新公共管理的旗帜下,政府绩效评价主体呈现多元化趋势。而评价主体多元化直接影响到地方政府绩效评价的客观性、准确性和权威性的基础。"评价主体多元结构是保证公共部门绩效评价有效性的一个基本原则。"①

　　"广东试验"作为国内首家独立第三方评政府整体绩效的研究,评价主体为大学的科研团队,研究没有委托方,即非现行体制内的纵向项目,也非其他机构或个人委托的横向项目。这种无委托关系决定了评价的超然性,使评价结果更加趋于客观公正。"第三方主体的加入是加强政府绩效评估客观公正性的有效途径,而评估主体的独立性则是保持这种客观公正性的基本前提。"②由于第三方组织独立于政府系统之外,立场超然,与政府组织没有隶属关系和利益关系,这种"不相关性"使其评价最大程度上消除政府的压力和干预,也不用掩饰政府的错误,从根本上克服了政府内部评价双重角色的矛盾。

　　理论上,评价就是一种权力。评价主体居于权力关系的核心位置。在公民与政府关系中,独立第三方评价主体伸张(拓展)了人民评价政府的权力。这一权力从四个方面得以体现。

　　一是知情权。一般认为,公民知情权是指公民获取政府相关信息而不受公权力妨碍与干涉的权利以及向国家机关请求公开有关信息的权利,具体包括公民的立法知情权、行政知情权和司法知情权。对政府知情权为公民知情权的核心内容,但我国"官本位"思想根深蒂固。一方面,政府及其官员往往会从自身的利益出发,以各种理由限制政务公开,妨碍公民获取政府信息,政府对信息的垄断导致信息资源的巨大浪费;另一方面,公民知情权缺乏具体明确的制度保障,由于缺乏获取政府信息的有效途径,公民知情

---

　　① 卓越:《公共部门绩效评估的主体建构》,《中国行政管理》2004年第5期。
　　② 金竹青、王祖康:《中国政府绩效评估主体结构特点及发展建议》,《国家行政学院学报》2007年第6期。

权局限于一种抽象性的权利。"广东试验"独立于体制外,评价结果通过大众媒体直接向社会公开,从而让公众第一时间了解政府的年度成绩单。

二是监督权。尽管宪法明确规定公民对于任何国家机关和国家工作人员,有提出批评和建议的权利,但事实是,行政权位居立法权和司法权之上,后两者对前者的有效制衡有限。孟德斯鸠说过,人对权力的使用是没有界限的,如果不加以限制就会滥用权力。个人如此,政府组织亦如此。因此,对政府行政权加以有效监督和约束是公民的权利与责任。理论与实践证明,监督强调外在的强制性,仅有同体监督(即内部监督)而没有异体监督(即外部监督),就会使监督形同虚设。以独立第三方评政府整体绩效的"广东试验",评价过程就是公众外部监督政府的过程,评价结果为社会公众、社会组织、新闻媒体监督政府,行使监督权提供了可靠依据,彰显了人民当家做主的地位。

三是主导权。体制内的评价是由政府及其隶属部门组织实施,一般自上而下。政府机构及其官员即扮演"运动员"又扮演"裁判员"的角色,"谁来评、评什么、怎么评"全部由政府部门根据自己的利益取向来决定。整个评价过程公民较少参与,评价结果也较少向社会公开。显然,体制内评价的主导权完全掌控在政府手里,这样的后果是"不可避免会放大成绩,或把问题归咎于客观原因,甚至隐瞒实情以逃避责任"[①]。"广东试验"则不然,其评价的主导权在民间,"来自民间、面向民间、服务民间,不是政府的附属机构,其合法运作不受政府的干预"[②],突破了体制内评价"报喜不报忧"的瓶颈。或者说,评价的主导权转移到了坚守民间立场的第三方评价机构手中,由公众给出政府绩效的"成绩单"。

四是选择权。"在资源能够自由流动的条件下,当政府提供的公共产品和服务价格过高或者不能满足其成员需要时,其社会成员就会像私人物

---

① 郑方辉、毕紫薇:《第三方绩效评价与服务型政府建设》,《华南理工大学学报(社会科学版)》2009 年第 4 期。

② 郑方辉、毕紫薇:《第三方绩效评价与服务型政府建设》,《华南理工大学学报(社会科学版)》2009 年第 4 期。

品的消费者挑选私人物品的供给者那样,去挑选适合自己需要的公共产品的供给者——其他政府。当其社会成员有权改选政府时,提供劣质公共产品的政府必然被淘汰,即所谓'用手投票',这是政府更迭的根本原因。当其社会成员无权或未能改选政府时,他们就会选择其他区域的政府,即所谓'用脚投票'。"①"用手投票"和"用脚投票"是公民选择权的直接体现。独立第三方对政府整体绩效的评价结果,是公民对政府意愿的综合反映,不但为公民提供了一个评价官员的载体,亦可视为给公众一项选择政府的权利。

(二)评价过程公众满意度调查

"广东试验"中公众参与的典型特点是公众参与评价过程,公众的态度与意见构成评价的一部分。具体来说,"广东试验"每年在全省进行两万多公众的问卷调查,并召开公众座谈会,最大限度地将公众意志纳入评价体系与结果中。

1."广东试验"指标结构与公众满意度调查内容

基于"反映地方政府职能(转变和定位)、体现公众满意导向、具有可操作性"的理念和思路,"广东试验"提出了涵盖"促进经济发展、维护社会公正、保护生态环境、节约政府成本、实现公众满意"五个领域层的政府整体绩效评价指标体系,这一体系将主观评价与客观评价相结合,并实现两者的互证与互补,有效解决独立第三方评价数据信息缺失及失真的问题,体现结果导向,如图1。

在指标权重方面,借鉴层次分析法,在预研究的基础上,利用专家咨询调查问卷的统计结果,确定了领域层和具体指标的权重系数,其中实现公众满意领域层权重占20%。评价共采用了55项主客观指标(2007年,此后年度中,考虑到具体指标内涵与可操作性等原因,指标数量略有调整)。2012年(针对2011年度),经过检验与优化,采用包括"对当地政府总体表现满

① 郑方辉、毕紫薇:《第三方绩效评价与服务型政府建设》,《华南理工大学学报(社会科学版)》2009年第4期。

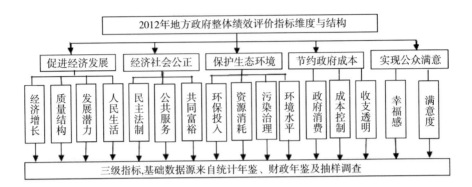

图1 2012年广东省地方政府整体绩效评价指标体系的维度与结构

意度"在内的52项指标,并将公众满意度与幸福感合成幸福指数,在主观评价领域层增加"幸福感"一项,更加体现公民导向。同时,有意识在同一领域内涵层内替换不同指标,以防统计数据可能产生失真。2011年度实现公众满意领域层15项具体指标如下表。

表1 实现公众满意领域层15项具体指标

	具体指标	标识	权重(%)	测量分级
实现公众满意领域层20%	B_1对个人(家庭)收入满意度	X_{44}	1.1	10分制
	B_2对工作就业满意度	X_{45}	1.1	10分制
	B_3对社会治安满意度	X_{46}	1.1	10分制
	B_4对社会(医疗)保障满意度	X_{47}	1.1	10分制
	B_5对自然环境满意度	X_{48}	1.1	10分制
	B_6对政策稳定性满意度	X_{49}	1.1	10分制
	B_7对政府部门服务态度满意度	X_{50}	1.1	10分制
	B_8对政府部门服务效率满意度	X_{51}	1.1	10分制
	B_9对政府人员廉洁满意度	X_{52}	1.1	10分制
	B_{10}对执法公正性满意度	X_{53}	1.1	10分制
	B_{11}对政府环保宣传满意度	X_{54}	1.1	10分制
	B_{12}对政府政务公开满意度	X_{55}	1.1	10分制
	B_{13}对政府监管市场满意度	X_{56}	1.1	10分制
	B_{14}对当地政府总体表现满意度	X_{57}	3.1	10分制
	B_{15}公众幸福感	X_{56}	2.6	10分制

在调查问卷设计方面。理论上,公众对政府的评价,一般涉及政府现象、公众期望、公众感知质量、公众满意、公众抱怨五个方面,而每一个方面又可衍生更具体的内容,考虑到可操作性与针对性,公众满意度调查内容与满意度问卷问题相对应。

调查问卷包括甄别问卷及正式问卷。甄别问卷设计 6 个问题,涉及公众的基本情况,包括性别、户籍、年龄、学历、职业、收入,作为样本偏差检验和控制的依据与交互分析的变量。公众满意度调查本质上是一个定量分析的过程。为方便统计分析,并使态度测量活动变得直接、清晰,正式问卷采用 10 级量表测量,即得分越高代表满意程度越高。另外,问卷内容兼顾与其他客观类指标印证与互补功能。具体说,对应于促进经济发展,设计了对个人(家庭)收入满意度和对工作就业满意度;对应于维护社会公正,设计了社会治安、医疗保障、执法公正性满意度;对应于保护环境,设计了对自然环境满意度。另外,如对政策稳定性、对公务员廉洁、对政府部门服务能力和服务态度满意度以及对当地政府总体表现满意度等则更多考虑对政府本身的直接评价,并且这类问题很难通过官方统计信息取得数据。同时,问卷力求简洁,其结构和内容既强调年度的动态可比性,又兼顾政府当年重要工作计划。

2. 调查实施

(1) 调查区域

调查覆盖广东全省,自省→地市→县(市、区)为普查,即覆盖全省每一个县域,县级单位以下(镇、村)采用抽样调查。以 2012 年调查为例,根据 2011 年人口变动情况抽样调查结果,广东年末常住人口 10505 万人,其中本省籍人口 8637 万人。同时,目前广东省行政区划分为 21 个地级以上市,121 个县(23 个县级市、54 个市辖区、41 个县、3 个自治县);基层设置 1139 个镇、4 个乡、7 个民族乡、434 个街道办事处。这些数据构成满意度调查及抽样方案设计的基础资料。

表2　2011年广东省行政区划及年末人口

地市	常住人口（万人）	户籍人口（万人）	人均GDP（元）	辖县（区、市）	辖乡镇街道数
广州	1275.1	814.58	96643	10区2市	34镇131街道
深圳	1046.7	267.9	110387	6区	57街道
珠海	156.8	106.0	89687	3区	15镇8街道
汕头	541.7	529.4	25958	6区1县	32镇37街道
佛山	723.1	374.8	91202	5区	21镇12街道
韶关	285.0	329.7	28659	3区5县2市	93镇9街道1民族乡
河源	298.2	366.8	19257	1区5县	94镇4街道1民族乡
梅州	426.8	517.6	17226	1区6县1市	104镇6街道
惠州	463.3	343.0	45423	2区3县	50镇16街道1民族乡
汕尾	295.5	347.2	18668	1区2县1市	42镇10街道
东莞	825.5	184.8	57470	直辖镇（街道）	28镇4街道
中山	314.2	150.7	69938	直辖镇（街道）	18镇6街道
江门	446.6	393.7	41063	3区4市	66镇17街道
阳江	244.5	284.6	31766	1区2县1市	39镇11街道
湛江	706.9	792.5	24277	4区2县3市	85镇32街道2乡
茂名	588.3	761.3	30409	2区1县3市	87镇20街道
肇庆	395.1	426.9	33614	2区4县2市	95镇12街道1民族乡
清远	373.8	416.5	34519	1区5县2市	77镇5街道3民族乡
潮州	268.4	262.8	24164	1区2县	41镇9街道
揭阳	591.5	669.3	20819	1区3县1市	63镇18街道2乡
云浮	237.9	282.8	20754	1区3县1市	55镇10街道
全省	10505	8637.2	50295	54区44县23市	1137镇433街道11乡

说明:韶关市5县含1自治县,清远5县含2自治县,全省含7个民族乡。

（2）调查对象与时间

调查对象为18岁以上70岁以下具有合法权益的公民,包括户籍人口和非户籍常住人口。考虑到本项调查的一些具体要求,如被访者应具备一定的涵养(可独立回答问题)或接受过政府部门相关服务,再增加相应的辅助条件(主要针对农民)。最终设定的有效对象是:具有正常判别能力,年龄为 18—70 周岁,具有合法权益的常住人口。

调查时间为每年 2—3 月(如 2012 年调查执行时间为 2012 年 2 月 10 日至 3 月 30 日,针对时段为 2011 年度),考虑到中国人的年度概念,针对时段以春节为限。全省计划样本量 26000—30000 人,要求回收问卷 25000—28000 份,合格率控制在 95% 以上。

(3)抽样与调查方式

在抽样方面,遵循分层多级等概率抽样原则。为避免样本分布不均匀或抽样地区过于集中,保证最低层级样本量的统计意义,每县(区/市)按经济发展程度差异性,各抽取 3—5 个街道,每个街道再抽取 3—5 个点,每个拦截点不超过 20 人。同时,调查按照性别、年龄以及户籍进行现场或电话访问配额,具体要求是:性别控制男女比例为 1∶1,最大误差正负 10%(以县域为单位)。年龄控制分段比例是:16—20 岁占 10%,21—30 岁、31—40 岁、41—50 岁、51—60 岁四个段各占 20%,61—70 岁段占 10%,最大误差正负 20%(以县域为单位)。非户籍人口不少于 20%,农民所占比例不小于 30%(特殊区域除外)。

考虑到问卷简单,并节约成本,采用定点拦截访问,辅助电话访问。一是定点拦截访问。根据调查要求和实际情况,利用学生的网络资源,进行定点随机拦截访问,现场甄别对象,由访问员面对面进行,一般 5—8 分钟可完成单一问卷。二是电话访问。由于城镇居民家庭电话拥有率达 98%,大部分农村超过 80%,加上问卷简洁,可控性强。本项调查以定点拦截访问为主(89%),电话访问辅助。

(4)有效样本量确定

经过多年试验后取得区(县、市)为单位的有效样本量的经验值,即常住人口在 30 万以下的样本量为 100,30—50 万的为 150,51—80 万的为 200,81—100 万的为 250,101—150 万的为 300,151—200 万的为 400,300 万以上的样本量为 500。

表3 2007—2011年广东省公众满意度调查样本情况

调查执行时间 (每年2—3月)	2007年	2008年	2009年	2010年	2011年	2012年
调查针对年份	2006年度	2007年度	2008年度	2009年度	2010年度	2011年度
年末常住人口(万人)	9304	9449	9544	9638	10430	10505
有效样本量(人)	23777	25120	28709	27094	27291	27640
问卷合格率(%)	94.7	92.4	96.2	98.5	97.9	97.0
抽样框	18—70岁的常住人口,覆盖全省121个县域及中山、东莞两地级市					
样本户籍 (%) 本市	72.1	65.8	69.7	62.2	72.7	76.7
本省	17.5	22.7	18.6	22.2	19.7	17.2
外省	10.4	11.4	11.7	15.5	7.6	6.1
样本性别 (%) 男	52.4	50.5	51.4	49.9	49.9	50.9
女	47.6	49.5	48.6	50.1	50.1	49.1
样本年龄 (%) 16—20	10.04	11.0	10.9	10.1	16.7	14.3
21—30	21.92	23.6	21.2	20.0	22.6	23.3
31—40	22.75	23.9	21.2	20.1	21.2	24.2
41—50	20.34	19.4	19.8	20.0	20.5	20.0
51—60	16.76	15.2	18.1	19.9	12.5	11.8
61—70	8.19	6.9	9.0	9.9	6.6	6.4
样本学历 (%) 小学	6.01	11.9	12.6	11.6	10.6	12.2
初中	18.71	28.4	24.9	24.4	21.0	21.8
高中	30.06	30.6	28.3	30.3	31.2	25.6
大专	24.59	14.9	15.1	16.2	15.5	16.3
本科	18.51	12.0	15.6	15.4	19.0	16.7
研究生	2.12	2.2	3.5	2.2	2.5	7.4
样本职业 (%) 外企员工	8.78	3.1	3.1	2.8	2.9	3.9
私企员工	16.53	13.6	15.1	16.5	14.2	15.7
国企员工	10.08	7.3	7.2	7.5	7.5	8.0
科教文卫者	10.82	8.6	8.1	8.0	7.3	8.0
公务员	5.95	5.1	4.0	3.0	3.4	4.8
自由职业者	7.43	9.3	9.2	8.9	8.1	8.4
私营业主	9.76	9.8	10.5	10.0	10.3	9.6
失业下岗	5.58	6.6	6.3	7.2	6.3	7.3
学生	12.29	13.9	16.3	15.0	21.9	13.3
农民	5.8	13.2	11.3	11.4	10.9	12.1
其他	6.99	9.5	8.7	9.8	7.2	8.9

3. 样本结构与数据检验

采用SPSS软件对合格问卷录入统计,针对样本结构,如年龄、性别、收

254

入、职业与当地常住人口总体结构进行对照,检验样本的代表性。以 2012 年为例,统计后的样本结构特征如下:

性别结构。男性占 50%,女性占 50%。依据《广东统计年鉴 2012》,广东全省常住人口中,男性为 5557 万人,女性为 4948 万人,男性占 52.9%,女性占 48.1%,与样本的性别结构较为接近。

年龄结构。根据全省常住人口总体年龄分布设计 6 个年龄段。回收问卷样本年龄分布是:16—20 岁为 10.4%,21—30 岁为 20.1%,31—40 岁为 20.0%,41—50 岁为 20.1%,51—60 岁为 19.7%,61—70 岁为 9.7%,符合配额要求,亦和抽样框年龄结构基本吻合。样本的年龄分布如图 1 所示。

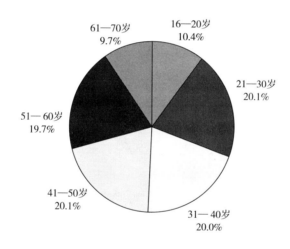

图 2　样本的年龄分布

学历结构。统计结果显示,样本文化程度分布是:小学及以下者占 12.1%,初中者占 21.8%,高中/中专者为 25.6%,大专占 16.3%,本科占 16.7%,研究生占 7.4%。样本的学历分布如图 2 所示。

职业结构。根据国家统计部门的职业分类,划分 10 类职业。统计结果显示,私企员工比例最高,为 15.7%,其次是学生,为 13.3%,农民为 12.1%,私营业主为 9.6%,其他为 8.8%,自由职业者为 8.4%,科教文卫为 8.1%,国企员工为 8.0%,失业/下岗和公务员所占比例较少,分别为 7.2% 和 4.8%,外企员工累计为 3.9%。样本的职业分布如图 3 所示。

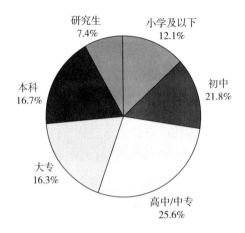

图 3　样本的学历分布

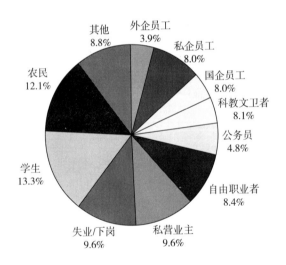

图 4　样本的职业分布

　　家庭总收入。统计结果显示：家庭年收入 2 万—5 万的比例最大，占 29.0%；5 万—10 万元者占 21.7%；2 万元以下者占 19.5%。四个高收入段的样本比例分别是：家庭年收入 10 万—15 万元占 12.9%，15 万—30 万元占 8.2%，30 万—50 万元占 5.2% 以及 50 万以上的比例为 3.4%。样本的家庭总收入分布如图 4 所示。

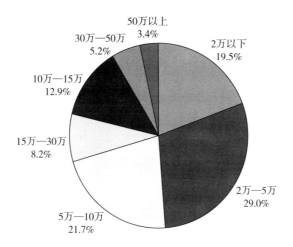

图5 样本的家庭总收入分布

另外,从户籍结构来看,全部样本中,户籍人口占 84.5%,非户籍常住人口占 15.5%。总体上,有效样本结构与广东全省 16—70 岁人口结构比较,除学历偏高外(因城镇居民比例较大),其他指标均基本吻合。样本具有代表性。

(三)评价结果公众知情

"广东试验"独立于体制外,评价结果通过大众媒体第一时间向社会公开,并每年出版评价报告。

以 2012 年为例,大众媒体公开如下公众满意度评价结果。

1. 全省公众满意度

以 10 分制度量,全省平均值为 5.21 分,处于"一般满意"状态,其中满意度得分较高的为中山市(5.78 分),得分较低的是潮州市(4.76 分)。13项指标(不含总体表现满意度评价,下同)得分存在差异,波动区间介于4.79—5.59 之间,即:得分较高的是公众对医疗保障满意度,为 5.59 分;得分较低的是政府廉洁性,为 4.79 分。

全省公众满意度调查结果主要特点为:一是整体评价略高于中位数,但满意度评分仍然偏低(5.21分)。从地区来看,深圳、佛山、珠海、梅州、东莞、广州、中山等市得分领先,超过中位值,说明经济发展与公众对政府绩效满意度存在正相关关系。但与此同时,公众满意度评分绝对值偏低,未达到"满意"的程度。其中:评分为"一般"(对应5—6分,中立态度)的比例为51%,倾向于不满意(不满意和很不满意)的公众比例(21%)略高于倾向于满意(比较满意和很满意)的公众比例(18%)。其中,有7%的公众评价当地政府"很不满意(0—2分)"。图6为全部样本按10分制的满意程度的比例构成。

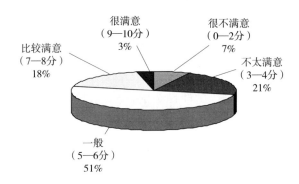

图6　全部样本对政府绩效满意度评分比例构成

　　二是21个地级以上市满意度评分差异较大。一般而言,发达地区满意度较高。大体来说,21地级以上市的满意度得分可为三个层级:中山、深圳、东莞、珠海、广州、东莞等珠三角地区为第一层级,得分在5.23分以上;汕头、韶关、阳江、清远、江门、茂名等地区为第二层级,得分在5.15分以下;其他市得分基本介于4.76—4.95分之间。另外,从总体上看,各市得分差异较大,得分最高的市(中山,5.78)高出得分最低的市(潮州,4.76)1.02分,差距约为六分之一,但比上年明显扩大(0.07)。整体上,珠三角经济发展程度较高的市,公众满意度也高。显然,公众满意度与经济发展程度有关联,但并非绝对的正相关。21地级以上市的满意度得分均值比较如图7所示。

　　三是衡量政府绩效的13项满意度指标内容评价得分差异较大。调查

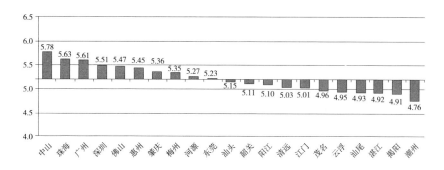

图 7　21 个地级以上市的 13 项指标满意度得分平均值（10 分制）

针对公众涉及与政府绩效相关联的 13 个子问题,大致可分为三组:一组是公众的个人(家庭)生活与工作的状态,如对过去一年收入、就业、医保、生活环境等满意度,这些因素与政府有关,但并不等同;另一组对当地政府形象、行为及服务的主观评价,如政策稳定性、政府服务态度、服务效率、廉洁性和执法公正性;再是市场监管等。13 项指标得分如图 8 所示。

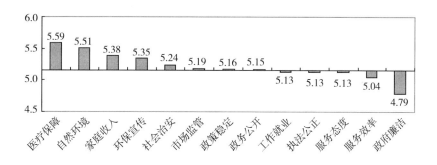

图 8　13 项指标满意度评价得分情况(10 分制)

四、"广东试验"社会效应

(一)媒体反应

对政府造成影响,民众可依赖的,当属舆论最为重要。被誉为"第四权力"的新闻媒体,同样在华工课题组组织的地方政府整体绩效评价实践中扮演着重要的相关者的角色。

2007年11月13日,《新快报》首次独家报道了《广东省市县两级政府整体绩效评价指数年度报告》,引起了社会各界的极大关注。之后,《新快报》又于11月14日、11月15日、11月17日、11月21日、11月26日对《红皮书》展开全方位追踪报道,从各级政府部门回应、网友热议、排名效应等方面着手,使报道更加立体和丰满。应该说,《新快报》对《红皮书》的推介与报道"开了全国之先河","绝对是全国第一家"①。中央及地方媒体对《红皮书》的发表反应热烈,给予肯定,并引向更深入的讨论。此后三年多以来,中央电视台、《法制日报》、《工人日报》、《南方日报》、《羊城晚报》、《南方都市报》、《21世纪经济报道》、人民网、新华网、南方网等中央和地方媒体都先后对《红皮书》进行了报道和宣传,此外,新浪网、大洋网等门户网站也先后以《民间报告排名政府成绩,国内首评县域政府绩效》为题刊载或转载了《红皮书》的部分内容并予以深度报道。② 这些报道和宣传有图表、有数据、有说明、有访谈,兼有课题组答疑及各方专家评说,立即在公众和媒体中引起强烈反响,各地网站或其他媒体纷纷转载或评价,仅在网易上就留下数百条评论。③

《中国商报》以《广东民间报告给政府绩效打分》为题报道了《红皮书》并予以评价:"作为非政府的研究机构,它们评价政府绩效,能够对地方行政起到监测和督促的效果";"《红皮书》在当地的面世引发了媒体以及民众的热议"。并援引课题组负责人的话,"这可以看作是来自基层和民间的一种民主的表达"。④

《南方都市报》以《"政府成绩"放榜,深圳第一》为题对《红皮书》的相

---

① 陈红艳:《〈新快报〉开了全国之先河》,《新快报》2007年11月26日。
② 黄磊:《民间报告排名"政府成绩",国内首评县域政府绩效》,《21世纪经济报道》2007年11月16日。
③ 苏碧青:《"政府成绩单"的幕后新闻》,《新快报》2007年11月26日。
④ 曾静婕:《广东民间报告给政府绩效打分》,《中国商报》2007年11月27日。

关内容予以报道:"作为社会发展的管理和决策者,政府在对社会管理中的成绩和效益如何,已逐渐成为衡量政府是否'合格'的标准。"①"广东对官员正实行新的评价指标和考核体系,而华工版的政府绩效评价体系与此并行不悖。前者作用于内部,是官僚系统的硬杠杠,后者生效于舆论,成为社会观照的软指标。由官员政绩而至于政府绩效,报告所量化的指标显露出行政的动机、行动及成果的社会评价。报告执着于此,自然能产生恒久的推动力。这绝非是对体制内评价的简单补充,它及其凭依的力量是独立奏效的。"②

在《2011年度广东省地方政府整体绩效评价简报》发布后,《南都都市报》的一篇名为《政府绩效排名,动了谁的神经?》的报道针对广东省121个县级政府绩效排名中顺德绩效排名第18位的情况做了更深层次的分析与思考。众所周知,顺德已经进行了几年的大部制改革,其中指向的一个目标就是提高政府绩效。顺德大部制改革被视为"广东样板",有领导说要全省推广。但2011年度总体绩效最高的三个县级政府并不是名声在外的顺德,而是深圳的宝安区、广州的萝岗区、深圳的罗湖区,顺德排在第18位,属于中上水平。"习惯了排名'总在前边'的顺德人,看了这样一个排名,恐怕要有点'触动神经'。"针对这一窘境,引发了民众的思考:顺德的改革,政府真的节约了成本吗?顺德大部制改革目标应该指向何方?顺德的改革,是顺德政府工作的中心还是其中一个基本点?

作为社会晴雨表和政经时闻重要传播机制的社会传媒,对于地方政府整体绩效评价的反应也呈现出一定的传承与发展兼具的特征,其传承性体现在,各大媒体对于每年一度的地方政府整体绩效评价报告保有相当的报道热度甚至出现多家媒体"抢"独家报道权的现象;而其发展性则具体体现在:从简化的事实报道到追踪性深度报道,从台面上的"评价之评价"到挖掘幕后评价历程,从单纯关注排名结果到关注评价技术细节,从一片叫好的

---

① 《"政府成绩"放榜,深圳第一》,《南方都市报》2007年11月14日。
② 《民间评估政府绩效 社会襄助政府变革》,《南方都市报》2008年10月21日。

力捧姿态到质疑与推崇并存的"百家争鸣"等等。之所以会出现上述变化，这显然是源于新闻媒体本身追求新闻时效性和发行量的行业竞争与效益冲动，当然它更是与整个社会舆论环境的大背景息息相关。当然，伴随着社会思想多元化的日益明朗，新闻人对于新闻价值和新闻思想的追求不断攀升，这也在客观上为新闻媒体保持报道评价结果的兴奋点营造了条件。

(二)公众反应

政府绩效考评的生命力在于回归公众本位，即要由公众来充当考评主体，按照科学的考评标准，以民众满意不满意作为衡量的标准，这就需要民主法治的不断健全和完善。政府的权力来自公众的授权，自然要对公众负责，因此公众是考评政府政绩当之无愧的主体。而由独立的第三方来对政府进行绩效考评，其客观性和权威性都会有质的提升，而且，更重要的是，这也是让政府权力和公众权利的关系回归常识的题中之义。上述政治合法性的逻辑，落实到政府绩效评价当中，就体现为公众对于评价的态度和参与以及民意对于评价的支撑了。这不仅是启迪民智的需要，更是培育公民理性，鼓励公众参与公共事务的需要。

"广东试验"中，广大群众不仅通过满意度调查行使着自己的"评价权"，而且也在评价结果出台之后，通过自己的方式作出回应，对"评价"进行"再评价"。对于广东这样一个较早浸润民主与科学思维、社会环境已日渐开化、网络问政业已构筑有效民意表达平台的改革开放滩头阵地，社会公众对于政府行为的监督、对于政府的打分与建言已几成常态。而获得了通过满意度评价来给政府整体绩效打分、进而通过评价结果品评政府，就成为了公众实现自身利益表达的又一新的途径。所以，整体而言，大部分普通公众对华工版的政府绩效评价持有欢迎、赞许乃至悦纳的态度。不仅对于这样一种评价政府的形式感到新鲜，也尝试通过自己的表达来为这种评价的完善献力，同时以此为依据评判自己所在地的政府，以民众之力为政府建言献策。以粤东为例，广大网友对于本地区在排名榜中的次位做了深入分析和热烈讨论。在金羊网和本报QQ报料平台上，不少网友感叹："此现象实在是太耐人寻味了!""群众的眼睛是雪亮的。"汕尾的网友"孔乙己"很赞同上述评价报告。揭阳的网友"萤火虫"一针见血指出:"这正好说明粤东几市浮夸风严重啊!"潮州的网友"平平淡淡"认为:这说明当地官员对民生较少体恤,尤其是对于相当一部分国营、集体工厂下岗职工的一系列问题高高挂起。这如何能给大众带来福祉呢? 广大汕尾公众对此也做出了自己的意见表达:"唉,汕尾不是尾是什么呢?"身为汕尾下辖海丰县人,网友"老七"很无奈地在"海丰人社区"自我解嘲。汕尾市网友"孔乙己"则说:"俗话说得好,群众的眼睛是雪亮的! 汕尾、陆丰这对孪生兄弟生下来淤青就多。""这是意料中的事,心已麻木,不想再多言了。"①以上这些"牢骚式"的感性反馈或多或少体现了公众对于评价的认可以及据此对于本地政府所施加的"民意压力",在一定程度上是对评价的回应和潜在的"声援",其舆论的影响作用不容小觑。

此外,也有不少普通公众用更加理性的眼光来审视评价结果,并作出比较科学客观的分析和建言。例如:每年政府绩效排行榜公布之时,汕尾下辖陆河县人"幽壹"都要写文章点评一番。2006 年度排行榜公布的时候,汕尾倒数第一,"幽壹"曾经写过一篇《汕尾:你将何去何从?》的帖子,稍后被纸质媒体刊出,并受到汕尾各界的热议。2007 年度排行榜推出的时候,汕尾再次倒数第一,"幽壹"又写过一篇《当汕尾脱掉最后的裤衩》的帖子,倾吐内心痛苦和对汕尾的期待。当第三次看到汕尾排名倒数第一,他表示本不想多费口舌,但是"爱之深,责之切,谁叫汕尾是生我养我的家乡呢",最终还是忍不住多言几句。然而此次的"幽壹"内心很沉重,再也没有以前的嬉笑怒骂了。网友"幽壹"开了一个药方:从粤东地区的现实情况来看,加入所谓"海西经济区"是不现实的;自力更生也不太可能。如果要实现大发展,关键还是要融入珠三角,成为珠三角不可或缺的协作伙伴。他进而提出了在"融珠"方面主要存在着的几大问题:一是缺乏大项目的拉动;二是交通、港口等基础设施不完善;三是行政管理水平有限,没有对本地发展进行

---

① 普宁城市网论坛(2009—11—19)。

长远规划,缺乏政策的连续性;四是各类人才奇缺,一方面本地人才流失严重,另一方面又招不到外面的人才,严重制约了发展。①

民众最初对于参与政府绩效评价过程具有巨大热情,而且对于评价结果也进行了不同方式、角度的热评。然而"广东试验"在经过几年的实践中发现,越来越多的民众在深入分析排名背后原因与问题的基础上,更多地表现出与政府进行"沟通对话"的愿望,呼吁政府加强回应与反馈。例如2011年度公布的结果中,顺德仅排第18位,不少群众对此表示不解。而且在构成政府绩效评价的五个领域层中,顺德是以"节约政府成本"超过第一名的宝安区,而"实现公众满意"得分却不如人意,连A类(前20名)都未达到,"促进经济发展"一项更是得分呈现在"倒数排列",只有0.59分。有群众质疑:"顺德大部制改革以后,公务员的人数和官员的职位数没有减少,政府真的节约成本了吗?""顺德有一句口号是要共建共享幸福顺德,但是排名中经济富裕的顺德'实现公众满意'居然连前20名都达不到。到底是因为老百姓从改革发展中没有得到好处?还是老百姓对顺德改革发展仍然缺乏基本的认同?"种种质疑表现出公众对于政府绩效评价参与水平的提高,也显示了民众对参与有效性的怀疑。如果不能保证民众的参与有效性,则势必影响民众对于绩效活动的参与积极性。

(三)弱势人群意见

随着中国社会的转型和发展,社会利益逐步分化,贫富差距逐渐拉大,社会阶层结构不断演化,出现了社会弱势群体。所谓弱势群体,在我国主要是指在社会利益分配格局中处于不利地位的群体,包括农民工、城市下岗职工、失地农民、社会贫困人群及其较早退休的体制内人员等。② 由于社会因素的影响,弱势群体在利益表达的方式和渠道上有限,"广东试验"关注弱势群体意见,在调查问卷样本量和样本结构的设计上,充分考虑家庭总收

---

① 普宁城市网论坛(2009—11—19)。
② 陈建胜:《新闻传媒:弱势群体的利益表达渠道》,《新闻理论》2007年第3期。

入、职业结构等因素。2012年的调查样本中，家庭总收入2万元以下的低收入者占19.5%，农民为12.1%，失业/下岗人员所占比例为7.2%。报告充分比较了弱势人群与整体的差异性。

1. 低收入阶层

由图9可以看出，低收入者群体对政府绩效关联因素满意度明显低于整体水平，尤其反映在个人收入、工作就业满意度两个指标上。具体来说，针对个人收入满意度，低收入者平均值为3.96，低于整体平均值（5.09）达1.13分，这一差异在10项指标中为最大。工作就业满意度指标差异也在0.89分，差异也较大。差异最小的是生态环境满意度指标，低收入者（4.80）低于整体均值（5.20）0.4分。

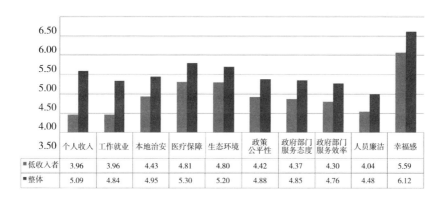

	个人收入	工作就业	本地治安	医疗保障	生态环境	政策公平性	政府部门服务态度	政府部门服务效率	人员廉洁	幸福感
低收入者	3.96	3.96	4.43	4.81	4.80	4.42	4.37	4.30	4.04	5.59
整体	5.09	4.84	4.95	5.30	5.20	4.88	4.85	4.76	4.48	6.12

图9 低收入者对政府绩效关联因素满意度比较

2. 下岗及无业人士

由图10可以看出，下岗人士群体对政府绩效关联因素满意度低于整体水平。具体来说，针对工作就业满意度，下岗人群平均值为3.98，低于整体平均值（4.84）达0.86分，这一差异在10项指标中为最大。个人收入满意度指标差异也在0.76分，差异也较大。其他指标例如本地治安满意度、医疗保障满意度等与整体差异不大，差异最小的是生态环境满意度、公务人员廉洁满意度两项指标。显然，下岗人群的关注点更集中在工作就业和个人收入上。

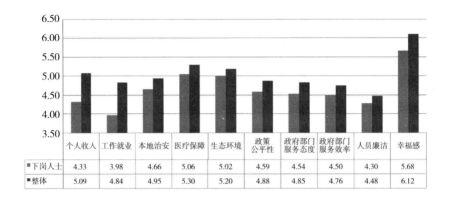

	个人收入	工作就业	本地治安	医疗保障	生态环境	政策公平性	政府部门服务态度	政府部门服务效率	人员廉洁	幸福感
下岗人士	4.33	3.98	4.66	5.06	5.02	4.59	4.54	4.50	4.30	5.68
整体	5.09	4.84	4.95	5.30	5.20	4.88	4.85	4.76	4.48	6.12

图 10　下岗人士对政府绩效关联因素满意度比较

3. 农民

农民是重要的群体。尽管由于调查实施上的原因,农民样本量比例不高,但由下图可以看出,农民对政府绩效关联因素满意度低于整体水平,差异明显反映在个人收入、工作就业满意度两个指标上。具体来说,个人收入满意度、工作就业满意度两项指标,农民平均值低于整体平均值 0.53 分,这一差异在 10 项指标中为最大。其他指标例如本地治安满意度、生态环境满意度等与整体差异不大,差异最小的是医疗保障满意度指标,农民群体平均值(5.22)仅低于整体均值(5.30)0.08 分。相对于在整体中公务人员廉洁满意度得分最低这一情况,农民群体的关注点也更集中在个人收入和工作就业上。

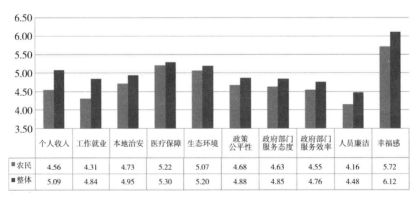

	个人收入	工作就业	本地治安	医疗保障	生态环境	政策公平性	政府部门服务态度	政府部门服务效率	人员廉洁	幸福感
农民	4.56	4.31	4.73	5.22	5.07	4.68	4.63	4.55	4.16	5.72
整体	5.09	4.84	4.95	5.30	5.20	4.88	4.85	4.76	4.48	6.12

图 11　农民对政府绩效关联因素满意度比较

（四）政府绩效改变

"广东试验"利用广东改革排头兵的优势,继承与发展了基于满意度导向,通过评价,形成了公众(动力)——政府(压力)——政府内部(需求)绩效评价的传导机制,并由于完全独立操作,基于现代地方政府职能定位设计评价体系,强化"政府产出"的结果及公众满意度导向,形成地方政府整体绩效指数,公开指数结果及每年进行评价活动等等,无疑开了独立第三方评价地方政府整体绩效的先河。例如,潮汕地区(即粤东,辖 4 个地级市)为被评价的对象,亦为著名学者陈平原的家乡,他尴尬地说,潮州话里形容今天的潮州是"省尾国角",意思是"广东省的尾巴,国家的角落"。众所周知,潮汕创业文化闻名海内外,商业人才遍布全球,基础及地理位置亦十分优越,20 世纪 80 年代改革开放更是如火如荼,但如今社会经济发展及政府绩效指数甚至每一项结构指数均位居全省之末。问题当然不"那么简单",但有一点十分清晰:在所谓"不适应被淘汰,适应了即变质"的"官场"环境下,多少年来依靠自上而下的体制内监督变得苍白无力。"广东试验"在此背景下产生了效应。事实上,报告公开后,地方政府非常注重自己的排名,排名在前的市县,通过各种媒体,迅速对自己的成绩予以强势宣传,而那些成绩不理想或者与自己预期不符的市县则保持低调。但不管哪种情况,评价对地方政府触动极大,对评价结果甚为关注。

我国地方政府体制具有高度的封闭性和单向性,经验表明,依靠自上而下的体制内监督来提升政府绩效和公众信心的作用相当有限。"广东试验"有效识别不同对象的绩效差异,评价结果将驱使被评价政府对照不足,改进和提升绩效,体现评价意义。一旦"公布研究成果,地方政府就能够对照不足加以改进"。现实的情况充分证明这一点。

五、"广东试验"公民参与障碍与完善

政府整体绩效评价是一项复杂的社会活动,涉及多重利益主体,需要投

入巨大的资源。独立第三方评价活动持续与否备受社会关注,或者说,民间评政府绩效的动力来自何方? 作为独立第三方评价,"广东试验"不受"领导人的态度与职位的影响",但面对的问题依旧存在,公民参与仍需完善。

首先,对于第三方评价的主导者来说,一是来自被评对象(政府)的压力。针对地方政府整体绩效的评价结果反映了年度政府政绩,一定程度上被视为行政首长的"成绩单"。政府整体绩效评价排名必然有先有后,一旦排名垫底或大幅度降低必然引起社会各界的议论与追问甚至是上级政府的问责。进而,被评对象(政府)将通过各种方式给评价主体施压来影响。二是地方政府绩效管理中公民参与过程很大程度上是一个信息收集、加工和处理的过程,如何获取政府部门绩效管理的真实信息及如何加工处理这种信息并作出判断是第三方有效评价地方政府绩效的生命线。但整个评价举动依旧被拒斥在体制之外,主要资料信息源自真伪混杂的各类年鉴,即或是由评价者主导的调查亦受到许多限制,被评价的对象从未放开过第三方评价者的权限。三是评价活动需要投入巨大的资源,公众满意度调查仍然采取问卷调查等传统方式,调查代价不菲。在当前的社会条件下,距离利用网络信息技术的发展来降低公民参与成本、拓宽公民参与渠道这一目标仍有很大差距。正因为如此,独立第三方评价政府整体绩效的动力机制尤为重要。

广东基本具备由第三方评价地方政府整体绩效的条件。广东是改革开放的先行者,经济发达,民间力量在经济发展与社会发展的作用举足轻重;广东比邻港澳,乃近代民主革命的发源地,也是新思想和新观念策源地,改革开放以来,公民意识增强,以民主的方式调整各种利益关系已为常态;广东传媒竞争激烈,以媒体为载体的公民社会初露端倪,并与政府构建了良好互动关系。从省委书记的公开宣扬"善待媒体、善用媒体",到人大代表的"质询"、"约见"甚至提议"罢免"政府官员,都反映了广东已具有良好的民主氛围,尤其是近些年来,广东初步建立运转良好的问政与回应机制,评价政府的社会条件基本成熟。"在政府自己评估、自己发布的途径之外,来自民间独立、系统的评估视角的建立,对建立社会主义民主政治是有力和有效的促动,而政府似也在承认这种民间评价的价值,应该说这是一种可喜的互动,表明的是政治上的进步和成熟。"①

尽管如此,独立第三方评价政府整体绩效的动力还是源自民间。历史经验表明,社会变革的动力在于民间,社会襄助政府变革的可行性不可低估。独立的第三方评价虽在信息的全面搜集方面或许有闪失,"但民间评价所需的独立性因此保全,而独立性恰恰是这一评估计划的生命力所在"②。或者说,"民间对政府的看法能否带来实际变化,其希望并不在于民间的评估体系能否进入体制内部,或代替主流评价标准,而在于坐实民间机构的本分,坚守民间的价值立场。"③唯有保全评价的民间性,才能维护评价的独立性。因此,从发展的趋势看,"广东试验""第一要务是自觉排除被体制招纳,不屈服;其次要培育评价报告的公信力,不媚权。与大众媒体中绝非充裕的公共声音一道,以学术的公共性壮大舆论声势,加强监督政府的社会协作。犹如响应梁启超的呼吁,健全舆论的五本:常识、真诚、直道、公心和节制。"④

其次,对于第三方评价的参与者来说,也面临着一些问题。一是公民参与没有制度化的设计与规划,参与途径没有可持续的保障。公众参与也是需要动力驱动的,这个动力既可以是内在动力,也可以是外在动力。但外在动力很难具有持久性,一旦外力去除,参与即有可能停止,而内在动力则具有可持续性。公众参与的动力需要一定的参与条件做保证,同时又与参与效果正相关,即如果没有条件实施参与行为或参与没有什么实际效果,公众就会逐渐失去参与的动力。⑤ 在政府与公民社会相分离的传统社会格局下,运用协同治理的手段来改变传统社会格局,搭建起双方之间的桥梁,构建起新型的社会格局。协同治理实现的关键就在于"桥梁"的坚固程度,是

---

① 唐昊:《红皮书是有益的社会评价体系》,《羊城晚报》2007年11月14日。
② 《评价政府绩效,民间机构应恪守独立性》,《南方都市报》2009年10月13日。
③ 同上。
④ 同上。
⑤ 蔡定剑:《公众参与:风险社会的制度建设》,法律出版社2009年版,第157页。

否有完善的法律制度也就成为协同治理实现的基石。因此,在现有的政治和社会环境下,在上位法既定的情况下,广东可以进一步明确政府的监管职能,为公民参与提供协同治理的框架,明确公民和相关组织的法律地位,确保他们所提供的非制度性参与途径的合法性,强化政府与社会组织之间的沟通桥梁,加大协同治理的力度,为"广东实验"提供健全的法律保障。

二是公众满意度测量存在条件,民意调查所推进的民意表达功能的实现程度有限,弱势群体的利益表达存在困境。一方面,现阶段中国民意调查的社会环境不成熟,在西方,选举市场某种程度上等同于政府整体绩效评价,我国的社会性质决定不能采用西方式的民主投票。另一方面,中国民意调查的技术条件不成熟。包括:公众的政治参与意识不强,热情不高;政府所具有的等级性、权威性和垄断性使得公众对于政府望而生畏;信息的匮乏、不对称和公众认知的偏好较为感性化;政府政务公开程度不够;抽样调查技术本土化开发与应用不足;调查所匹配的制度条件尚未建立起来,参与途径设计单一,等等。或者说,公民社会的发展还不成熟,尚未孕育出直接评价政府整体绩效的社会土壤。这样,以主客观指标于一体的政府整体绩效评价指标体系才可有效地承载起这种民意表达过程与结果的功能,融合主、客观指标的政府整体绩效评价的指标体系不仅强化了操作上的可行性,评价结果亦更加趋近公众的真实意愿,或者说,评价结果比公众单一满意度评价更加理性。但从根本上说,这种技术结构与系统不改变隐含的预设前提:公众满意是政府施政的归宿点,不论是评价绩效的指标层,或者具体指标,均必须以民意作为导向,满足民意需求。"广东试验"在分析方法与工具方面,通过规范的抽样、调查,所有数据都录入 SPSS 分析软件,进行频数、比例等描述统计与相关分析和回归分析,力图在描述各地政府绩效信息方面做到以事实服人。

最后,"广东试验"开启了一条评价政府的群众路线,体现了公众自下而上对政府进行监督的期待,从而能够多角度、广范围和持续性地开展针对政府绩效的评价,使社会有一种多元化的声音。这种由第三方组织的评价使政府绩效评价由内部走向外部,从操作层面体现了公民的意识,为公民参政议政找到了一个切入点,有利于促进公民与政府的互动,增强政府政治民主性。"广东试验"坚持公众参与的过程、结果公开,充分体现绩效评价的独立性与客观性,在一定程度上可以激发公众参与的积极性。但从评价机制运行的长远考虑,对于每年公布的评价结果需要设计明确的、有效的回应机制。使政府能够在广大民众对于评价结果的评价上予以回应,解答民众的困惑与疑虑,从而弥补由于信息不对称等原因造成的公众获取基础信息能力的限制。如果民众的质疑长时间得不到有效回应,民众参与的挫败感将会严重影响民众对政府的信任,而公众参与也难免会面对流于形式的尴尬局面。

综合考评：
杭州市政府绩效评估中的公民参与

胡税根　翁列恩　陈雪梅

　　地方政府一直被认为是民主政治训练的场所、公民道德和意识培养的基地，也是切合公民需要的公共服务和产品的提供者，是中央政府集权倾向的制衡者。① 随着政府绩效评估在我国各级政府的开展，我国政府绩效评估开始逐渐向科学化、制度化、规范化的方向发展，尤其在一些地方政府，对于改善公共服务和提升政府绩效有着更为深层次的认识，进而产生了地方政府绩效评估的创新方法。如注重政府绩效评估的心理因素及其作用机制、强调地方政府绩效评估的规范化、对特定政府管理项目进行绩效评估等。这些创新的政府绩效评估方法不仅提高了我国地方政府的绩效和服务水平，同时也对完善政府绩效评估研究起到了一定的作用。杭州市公民参与政府绩效评估模式正是地方政府创新与实践的一种尝试。

---

　　① ［美］罗纳德·J.奥克森：《治理地方公共经济》，万鹏飞译，北京大学出版社 2005 年版，第1—7页。

一、杭州市政府绩效评估的发展与演进

改革开放以来，为建立"办事高效，运转协调，行为规范的行政管理体系"，我国进行了行政管理体制的持续改革。在变革观念、转变职能、调整组织结构、改革行为方式的同时，借鉴和引进国际流行的新的管理机制、管理技术和工具，努力提高政府的效能。在西方国家政府绩效评估理论与实践的影响下，自20世纪90年代以来，中国政府对绩效评估日益关注，并以多种多样的方式来推行这一实践，中国各级地方政府更是对这一领域进行了探索实践，走出了一条具有中国地方特色的政府绩效评估道路。

(一)杭州市政府绩效评估的导入阶段

杭州市政府绩效评估的导入阶段即杭州市机关目标管理工作的发展阶段。杭州市市级机关实行目标管理工作从1992年开始，至今已有22年。回顾机关目标管理工作的发展历程，大致可以分为三个阶段。

1.起步阶段(1992—1997年)。1992年，邓小平同志南方谈话后，由于机关干部工资福利较低，部分机关干部"下海"经商办企业，给机关干部队伍的稳定带来了一定的影响。为了把推进机关工作与调动机关工作人员积极性有效地结合起来，杭州市在市级机关范围内开始推行目标管理责任制。具体的方法是：每年年底或次年年初，市级机关按系统召开各单位负责人会议，由参会人员将本单位一年的工作情况在会上进行介绍，参会人员根据介绍的情况进行投票，选出先进单位。考核结束后，对先进单位进行表彰，给所有参评单位发放目标责任制考核奖。当时，对于先进单位的表彰，主要以精神鼓励为主，先进荣誉未同物质奖励挂钩，各单位在目标考核奖金额度上未拉开差距。

2.发展阶段(1998—2003年)。以前的考核办法存在的目标完成情况与奖罚不够紧密、激励作用不足、考核流于形式、考核目标设置不够科学等问题日益暴露。为进一步完善考核办法,有效发挥目标考核的激励作用,1998 年提出了具有杭州特点的目标管理考核办法,并下发《关于进一步完善市级机关目标管理责任制工作的通知》(市委办[1998]57 号)。这一考核办法主要在以下三个方面作了重大调整:一是对考核内容作了调整,对每个市直单位设置职能目标和共性目标两部分;二是对考核的方法作了调整,取消了系统投票的考核方式,改为由市目标办联合系统牵头单位,采取平时考核和年终考核相结合,按项评估、以项计分、综合平衡的百分制考核方法;三是把考核结果与奖惩挂钩,适当拉开奖金的额度。由此,杭州市的目标管理工作步入了基本成型的阶段。

(二)杭州市政府绩效评估的发展阶段

杭州市政府绩效评估的发展阶段即社会评价机制的创立阶段(2000—2004 年),这个阶段开展了基于公民满意导向的评选活动。从 2000 年杭州市在全国率先开展“满意单位不满意单位评选”活动开始,以公民为导向的杭州综合考评政府绩效评估已经持续长达 13 年。

从 2000 年开始,每年年底杭州市都要请市民为政府机关打分、提意见,参与对政府机关的绩效考评。满意评选活动主要对市直各单位的全局观念、服务宗旨、服务质量、办事效率、勤政廉洁、工作业绩这六个方面进行评价。2001 年,评选活动延伸到杭州市各区县的直属机关;2002 年,杭州市通过公民参与,率先在全国开始民意调查,整理出现代城市管理的七难问题。2004 年,评选办法进一步修改。2003 年之前,评不满意单位是采用“淘汰制”,即排名处于最后两位的单位是不满意单位;2004 年起,“淘汰制”和“达标制”相结合,这样只要达到“达标线”,即使排名最后也不会成为“不满意单位”。

这一时期,杭州市政府绩效管理针对实际情况,满意评选活动和市直单位目标责任制考核双轨并行,在满意评选活动上采取了一系列创新手段:一是扩大范围。参评单位从 2000 年的 54 个逐步扩大到 2004 年的 95 个,投票层面也从最初的 4 个层面扩大到 9 个层面,评价主体更具代表性、全面性。二是合理分类。评选单位从原来分为"党群及其他部门"和"政府部门及审判、检察机关"两类,逐渐细分为"社会服务相对较多的政府部门"、"社会服务相对较少的政府部门"和"党群及其他部门"三类。三是增设系数。对三类参评单位实行差别权重,社会服务相对较多的政府部门设置了1.05的难度系数,社会服务相对较少的政府部门设置了1.01的难度系数,党群及其他部门为1.00。四是两制并用。在坚持"淘汰制"的同时,设置一条达标线,将单纯的"淘汰制"逐渐完善为"淘汰制+达标制"。五是适度结合。把年度目标责任制考核、"96666"投诉电话和"12345"公开电话投诉查处情况纳入评选指标体系,作为满意评选结果的计分依据,从而把对市直单位工作业绩的考核逐步融入评选活动。满意评选工作启动,引导政府部门更多地关注百姓的声音,赋予社会公众参与社会管理的话语权,改变了目标责任制考核这种单一的组织内部考核方式,建立了良好的政府与公民之间交流互动平台,逐步形成了公民导向的考评机制。

(三)杭州市政府绩效评估的深化阶段

1. 综合考评机制建立阶段(2005—2006 年)

杭州市政府绩效评估的深化阶段即公民导向的综合考评机制建立阶段(2005—2006 年)和持续创新阶段(2007 年至今)。

为了整合各类考评资源,准确、全面地反映和评价市直各单位工作实绩,探索建立符合科学发展观要求的考核评价体系,2005 年下半年,杭州市委、市政府成立专门课题组,经过反复调研论证,决定将目标考核、满意评选(社会评价)进一步结合,同时增设领导考评,对市直单位实行综合考核评价,正式采用了综合考评这一名称。综合考核评价办法的总体框架由社会评价、目标考核和领导考评三个部分组成,形成了三位一体的综合考评体系。通过对市直单位进行全方位、多层次、立体式的评价,进一步提升了综合考评的公信度。2006 年 8 月,为进一步理顺体制,加强综合考评的基础工作和日常管理,杭州市委对综合考评体制进行了深入研究,决定在整合市级机关目标管理、满意单位不满意单位评选和机关效能建设等职能的基础上,组建正局级的杭州市综合考评委员会办公室,作为杭州市综合考评委员会的常设办事机构。

2005年以来,根据市委、市政府领导关于进一步深化完善目标管理工作要求,杭州市机关目标管理工作在目标设置、考核办法等方面进行了新的探索:一是按照"突出重点、分类管理"的要求,对目标设置进行了调整,将工作目标分为三类,并把"满意不满意"评选活动中征集到的群众意见的整改工作纳入了目标考核的内容。二是按照"干在实处、走在前列"的要求,2006年在目标设置中增设了创新、创优工作目标。三是研究目标考核与群众评议相结合的办法。

2. 综合考评机制持续创新阶段(2007年至今)

2007年,杭州市考评办在市直单位工作目标的制定、督察、考核过程中,专门把社会评价意见的整改工作纳入目标管理,强化"评判——整改——再评判——再整改"工作机制。2008年,杭州市考评办开始组织实施对区、县(市)的综合考评,并向社会公开发布年度社会评价意见报告,成为杭州市社情民意的"白皮书",同时建立目标动态信息发布制度,并对区、县(市)实施综合考评。2011年6月,中央纪委监察部确立杭州为政府绩效管理试点城市。2012年8月,杭州市考评办增挂杭州市绩效管理委员会办公室牌子,负责全市绩效管理的日常工作,扩大考评范围,将承担公共服务职能的企事业单位纳入综合考评。

自2007年以来,杭州市考评办不断深化社会评价,将外来务工人员纳入社会评价层面,扩大公民有序政治参与;完善"评判——整改——反馈"工作机制,每年向社会公开发布年度社会评价意见报告,公示重点整改目标,将社会评价意见整改情况纳入目标考核,并进行专项满意度测评。改进目标管理,将考核目标适度指标化,设置关键指标和常规指标,使目标考核向精细化管理方向发展;突出考核目标的战略性,将市委、市政府确定的中长期发展战略和重大决策部署分解到相关部门当年的工作任务,建立重大项目的追溯考核机制;对考核指标属性化,将指标分为约束性和预期性,实行分类考核;建立年度目标绩效改进工作机制,促进目标管理由任务型目标责任制考核向功能型绩效管理转变。

二、杭州市政府绩效评估中公民参与的制度安排

杭州市公民参与政府绩效评估模式实质是市直单位和区县(市)的综合考评模式,考核的重点对象是政府组织绩效和部门绩效,以完成政府工作任务和改进机关作风为主要导向,通过设置分类指标来加强对个人绩效的管理,以促进政府绩效和服务质量的全面提升。

(一)框架结构和考评指标

1. 市直单位综合考评体系

综合考评由目标考核、领导考评、社会评价和创新创优四个部分组成。目标考核占45分,领导考评占5分,社会评价占50分,总分为100分,创新创优是综合考评加分项目,分值设定3分。

(1)目标考核的内容主要是考核市级机关单位职能工作目标和共性工作目标的完成情况。其中,职能工作目标是市委、市政府的年度重点工作,部门职责范围内的重点任务、专项工作目标等,分为一类、二类、三类目标和创新创优目标;共性工作目标主要涉及各单位的共性工作,分为领导班子建设、党风廉政建设、机关文明和效能建设三类。

(2)领导考评的内容是市直单位职能工作目标和市委、市政府交办任务的完成情况。由市四套班子领导和法、检两长对市直单位的总体工作实绩作出综合考评。

(3)社会评价的主要内容是综合考评单位的"服务态度和工作效率,办事公正和廉洁自律,工作实效和社会影响"(见表1)。

(4)创新创优是由市直各单位自愿申报,市考评办组织核验,并通过第三方,实行专家绩效评估。

表1　杭州市市直单位综合考核评价内容及分值设置

总体指标	分项指标		考核或评价指标内容	组织单位	分值
目标考核	绩效指标	关键指标	市委、市政府确定的涉及本部门的相关国民经济和社会发展定量指标	市考评办	45分
		职能指标	市直单位法定职责履行情况相关绩效指标		
		通用指标	适用于市直各单位的部分综合性绩效指标,包括依法行政指标、电子政务指标、行政效率指标等		
	工作目标	重点工作目标	市委、市政府确定的年度重点工作任务		
			市政府为民办实事项目		
			市委、市政府中长期战略目标和重大决策分解到当年的相关工作任务		
		专项协作目标	由有关部门牵头、多部门协作配合的,事关全市、有明确年度目标任务、适于量化考核的阶段性重点工作,有若干专项组成	专项牵头单位	
		诉求回应目标	信访和"12345"、社会评价意见整改、效能投诉处理、公共服务窗口评价、建议提案办理	市信访局、市考评办、市监察局、市政府办公厅、市人大提案委、市政协监察委、市委组织部	
		自身建设目标	领导班子建设、党风廉政建设、财政绩效评估、机构编制评估	市委组织部、市纪委(监察局)、市考评办、市财政局、市编办	
		绩效管理工作	包括目标制定、督察工作和追溯考核等内容	市考评办、市委、市政府督察室	
领导考评	总体工作实绩		主要考评各单位工作目标和市委、市政府交办任务的完成情况	市考评办	5分

续表

总体指标	分项指标	考核或评价指标内容	组织单位	分值
社会评价	服务态度和工作效率	单位服务态度与质量,办事效率等情况	市考评办	50分
	办事公正和廉洁自律	主要评价各单位办事的公正与公平,廉洁守法等情况		
	工作实效和社会影响	主要评价各单位工作的业绩与效果,社会反响情况		
创新创优	创新目标	在全国、全省率先推行的具有创造性、改革性的工作理念、体制机制、方法手段等以及由此取得的成果	市考评办	(加分项目)3分
	创优目标(包括提升服务质量项目)	在全国、全省范围内取得一流业绩,并获得国家或省委、省政府综合性表彰奖励的成果;在增强履职能力、提高服务质量和绩效水平上取得的成果		
	克难攻坚目标	针对长期困扰、社会公众反映多年难以解决的突出问题和深层次矛盾,以及应对当前形势下的新情况新问题推行的有效对策和办法,实现转危为机、跨越发展的新成果		
合计				103分

资料来源:杭州考评网 http://kpb.hz.gov.cn/showpage.aspx? id=361。

2. 区、县(市)综合考评体系

从2008年度开始,对各区、县(市)实行综合考核评价是杭州市政府绩效评估的一大新发展。区、县(市)综合考评是对杭州市所辖的13个区、县(市)实行的综合性考核评价。综合考评由目标考核、领导考评、社会评价和特色创新四个部分组成。

(1)目标考核的内容包括发展指标和工作目标两部分,分别占30%和35%权重。发展指标按经济建设、社会管理和公共服务、发展潜力三大类设置了34项指标;工作目标着重考核市委、市政府确定的年度重点工作任务、地区年度重大工作目标完成情况,以及领导班子、党风廉政建设、社会评价意见整改等情况。

(2)领导考评占综合考评的5%权重,是由市四套领导班子成员和市法、检两长对区、县(市)领导班子的领导力、执行力、协作力、创新力和总体工作业绩进行综合评定。

(3)社会评价占综合考评的30%权重,主要由当地五个层面的代表对区、县(市)党委政府经济建设、社会管理、公共服务、依法行政和自身建设等方面的工作业绩和社会效果进行满意度测评。

(4)特色创新是由各地自愿申报,实行专家绩效评估,作为考评加分项目,分值设定为5分。

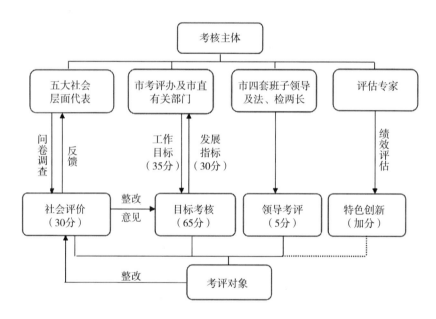

图1 杭州市区、县(市)综合考核评价内容体系

(二)考评对象

市直单位考核评价的范围和对象为市直机关各部、委、办、局及市直有关单位,区、县(市)综合考核的对象是上城区、下城区、江干区、拱墅区、西湖区、滨江区、萧山区、余杭区、桐庐县、淳安县、建德市、富阳市、临安市。根据单位的性质和职责,分为两类,将既便于社会评价又列入目标考核的单位列为综合考评单位,实行目标考核、领导考评和社会评价相结合,并进一步细分为社会服务相对较多的政府部门、社会服务相对较少的政府部门及其他单位和党群部门三类。将不便于社会评价的单位列为非综合考评单位,实行目标考核和领导考评相结合。

(三)考评方法和程序

综合考评采用"考评结合、同步进行、综合评定"的方法。

1. 社会评价

沿用原有满意单位不满意单位的评选办法,由满意办组织九个投票层面对综合考评单位进行社会评价,并从增强可比性、防止策略投票行为等方面对方法作适当修改。

一是对评选系数进行调整。将社会服务相对较少的政府部门及其他单位的评选系数由 1.00 调整为 1.01。

二是对量表分值进行调整。将"满意、比较满意、基本满意、不太满意、不满意"的分值从"100、75、50、25、0"调整为"100、80、60、30、0"。

三是对评价主体抽样方法进行调整。采取两次抽样的方式,从原来"先投票、后抽样",调整为"先抽样、后投票、再抽样",抽样的比例均为80%(第一次抽样除企业、市民外)。

2. 目标考核

目标考核以平时考核为基础,以年终目标任务的完成情况为主要依据,结合社会评价中社会各界反映的意见和建议,采取按项评估、以项计分的考核方法,由市目标办会同有关部门组织实施。经市级机关各单位自评、系统初评、目标办审核、反馈公示后确定。

3. 领导考评

领导考评采用 5 分制标准组评分法。根据评分的不同标准,设置设为

"1—5分"五个档次,同时设置"不了解",对"不了解"赋3分;对部分单位不作评价视同"不了解",赋3分;出现对全部单位都不作评价,作为废票,不计入统计结果(评分标准具体见表2)。

表2 五分制打分标准表

分 值	评分标准
5分	能出色完成各项工作和市委、市政府交办任务,创新创优成绩突出,社会效果好。
4分	能较好地完成各项工作和市委、市政府交办任务,社会效果较好。
3分	能完成各项工作目标和市委、市政府交办任务,社会效果一般。
2分	没有如期完成部分工作目标和市委、市政府交办任务。
1分	没能完成工作目标和市委、市政府交办任务,影响全局工作。

(四)等次确定

根据社会评价、目标考核和领导考评的结果确定综合考评单位的等次,按综合考评得分高低进行排序,确定为优胜单位(满意单位)、先进单位、达标单位、未达标单位、未达标末位单位(不满意单位)。其中,优胜单位(满意单位)占15%,先进单位占20%。根据目标考核和领导考评的结果确定非综合考评单位的等次,根据各单位考核得分高低进行排序,确定为成绩显著单位、工作先进单位、合格单位、不合格单位4个等次。其中,成绩显著单位和工作先进单位的比例各占15%左右。

(五)奖惩办法

综合考评确定为优胜单位(满意单位)、先进单位,非综合考评确定为成绩显著单位、工作先进单位的,予以通报表彰并给予适当的物质奖励。对综合考评未达标单位的工作人员,按不同职务的系数扣发当年年终奖。对综合考评未达标末位单位(不满意单位)和非综合考评不合格单位,予以通报,并扣发其工作人员当年年终奖。连续3年未达标或不合格的,依照有关规定和干部管理权限,对其领导班子进行调整。

三、杭州市政府绩效评估中公民
参与的运作及其效果

2000 年,杭州市委、市政府为优化发展环境,根治市直机关四难综合症(门难进、脸难看、话难听、事难办),切实转变机关作风,在国内率先开展了"满意单位不满意单位"评选活动。2002 年,杭州市根据社会评价意见反映集中的困难群众生产生活难、看病难、上学难、住房难、行路停车难、清洁保洁难、办事难等七个问题,在全国较早开展了以改善民生为重点的破七难工作。2005 年,为进一步深化"满意单位不满意单位"评选活动,全面、准确地反映和评价市直各单位工作实际,探索建立符合科学发展观要求的考核评价体系,市委、市政府决定,将"满意单位不满意单位"评选与目标考核相结合,增加领导考评,对市直单位实行三位一体的综合考评,并将"满意不满意单位"评选改用社会评价这一名称。社会评价是杭州市综合考评的重要组成部分,社会评价意见来自社会的方方面面,充分体现了综合考评的群众导向,进一步畅通了民情民意渠道,扩大了公民有序政治参与,促进了民生问题的有效破解,是以民主促民生的生动实践。

(一)社会评价的公民选择

从 2000 年 10 月开始,杭州市首次"满意评选"活动在市级 54 个单位全面展开,活动的评价主体包括四大层面:一是市党代会代表、市人大代表和市政协委员层面;二是企业层面;三是市民层面;四是市直机关互评。2002 年度对部分投票层面进行了调整,增加社区、乡镇、街道层面,参评人数大幅度增加,特别是市民所占的权重增加明显,从 10% 提高到 20%。2003 年度的评选活动较前 3 次又有了较大的改进,在投票层面上,取消了市直机关互评,增加了区、县(市)的部委办这一层面;在统计和计算方法上采用了差别权重,根据参评单位的分类,分别设置各投票层面权重,对各投票层面采用随机抽样统计,根据参加评选单位的分类,设置不同的评选系数。2007年度的评选活动,在扩大公民有序政治参与、促进意见整改落实、改进工作方式、提高工作质量方面作了新的探索和尝试:将外来务工人员纳入社会评价投票层面,并试行网上评议。2011年度的评选活动在保持九大层面代表结构不变的前提下,新增加了行业协会负责人、民办非企业单位负责人两个子层面,与原来社区党组织和居委会负责人层面合并调整为社会组织代表层面。

目前评选活动的评价主体主要为九大层面,分别为:市党代表层面;市人大代表层面;市政协委员层面;区、县(市)领导代表层面;区、县(市)机关代表层面——包括部、委、办、局负责人和 街道(乡镇)党政(包括人大)负责人;社会组织代表层面——社区居委会负责人、行业协会负责人、民办非企业单位负责人和驻杭商会负责人;社会监督代表层面——老干部、专家学者、省直机关、新闻媒体、绩效信息员和实行风评议代表;企业代表层面和市民代表层面——城镇居民、农村居民和外来创业务工人员。

(二)社会评价的具体运行

1. 社会评价的运行概况

在杭州市综合考评社会评价期间,市考评办组织人员按随机抽样入户调查方式,对全市居民代表发放社会评价表,并通过邮寄方式向企业、民办非企业和行业协会寄送社会评价表,其他各个层面代表的社会评价表也由牵头单位按时发放到位。市考评办在中国杭州政府门户网站和杭州考评网上同步开展网上评议,群众通过网上评议系统提出的意见建议,经过梳理汇总后,一并纳入当年度社会评价意见的整改范围;对外开通社会评价专线电话:85253000,接受社会各界投诉、咨询和意见建议。期间,市考评办针对社会评价意见重点整改目标完成情况,采用抽样入户调查方式,组织开展专项满意度测评;委托第三方,在服务对象(行政相对人)中对跟踪督办的社会评价意见整改目标进行了绩效测评;两项测评结果一并纳入市直单位年度社会评价意见整改专项目标考核。如 2012 年度市直单位综合考评社会评价共向九大层面代表发放评价票 15801 份,回收 15744 份,回收率 99.64%,评价票发放总量与 2011 年基本持平,回收率略高于 2011 年。从统计情况来看,参与此次评价代表的男、女比例为 54.89∶45.11;年龄结构上,20—39 岁年龄段占 38.97%,40—59 岁年龄段占 48.79%,60 岁以上的占 12.24%;在文化层次上,高中学历及以下的占 34.72%,大学学历(含大专)的占 58.11%,研究生学历及以上占 7.17%。共征集到各类意见建议 9578 条,比 2011 年度减少了 1124 条,下降了 10.5%,这是近几年来社会评价意见总量首次低于 10000 条。从各层面的意见数量分布情况来看,外来务工人员、省直机关代表、效能行风监督员的意见占比下降了 1%;城镇居民、网民的意见占比增长了 1% 以上;专家学者、市政协委员、市党代表、行业协会负责人、区县街道乡镇负责人的意见占比增长 0.5% 左右。这从一个侧面反映,通过这几年持续抓好社会评价意见整改,使一些问题得到有效解决,因而相关的意见数量有所下降。

2013 年度杭州市综合考评已于 2013 年 12 月份全面启动。在社会评价方面有了新的工作调整。一是科学分类参评单位。为了规范名称、避免混淆概念,将原综合考评单位改称为参评单位,原非综合考评单位改称为非参评单位,统称综合考评单位。针对参评单位,除党群部门外,通过运用多年积累的数据,构建了单位分类模型,从社会服务职能、社会服务难度、社会知晓度三个维度、5 项指标(单位服务项目数、单位年服务平均件数、单位 3 年平均不满意率、单位 3 年平均意见量率、单位 3 年平均弃权率),对参评单位进行综合评分。根据模型分析结果,将参评单位从原来的 3 类细分为 4 类,并设置 1.05、1.03、1.01、1.00 四种不同的评价系数。二是优化综合社会评价方法。对社会评价代表的抽样方法、量标的赋分方法、层面权重的统计方法、评价表发放方式等作了优化。适当压缩样本规模,优化层面权重。九大层面样本总量从 15000 人压缩到 12000 人,其中市民代表样本量调整为 6000 个,企业代表样本量增加到 2000 个。调整后,市民代表层面虽然单个社区评价表发放量有所压缩,但发放社区的覆盖面扩大,而且企业样本量增加了,有助于进一步提高评价的代表性。为提高社会评价的质量,增加评价表的留置时间,以便参评代表有更多的时间了解熟悉被评价单位的情况。三是实施专项社会评价。把对市委、市政府重点专项工作目标、市政府为民办实事项目的专项评价结果,以及公共服务窗口年度评价数据运用到社会评价之中,并通过设置一定的难度系数,既体现对承担市委、市政府重点工作任务较多单位的激励导向,也体现"知情人评知情事"的绩效管理要求。

表3 2000—2012年杭州市社会评价意见收集数量情况

评选年份	参评层面	选票回收率	被评单位意见
2000 年	4	96.96%	10701
2001 年	9	99.20%	6242
2002 年	9	99.25%	5565
2003 年	9	98.63%	7668
2004 年	9	99.30%	5538
2005 年	9	数据缺失	4517
2006 年	9	99.58%	4698
2007 年	9	99.84%	5122
2008 年	9	99.94%	5930
2009 年	9	99.24%	11085
2010 年	9	99.34%	11695
2011 年	9	99.20%	10702
2012 年	9	99.64%	9578

* 说明:2002 年评选办法变动,由原先的3点量标指标(满意、基本满意、不满意)增加到5点量指标(满意、比较满意、基本满意、不太满意和不满意)。

表4 各层面代表社会评价意见量分布举例(2011—2012年)

参评代表层面	2012 年度		2011 年度		同比(%)
	意见总数	所在比例(%)	意见总数	所在比例(%)	
1.市民代表	7177	74.93%	8028	75.01%	-0.08%
其中:城镇居民	6603	69.88%	7321	68.41%	1.47%

续表

参评代表层面	2012 年度		2011 年度		同比(%)
	意见总数	所在比例(%)	意见总数	所在比例(%)	
外来务工人员	341	3.56%	549	5.13%	−1.57%
农村居民	143	1.49%	158	1.48%	0.01%
2.企业代表	569	5.94%	685	6.40%	−0.46%
3.省直机关代表	209	2.18%	352	3.29%	−1.11%
4.专家学者(含绩效评估专家)	332	3.47%	282	2.64%	0.83%
5.企业组织代表	236	2.46%	295	2.76%	−0.30%
其中:社区委员会负责人	181	1.89%	253	2.36%	−0.47%
行业协会负责人	54	0.56%	28	0.26%	0.30%
民办非企业负责人	1	0.01%	14	0.13%	−0.12%
6.区县部委办局	164	1.71%	231	2.16%	−0.45%
7.市政协委员	208	2.17%	183	1.17%	0.46%
8.效能行风监督员(含绩效信息员)	57	0.60%	171	1.60%	−1.00%
9.市党代表	165	1.72%	126	1.18%	0.54%
10.市人大代表	89	0.93%	96	0.90%	0.03%
11.区县四套班子成员	63	0.66%	81	0.76%	−0.10%
12.网民	184	1.92%	68	0.64%	1.28%
13.区县街道乡镇	87	0.91%	55	0.51%	0.40%
14.老干部	38	0.40%	49	0.46%	−0.06%
合计	9578	100%	10702	100%	

2. 社会评价意见的结果

2008 年 4 月,杭州市综合考评委员会办公室首次向社会公开发布了《2007 年度杭州市市直单位综合考评社会评价意见报告》,就上一年度社会评价意见整改情况向广大市民作了反馈,对当年度社会评价意见主要内容和特点进行了梳理分析,并提出整改的对策建议,以更好地贯彻落实市委提出的"以民主促民生"、落实"四问四权"的要求,加快民主政治建设,提升杭

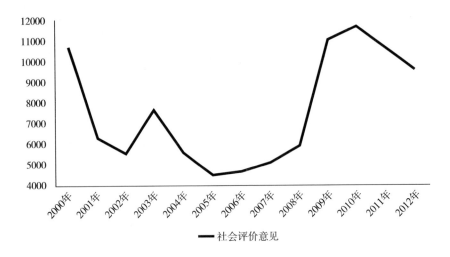

图2　2000—2012年度杭州市社会评价意见数量

州政治生活品质。自2008年向社会公开发布综合考评社会评价意见报告以来,过去几年的社会评价意见,总体而言,大部分涉及民生方面的内容,也有部分意见是对政府过去一年工作表示肯定,对进一步转变机关作风、提升效能和优化城市发展环境提出要求。

表5　您对杭州市一年以来改善民生的总体成效是否满意?(任选一项)

选项 年度	满意 (%)	比较满意 (%)	基本满意 (%)	不太满意 (%)	不满意 (%)	不了解 (%)	总体满意 率(%)
2012	34.919%	19.153%	40.017%	3.216%	0.642%	2.054%	94.089%
2011	21.444%	36.241%	35.440%	5.790%	1.084%		93.125%
2010	20.192%	34.587%	36.587%	7.078%	1.556%		91.366%

表6　基层群众代表对改善民生的总体满意度

层面	2012年度	2011年度	增幅%
社区负责人	99.08%	97.03%	2.04%
农村居民	95.94%	97.93%	-1.99%
企业代表	93.82%	91.32%	2.49%

续表

层面	2012 年度	2011 年度	增幅%
外来务工人员	91.66%	90.93%	0.73%
城镇居民	91.52%	91.25%	0.27%
平均	94.40%	93.69%	0.71%

表7　2012 年度各层面对十项惠民工程的投票结果

选项 层面	交通便民（%）	百姓安居（%）	就业促进（%）	社保提升（%）	教育强基（%）	文化惠民（%）	医卫利民（%）	体育健身（%）	食品放心（%）	平安创建（%）
党代表	11.53	9.50	4.75	15.57	7.48	13.75	6.98	8.29	1.92	20.22
人大代表	11.10	8.56	6.63	17.97	8.44	11.46	6.39	9.53	2.77	17.13
政协委员	8.97	9.21	4.90	12.92	8.01	14.47	6.58	9.81	2.75	22.37
老干部及专家学者	11.23	12.71	6.30	12.14	7.22	11.23	6.64	9.16	1.83	21.53
区县四套班子	9.83	8.29	7.88	17.20	7.78	12.59	6.04	8.50	2.25	19.65
区县部委办局	13.99	9.30	5.10	15.39	6.95	12.19	5.75	8.70	1.75	20.89
区县乡镇街道	14.25	8.98	5.51	16.69	7.09	14.80	7.48	8.03	2.36	14.80
企业代表	19.56	11.66	5.77	12.91	5.98	10.57	8.08	7.69	2.28	15.49
省直机关	9.52	8.16	5.78	12.24	5.78	18.03	5.44	8.84	1.02	25.17
社区委员会	15.51	12.02	7.65	15.49	5.91	12.63	7.84	8.72	1.95	12.29
城镇居民	18.79	15.08	6.19	12.16	5.06	8.25	10.10	9.21	3.74	11.41
外来务工人员	18.05	10.99	8.74	12.82	5.93	8.92	9.38	8.99	3.27	12.92
农村居民	16.69	16.43	8.29	17.13	4.13	5.12	14.15	5.86	3.68	8.51
行业协会	18.52	13.58	3.70	11.11	6.17	10.49	8.64	4.94	3.09	19.75

表 8　各类民生问题意见量的分布对比

问　题	2012 年度		2011 年度		占比变化（%）
	意见数	占比（%）	意见数	占比（%）	
垄断行业服务	1230	12.84%	1785	16.68%	-3.84%
公用事业服务	1021	10.66%	596	5.57%	5.09%
行路停车难	785	8.20%	956	8.93%	-0.73%
食品安全	411	4.29%	564	5.27%	-0.98%
办事难	333	3.48%	353	3.30%	0.18%
环境保护	306	3.19%	372	3.48%	-0.29%
物价稳定	239	2.50%	525	4.91%	-2.41%
住房难	189	1.97%	526	4.91%	-2.94%
上学难	136	1.42%	469	4.38%	-2.96%
社会治安	111	1.16%	148	1.38%	-0.22%
看病难	108	1.13%	496	4.63%	-3.50%
困难群众生活就业难	76	0.79%	83	0.78%	0.01%
安全生产及劳动保护	62	0.65%	89	0.83%	-0.18%
养老托幼	60	0.63%	36	0.34%	0.29%
清洁卫生难	46	0.48%	41	0.38%	0.10%
物业管理	23	0.24%	12	0.11%	0.13%
拆迁安置	8	0.08%	23	0.21%	-0.13%
其他	4434	46.29%	3528	32.97%	13.32%
合计	9578	100%	10702	100%	

3.社会评价意见的反馈

2011 年 4 月 19 日,杭州市委、市政府召开 2010 年度综合考评总结暨深化作风建设大会,省委常委、市委书记黄坤明强调:"抓整改转作风,是落实让人民满意要求的重要途径,也是加强作风建设的题中之义。全市各级各部门要进一步明确整改目标,制定整改计划,落实整改举措,以整改的实际成效取信于民。要把整改落实群众意见建议的办理率、解决率和满意率作为市委、市政府对各地各部门考核评价的重要内容,作为衡量作风建设成效大小的一条重要标准。"对于社会评价意见,杭州市综合考评首次推出跟踪督办整改目标,强化过程控制,通过数字考评系统,各单位以绩效卡的形式,及时报送目标完成进展情况及绩效改进信息;开展以"发现存在问题,帮助查找差距,推动绩效改进,促进目标完成"为目的的年度工作目标抽查工作,形成常规检查与暗访、测评三种方式并用的检查工作机制,形成专项绩效测评报告;建立绩效信息库,成立绩效信息员队伍,编报《社情民意与绩效信息》,以绩效告知书、绩效改进通知单形式,及时将绩效问题反馈给相关部门予以改进,形成工作目标绩效改进机制。

案例1

关注"七难"——每次买到劣质产品,投诉相当困难、烦

社会评价意见及内容编号:每次买到劣质产品,投诉相当困难、烦,最后只好自认倒霉,最好能设多个投诉点(市民代表意见第51条,另涉及此类问题的市民代表意见5条、专家学者意见1条、省直机关意见2条、区、县(市)四套班子成员意见1条)。

整改目标及考核指标:加大消费维权工作力度:1.开展社会化维权,推进12315维权进商场、超市、市场、景区、企业设维权服务站;2.加强行政指导,开展消费者满意指数测评,开展信用评价;3.强化整治力度,继续加大对"霸王条款"治理,开展老年消费维权专项行动;4.强化申诉处理与案件查处的衔接;5.加强窗口建设,改进服务态度,提升服务质量。

完成情况:推进12315五进活动,今年新增维权服务站246家,累计696家,其中商场77家、超市144家、市场158家、企业265家、景区43家、其他9家。开展连锁超市行业消费者满意度指数测评,回收有效问卷1200份。推进企业信用评价,对商场、超市、汽车等行业定期开展信用评价。开展两轮"霸王条款"整治活动,出动执法人员1452人次,检查企业973家。开展老年消费维权专项行动,面向社区老年人讲

消费维权课 33 次,听课群众 1400 名。推进维权执法一体化,办理"诉转案"案件 369 件,罚没款 238 万余元。12315 受理热线由 7 条增加到 10 条,强化接线员培训,对接线员的服务态度、业务规范进一步提出精细化管理要求。

负责单位:市工商局

案例 2

关注"七难"——加强对食品质量安全的监管

社会评价意见及内容编号:加强对食品质量安全的监管,让民众尽可能地吃上安全食品,尤其应加强对地下作坊的打击力度(市民代表意见第 31 条,另涉及此类问题的市民代表意见 13 条、外来务工人员意见 1 条、市党代表意见 3 条、企业代表意见 2 条、绩效评估专家意见 1 条、农村居民代表意见 1 条)。

整改目标及考核指标:不发生区域性、系统性和行业性食品质量安全事故。监督抽查生产加工领域食品 3500 批次,质量合格率达 93% 以上;向社会公布"黑名单" 2 次。加大食品安全风险隐患排查和违法行为查处力度,隐患处置和违法案件结案率 100%。及时回应社会关切公开查处的食品安全案件,进一步完善食品企业质量诚信平台建设。

完成情况:扎实开展以原辅材料、添加剂使用、生产过程控制、场区卫生状况等为重点的全市食品安全大检查行动,与全市 1662 家取证食品企业签订质量安全承诺书和质量约谈,检查企业 2136 家次,查处违法行为 334 件,端掉制假窝点 81 个,两次公布"黑名单" 22 家,监督抽查 2739 批次食品,合格率 93.2%,安全性指标合格率 97.8%,专项抽查乳制品 1360 批次,合格率 100%。积极处置和回应饮用水、鱼酥产品、皮蛋、饮料吸管等社会关切的质量问题,保障了我市产品质量安全;通过抓培训考核、检测比对、违法查处、监督整改等,企业主体责任得到加强,诚信平台建设更加完善。没有发生区域性、系统性和行业性食品质量安全事故。

负责单位:市质监局

案例3

提高就业率,确保劳动力能充分运用

社会评价意见及内容编号:提高就业率,确保劳动力能充分运用(农村居民代表意见第236条,另涉及此类问题的市民代表意见19条、外来务工人员意见2条、企业代表意见2条、农村居民代表意见1条)。

整改目标及考核指标:完善落实积极就业政策,全市新增就业18.67万,帮助城镇失业人员再就业9.47万,其中就业困难人员2.83万。完善创业政策,优化创业服务,提高创业带就业实效。动态完成充分就业区(县、市)创建任务,提高充分就业城市创建质量。加强公共就业服务,大力促进供需对接。建立失业动态预警机制,提高应急管理调控能力。

完成情况:出台进一步落实城镇就业困难人员就业政策,加强就业援助。1—10月全市城镇新增就业20.47万,帮助城镇失业人员实现再就业11.89万,其中就业困难人员6.44万。出台新一轮大学生创业三年行动计划等7个创业政策,实施杰出创业人才培育计划、"海大基金"扶持项目等创业举措,力推创业。1—10月新成立大创企业1146家,带动就业4801人,同比增长7.4%、15.21%。修订《杭州市充分就业社区(村)考核标准和评估办法》,充分就业区(县市)创建成果得到深化。实体市场举办各类招聘会294场、推出岗位31万个,供需对接力度进一步加大。开发失业预警信息系统,建立失业动态预警机制,提高就业形势监测和应急能力。

负责单位:市人力社保局

4. 社会评价中公民参与的发展变化

(1)评价主体面向基层。从 2001 年开始,参评层面扩大为 9 个。参评主体既包括了市党代表、人大代表、政协委员、老领导和专家学者等直接参政议政群体,又包括了省、市、区县各级部门代表,并进一步突出了市民和企业代表的评价主体地位,已初步形成了一个多元化、多维度的评价主体结构模式。十几年间,杭州市直单位的综合考评参评人数从 6000 人增加到 15000 多人,其中市民代表 2000 年为 4000 人,2003 年增加为 10000 人,2007 年增加 1000 名农民工,区县代表也有相应的调整。同时,2002 年将区、县(市)的部委办局、街道、乡镇和城区社区作为一个投票层面纳入评选主体,并于 2003 年取消了市直属各单位领导班子成员投票层面,充分体现了满意评选面向基层、面向群众的鲜明特征。

(2)评价对象细化分类,评分权重差别设置。评价对象的划分根据"细化分类,增进可比"的原则进行调整。2000 年的评价对象是 54 个行政执法和行风评议为主的部分市级机关;2001 年的评价对象分为评选单位和评议单位两大类,同时根据参评单位的不同职能任务,将参评单位分成政府部门、审判机关、检察机关和党群及其他部门两类;2003 年将评价对象分为评选单位、评议单位和征求意见单位,其中评选单位分为政府部门——社会服务相对较多单位,政府部门——社会服务相对较少单位,人大、政协机关、党群及其他部门三类。同时,2003 年根据评选单位的分类,分别设置难度系数。政府部门——社会服务相对较多单位为 1.05,政府部门——社会服务相对较少单位为 1.00,人大、政协机关、党群及其他部门为 1.00。难度系数的设置,增进了各参评单位的可比性。鉴于各类参评单位的社会服务性质、社会服务对象存在差异,为更客观反映评价实际,2003 年开始根据参评单位的分类,采用差别权重,分别设置各投票层面的权重。2010 年更在市直单位社会评价中,通过引入纵向评价,与原有的横向评价相结合,分别按照 20% 和 80% 的权重计入社会评价最终得分,以更好地体现考核对象的个性差异,体现各单位工作的改进和发展程度。

(3)评价主体民情民意表达通畅。社会各界和人民群众参与评选的积极性较高。2001 年选票回收率高达 99.2%,比 2000 年的 96.96% 提高了 2.26 个百分点。从 2001 年至 2012 年,选票回收率一直保持在 99% 左右的高位,更有 2007 年和 2008 年选票回收率高达 99.84% 和 99.94%。自 2009 年开始,市考评办拓展了民情民意表达渠道,在中国杭州政府门户网站和杭州考评网上同步开展了网上评议。群众可以通过网上评议系统提出自己的意见建议。同时,市考评办还对外开通社会评价专线电话:85253000,接受社会各界投诉、咨询。市考评办还会同市监察局,到部分社区走访了解社会评价工作情况。

(4)满意率(含比较满意率)逐步提高。评选活动开展以来,社会各界和群众对市直单位的满意度逐渐提高。2000 年满意率为 22.84%,2001 年满意率为 36.24%,2002 年采用 5 点量标后,满意率和比较满意率达到 67.55%,2003 年、2004 年的满意率和比较满意率连续保持在 67.85% 的水平。2007 年群众对破七难的总体满意度从 2006 年度的 89.88% 上升到 91.18%,提高了近 1.3 个百分点,2008 年总体满意度(满意、比较满意、基本满意三项相加)达 98.78%,2009 年满意率为 94.99%,2010 年总体满意度为近 95%,2011 年总体满意度为 94.89%,而 2012 年总体满意度为 94.96%。

(5)公民参与改善机关作风。通过满意评选,市直单位的机关作风建设明显加强,服务质量和办事效率大大提高,机关行政人员的精神面貌焕然一新。2001 年,6295 个接受调查的人中认为杭州市机关作风"明显好转"和"有所好转"的占 95.15%;2002—2004 年,接受调查的 10000 多人中认为杭州市机关作风"明显好转"和"有所好转"的分别占 98.25%、96.36% 和 95.55%。在 2012 年的满意评选活动中,群众的总体认可率达 89.36%(即很好、好和比较好三者得票率相加)。在具体成效方面,认为这项工作"促进机关作风转变,提高了办事效率"的得票率位居第一,认为"促进机关'眼睛向下',增强了责任意识和服务意识"的得票率位居第二,认为"及时有效地发现问题,促进了民生问题的改善"的得票率位居第三。

(6)奖惩措施相辅相成。2000 年至 2002 年,满意评选采用了淘汰制。

由于"四难"问题是机关作风的顽症,是制约发展的瓶颈,治顽症必须用重典,淘汰制比较符合当时的实际。2003年开始采用"淘汰制+达标制",在坚持淘汰制的同时,设置一条达标线,得分在达标线以下的,采用公示的办法以示告诫,其中得分最低的一个单位,评定为不满意单位。2003年的达标线确定为72分,每年根据情况滚动确定。设置一条达标线,可以使排位靠后的单位追有目标、赶有方向,从而激发起这些单位争先创优的原动力。通过2003年的调整,把激励机制和约束机制有机地统一起来,使压力和动力相辅相成,促进市直单位不断提高综合绩效。

四、杭州市政府绩效评估中公民参与的特征分析

杭州市公民参与政府绩效评估模式是全方位的政府绩效评估体系。在每年的绩效考评中,让社会公众进行满意度评价并征集具体意见,形成评价机制;根据收集到的意见,分解落实到相关单位,确定整改重点,形成意见整改机制;公布重点整改目标,要求责任单位对社会评价意见整改公开作出承诺,并对整改的过程和结果进行信息公开,形成了反馈机制。"评价—整改—反馈"机制构成了一个公民参与政府绩效评估持续改进的工作机制,使政府与社会公众形成良性的互动。从杭州市实践来看,公民参与政府绩效评估模式一方面体现了政府绩效评估科学化、民主化发展的趋势,另一方面也有助于公民有序的政治参与、政府绩效的改进与服务质量的提升。公民参与政府绩效管理的实践,凸显了"开放、民主、责任、绩效"[1]的特征。

(一)公民参与政府绩效评估的"开放性"特征

杭州市公民参与政府绩效评估是一个开放、多元的体系,推动了政府决

---

① 伍彬:《政府绩效管理中的民意价值——来自中国杭州的实践》,http://kpb.hz.gov.cn/showpage.aspx? nid=9546&id=213. 2013-10-19/2013-10-31。

策和城市公共治理的开放程度,提升了社会公众对政府管理与服务的认同感和满意度。目标管理是当前开展较为广泛的绩效管理模式,将目标任务分解落实到各工作部门,并对目标完成情况进行评估考核;效能监察是针对机关和公务员行政管理工作的效率、效果和工作规范等情况进行监察,是纪检监察部门依法对机关效能进行的评估活动。这两种评估模式属于自上而下的组织内部考核。满意评选活动即"公众评议政府"活动,属于近年来方兴未艾的自下而上的评估模式,是对自上而下评估模式的有效补充。两种评估模式的整合,既保证了组织考核的有效度,同时又通过民情民意表达渠道的制度化建设,进一步提升了综合绩效评估的公信度,对于自上而下评估的信度缺失和自下而上评估的效度缺失都是一剂补助良方。

(二)公民参与政府绩效评估的"民主性"特征

杭州市在政府综合绩效考评期间,每年通过随机抽样方式产生上万名社会各界代表参与年度社会评价,代表分为九大层面,比重最大的是市民代表,所占比例超过60%,此外还有企业、社会组织等不同社会群体的代表。杭州模式强调公民参与和民意运用,增添了城市公共治理的民主性,成为实现"增量民主"的途径和落实公民"四问四权"(问情于民、问需于民、问计于民、问绩于民,知情权、参与权、选择权、监督权)的制度化安排,是杭州市政府绩效评估推动政府决策民主化、实现民主促民生的一项实践成果。

(三)公民参与政府绩效评估的"责任性"特征

杭州市综合考评引入社会评价并赋予超50%的权重,有效推动了政府责任机制的建立,即从制度上、机制上落实人民政府必须对人民负责的宗旨。责任理念的制度化安排,确保了政府各部门对社会公众意见的整改落实,对人民负责;社会公众也积极运用社会评价意见整改机制,加强对公共服务部门的监督,促使相关部门认真履职、承担社会责任。

（四）公民参与政府绩效评估的"绩效性"特征

公民参与政府绩效管理形成的民意从三方面改善政府管理和服务：一是通过评价发现问题，帮助各部门有效把握社会公众诉求；二是通过意见整改，改进工作；三是通过创新提升绩效。如在《2012年度杭州市综合考评评价意见报告》中，市考评办将市民反复提出的"候诊时间长、重复检查项目多""看病难、看病烦"等意见列为跟踪督办项目后，市卫生部门积极探索创新，实施了分时段预约诊疗服务和市民卡智慧医疗诊间结算，患者可以根据自己的时间选择所需的医生或科室进行预约就诊，免除了反复到收费窗口排队付费的环节。再如，杭州市推出的"免费公共自行车"租赁服务，在综合考评机制的推动下，不断创新完善，目前已建成2700多个服务点，拥有6.65万辆自行车，日均租用量达到25.3万人次等。

五、杭州市政府绩效评估公民参与面临的问题与对策建议

杭州市公民参与政府绩效评估模式较好地协调了公民与政府之间的关系，既融合了政府绩效评估的管理机制，又结合杭州市实际状况，经过几年的操作，也被认为是切实有效的，构成了"公民导向"政府绩效评估的杭州模式。但与国外政府绩效评估相比，无论在理论层面还是实践操作层面都有待完善。

（一）面临的问题与挑战

1.绩效评估的透明度有待进一步提升。杭州市政府绩效评估模式设计中，社会评价占50%，充分体现了公众在绩效评估中的主导作用。然而，群众作为评估主体，与评估对象之间在很大程度上存在着信息不对称的情况。在杭州市综合考评中，政府部门中社会服务相对较多单位难度系数为

1.05,政府部门中社会服务相对较少单位难度系数为1.00,人大、政协机关、党群及其他部门难度系数为1.00。难度系数的设置,就是为了使各参评单位处于同一起跑线,增强各参评单位的可比性。如何消除障碍还需要大量的努力,不仅要在制度和指标设计、组织群众、宣传教育等方面要加强管理,更重要的是如何增加评估的透明度,通过评估达到拓展并畅通民意,减少阻碍公众参与评估的不利因素。

2.多元的评估主体体系有待进一步建立。目前杭州市政府绩效评估模式的考评主体是机构、领导和市民,根据国内外政府绩效评估的实践,一方面专家考评和第三方中介机构考评已在甘肃等地方实行;另一方面由于参与评价的市民群体结构的合理性与科学性无法保证,美国一些地方政府开始引入以社区为单位的评价方式。综合这些发展趋势,杭州市综合绩效评估模式在建立多元的考评主体方面还可以进一步借鉴比较与综合选择。

3.公民参与信息化程度有待进一步提高。综合考评工作涉及面广、业务环节多、工作量大、时效性高、操作要求细致,从目标制定到最终结果公布共九个业务环节。各目标考评单位每月都有大量的考评数据需要向市综合考评委员会办公室报送,而考评办需要对考评数据进行审核、汇总、监督、统计、计分等操作。同时,按照综合考评工作的要求,在考评过程中,要将相关信息公布给公众,并提供一个公共评论、监督考评工作的平台,利用信息化手段来进行管理已经成为综合考评工作顺利开展的必要保障。目前,杭州市综合考评管理系统和门户网站建设已初步完成。但如何能够更高效便捷地借助计算机技术实现考核数据的汇总、分析及运用,向社会公众介绍考评工作及各部门的工作目标完成情况,采集社情民意,接受社会监督等有待进一步完善。

4.公民参与绩效评估有待进一步向绩效管理转型。绩效管理是管理者的主要职责,政府绩效管理也是一项意义更为深远的活动。政府绩效管理包括三项最基本的功能活动:政府绩效评估、政府绩效衡量及政府绩效追踪,是一种注重结果的管理方式,能将个人绩效、部门绩效和组织绩效整合在一起,使整个公共组织处于高激励、高服务质量的状态。绩效评估是绩效管理的核心环节,但绩效评估不可能代替绩效管理的管理模式,否则将陷入为评估而评估的困境,也就无法实现绩效管理的价值,对公共部门而言也就失去了管理改革的意义。杭州市目前面临的一个挑战就是能够实现绩效评估向绩效管理转型,不能为了评估而评估,评估的最终目的是为了绩效管理价值的实现。如何在发展绩效评估的过程中充分发挥导向性作用、向服务型政府转型、贯彻绩效管理的理念,将成为杭州市今后几年努力的方向。

5.公民参与综合考评模式的价值导向有待进一步明确。法国行政学者夏夫里茨和卢塞尔认为,"绩效评估是组织系统整合组织资源达成其目标的行为,它包括了全方位控制、监测、评估组织所有方面的绩效"。因此,绩效评估是面向组织效益的全方面管理,是一个收集绩效信息,进行绩效衡量,设计与执行有效管理,推动绩效不断持续改进的整体活动和过程,与传统行政考核和测评有着本质的区别。政府绩效评估是对一项管理方式变革,涉及各项管理指标设计、人员观念转变、绩效管理制度构建、内外部协调、绩效实现监督等,其基本价值导向是绩效,包括效益、公共服务、财政、监督、公民满意等。杭州市综合考评目前的基本导向是完成工作任务和改进机关作风,虽然处于操作起步阶段,但从今后发展的趋势看,需要建立绩效导向的综合考评模式,建立全方面管理模式,推动绩效与服务。

(二)完善的对策建议

根据我国目前政府绩效评估的实践以及国外政府绩效评估的经验探索,杭州市公民参与政府绩效评估模式需要进一步的完善。

1.推动公民参与政府绩效评估的制度建设。应从制度层面上确认公民参与的政府绩效评估模式。首先,制定相应的公民参与政府绩效评估的法律规范和制度。通过法律法规的形式表明政府对公民参与的重视,同时也规定了公民参与政府绩效评估的具体流程,使各部门在公民参与政府绩效评估方面担负相应的法律职责,能有效地保障公民参与政府绩效评估的顺利进行。其次,确认公民参与的主体地位,明确公民参与的重要性,建立公民参与政府绩效评估的保障机制。再次,建立适合公民参与政府绩效评估的评估机制,如绩效指标体系、绩效评估主体、评估方法、评分准则、监督主体等,保持及时的绩效跟踪。最后,重视面向公民的绩效反馈机制。为提高公务人员对公务工作的责任心与服务质量,绩效评估结果需要与人员、部门的奖惩直接挂钩,以激励公务人员以负责任的态度主动提高工作效率和服务质量。但更为重要的是,要让社会公众知晓其参与的政府绩效评估结果及政府绩效改善的行动。这不仅有利于绩效评估的持续开展,也有助于推动公民社会的形成和发展。

2.推动专业机构参与综合考评评估主体体系建设。杭州市政府绩效评估模式已建立以领导、部门和市民相结合的考评主体体系,但从未来发展趋势看,需要建立更为科学合理的综合考评评估主体体系,要充分发挥专门机构的作用。国内外政府绩效评估的理论和成功经验表明,有效的政府绩效评估首先有赖于政府的支持和专业统一领导机构的建立。杭州市综合考评办在杭州市政府绩效评估中承担着考核绩效、评估绩效、监督绩效的作用,是政府绩效评估的活动主体。同时,也要发挥专业机构来做第三方评价有助于政府绩效评估结果的公正性和科学性。许多国家和地区在评估主体中加入了学术研究组织,成为一种第三方评议形式。如韩国的经营诊断委员会,我国甘肃省的第三方政府评估模式。高校的专家学者由于具有人才、理论和学术优势,并且不是直接利益相关者,因而更容易产生指导性的意见。同时,民间评估力量的兴起,将会大大节省政府部门的精力,对政府效能提升将产生积极的影响。杭州市可以借助浙江大学等著名高校的力量,通过项目合作、委托评估以及国内国际研讨会等形式加强与民间评估机构的合作,促进政府绩效评估工作的不断推进和深化。

3.推动绩效评估监督和沟通机制的建设。首先,建立部门绩效评估监督委员会,保证绩效评估在实施过程中绩效得到监督和改善。政府的直接目的是提供公共服务。服务和责任是现代政府的主要建设目标。过程监督更能促进公务员对责任和服务的认识。监督委员会可以采取公民参与或第三方监督的方式,也可以是内部监督,主要目的在于对绩效流程的监督,提高公务人员的服务责任意识。其次,在部门内部进行谈话沟通,确定具体指标与绩效评估计划。改变过去部门决定绩效指标的方式,将绩效指标与绩效目标建立在公务人员认同的基础之上。即使在绩效管理实施过程中,也需注意和公务员个人的沟通和交流,与普通民众的交流,以建立和培育公务员负责任的服务精神。同时,要完善目标责任制的内容,使个人和部门的目标能够与组织绩效相挂钩,也能与个人发展相适应,以鼓励公务员为实现既定目标而不断提高绩效和服务质量。目标责任制是一种内在的激励机制,也是政府绩效评估的重要手段。

4.推动信息沟通平台和信息公开机制的建设。信息沟通平台有助于部门内部了解绩效信息并及时改进,也有助于政府与社会之间的相互沟通,培养公众对政治的认识水平和参与能力,使"群众评议政府"真正发挥民主的力量,促进政府以社会公意为基础改进绩效,真正体现服务政府和责任政府的要求。澳大利亚在绩效评估工作结果产生以后,会公开发布评估报告,并把每一年的评估报告都放在专门的网站上,提供下载。这样做不仅使纳税人能了解政府使用资源和其绩效状况,而且也为各地政府提供战略预算和计划依据。杭州市政府综合考评办公室已经开始相关绩效评估网站的建设,并在网站公布考评结果,接下来将进一步深入进行信息化建设,通过公开相关信息,引起市民对绩效评估工作的重视和参与意识,并且在一定程度上克服群众评议时由于信息不对称导致的评估结果与政府部门实际情况有偏差的情况。在以后的工作中,可以采取更多的途径和方式公开绩效评估信息,如召开新闻发布会、进行社会公示、举行听证会、培训会以及咨询有关专家等,还可以在内部刊物上设立绩效评估专版,定期宣传和发布绩效评估信息;与新闻媒体合作,向广大市民宣传绩效评估工作的进展和成果等。从而促进绩效评估工作的顺利开展,强化绩效评估工作在政府工作中的重要地位,并且接受和鼓励广大社会公众的共同监督。

5.推动公民导向价值的绩效评估建设。政府的服务质量、服务水平、服务态度如何,政府是否高效,作为政府服务对象的社会公众最有发言权。因此,在绩效评估的内容、标准和指标体系设计应从社会公众的立场出发。从某种角度上说,政府绩效评估实质上就是评估公众对于政府的满意程度。

杭州市综合考核评价中社会评价占 50 分，满意评比中问卷样本量超过 10000 份，已经初步建立并完善了以社会公众为主体的政府绩效评估体系。鉴于社会公众在评估主体结构中的重要地位，政府有必要通过各种方式赋予社会公众更多评价政府管理活动和政府绩效的机会和途径。

杭州市公民参与政府绩效评估模式本质上是一种公民导向的政府绩效评估模式，不仅符合政府绩效评估管理改革的基本要求，也具有一定的杭州地方特色。但从评估主体、评估体系和评估方法等方面而言，杭州市公民参与政府绩效评估模式还需要借鉴国内外很多新的管理方式，从而改进综合考评工作，使杭州市公民参与政府绩效评估模式走向民主化、科学化、合理化、制度化，并进一步改进政府绩效和改善公共服务质量。

/ 作者简介 /

胡税根：浙江大学公共管理学院教授、博士研究生。

翁列恩：中国计量学院公共事务系副教授，浙江大学公共管理学院博士研究生。

陈雪梅：浙江大学公共管理学院硕士研究生。

参考文献

1. [美]B.盖伊·彼得斯：《政府未来的治理模式》，吴爱明、夏宏图译，中国人民大学出版社 2001 年版。

2. [美]戴维·奥斯本、彼德·普拉斯特里克：《摒弃官僚制：政府再造的五项战略》，谭功荣、刘霞译，中国人民大学出版社 2002 年版。

3. [美]阿里·哈拉契米主编：《政府业绩与质量测评——问题与经验》，张梦中、丁煌译，中山大学出版社 2003 年版。

4. [美]凯瑟琳·纽科默等：《迎接业绩导向型政府的挑战》，张梦中、李文星等译，中山大学出版社 2003 年版。

5. 简·莱恩：《新公共管理》，赵成根等译，中国青年出版社 2004 年版。

6. 马国贤:《政府绩效管理》,复旦大学出版社 2005 年版。

7. 胡税根:《公共部门绩效管理——迎接效能革命的挑战》,浙江大学出版社 2005 年版。

8. 郭济主编:《绩效政府——理论与实践创新》,清华大学出版社 2005 年版。

9. 孟华:《政府绩效评估——美国的经验与中国的实践》,上海人民出版社 2006 年版。

10. 周志忍:《行政效率研究的三个发展趋势》,《中国行政管理》2000 年第 1 期。

11. 杨华斌:《西方公共部门管理中的顾客导向及对我国的借鉴意义》,《党政干部论坛》2001 年第 5 期。

12. 蔡立辉:《政府绩效评估的理念与方法分析》,《中国人民大学学报》2002 年第 5 期。

13. 周志忍、高小平:《可资借鉴的英国行政管理改革》,《中国行政管理》2003 年第 5 期。

14. 卓越:《公共部门绩效评估初探》,《中国行政管理》2004 年第 2 期。

15. 彭国甫:《对政府绩效评估几个基本问题的反思》,《湘潭大学学报》2004 年第 3 期。

16. 林鸿潮:《美国〈政府绩效与结果法〉述评》,《行政法学研究》2005 年第 2 期。

17. 吴建南、孔晓勇:《以公众服务为导向的政府绩效改进分析》,《中国行政管理》2005 年第 8 期。

18. 何植民、李彦娅:《构建地方政府绩效评估机制的对策探讨》,《云南行政学报》2006 年第 3 期。

19. 杜兰英、张珊金:《美国政府绩效评估研究的回顾与评析》,《江淮论坛》2006 年第 6 期。

20. 胡税根、汪菁、朴钟权:《韩国政府绩效评估模式研究》,《公共行政》2007 年第 1 期。

21. 蓝志勇、胡税根:《中国政府绩效评估:理论与实践》,《政治学研究》2008 年第 3 期。

22. 伍彬:《公民导向、注重绩效的杭州综合考评》,《中国行政管理》2009 年第 1 期。

23. 陈雪莲:《地方政府绩效评估改革的突破与局限——以杭州市"综合考评制"为个案》,《理论与改革》2010 年第 1 期。

24. 伍彬:《杭州政府绩效综合考评的实践与探索》,《行政管理改革》2010 年第 12 期。

25. 黄俊尧:《地方政府绩效评价进程中的公众参与——基于杭州综合考评个案的二维审视》,《行政论坛》2011 年第 6 期。

附　件

2013 年度杭州市直单位综合考评
社会评价表

杭州市综合考评委员会办公室

杭州市绩效管理委员会办公室

2013 年 12 月

积极参与　公正评价

——致各界参加社会评价人员的公开信

2000 年以来,杭州市委、市政府在市直单位开展了满意单位不满意单位评选活动,2005 年下半年,又发展为对市直单位实行综合考评。

多年来,杭州综合考评坚持以"创一流业绩、让人民满意"为宗旨,着力加强社会评价意见整改,着力推进政府绩效管理,在转变机关作风,破解民生问题,促进科学发展上发挥了重要作用,得到了全市各界的普遍认可和大力支持。

2013 年杭州综合考评社会评价已经启动。参加今年社会评价的各界代表约 12000 人,代表着全市 880 多万人口行使评判权。您对市直单位的评价和提出的意见及建议,将成为各单位改进工作、促进发展的重要依据,也是市委、市政府科学决策和对各单位进行考核、奖惩的重要依据。请您在广泛听取、收集身边广大群众意见的基础上,对各单位的"服务态度和工作效率、办事公正和廉洁自律、工作实效和社会影响"进行综合分析,认真负责地做出评价,如对个别单位情况确实不了解,请在"弃权"栏目内做出标记。同时,请您积极地对各单位提出客观具体的工作意见和建议。在评价过程中,如有不明事项,可拨打社会评价专线电话:85253000,也可登录"杭州考评网"(http://kpb.hz.gov.cn)查询相关信息。

请您以积极负责的态度参与社会评价,公正行使您的评判权、监督权,为推进市直单位转作风、提绩效、促发展,投出您的神圣一票。衷心感谢您对杭州综合考评的积极参与和大力支持!

杭州市综合考评委员会办公室

杭州市绩效管理委员会办公室

2013 年 12 月

填表说明及注意事项

填表说明	一、填涂要求	正确填涂 ■ 注意:应将空框填满,但不要填出框外。	错误填涂 ⊠ ⊠ ▭ ⊠ ⊠ ◯ ⊿
	二、填涂说明	1.请用所发的专用笔进行填涂,或黑色签字笔填涂; 2.修改时务必用橡皮擦净,不留底迹,保持卡面清洁; 3.本表切勿折叠,并保持四角平整。	

填表注意事项:

1.请认真参阅填表说明进行填写,每人需填写表1-1、表1-2、表2、表3、表4-1、表4-2、表5共七份表;

2.请在"填表人身份""填表人基本情况"前面方格中注明您的身份和基本情况;

3.对表1-1、表1-2、表4-1、表4-2中每个参评单位的"综合评价"栏只填写一项,如对某个单位情况不了解,请在"弃权"栏目中涂黑即可;

4.请在"调查问卷表"(表5)中填写您的看法,如果您对调查问卷还有其他说明和意见、欢迎在表2上以书面文字反映。

2013年度市直单位综合考评社会评价表
填表须知

2013年度市直单位综合考评社会评价工作已全面展开。为使广大评价人员能够正确填写评价表,提高评价准确性,现就填表中应注意的事项作如下说明:

问:如何理解综合考评、社会评价和满意评选三者之间的关系?

答:2000 年以来,杭州市直单位满意单位不满意单位评选活动经过多年的实践和完善,已从评作风为主转向评作风和工作业绩并重。2005 年,市委、市政府经深入研究后,决定对市直单位实行综合考核评价,即对各单位的工作情况从社会评价、目标考核和领导考评等三个方面进行综合考核评价。其中,社会评价占 50 分,目标考核占 45 分,领导考评占 5 分,总分为 100 分。

社会评价主要沿用满意选评的办法,评价内容采取了更为直观、易于评价的指标,设置为"服务态度和工作效率,办事公正和廉洁自律,工作实效和社会影响"三项,您现在参与的就是社会评价。

问:怎样提高评价的准确性?

答:在评价前,请您认真阅读市考评办发的《杭州市直各单位主要工作职责》,进一步熟悉各参评单位的主要职责,再根据自己对参评单位工作了解掌握情况,结合周围群众对参评单位的反映,作出客观评价。同时,也请您本着实事求是的态度,不把外部宏观环境出现的问题简单地与相关市直单位挂钩,而应从这些单位的实际工作业绩出发,作出全面、公正的评价。

问:如何填写投票人员身份?

答:我们已对各评价人员身份进行了甄别。每位评价人员只能以一种身份参加评价。如,某评价人员系市民代表中的"城镇居民",该评价人员应将"市民代表"栏后面的"城镇居民"小方框涂黑;又如,某评价人员既是"党代表",同时又是"人大代表",其评价表是由市委组织部牵头发放的,该评价人员应以"党代表"身份填写。评价人员确定身份后,将对应身份栏的小方格涂黑即可。

问:怎样填写综合评价表?

答:对参评单位的综合评价表共设 5 个量表,即"满意"、"比较满意"、"基本满意"、"不太满意"、"不满意"。评价人员要进行综合分析后填写,只能选其中的一项,否则视作废票。

问:对个别参评单位情况不了解的应如何填写?

答:评价人员如确实对有些参评单位情况不了解,可选择填写"弃权",

而不要随意作出评价，更不要对所有单位作相同的"一条线"评价。

问：怎样填写调查问卷表？

答：调查问卷表分单项选择、多项选择两类。请评价人员按照要求逐项填写。注明"单项"选择的，只能选填一项；注明"三项"选择的，可选填三项或三项以下内容。

问：填表时还应注意哪些事项？

答：填表时要用所发的专用笔或黑色签字笔，将表中选定的小方框涂黑填满。修改时务必用橡皮擦净，不能留底迹，保持评选表整洁。

问：表4-1、表4-2应怎么填写？

答：表4-1、表4-2是今年新增的评价表，专门用于评价杭州市直单位领导班子作风情况的。评价内容见表4-1，评价方法、要求与市直单位社会评价表一样。

问：评价表发放回收时应注意什么？

答：评价人员填好评价表后，切勿折叠，请用专用信封密封（否则不得签收），交入户调查人员或相关牵头单位。由调查人员或各牵头单位负责收齐，在规定时间内统一上交。

最后，谨向关心与支持市直单位综合考评社会评价工作，并为此付出辛勤劳动的社会各界评价人员，表示衷心的感谢！

杭州市综合考评委员会办公室

杭州市绩效管理委员会办公室

2013 年 12 月

表 1-1,1-2　2013 年度杭州市直单位
综合考评社会评价表

<table>
<tr><td rowspan="6">填表人身份</td><td>1.市党代表 ☐　　2.市人大代表 ☐　　3.市政协委员 ☐
4.区、县(市)领导代表 ☐</td></tr>
<tr><td>5.区、县(市)机关代表:部、委、办、局负责人 ☐　　街道(乡镇)党政(包括人大)负责人 ☐</td></tr>
<tr><td>6.社会组织代表:社区居委会负责人 ☐　　行业协会负责人 ☐　　民办非企业单位负责人 ☐　　驻杭商会负责人 ☐</td></tr>
<tr><td>7.社会监督代表:老干部 ☐　　专家学者 ☐　　省直机关 ☐　　新闻媒体 ☐　　绩效信息员 ☐　　实行风评议代表 ☐</td></tr>
<tr><td>8.企业代表 ☐　　9.市民代表:城镇居民 ☐　　农村居民 ☐　　外来创业务工人员 ☐</td></tr>
</table>

编号	参评单位名称	综合评价					弃权
		满意	比较满意	基本满意	不太满意	不满意	
社会服务多的政府部门(15个) 1	市城管委(市城管执法局)	☐	☐	☐	☐	☐	☐
2	市公安局	☐	☐	☐	☐	☐	☐
3	市食品药品监管局	☐	☐	☐	☐	☐	☐
4	市住保房管局	☐	☐	☐	☐	☐	☐
5	市人力社保局	☐	☐	☐	☐	☐	☐
6	市环保局	☐	☐	☐	☐	☐	☐
7	市卫生局	☐	☐	☐	☐	☐	☐
8	市交通运输局	☐	☐	☐	☐	☐	☐
9	市物价局	☐	☐	☐	☐	☐	☐
10	市教育局	☐	☐	☐	☐	☐	☐
11	市工商局	☐	☐	☐	☐	☐	☐
12	市规划局(市测绘与地理信息局)	☐	☐	☐	☐	☐	☐
13	市建委	☐	☐	☐	☐	☐	☐
14	市财政局(市地税局)	☐	☐	☐	☐	☐	☐
15	市质监局	☐	☐	☐	☐	☐	☐

续表

	编号	参评单位名称	综合评价					弃权
			满意	比较满意	基本满意	不太满意	不满意	
社会服务较多的政府部（12个）	1	杭州西湖风景名胜区管委会（市园文局）	☐	☐	☐	☐	☐	☐
	2	市民政局（市老龄工办）	☐	☐	☐	☐	☐	☐
	3	市信访局（"12345"市长公开电话受理中心）	☐	☐	☐	☐	☐	☐
	4	市旅委	☐	☐	☐	☐	☐	☐
	5	市农业局（市水产局）	☐	☐	☐	☐	☐	☐
	6	市安全监管局（市安委办）	☐	☐	☐	☐	☐	☐
	7	市文广新闻出版局（市版权局）	☐	☐	☐	☐	☐	☐
	8	市国土资源局	☐	☐	☐	☐	☐	☐
	9	杭州经济开发区管委会	☐	☐	☐	☐	☐	☐
	10	市林水局	☐	☐	☐	☐	☐	☐
	11	市体育局（市体育总会）	☐	☐	☐	☐	☐	☐
	12	市司法局	☐	☐	☐	☐	☐	☐
社会服务相对较少的政府部门及其他单位（26个）	1	杭州公积金中心	☐	☐	☐	☐	☐	☐
	2	市统计局	☐	☐	☐	☐	☐	☐
	3	市经信委	☐	☐	☐	☐	☐	☐
	4	市发改委	☐	☐	☐	☐	☐	☐
	5	市贸易局（市粮食局）	☐	☐	☐	☐	☐	☐
	6	市科委（市知识产权局、市地震局）	☐	☐	☐	☐	☐	☐
	7	市人口计生委	☐	☐	☐	☐	☐	☐
	8	市人防办（市民防局）	☐	☐	☐	☐	☐	☐
	9	杭州文广集团（杭州广播电视台）	☐	☐	☐	☐	☐	☐
	10	市审计局	☐	☐	☐	☐	☐	☐
	11	杭报集团（杭州日报社）	☐	☐	☐	☐	☐	☐
	12	市西博办（市会展办）	☐	☐	☐	☐	☐	☐
	13	市档案局（市档案馆）	☐	☐	☐	☐	☐	☐
	14	市民族宗教局	☐	☐	☐	☐	☐	☐
	15	市外经贸局	☐	☐	☐	☐	☐	☐
	16	市国资委	☐	☐	☐	☐	☐	☐
	17	市运河综保委（市运河集团）	☐	☐	☐	☐	☐	☐
	18	市金融办	☐	☐	☐	☐	☐	☐

续表

	编号	参评单位名称	综合评价					弃权
			满意	比较满意	基本满意	不太满意	不满意	
社会服务相对较少的政府部门及其他单位（26个）	19	市农办	☐	☐	☐	☐	☐	☐
	20	市法制办	☐	☐	☐	☐	☐	☐
	21	市审管办(市公共资源交易管委会办公室)	☐	☐	☐	☐	☐	☐
	22	市机关事务局	☐	☐	☐	☐	☐	☐
	23	市供销社	☐	☐	☐	☐	☐	☐
	24	市外办(市港澳办)	☐	☐	☐	☐	☐	☐
	25	市侨办	☐	☐	☐	☐	☐	☐
	26	市经合办	☐	☐	☐	☐	☐	☐
党群部门（18个）	1	市委组织部(市委人才办)	☐	☐	☐	☐	☐	☐
	2	市委宣传部(市文明办)	☐	☐	☐	☐	☐	☐
	3	市委统战部	☐	☐	☐	☐	☐	☐
	4	市委政法办(市综治办)	☐	☐	☐	☐	☐	☐
	5	市编委办	☐	☐	☐	☐	☐	☐
	6	市委老干部局(市关工委)	☐	☐	☐	☐	☐	☐
	7	市直机关工委	☐	☐	☐	☐	☐	☐
	8	市委党史研究室	☐	☐	☐	☐	☐	☐
	9	市委党校(市行政学院、市社会主义学院)	☐	☐	☐	☐	☐	☐
	10	市委台办(市台办)	☐	☐	☐	☐	☐	☐
	11	市总工会	☐	☐	☐	☐	☐	☐
	12	团市委	☐	☐	☐	☐	☐	☐
	13	市妇联	☐	☐	☐	☐	☐	☐
	14	市文联	☐	☐	☐	☐	☐	☐
	15	市科协	☐	☐	☐	☐	☐	☐
	16	市侨联	☐	☐	☐	☐	☐	☐
	17	市残联	☐	☐	☐	☐	☐	☐
	18	市社科联(市社科院)	☐	☐	☐	☐	☐	☐

表2　2013年度杭州市直单位综合
考评参评单位意见征集表

填表人身份	1.市党代表 □　2.市人大代表 □　3.市政协委员 □　4.区、县(市)领导代表 □
	5.区、县(市)机关代表:部、委、办、局负责人 □　街道(乡镇)党政(包括人大)负责人 □
	6.社会组织代表:社区居委会负责人 □　行业协会负责人 □　民办非企业单位负责人 □　驻杭商会负责人 □
	7.社会监督代表:老干部 □　专家学者 □　省直机关 □　新闻媒体 □　绩效信息员 □　实行风评议代表 □
	8.企业代表 □　9.市民代表:城镇居民 □　农村居民 □　外来创业务工人员 □

请您对表1所列71家综合考评参评单位提出具体意见和建议

(包括具体问题或具体事例,建议一事一议),以便我们进行核实处理

(可另附纸,书写字迹请端正)

单位名称:　　　　　　　　意见和建议:

_____

_____

_____

单位名称:　　　　　　　　意见和建议:

_____

_____

_____

单位名称:　　　　　　　　意见和建议:

_____

_____

单位名称: 意见和建议:

如您提出的具体问题希望得到市直相关单位的直接回复,请留下您的联系方式(电话或电子信箱)

表3   2013 年度杭州市直单位综合考评非参评单位意见征集表

1.市委办公厅(市委政研室)	9.市钱江新城管委会	17.杭州银行	25.国网杭州供电公司
2.市人大常委会机关	10.市国税局	18.杭州联合银行	26.杭州邮政公司
3.市政府办公厅(市政府研究室)	11.杭实集团	19.市贸促会(市国际商会)	27.杭州电信公司
4.市政协机关	12.市商旅集团	20.杭州海关(在杭单位)	28.杭州移动公司
5.市纪委机关(市监察局)	13.市城投集团	21.杭州检验检疫局	29.杭州联通公司
6.市法院	14.市交投集团	22.市邮政管理局	
7.市检察院	15.市地铁集团	23.市气象局	
8.杭州钱江经济开发区管委会	16.市金融投资集团	24.市烟草局	

请您对上述 29 家综合考评征求意见单位提出具体意见和建议

(包括具体问题或具体事例,建议一事一议),以便我们进行核实处理

(可另附纸,书写字迹请端正)

单位名称: 意见和建议:

单位名称：　　　　　　　　意见和建议：

单位名称：　　　　　　　　意见和建议：

单位名称：　　　　　　　　意见和建议：

　　如您提出的具体问题希望得到市直相关单位的直接回复,请留下您的联系方式(电话或电子信箱)

表4-1,4-2　2013年度杭州市直单位领导班子作风状况评价表

填表人身份	1.市党代表 □ 2.市人大代表 □ 3.市政协委员 □ 4.区、县(市)领导代表 □
	5.区、县(市)机关代表:部、委、办、局负责人 □ 街道(乡镇)党政(包括人大)负责人 □
	6.社会组织代表:社区居委会负责人 □ 行业协会负责人 □ 民办非企业单位负责人 □ 驻杭商会负责人 □
	7.社会监督代表:老干部 □ 专家学者 □ 省直机关 □ 新闻媒体 □ 绩效信息员 □ 实行风评议代表 □
	8.企业代表 □ 9.市民代表:城镇居民 □ 农村居民 □ 外来创业务工人员 □

评价内容:领导班子执行党风廉政建设责任制情况;落实中央和省、市委部署的作风建设各项工作任务的情况;贯彻落实中央八项规定精神和省、市委有关将强作风建设规定情况;作风建设的其他情况。

	编号	参评单位名称	综合评价					弃权
			满意	比较满意	基本满意	不太满意	不满意	
社会服务多的政府部门(15个)	1	市城管委(市城管执法局)	☐	☐	☐	☐	☐	☐
	2	市公安局	☐	☐	☐	☐	☐	☐
	3	市食品药品监管局	☐	☐	☐	☐	☐	☐
	4	市住保房管局	☐	☐	☐	☐	☐	☐
	5	市人力社保局	☐	☐	☐	☐	☐	☐
	6	市环保局	☐	☐	☐	☐	☐	☐
	7	市卫生局	☐	☐	☐	☐	☐	☐
	8	市交通运输局	☐	☐	☐	☐	☐	☐
	9	市物价局	☐	☐	☐	☐	☐	☐
	10	市教育局	☐	☐	☐	☐	☐	☐
	11	市工商局	☐	☐	☐	☐	☐	☐
	12	市规划局(市测绘与地理信息局)	☐	☐	☐	☐	☐	☐
	13	市建委	☐	☐	☐	☐	☐	☐
	14	市财政局(市地税局)	☐	☐	☐	☐	☐	☐
	15	市质监局	☐	☐	☐	☐	☐	☐
社会服务较多的政府部门(12个)	16	杭州西湖风景名胜区管委会(市园文局)	☐	☐	☐	☐	☐	☐
	17	市民政局(市老龄工办)	☐	☐	☐	☐	☐	☐
	18	市信访局("12345"市长公开电话受理中心)	☐	☐	☐	☐	☐	☐
	19	市旅委	☐	☐	☐	☐	☐	☐
	20	市农业局(市水产局)	☐	☐	☐	☐	☐	☐
	21	市安全监管局(市安委办)	☐	☐	☐	☐	☐	☐
	22	市文广新闻出版局(市版权局)	☐	☐	☐	☐	☐	☐
	23	市国土资源局	☐	☐	☐	☐	☐	☐
	24	杭州经济开发区管委会	☐	☐	☐	☐	☐	☐
	25	市林水局	☐	☐	☐	☐	☐	☐
	26	市体育局(市体育总会)	☐	☐	☐	☐	☐	☐
	27	市司法局	☐	☐	☐	☐	☐	☐

续表

	编号	参评单位名称	综合评价					弃权
			满意	比较满意	基本满意	不太满意	不满意	
社会服务相对较少的政府部门及其他单位（26个）	28	杭州公积金中心	☐	☐	☐	☐	☐	☐
	29	市统计局	☐	☐	☐	☐	☐	☐
	30	市经信委	☐	☐	☐	☐	☐	☐
	31	市发改委	☐	☐	☐	☐	☐	☐
	32	市贸易局（市粮食局）	☐	☐	☐	☐	☐	☐
	33	市科委（市知识产权局、市地震局）	☐	☐	☐	☐	☐	☐
	34	市人口计生委	☐	☐	☐	☐	☐	☐
	35	市人防办（市民防局）	☐	☐	☐	☐	☐	☐
	36	杭州文广集团（杭州广播电视台）	☐	☐	☐	☐	☐	☐
	37	市审计局	☐	☐	☐	☐	☐	☐
	38	杭报集团（杭州日报社）	☐	☐	☐	☐	☐	☐
	39	市西博办（市会展办）	☐	☐	☐	☐	☐	☐
	40	市档案局（市档案馆）	☐	☐	☐	☐	☐	☐
	41	市民族宗教局	☐	☐	☐	☐	☐	☐
	42	市外经贸局	☐	☐	☐	☐	☐	☐
	43	市国资委	☐	☐	☐	☐	☐	☐
	44	市运河综保委（市运河集团）	☐	☐	☐	☐	☐	☐
	45	市金融办	☐	☐	☐	☐	☐	☐
	46	市农办	☐	☐	☐	☐	☐	☐
	47	市法制办	☐	☐	☐	☐	☐	☐
	48	市审管办（市公共资源交易管委会办公室）	☐	☐	☐	☐	☐	☐
	49	市机关事务局	☐	☐	☐	☐	☐	☐
	50	市供销社	☐	☐	☐	☐	☐	☐
	51	市外办（市港澳办）	☐	☐	☐	☐	☐	☐
	52	市侨办	☐	☐	☐	☐	☐	☐
	53	市经合办	☐	☐	☐	☐	☐	☐

续表

	编号	参评单位名称	综合评价					弃权
			满意	比较满意	基本满意	不太满意	不满意	
党群部门（18个）	54	市委组织部（市委人才办）	☐	☐	☐	☐	☐	☐
	55	市委宣传部（市文明办）	☐	☐	☐	☐	☐	☐
	56	市委统战部	☐	☐	☐	☐	☐	☐
	57	市委政法办（市综治办）	☐	☐	☐	☐	☐	☐
	58	市编委办	☐	☐	☐	☐	☐	☐
	59	市委老干部局（市关工委）	☐	☐	☐	☐	☐	☐
	60	市直机关工委	☐	☐	☐	☐	☐	☐
	61	市委党史研究室	☐	☐	☐	☐	☐	☐
	62	市委党校（市行政学院、市社会主义学院）	☐	☐	☐	☐	☐	☐
	63	市委台办（市台办）	☐	☐	☐	☐	☐	☐
	64	市总工会	☐	☐	☐	☐	☐	☐
	65	团市委	☐	☐	☐	☐	☐	☐
	66	市妇联	☐	☐	☐	☐	☐	☐
	67	市文联	☐	☐	☐	☐	☐	☐
	68	市科协	☐	☐	☐	☐	☐	☐
	69	市侨联	☐	☐	☐	☐	☐	☐
	70	市残联	☐	☐	☐	☐	☐	☐
	71	市社科联（市社科院）	☐	☐	☐	☐	☐	☐
其他单位（40个）	72	市委办公厅（市委政研室）	☐	☐	☐	☐	☐	☐
	73	市人大常委会机关	☐	☐	☐	☐	☐	☐
	74	市政府办公厅（市政府研究室）	☐	☐	☐	☐	☐	☐
	75	市政协机关	☐	☐	☐	☐	☐	☐
	76	市纪委机关（市监察局）	☐	☐	☐	☐	☐	☐
	77	市法院	☐	☐	☐	☐	☐	☐
	78	市检察院	☐	☐	☐	☐	☐	☐
	79	市考评办	☐	☐	☐	☐	☐	☐
	80	市委610办公室	☐	☐	☐	☐	☐	☐
	81	杭州钱江经济开发区管委会	☐	☐	☐	☐	☐	☐
	82	市钱江新城管委会	☐	☐	☐	☐	☐	☐
	83	市国安局	☐	☐	☐	☐	☐	☐
	84	市国税局	☐	☐	☐	☐	☐	☐
	85	杭州检验检疫局	☐	☐	☐	☐	☐	☐

续表

	编号	参评单位名称	综合评价					弃权
			满意	比较满意	基本满意	不太满意	不满意	
其他单位（40个）	86	市邮政管理局	☐	☐	☐	☐	☐	☐
	87	市政府驻北京办事处	☐	☐	☐	☐	☐	☐
	88	市政府驻上海（深圳）办事处	☐	☐	☐	☐	☐	☐
	89	杭实集团	☐	☐	☐	☐	☐	☐
	90	市商旅集团	☐	☐	☐	☐	☐	☐
	91	市城投集团	☐	☐	☐	☐	☐	☐
	92	市交投集团	☐	☐	☐	☐	☐	☐
	93	市地铁集团	☐	☐	☐	☐	☐	☐
	94	市金融投资集团	☐	☐	☐	☐	☐	☐
	95	杭州银行	☐	☐	☐	☐	☐	☐
	96	杭州联合银行	☐	☐	☐	☐	☐	☐
	97	市贸促会（市国际商会）	☐	☐	☐	☐	☐	☐
	98	市气象局	☐	☐	☐	☐	☐	☐
	99	市烟草局	☐	☐	☐	☐	☐	☐
其他单位（40个）	100	国网杭州供电公司	☐	☐	☐	☐	☐	☐
	101	杭州邮政公司	☐	☐	☐	☐	☐	☐
	102	市发展规划研究院	☐	☐	☐	☐	☐	☐
	103	市农科院	☐	☐	☐	☐	☐	☐
	104	西泠印社社委会	☐	☐	☐	☐	☐	☐
	105	市工商联	☐	☐	☐	☐	☐	☐
	106	市红十字会	☐	☐	☐	☐	☐	☐
	107	杭氧集团	☐	☐	☐	☐	☐	☐
	108	杭州城西科创产业积聚区管委会	☐	☐	☐	☐	☐	☐
	109	杭师大	☐	☐	☐	☐	☐	☐
	110	杭州科职院（杭州电大）	☐	☐	☐	☐	☐	☐
	111	杭职院	☐	☐	☐	☐	☐	☐
		您对杭州市市直单位领导班子总体作风状况是否满意	☐	☐	☐	☐	☐	☐

表5　2013年度杭州市直单位综合
考评社会评价调查问卷

<table>
<tr><td rowspan="8">填表人基本情况</td><td colspan="2">性别:男 □　　女 □　　年龄:20 岁以下 □　　20—29 岁 □　　30—39 岁 □　40—49 岁 □　50—59 岁 □　60 岁以上 □</td></tr>
<tr><td colspan="2">文化程度:小学以下 □　　小学 □　　初中 □　　高中 □　　大专 □　　大学研究生及以上 □</td></tr>
<tr><td rowspan="6">身份</td><td>1.市党代表 □　　2.市人大代表 □　　3.市政协委员 □　　4.区、县(市)领导代表 □</td></tr>
<tr><td>5.区、县(市)机关代表:部、委、办、局负责人 □　　街道(乡镇)党政(包括人大)负责人 □</td></tr>
<tr><td>6.社会组织代表:社区居委会负责人 □　　行业协会负责人 □　　民办非企业单位负责人 □　　驻杭商会负责人 □</td></tr>
<tr><td>7.社会监督代表:老干部 □　　专家学者 □　　省直机关 □　　新闻媒体 □　　绩效信息员 □　　实行风评议代表 □</td></tr>
<tr><td>8.企业代表 □　　9.市民代表:城镇居民 □　　农村居民 □　　外来创业务工人员 □</td></tr>
</table>

<table>
<tr><td rowspan="4">调查</td><td>1.您对市直单位今年以来的总体工作成效是否满意?(任选一项)
□ 满意　□ 比较满意　□ 基本满意　□ 不太满意　□ 不满意　□ 不了解</td></tr>
<tr><td>2.您对杭州市一年来改善民生的总体成效是否满意?(任选一项)
□ 满意　□ 比较满意　□ 基本满意　□ 不太满意　□ 不满意　□ 不了解</td></tr>
<tr><td>3.您对我市"惠民为民"十大工程中哪几项工作成效最满意?(任选三项)
□ 交通便民　□ 百姓安居　□ 就业促进　□ 社保提升　□ 教育强基　□ 文化惠民　□ 医卫利民　□ 体育健身　□ 食品放心　□ 平安创建</td></tr>
<tr><td>4.市委十一届五次全体(扩大)会议研究部署"美丽杭州"建设工作,通过"美丽杭州"建设实施纲要。您认为重点应从哪些地方着力?(任选三项)
□ 着力完善城乡区域空间布局　□ 着力保护和修复自然生态系统　□ 着力推进环境突出问题综合治理　□ 着力推进产业升级和绿色转型　□ 着力改善城乡人居环境　□ 着力传承和发展美丽人文　□ 着力提升城乡居民生活品质</td></tr>
</table>

调查	5.您对市直单位今年开展的党的群众路线教育实践活动成效是否满意?(任选一项) ☐ 满意　☐ 比较满意　☐ 基本满意　☐ 不太满意　☐ 不满意 ☐ 不了解 我市在党的群众路线教育实践活动中开展的"九大行动",您认为哪些方面成效明显?(任选三项) ☐ 基层走亲　☐ 服务提效　☐ 贴心城管　☐ 交通治堵 ☐ 三改一拆　☐ 清水治污　☐ 大气整治　☐ 食品安全 ☐ 就业促进
	6.您认为杭州综合考评与绩效管理在回应社会公众诉求,抓好意见整改,提升政府绩效,推进科学发展上的成效如何?(任选一项) ☐ 很好　☐ 好　☐ 较好　☐ 不太好　☐ 差　☐ 不了解 具体表现在哪些方面? ☐ 促进机关"眼睛向下",增强了责任意识和服务意识 ☐ 促进机关作风转变,提高了办事效率 ☐ 优化政务环境,提升了政府服务质量和水平 ☐ 进一步落实"四问四权",促进了公民有序政治参与 ☐ 及时有效地发现问题,促进了民生问题的改善 ☐ 促进市委、市政府重大决策的落实,推动了科学发展 ☐ 强化了绩效管理,推进了政府创新　☐ 其他:_____
	7.您对市委、市政府工作有何意见建议? _____ _____ _____

政府绩效管理中的公民参与：
深圳市的探索与反思

高 洁 朱衍强

一、导 言

深圳市是中国南部海滨城市,位于珠江口东岸,与国际大都会香港仅一水之隔。1980 年,在改革开放总设计师邓小平的倡导下,深圳市建成我国第一个经济特区,并逐步成为我国改革开放和现代化建设的先行先试地区,在较短的时间里从一个边陲小镇发展成一座拥有上千万人口,经济繁荣、社会和谐、功能完备、环境优美的现代化大都会,创造了世界工业化、城市化、现代化史上的奇迹。作为我国的重要国际门户,深圳市是世界上发展最快、我国经济最发达城市之一,人均 GDP 居全国大中城市第一。

经过 30 多年的改革开放和迅速发展,深圳市目前正处于一个历史性的转折关头,经济社会发展形势更加复杂,人们对政府的要求更高,政府必须加快向公共服务型政府转变。为此,深圳市于 2007 年开始积极地探索开展政府绩效管理,推动政府向高效化、集约化、精简化等方向发展。经过 2007年至 2009 年 3 年的局部试点和 2010 年的全面试行,深圳市从 2011 年起在全市政府系统正式推行政府绩效管理工作,目前已初步实现了政府绩效管理的系统化、电子化、流程化、精细化和标准化。2011年6月,深圳市被选为全国开展政府绩效管理试点的8个地区之一;同年12月,又被中国行政管理学会、全国政府绩效管理研究会授予"全国政府绩效管理创新示范点"的称号。2013年1月,国家政府绩效管理工作部际联席会议办公室组织工作小组对深圳市政府绩效管理工作进行全面的检查和评估,认为其改革取得较好的、可供外界参考的经验。

公民参与政府绩效管理有利于实现公众的合理诉求与广泛监督,有利于提升政府绩效管理的有效性,弥补政府绩效管理的现实不足与缺陷,也为以创建服务型政府为宗旨而开展的政府绩效管理工作提供了现实依据。实践表明,公民参与是推进政府绩效管理的内在要求,公民参与的程度是衡量政府绩效管理有效性的一个重要指标。深圳市在推进政府绩效管理工作的过程中,越来越注重并不断扩大公众的参与,试图改变政府既是"全能"政府,又是"负不了责任"的政府,既是"老百姓什么都依赖"的政府,也是"老百姓不相信"的政府的现实困局。

本文将首先介绍深圳市的政府绩效管理体系的整体设计,随后着重分析政府绩效公众满意度调查和专项工作的群众评议活动中的主要做法与效果,最后探讨与反思通过政府主导的公民参与来推进公民参与政府绩效管理的挑战。

二、深圳市政府绩效管理体系架构

2007年4月,深圳市政府颁发了《深圳市政府绩效评估指导书(试行)》和《深圳市政府绩效评估体系指标(试行)》两个文件,并选取16个政府职能部门及6个区政府作为政府绩效管理试点单位,正式启动了政府绩效管理工作。为推动该项工作顺利开展,深圳市成立了深圳市政府绩效评估委员会(后改为深圳市政府绩效管理委员会),主任由市长兼任、副主任由常务副市长和市政府秘书长兼任,成员由市发改、财政、监察、人力资源保障、审计、统计、法制等部门的行政首长组成。委员会下设绩效办公室（即市绩效办），负责绩效评估日常管理工作。① 市绩效办设在市监察局，由市监察局局长兼任主任，并从成员单位抽调人员长期集中办公。② 2009年8月，深圳市颁发《关于印发深圳市政府绩效评估与管理暂行办法等"1+3"文件的通知》，包括《深圳市政府绩效评估与管理暂行办法》及《深圳市政府绩效评估与管理指标确定及数据采集规则》、《深圳市政府绩效评估与管理方法和程序操作规则》、《深圳市政府绩效评估与管理结果运用规则》3个配套文件。自此，深圳市对政府绩效管理的探索又有了政府规范性文件的制度保障。

深圳市政府绩效管理体系有两个亮点。第一是每年年初，市政府印发绩效管理工作实施方案，各单位则结合实际制定年度绩效计划和"公共服务白皮"（即服务承诺），向社会公布主要工作职责、本年度任务、上年度任务完成情况等。而白皮书的完成情况，是各单位绩效评估的重要指标之一。第二是深圳市开发并建设了深圳市政府绩效电子评估系统，将绩效管理与现代信息技术紧密结合起来。例如，该电子系统能够通过自动抓取数据和46家单位定期传输数据，实现数据采集、报送和评估的自动化，完成非人力所能为的海量数据处理工作。可以说，在这些方面，深圳市对政府绩效管理体系的探索有着独具特色的创新。③ 2011年上半年，深圳市被国家监察部选为全国绩效管理试点地区之一。

就政府绩效评估体系的指标设置而言，根据《深圳市政府绩效评估与管理暂行办法》，政府绩效评估体系分为内部评估与外部评估。其中，内部评估主要是指对各评估部门的客观绩效完成情况的测评，占总权重的65%，其评估体系由三级指标构成，并对市政府工作部门及区政府和新区管委会分别设置了不同的评估指标。根据《关于印发深圳市2011年度政府绩

---

① 深圳市人民政府：《关于印发〈深圳市政府绩效评估指导书（试行）〉和〈深圳市政府绩效评估指标体系（试行）〉的通知》（2007年）。
② 深圳市监察局：《深圳市政府绩效管理工作情况汇报》（2011年）。
③ 深圳市监察局：《深圳市政府绩效管理工作情况汇报》（2011年）。

效评估体系的通知》,市政府工作部门的评估体系包含 4 个一级指标,分别为行政业绩、行政效率、行政能力、行政成本,下设 11 个二级指标和 19 个三级指标。区政府和新区管委会的评估体系的 4 个一级指标分别为公共服务、社会管理、经济调节和市场监管,下设 11 个二级指标和 28 个三级指标(详见附件 1 和附件 2)。

外部评估指由市统计局组织测评领导和公众代表对政府各部门工作表现的主观感受,占总权重的 35%。其中,市委市政府的领导评价占 10%,公众满意度评估调查占 25%,比重之大,足以说明深圳市政府对公众意见的重视。事实上,从政府绩效管理试点伊始,深圳市政府就强调秉持执政为民的理念,尝试采用各种方式收集公众诉求、了解民情民意、提供公民参与政府绩效管理的各种渠道。例如,2010 年,深圳市通过网络开展了一次公众满意度电子调查,实为一项大胆创新的举措。调查问卷通过深圳市政府绩效管理网站(www.szjx.gov.cn/dzmd/index.htm)公开,市民则可根据年初该网站公开的政府各部门及区政府的年度公共服务白皮书中的服务承诺、结合自身对各个部门提供服务质量的实际感受,评价各部门的绩效。然而,尽管电子民调是一种简单便捷的调查平台,但实践证明,这个平台可能会被某些部门或人员操控结果,不一定能准确地反映公众的真实情况。

三、深圳市政府绩效管理中公民参与的主要方式

探索公民参与政府绩效管理的有效方式是深圳市政府绩效管理实践的重要内容之一。在探索政府绩效管理改革的过程中,深圳市始终坚持"标杆管理、过程控制、结果导向、持续改进、公众满意"的政府绩效管理理念,将公众满意作为一切工作的出发点和归宿。这也是公民参与受到高度重视的集中体现。目前,深圳市公民参与政府绩效评估的主要方式是通过政府绩效公众满意度调查,这是深圳市长期推行的一项旨在推动公众积极参与政府绩效管理的群众性活动。满意度调查历经了多年的发展和完善,截至

目前已经比较成熟,最能体现深圳市政府绩效管理活动中的公民参与现状。此外,深圳市各下属单位也对公民参与政府绩效评估进行了各自的探索。

(一)通过公民参与推动工作持续改进

首先,部分辖区促进公众与有关政府单位的反馈互动。在每次开展绩效评估活动结束之后,有关事项的政府牵头单位首先应根据评估结果特别结合公众反馈的信息,制定详细的、可操作性强的整改计划,作为一种约束性的责任目标在下一阶段工作中予以执行。如果在下一次评估中发现相关单位没有认真地执行整改计划,重复出现上一个评估周期出现的绩效问题的话,主管部门将及时介入,采取相应的责任追究措施,如此推动"发现问题——改进问题——提高绩效"的持续性循环改进。例如,2013年上半年,龙岗区屠宰场建设项目没有按计划完成任务,这将影响老旧屠宰场的关停和新屠宰场的投入使用,进而影响市民肉类食品消费安全。在得到群众的投诉举报后,市政府专门组织力量,协调、督促龙岗区政府加大工作力度,同时及时向群众反馈工作的进展情况,力争得到群众的最大理解和支持。通过努力,全部老旧屠宰场被关停,现代化的新屠宰场的建设任务均在年底前得以顺利完成。至此,深圳市的第1—4号新屠宰场全部正式启用,生猪屠宰设备、技术和能力达到了更高的水平,能够更好地满足市民的消费需求,增强了市民食品消费的安全保障。

通过与公众的反馈互动,还有助于发现工作中的漏洞与不足,避免工作的遗漏、隐瞒和衔接不畅。2013年6月,宝安区的老虎坑环境治理工程进度明显滞后,群众的投诉比较集中。为此,宝安区政府有关部门积极落实群众的反映,并了解到问题的症结在于老虎坑所在的街道办与区城管局责任不清,导致工作上存在衔接的缝隙。对症下药,宝安区城管局积极落实自己承担的责任,并迅速扭转了该项工作的落后局面。2013年7月,南山区接到群众投诉,并据此对主管单位区城管局、责任单位蛇口街道办和招商街道办发出整改建议书,要求尽快改善城市市容环境卫生状况,起到了良好的促进效果。

此外,深圳市在政府绩效管理工作中还非常重视政府各单位之间的交流反馈。对于政府单位来说,都希望知道为什么有些单位会得到公众较高的评价,有些单位却被公众评价较低。为此,在每次评估结果公布后,深圳市都通过召开工作座谈会,让优秀的单位现身说法、介绍经验,让各单位就自身的问题和特点互相交流、沟通信息。由此不仅有助于相关单位进一步重视和理解政府绩效管理工作,同时对于进一步改进工作、提高绩效都有积极的意义。如在2012年的年度座谈会上,深圳市市场监督管理局交流了在全市首创引入具有公信力的第三方机构主导公众意见调查的经验,通过构建"参与——反馈"的意见表达和落实整改的良性机制,确保公众意见调查不走过场,由此不仅不会让政府难堪,反而在沟通中增进了解,赢得政策优化的机会,探索出一条官民共建和谐之路。

持续改进政府工作才是开展政府绩效管理的最终目的。实践证明,公民参与政府绩效管理的目的不是为了对政府各单位进行排名比较,更不是为了简单地奖励或惩罚某个单位,而是为了持续改进政府工作及其绩效。注重公众对政府绩效的反馈,对于促进政府部门改善自身工作的效果是明显的。

(二)重点事项选择及执行监督中的公民参与

部分辖区也采取了一些措施来加强公众在关系民生的政策选择和执行监督方面的参与程度。例如,2013年初,福田区对1430多件民生议题进行普查和筛选,选取了其中的50项,然后通过腾讯大粤网、福田民生微信、福田政府在线、福田网等平台广泛调查,征集公众意见,并根据群众的投票最终择优选出20件民生实事,并写入政府工作报告。这20件民生实事分别是:(1)再创建20所普惠制幼儿园;(2)发掘10000个就业岗位,促进居民充分就业;(3)开展健康社区等"健康细胞"创建工作,设立100个健康书吧,举办100场健康讲座;(4)推行家庭医生计划,实现社区全覆盖;(5)"先诊疗后结算"模式由综合医保人群扩大到非医保人群;(6)为辖区首批20万户家庭发放"居民健康五件套";(7)大力推进10000套保障性住房的建设,年内提供988套保障性住房;(8)完成3500套企业人才住房分配,启动企业人才住房货币补贴发放工作;(9)全面更新提升辖区公共文体设施,以政府补贴的形式,开展高雅艺术"低票价"工程,采购100场文化艺术演出;(10)打造7个主题文化馆;(11)利用零星地块建设5个公益停车场;(12)继续实施幸福福田济困扶弱计划;(13)建成区残疾综合服务中心;(14)建成10个老人日间照料中心;(15)新建20家社区服务中心;(16)创建60个垃圾减量分类示范点;(17)创建130个司法爱心调解站点;(18)实现高端商务楼宇和居民办事场所Wi-Fi全覆盖;(19)区公安系统试点建立群众办证电子档案,实现市民办证免交纸质材料;(20)完成福荣绿道二期工程和桂花路社区公园二期拓展工程建设。

为实施过程监控,做到持续改进工作,不断提高政府绩效,推进20件民生实事在年底按时按质完成,福田区举行了民生实事的"阶段考"。2013年10月24日,20件民生实事所涉及的福田区直14家职能部门负责人逐一走上汇报席,向124名市、区人大代表汇报民生实事推进情况。人大代表按照满意、基本满意、不满意三个档次现场打分评判。在这20件民生实事中,福田公安分局承办的试点建立福田户籍居民办证电子档案服务系统率先完成,该服务系统今年春节起试点运营,在第二、三季度全面推广,以其便民、环保、高效的三大亮点受到市民广泛欢迎。汇报会上,该件民生实事以87.9%的成绩高居满意率榜首。由福田区住建局承办、以全市首个"的士码头"为鲜明创新特色的5个公益停车场建设项目以76.6%的满意率位列第二。

(三)绩效监测中的公民参与与结果问责

为更好地将绩效工作目标转移到服务公众上来,部分辖区在绩效结果的监测和评议中大胆地创新了公众的参与方式。例如,2013年12月10日至13日,福田区采用群众评议现场答辩会方式,现场接受专家、行家、媒体、居民代表的询问及评价,由民生实事牵头单位上台答辩,专业评委评审打分,市民代表投票,近万网友线上互动提问。从公民参与度来看,4天的现场答辩会上,每天都有 5 位评委、100 位群众代表、平均近 12 万网友的参与,将各项民生实事成果悉数展现在社会公众面前,由社会公众全面评判,真正营造了公众参与、公众评议、公众打分的全民互动氛围。

现场答辩会也设置了较为完善的活动流程:一是区各个民生实事项目的主要负责人现场汇报、演示本部门牵头的民生实事项目的完成情况、项目亮点、群众反馈意见等情况;二是由 5 位专业评委提问;三是与微博微信网友现场互动,随机抽取 3 位网友的问题,由部门进行解答;四是评委打分,计分采用去掉最高和最低分,算平均分的方式;五是由现场 100 位市民投票,市民分数与评委分数结合,形成该部门的最后得分,当场公布。

20 件民生实事答辩会按照 4 个系列举行,分别为是城建系列 5 项民生实事、文教卫系列 5 项实事、法制科技系列 5 项实事、就业民政系列 5 项实事。此前,所有民生实事的项目情况已制成电子文档发送到专家评委及居民代表邮箱供审阅。在现场答辩会上,则先由承办单位团队汇报,然后由 5 人专家评委提问打分,再由台下 10 个街道 100 名居民代表和 10 名媒体代表用电子表决器现场表决,同时进行微博、微信直播,接受网友的提问,与网友互动交流。网络在线投票由腾讯大粤网、福田民生微信、福田政府在线、福田网等平台 4 个渠道进行汇总累计,时间从 11 月 13 日开始至答辩会结束,即 12 月 13 日晚 24 时,为期一个月。以上各方面的得分结果,进行加权汇总后向社会公布。

根据活动规则,各项民生实事的成绩由评委评分、现场群众投票和网络 3 项构成。福田区城管局是第一个进行群众评议的单位。按照计划,该局今年要创建 60 个垃圾减量分类示范点。福田区城管局答辩完成后,5 位专家评审进行打分,该项目获得 95 分。接着,参与答辩的 100 位市民代表和 10 名媒体代表对该项目进行投票,福田区城管局此项工作获得的满意率和基本满意率为 97.2%,折合为 88.6 分。上述两项打分再加上网民给出的分数,就是福田区城管局办理此项民生实事的最终得分,一共 91.79 分。

本次群众评议活动有两大亮点:一是深度。除了承办单位汇报 10 分钟外,每个项目还有 20 分钟充分的提问互动时间,每个单位至少回答 5 个专家和网友的在线提问，问题丰富而且具有深度和广度。二是实际。每天参加评议活动的都是来自福田区本土各行业的专家和行家，接地气、懂区情。总体上看，福田区此次举行的群众评议活动创新性开展政绩问民、成效问民、满意问民的形式，取得了良好的效果。

四、深圳市政府绩效管理中的公民满意度调查

公众满意度调查是深圳市公民参与政府绩效评估的最主要方式，也是深圳市探索政府绩效评估公民参与的重点。深圳市绩效办于2007年底开始筹备政府绩效公众满意度调查，2008年首次正式在22个试点单位通过对随机抽取的公众代表和服务对象开展调查，2011年开始在全市范围内推行，至2012年调查的对象单位已扩大到45个，覆盖政府服务对象近万人，调查的内容和方法也经过多次修订而不断改善。2007年至2010年间，深圳市绩效办主要采取了两种方式开展满意度调查。一是问卷调查，采用街头拦截公众填写问卷的方法。二是专家访谈，主要是向部分人大代表、政协委员以及一些关心政府工作的专家学者们进行面对面的采访和提问。这个阶段公众代表主要是随机选取的居民，但在调查点的选择和调查样本的数量这两个方面进行了不断细化。例如，2008年的调查对象为在深圳居住半年以上的市民，全市共设立了14个调查点，其中7个在市政府和各区政府的办事窗口，7个在各大商业旺区。2009年将调查对象调整为在深圳居住一年及以上的居民，在每个区都设置1个调查点，地点设置在区政府前厅或区政府办事窗口，每个调查点至少调查1000人作为样本。

2010年，为了更加客观准确地反映民情民意，调查方案首次将政府部门根据职能及特性划分为四类，并在此分类的基础上对调查对象也进行了划分，并且增加了机关工作人员作为调查对象。当年的调查结果表明，将被调查的单位和公众代表进行分类对于有效获取公众对政府绩效感知而言非常重要。对政府的服务和工作有直接接触的公众代表，往往做出相对准确

和客观的评估。但是,这一阶段的实践也反映出了一些问题。例如,调查有时会受到一定干扰,尤其是到各区办事大厅调查时,有时调查难以顺利进行和独立开展;被访人员的代表性和覆盖面也有待进一步加强,等等。[①]

为了更好地设计和推行满意度调查,针对前一阶段实践中所反映出来的问题,市统计局和绩效办于 2011 年 8 月通过书面征求意见、召开座谈会等方式,征求了 41 个被评估单位以及市委组织部、市人大常委会办公厅、市政协办公厅等相关单位的意见。其中,23 个单位提出了修改意见和建议,共收回了 77 条具体意见,主要包括调查对象的组成及抽样比例、被评估单位推荐服务对象要求、调查方式及地点选择、最低调查样本量设定、被评估单位的分类、调查工作的组织及监督、抽样问卷的记分办法等。经讨论后有61 条意见(约占总数的 79%)得到采纳或部分采纳。[②]

(一)公众代表的组成及抽样

根据这些反馈的意见,市统计局与市绩效办共同制定了《2011 年深圳市政府绩效公众满意度抽样调查实施方案》,并于当年 12 月 1 日至 15 日在全市范围内全面推行公众满意度调查,调查对象为在深圳工作或居住 2 年以上(含 2 年)的居民。同时,为了客观、真实地反映被评估单位的绩效情况,所有参与评议的 41 个单位根据其职责和特性分为三类。

第一类为 8 个区政府及新区管委会,包括福田区、罗湖区、南山区、盐田区、宝安区、龙岗区、光明新区和坪山新区。

第二类为 24 个对外提供公共管理和服务的部门,包括市发改委、科工贸信委、财政委、规划国土委、人居环境委、交通运输委、卫生人口计生委、教育局、公安局、民政局、司法局、人力资源保障局、农业局、文体旅游局、住房建设局、水务局、地税局、市场监管局、药品监管局、城管局、气象局、国资委、口岸办和台办。

[①] 深圳市统计局:《政府绩效满意度调查工作介绍》(2012 年)。
[②] 深圳市统计局:《2011 年度政府绩效公众满意度抽样调查报告》(2012 年)。

第三类为 9 个在政府内部进行协调管理的部门,包括市政府办公厅、监察局、审计局、统计局、法制办、外办、应急办、金融办和建筑工务署。

此次满意度调查方案最大的创新之处是采用了大评议团制,即成立一个由各类公众代表组成的评议团来评估政府绩效。评议团则由六类公众代表组成,包括党代会代表、人大代表、政协委员、市政风监测点代表、被评估单位公务员代表和被评估单位服务对象代表。这些代表均由相关部门推荐产生。如表 1 所示,2011 年的评议团共由 9360 人组成,包括:市党代会代表 100 人,由市委组织部推荐;市人大代表 100 人,由市人大常委会办公厅推荐;市政协委员代表 100 人,由市政协办公厅推荐;市政风监测点代表 40 人,由市纠风办推荐;被评估单位公务员代表共 820 人,由 41 个被评估单位每个均等推荐本单位工作人员 20 人;被评估单位服务对象代表总计 8200

表 1 2011 年评议团评议方案表

代表来源	人数	推荐部门	抽样比例	权重
党代会代表	100	市委组织部	50%	85%
人大代表	100	市人大常委会办公厅	50%	
政协委员	100	市政协办公厅	50%	
市政风监测点代表	40	市纠风办	50%	
被评估单位公务员代表	820	每个被评估单位均等推荐20 人	50%	
被评估单位服务对象代表	8200	每个单位均等推荐 200 人	20%	15%
总数	936	—	—	100%

注:1.为保证代表广泛性,推荐参与评议的市党代会代表、市人大代表、市政协委员代表可以是市级和区级党代会代表、人大代表、政协委员,但不能是政府机关工作人员。

2.公务员代表须在深圳工作或居住 2 年以上,并为被评估单位在编的公务或事业单位人员,各区也可以是直属机构的在编公务员。

3.被评估单位推荐的服务对象为居民代表、企业代表及机关事业单位工作人员代表(非本机关工作人员)等特定的服务对象代表。第一类单位的服务对象,原则上 40% 为居民代表,60% 为企业代表;第二类单位的服务对象,原则上机关事业单位工作人员代表不超过 40%,其余为居民代表、企业代表或特定服务对象代表;第三类单位的服务对象,原则上机关事业单位工作人员代表不超过 60%,其余为居民代表、企业代表或其他单位特定服务对象代表。居民代表须在深圳工作或居住 2 年以上,并不可为公职人员及其家属。

资料来源:根据《2011 年深圳市政府绩效公众满意度抽样调查实施方案》自制。

人,由41个被评估单位每个均等推荐200人。其中,前五类代表对全部被评估单位进行评议,服务对象只对所推荐单位进行评议。①

调查采取大评议团制与政府办事场所随机调查相结合的方法。其中,大评议团样本共620份,采用等距随机抽样方法进行抽样,即在各类评议人员的样本框中,按相同的距离抽取实际评议人员,保证抽样的均衡。如抽到重复的评议人员,则通过随机抽样重新确定替代的评议人员。此外,市民中心行政服务大厅随即抽样调查样本200份。因此,每个单位的实际公众满意度调查样本量为820份。如果在规定时间、规定调查对象的调查中,所获有效样本未达到规定的数量,统一组织在市民中心大厅增加调查样本,直至获得足够有效样本。

在获取足够的样本后,市统计局对这些样本进行抽样。对包括党代会代表、人大代表、政协委员、市政风监测点代表和被评估单位公务员代表的抽样比例为50%,对被评估单位服务对象代表的抽样比例为20%。在实际评议中,党代会代表、人大代表、政协委员、市政风监测点代表、被评估单位公务员代表和市民中心随机抽样调查人员调查分值占总分的85%,各被评估单位推荐服务对象代表调查分值占总分的15%。②

采用大评议团的好处如下:首先,评议团由各方人员组成,因此有较好的代表性。2011年参与评议的41个单位的所抽样选出的公众代表一共2450人,包括被评议的各单位公务员代表10名(共410名)、被评议的各单位服务对象代表40名(共1640名)、市党代会代表50名、市人大代表50名、市政协委员代表50名、市政风监测点代表50名、市民中心行政服务大厅随机拦截的公众200名(见图1)。其次,由评议团进行评议也可以使评估工作较好地做到公开公正,所有评议工作都在明处,受干扰少,每个单位推荐的人数相同,充分体现公平性。再次,评议团人员众多,不会被任何单位或个人操控。最后,评议团进行评议,可以较好地实现调查工作的透明,

① 深圳市统计局:《2011年深圳市政府绩效公众满意度抽样调查实施方案》(2012年)。
② 深圳市统计局:《2011年深圳市政府绩效公众满意度抽样调查实施方案》(2012年)。

用投票箱集中统一收集问卷,集中统一开箱取表,这中间可以较好地杜绝任何人为操控的情况。①

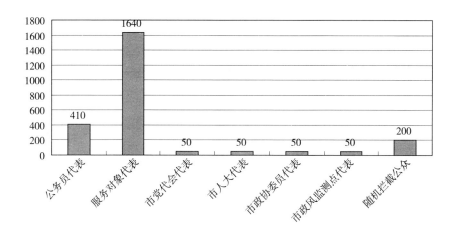

图 1   2011 年参与评议的代表组成

资料来源:根据《2011 年度政府绩效公众满意度调查工作阶段情况总结》自制。

(二)问卷设计

在问卷设计上,深圳市着重将办事效率、廉洁状况、服务态度等这些可被公众直接感知的内容作为公众评估政府绩效的主要内容。每个单位的调查问卷都包含 6 个问题:分别是:(1)对总体绩效的评价;(2)对办事效率和服务态度的评价;(3)对服务水平和工作质量的评价;(4)对廉洁情况的评价;(5)对过去一年工作改进情况的评价;(6)最希望改进的职责事项(主要根据三定方案列出选项)。前 5 个问题予以计分,计分权重依次为 30∶15∶15∶20∶20,第 6 个问题不参与计分。计分的每个问题均有 5 个答案:满意(对应分值为 90 分);较满意(对应分值为 80 分);一般(对应分值为 70分);不太满意(对应分值为 60 分);很不满意(对应分值为 40 分)。

---

① 深圳市统计局:《政府绩效满意度调查工作介绍》(2012 年)。

深圳市政府绩效群众满意度抽样调查三类机构的问卷样本

第一类:区政府及新区管委会(如罗湖区政府)

(一)您对罗湖区政府总体绩效评价如何?

① 满意;② 较满意;③ 一般;④ 不太满意;⑤ 很不满意。

(二)您对罗湖区政府的办事效率、服务态度评价如何?

① 满意;② 较满意;③ 一般;④ 不太满意;⑤ 很不满意。

(三)您对罗湖区政府的服务水平和工作质量评价如何?

① 满意;② 较满意;③ 一般;④ 不太满意;⑤ 很不满意。

(四)您对罗湖区政府廉洁情况评价如何?

① 满意;② 较满意;③ 一般;④ 不太满意;⑤ 很不满意。

(五)您对罗湖区政府过去一年工作改进情况评价如何?

① 满意;② 较满意;③ 一般;④ 不太满意;⑤ 很不满意。

(六)您最希望罗湖区政府在如下哪些方面进行改进(可多选)?

① 社会治安;② 投诉办理;③ 环境治理;④ 综合执法;⑤ 为企业解困。

第二类:对外提供公共管理和服务的部门(如市司法局)

(一)您对市司法局总体绩效评价如何?

① 满意;② 较满意;③ 一般;④ 不太满意;⑤ 很不满意。

(二)您对市司法局办事效率、服务态度评价如何?

① 满意;② 较满意;③ 一般;④ 不太满意;⑤ 很不满意。

(三)您对市司法局服务水平和工作质量评价如何?

① 满意;② 较满意;③ 一般;④ 不太满意;⑤ 很不满意。

(四)您对市司法局廉洁情况评价如何?

① 满意;② 较满意;③ 一般;④ 不太满意;⑤ 很不满意。

(五)您对市司法局过去一年工作改进情况评价如何?

① 满意;② 较满意;③ 一般;④ 不太满意;⑤ 很不满意。

(六)您最希望市司法局在如下哪些方面进行改进(可多选)?

① 法制宣传;② 刑罚执行;③ 法律援助;④ 公证监督;⑤ 监狱管理。

第三类:在政府内部进行协调管理的部门(如市政府办公厅)

(一)您对市政府办公厅总体绩效评价如何?

① 满意;② 较满意;③ 一般;④ 不太满意;⑤ 很不满意。

(二)您对市政府办公厅办事效率、服务态度评价如何?

① 满意;② 较满意;③ 一般;④ 不太满意;⑤ 很不满意。

(三)您对市政府办公厅服务水平和工作质量评价如何?

① 满意;② 较满意;③ 一般;④ 不太满意;⑤ 很不满意。

(四)您对市政府办公厅廉洁情况评价如何?

① 满意;② 较满意;③ 一般;④ 不太满意;⑤ 很不满意。

(五)您对市政府办公厅过去一年工作改进情况评价如何?

① 满意;② 较满意;③ 一般;④ 不太满意;⑤ 很不满意。

(六)您最希望市政府办公厅在如下哪些方面进行改进(可多选)?

① 政务公开;② 服务意识;③ 市政府决定事项和领导批示的督察;

④ 督促检查市人大代表、政协委员议(提)案、建议的承办。

资料来源:《2011 年深圳市政府绩效公众满意度抽样调查问卷》(内部文件)。

在这个问卷设计里，前 5 个问题都是共性化的问题，关注点是公众对某一个区政府或者政府工作部门的总体满意度、该政府或部门的服务态度、办事效率、工作质量、廉洁状况、绩效改进等。第 6 个问题是个性化问题，每个部门的设计都不同，由政府根据三定方案列出主要选项供公众代表选择。该方案囊括了政府提供公共服务最需注意的问题，同时也是公众无论跟哪个政府部门打交道都能够直接感知的内容，较好地体现了简单概要、具有可比性和可操作性的设计理念，在实践中也证明是行之有效的。

（三）独立透明的调查流程

在推行公民满意度调查的探索中，深圳市也特别注重公正独立和公开透明的调查流程。在 2011 年以前，由于满意度调查问卷主要是通过街头拦截公众现场填报的方式完成，因此主要是由市统计局负责对调查指导员和调查员进行选调和业务培训。例如，2010 年市统计局选调了深圳大学的本科生与研究生约 200 人，分成 40 个小组，每个小组 5 人，选出小组长负责调查点全面工作。为控制公众满意度的调查结果质量，除了保障调查工作程序的科学严谨外，还在调查之前，对调查员进行培训考核；在调查过程中，进行巡回检查；在调查之后，随机抽取 2% 的问卷进行回访，以确定调查问卷的误差与可信度，进行反复校对与检查。但是，2010 年调查也反映出调查组织工作上的一些问题，主要是公开性、透明性不够，调查容易受到干扰，而且工作越重视，受到的干扰就越大。①

为了增强调查工作的公正、公开、透明和真实，2011 年的调查方案对先前的组织调查工作进行了许多修正。

首先，统一规范了负责评议组织管理的几个主要机构在满意度调查中的职责划分。市统计局负责方案制定并确保按方案的规定进行调查，这包括设计满意度调查的基本方案和监控调查整体流程的质量。独立调查公司根据市统计局制定的方案进行调查，负责现场评议工作的组织，包括签到、

---

① 深圳市统计局：《政府绩效满意度调查工作介绍》（2012 年）。

验证、发表、宣读评议须知等,市民中心现场随机调查工作的组织以及对有效调查表进行数据录入、审核、校对与处理。被评估的各区、市属各单位则负责本单位的会场管理,例如提供评议地点和进行必要的场所布置等。①

其次,对不同的代表采取不同的调查方式。对评议团的一些成员,例如市党代会代表、市人大代表、市政协委员代表、市政风监测点代表的调查,主要是通过邮寄调查表的方式进行。调查表由独立调查机构统一寄出或送出。这些代表完成问卷后,可以将调查表邮寄到市统计局,也可以通知调查机构上门收取。评议团的其他代表,则采取现场集中评议的方法,也就是在统一安排的时间及地点进行评议。评议点的设置原则是每个被评估单位均设立一个评议点,安排本单位推荐的服务对象代表和本单位公务员代表集中评议。②

在评议的现场,代表需携带本人身份证,入场签名,核对身份后获取调查问卷。所有调查问卷均不记名,并且允许评议人员对不熟悉的单位不予评议。评议人员独立填表,现场不允许讨论和交换意见。问卷完成后直接投入投票箱,中间不经过任何个人之手。待所有代表完成问卷后,调查表在市统计局、市绩效办、独立调查机构和公证机构共同监督下开箱和盖章,经盖章确认的调查表由独立机构编序造册,登记备案后进行数据录入。其中,封箱是在各单位进行,开箱、验票、取票、验表,对每一张调查表盖章确认,最后移交独立机构进行数据处理。整个流程都由市公证处进行公证,并对调查的全过程和主要环节进行照相录像,以备校查。在上述过程完成后,由独立调查机构对审定、编码的有效调查表进行数据录入、审核和校对,市统计局则负责对数据录入的质量进行抽查。这样的操作过程确保了数据处理过程的公开、透明,并不受任何机构和个人的干扰,较好地保证了调查的独立性。③

最后,为了保证督察员、秘书处工作人员和独立调查机构的工作人员恪

---

① 深圳市统计局:《2011 年深圳市政府绩效公众满意度抽样调查实施方案》(2012 年)。
② 深圳市统计局:《2011 年深圳市政府绩效公众满意度抽样调查实施方案》(2012 年)。
③ 深圳市统计局:《2011 年深圳市政府绩效公众满意度抽样调查实施方案》(2012 年)。

尽职守，严格按照相关程序开展工作，市统计局特制订了《现场评议流程》、《评议须知》、《督察员守则》、《秘书处守则》、《调查员守则》等相关工作制度。这些制度的建立，对于规范调查流程起到了重要的作用。[①] 可以说，2011 年开始的满意度调查工作都是严格按照方案的规定和要求进行，最大限度地保障了公开公正和透明的流程，其调查结果可以接受任何单位的复合复查，较为真实地反映了公众代表的意见。

（四）公众满意度调查的实施情况

2011 年是深圳市探索公众满意度调查过程中的一个分水岭。2011 年的调查方案一直沿用，虽然 2012 年的调查方案对被调查的单位进行了一些微调，但大体上未有实质性的改变。因此，本部分将采用 2011 年的调查结果来考察该调查方案的效果和有待进一步思考的问题。

1. 2011 年公众满意度调查结果的特点。表 2 总结了 2011 年 41 个单位的满意度调查结果。该调查结果反映出如下特点：

第一，总体而言，各单位得分普遍高于 2010 年。值得关注的是，2011 年度 41 个被评议单位的平均得分为 79.58 分，比 2010 年的平均分高 9.19 分。这说明公众代表对各单位的满意度大体好于去年，处于"一般"到"满意"这个区间，但总体满意度仍有很大提高的空间。从 41 个部门得分的分布来说，得分最高的市政府办公厅 82.12 分，得分最低的市住房建设局 75.05 分，最高分与最低分相差 7.07 分，较 2010 年的评估结果有所缩小，每个部门的得分比较接近。高于平均分（79.58 分）的部门有 23 个，低于平均分的部门 18 个。

第二，从不同的调查对象群体来看，服务对象代表打分普遍较高，而市民代表打分相对较低。服务对象代表评价中，得分最高的是市法制办（89.52 分），得分最低的为光明新区管委会（78.85 分），41 个部门的平均得分是 85.29 分。相比之下，市民中心行政服务大厅现场办事人员评价中，

---

① 深圳市统计局：《2011 年深圳市政府绩效公众满意度抽样调查实施方案》（2012 年）。

得分最高的是科工信贸委(76.69分),得分最低的是市药监局(65.80分),41个部门的平均得分是73.18分。相比之下,公务员代表、党代会代表、市人大代表、市政协委员代表、市政风监测点代表打分非常接近。对41个部门,公务员代表打分平均为78.23分,党代会代表打分平均为78.76分,市人大代表打分平均为79.50分,市政协委员打分平均为80.51分,市政风监测点代表打分平均为81.29分,与服务对象代表和市民代表相比,打分相对均衡。

第三,凡是涉及民生及社会建设管理的热点部门,得分都普遍较低,尤其是住房、药品、国土、城管、公安、交通、建筑、国资、教育、工商、地税、卫生人口、人保等与民生直接联系较多的部门。这说明这些提供公共服务的部门在所评估的指标项上有待进一步改进。

表2 2011年政府绩效公众满意度调查结果

排名	被评估单位	公务员	服务对象	党代表	人大代表	政协代表	政风代表	市民代表	综合得分
1	市府办公厅	80.43	86.91	82.63	81.63	83.40	83.23	76.30	82.12
2	南山区政府	80.70	86.85	81.59	81.73	82.33	82.53	75.98	81.72
3	市应急办	80.65	87.16	81.15	82.48	82.27	83.17	73.91	81.59
4	市外事办	79.10	88.21	81.63	82.00	82.00	83.08	74.15	81.51
5	市法制办	80.18	89.52	81.18	81.57	81.58	83.19	72.83	81.50
6	市气象局	79.55	87.40	80.93	81.54	81.24	83.31	75.69	81.43
7	福田区政府	80.57	85.59	81.44	80.80	81.74	83.24	76.10	81.39
8	市口岸办	78.87	87.74	79.34	80.58	82.43	82.42	76.33	81.16
9	市文体旅游局	79.22	87.47	80.47	81.18	80.34	82.33	76.25	81.09
10	市审计局	78.97	89.13	80.77	79.29	82.03	83.42	72.78	80.98
11	市统计局	79.10	86.19	81.67	82.26	81.13	82.27	72.44	80.77
12	市科工贸信委	78.81	85.17	80.88	78.69	82.03	82.15	76.69	80.67
13	市水务局	78.27	87.53	78.94	79.46	81.22	82.58	75.79	80.60
14	市台办	79.50	84.73	81.12	81.62	81.41	81.09	74.14	80.55
15	罗湖区政府	79.81	86.08	78.37	80.43	81.25	81.18	74.87	80.33
16	市民政局	79.01	86.04	80.20	79.68	80.81	82.39	73.54	80.29
17	市农业和渔业局	78.81	83.74	80.19	79.82	81.09	81.38	75.15	80.06
18	市发展和改革委	78.77	87.85	77.67	79.39	81.41	81.47	73.25	80.04
19	市监察局	79.31	83.40	79.29	80.90	81.16	84.50	71.02	79.97

排名	被评估单位	公务员	服务对象	党代表	人大代表	政协代表	政风代表	市民代表	综合得分
20	市人居环境委	77.48	87.11	78.23	79.91	79.42	82.13	74.28	79.86
21	市金融办	77.25	86.43	77.88	79.77	80.74	82.77	73.68	79.84
22	市司法局	78.90	85.62	79.03	80.39	79.67	83.07	71.44	79.78
23	盐田区政府	80.71	80.04	78.95	81.11	80.53	82.39	74.14	79.70
24	龙岗区政府	79.62	85.41	76.84	79.35	80.23	79.75	73.48	79.29
25	坪山新区管委会	79.56	80.68	78.20	80.04	79.80	81.21	73.06	78.95
26	市人力资源保障局	77.03	84.46	77.21	79.55	80.26	81.73	71.80	78.91
27	市财政委	76.84	84.54	77.54	79.45	79.61	80.35	73.13	78.83
28	市卫生人口计生委	77.70	88.70	78.26	77.70	79.00	78.72	71.17	78.83
29	光明新区管委会	79.80	78.85	78.52	80.27	81.52	79.06	73.32	78.76
30	市地税局	76.59	85.42	76.24	79.55	80.33	80.97	70.69	78.60
31	市市场监管局	76.70	87.85	76.17	76.40	80.00	78.09	73.14	78.41
32	市教育局	76.46	83.20	79.59	78.55	78.46	80.44	71.61	78.37
33	市国资委	76.55	82.87	76.13	77.74	79.65	81.93	72.22	78.19
34	市建筑工务署	75.83	84.68	76.93	77.31	79.19	80.20	72.78	78.18
35	宝安区政府	79.47	80.41	77.53	78.09	79.35	79.10	73.14	78.17
36	市交通运输委	76.28	83.60	76.24	77.69	80.49	79.06	73.27	78.14
37	市公安局	76.29	81.69	78.81	77.71	81.07	79.55	71.51	78.12
38	市城管局	74.73	84.18	76.63	78.21	79.13	80.37	69.16	77.54
39	市国土规划委	74.82	87.55	74.41	74.43	79.01	77.19	73.17	77.31
40	市药监局	75.53	87.64	75.91	74.98	76.68	77.25	65.80	76.35
41	市住房建设局	73.49	79.28	74.43	76.24	75.94	78.64	67.13	75.05

资料来源：《2011 年度政府绩效公众满意度抽样调查报告》(内部文件)。

表3　2011 年 8 个区政府评估结果

单位排名及得分				
单　　位	办事效率和服务态度	服务水平和工作质量	廉洁情况	工作改进情况
罗湖区	3(80.86)	3(80.85)	1(81.02)	2(81.21)
福田区	2(81.50)	2(81.17)	4(79.62)	3(80.84)
南山区	1(81.65)	1(81.64)	2(80.35)	1(81.60)
盐田区	4(79.24)	4(79.51)	5(79.20)	5(79.44)
宝安区	8(78.08)	8(77.74)	3(79.96)	8(78.08)

续表

单位排名及得分				
单　位	办事效率和服务态度	服务水平和工作质量	廉洁情况	工作改进情况
龙岗区	5(78.94)	5(78.75)	8(78.44)	4(79.64)
光明新区	7(78.72)	7(78.10)	7(78.56)	7(78.35)
坪山新区	6(78.78)	6(78.73)	6(79.11)	6(78.97)

资料来源:根据《2011年度政府绩效公众满意度抽样调查报告》自制。

　　第四,从评估的具体内容来看,调查可以提供明确的工作改进信息,这也是开展评估最大的目的。例如,在8个区政府中,南山区、罗湖区和福田区在4个评估指标项上都名列前茅,而宝安区除了廉洁状况评估较好之外,其余3项均排在最后。光明新区和坪山新区的整体成绩偏后(见表3)。同样,在对外提供公共服务的24个政府部门中,有些部门是明显各项指标都评价较好,例如市气象局、市政府口岸办、市文体旅游局、文水务局、市科工贸委,等等。而一些提供公共服务的部门则需要全面改善提供公共服务的效率与质量,例如住房和城建局、市药监局和市国土规划资源委(见表4)。同样,在9个在政府内部进行协调管理的部门里,市政府办公厅各项排名均为头名,随后是市外事办、市应急办和市法制办,而市建筑工务署和市金融发展办则各项均排名靠后(见表5)。这个评估结果,虽然不能完全反映单个政府和部门客观绩效的改变,却能够在某种程度上告诉各政府和部门自己在公众代表心目中的工作表现,从而对有所欠缺的方面做出改善。

表4　2011年对外提供公共服务的24个政府部门评估结果

单位排名及得分				
单　位	办事效率和服务态度	服务水平和工作质量	廉洁情况	工作改进情况
市发改委	11(79.41)	10(79.41)	6(80.34)	8(79.58)
市科工贸委	6(80.38)	4(80.55)	4(80.80)	6(79.94)
市财政委	15/16(78.24)	12(78.48)	13(78.96)	16(78.22)

续表

单位排名及得分				
单　位	办事效率和服务态度	服务水平和工作质量	廉洁情况	工作改进情况
市国土规划资源委	22/23(77.03)	21(77.35)	21(76.92)	22(77.42)
市人居环境委	9(79.88)	9(79.79)	10/11(79.67)	9(79.45)
市交通运输委	20(77.94)	20(77.50)	17(78.06)	18(77.94)
市卫生人口计委	12(78.74)	13/14(78.45)	14(78.89)	17(78.18)
市教育局	13(78.66)	13/14(78.45)	18(77.83)	19(77.88)
市公安局	19(78.06)	17(77.84)	22(76.66)	12(78.67)
市民政局	8(79.93)	8(79.95)	7(80.23)	7(79.84)
市司法局	10(79.76)	11(79.17)	10/11(79.67)	11(79.22)
市人保局	17(78.15)	15(78.44)	12(79.34)	15(78.44)
市农业和渔业局	7(80.19)	7(79.99)	9(79.76)	10(79.39)
市文体旅游局	2(81.09)	3(80.65)	2/3(81.02)	4(80.34)
市住房和建设局	24(75.06)	24(75.23)	24(74.65)	24(75.22)
市水务局	4(80.80)	6(80.10)	8(80.10)	3(80.36)
市地税局	15/16(78.24)	16(78.28)	16(78.11)	13(78.49)
市市场监督管理局	14(78.31)	18(77.83)	15(78.68)	20(77.87)
市药品监督管理局	22/23(77.03)	23(76.46)	23(76.35)	24(76.08)
市城市管理局	21(77.44)	22(77.30)	20(77.01)	21(77.68)
市气象局	1(81.53)	1(81.15)	1(81.66)	2(81.13)
市政府口岸办	3(80.86)	2(80.85)	2/3(81.02)	1(81.21)
市台办	5(80.43)	5(80.33)	5(80.68)	5(80.28)
市国资委	18(78.13)	19(77.55)	19(77.63)	14(78.48)

资料来源：根据《2011 年度政府绩效公众满意度抽样调查报告》自制。

表5 2011 年在政府内部提供协调服务的 9 个政府部门的评估结果

单位排名及得分				
单 位	办事效率和服务态度	服务水平和工作质量	廉洁情况	工作改进情况
市政府办公厅	1(82.00)	1(81.52)	1(82.00)	1(82.00)
市监察局	7(80.10)	8(79.63)	7(80.03)	7(79.65)
市审计局	5(80.66)	5(80.61)	5(81.16)	5(80.76)
市统计局	6(80.61)	6(80.32)	6(81.05)	6(80.44)
市政府法制办	4(81.01)	4(81.09)	4(81.52)	2(81.25)
市政府外事办	3(81.32)	2(81.35)	2(81.82)	3(81.14)
市政府应急办	2(81.59)	3(81.10)	3(81.58)	4(81.12)
市金融服务发展办	8(79.56)	7(79.93)	8(79.80)	8(79.40)
市建筑工务署	9(77.73)	9(77.62)	9(78.24)	9(78.12)

资料来源:根据《2011 年度政府绩效公众满意度抽样调查报告》自制。

2. 2011 年满意度调查中存在的问题。2011 年的评估结果也反映出来现有的制度设计在执行中带来的一些问题,具体包括:

第一,即便是将评议代表按规定时间集中到评议点填写问卷,还是无法避免评议代表缺席的情况(见表 6)。例如,2011 年全市服务对象代表应到1640 人,实到 1423 人,缺席 217 人,缺席率达 13.2%。41 个被评议单位中,服务对象代表全部出席的只有 7 个单位,出席 35—39 人的有 20 个单位,出席 30—34 人的有 5 个单位,出席 25—29 人的有 8 个单位,出席 23 人的有 1个单位。公务员代表应到 410 人,实到 390 人,缺席率达 4.9%。从普遍的原因看,由于公众满意度调查的宣传尚未到位,有的评议代表对公民参与的积极意义认识不到位,仍缺乏参与的意识和动力,总体上热情不高。还有的代表仅仅因为路程较远,而满意度调查填表只需要花三五分钟,因此觉得过于费时费力,参与的意义不大,于是缺席评议活动。

表6　2011年调查问卷基本情况

调查类别	预定调查样本量	实际调查样本	实际有效调查样本	备　注
公务员代表	410	390	388	有1份问卷填写不规范,1份问卷只填写了基本资料,其他均未填写
服务对象代表	1640	1423	1419	有9份问卷填写不规范,4份问卷只填写了基本资料,其他均未填写
市党代表	50	49	48	有1份问卷只填写了基本资料,其他均未填写
市人大代表	50	47	47	问卷全部有效
市政协委员代表	50	41	41	问卷全部有效
市政风监测点代表	22	22	22	问卷全部有效
市民代表	——	912	887	有25份问卷填写不规范
合计	——	2893	2852	——

注:如表中统计数据所示:除了市政协委员代表、市人大代表和市政风监测点代表外,其余的评议代表均存在整体问卷无效的问题,主要包括了两方面:
1.因为问卷的第1—5题作为评分题,只要有其中一题没填写则被视为无效,在对问卷的审核中,一共发现了35份问卷存在着部分评分题未填写选项的情况;
2.有部分代表只填写了个人的基本资料,而未对任何一个部门进行评议,此举亦被视为无效,此类问卷一共有6份。
资料来源:《2011年度政府绩效公众满意度调查工作阶段情况总结》,内部文件。

　　第二,邮寄问卷虽便利被调查对象,但收集问卷却需耗时耗力,否则可能问卷回收率很低。例如,2011年四个代表(市党代表、市人大代表、市政协委员代表和市政风监测点代表)的调查都存在联系难、送表难、收表难的情况。经过多方努力,最后的收表情况是,市党代会代表问卷应收50份,实收49份,1份未收到,回收率为98%;市人大代表问卷应收50份,实收47份,3份未收到,回收率为94%;市政协委员问卷应收50份,实收41份,9份未收到,回收率为82%;市政风监测点代表问卷应收22份,实收22份,回收率为100%(见表7)。

表7 2011年四个代表问卷回收情况表

序号	类别	应收	实收	未收
1	市党代表	50	49	1
2	市人大代表	50	47	3
3	市政协委员代表	50	41	9
4	市政风监测点代表	22	22	0
合计	—	172	159	13

资料来源:《2011年度政府绩效公众满意度调查工作阶段情况总结》(内部文件)。

第三,各单位的评议代表出席率存在很大差异(见表8)。从服务对象来看,41个被评议单位中只有7个单位的服务对象缺席人数为0,剩下的34个单位都有缺席情况。其中,更有9个单位的服务对象缺席人数超过10人。从公务员代表来看,情况相对较好。41个被评议单位中有28个单位的公务员代表缺席人数为0,剩余13个单位实际缺席人数也在1—3人。

表8 2011年三类单位公务员和服务对象代表缺席情况

	公务员代表缺席分布(每个单位应到10人)			服务对象代表缺席分布(每个单位应到50人)			
	无缺席	1—3人	4—10人	无缺席	1—3人	4—10人	10人以上
一类单位:8个区政府及新区管委会	7	1	0	3	1	2	2
二类单位:24个提供公共服务的部门	15	9	0	3	8	8	5
三类单位:9个负责内部协调的部门	6	3	0	1	3	3	2

资料来源:根据《2011年政府绩效公众满意评议公务员代表和服务对象代表出席情况表》自制。

第四,在市民中心服务大厅进行现场拦截访问调查时,各单位的调查问卷有多有少,个别单位收不够预定的调查表数量。市民中心行政服务大厅随机拦截问卷调查,共计拦截访问1079名现场办事人员,一共完成了9023个被评议单位的公众满意度评议问卷,其中有效问卷8912份,问卷有效率为98.8%。但根据各单位的有效评议问卷来看,各单位都满足了方案规定

346

的对各单位的评议问卷需在 200 份以上的要求。

(五)公众满意度调查的效果

深圳市在政府绩效管理工作中高度重视公众的感受,推行并不断优化公众满意度调查在政府绩效管理中的运用。从实践来看,公众满意度调查活动至少起到了以下几个方面的效果。

一是助推了政府的转型。深圳市通过开展公众满意度调查,以公众为政府绩效评估主体,对政府提供的各项公共服务进行评价和反馈,有利于从中找出服务效果与公众预期之间的差距和改进办法,同时将评估结果与各部门的绩效考核挂钩,增强了各级各部门及其工作人员的绩效观念和各项工作的针对性,从而推动政府向服务型政府转变,不断提升服务水平和公众满意度。例如,光明新区虽然是 2007 年新设立的,但接受绩效观念非常快,迅速在全区推行绩效管理,十分重视绩效管理的导向作用,每年都把新区年度重点工作和公共服务白皮书纳入到绩效评估指标体系当中,推动各项中心工作和民生实事落实。每年至少有 120 项以上的重点工作被纳入到新区的绩效考核体系,项目完成率均在 95% 以上。对一些确实存在现实困难的项目,由于引入了公众参与和监督机制,对项目牵头单位形成了较大的推动力。例如,正是因为有公众监督,光明新区实验学校扩建项目的牵头单位全力协调各方,顺利完成工作任务并交付使用;推进土地整备工作,在全年按计划推进且超额完成任务后,更助力新区出色地完成市政府下达的基本农田改造工作任务。

二是引发了民间对政府工作的更多关注。深圳市在绩效管理工作中引入公众的参与,不仅倒逼了政府自身的改善与转型,还引起了社会公众对政府工作越来越广泛的关注。这或许是一个渐进的民主进程。2014 年 2 月,深圳市的民间组织——马洪经济研究发展基金会(以下简称“马洪基金会”)为政府部门颁发别开生面的奖项——“秤砣奖”,以金、银、铜、纸秤砣评议各部门公共服务。这是由马洪基金会首次开展的对政府公共服务白皮书进行民间评议的公益活动,纳入评议范围的是深圳市 10 个区政府、9 委、

7办、17局。主办方对这些部门公开承诺的2013年公共服务白皮书工作任务完成情况进行调查、评议,并根据得分高低设置四类奖项,最高分的三个部门获"金秤砣奖",第4至15名为"银秤砣奖",第16至40名为"铜秤砣奖",末三名为"纸秤砣奖"。

该评议体系共分7块。其中网络信息查询分15分,由北京大学深圳研究生院的学生通过网络搜索查询各单位完成情况;各单位自查自报分15分;信息公开态度分5分;社会问卷调查分15分。项目组在10个区共发放1000份调查问卷,取得公众对43个单位的主观感受分。此外有奥一网跟踪评议分15分,新闻网年度舆情分15分。最后是20分的专家评议分,由与会的约百名专家给出。

三是有助于解决一些社会热点和难点问题。深圳在设计公众满意度调查问卷时,除了要求被调查者评价5个计分的问题,还有一个开放式的问题,不纳入计分。这些问题一般都反映了当时社会上的热点、难点、焦点事项。例如针对区政府提出的问题通常是:"您最希望××区政府在如下哪些方面进行改进(可多选)①社会治安②投诉办理③环境治理④综合治理⑤为企业解困。"又如,针对市发改委提出的问题通常是:"您最希望市发改委在如下哪些方面进行改进(可多选)①拟定国民经济和社会发展战略②拟定各项专项规划和区域规划③统筹产业发展政策和产业规划④宏观调控政策的制定⑤对市场价格的监测和调控⑥对各类投资项目的审批、核准。"针对市公安局提出的问题通常是:"您最希望市公安局在如下哪些方面进行改进(可多选)①道路巡逻②社会治安③交通安全④消防⑤户籍管理⑥出入境审批。"通过这种开放式提问所反映出来的,都是可能影响深圳市民生福利和经济社会健康发展的突出问题,如环境污染、社会治安、企业服务、就业再就业、价格管理、交通安全等。深圳市政府绩效办都要联合社会智囊机构一起研究,进一步分析有关问题的现状、成因、解决办法,形成专题报告,供市委、市政府进行政策决策和部署重点工作时参考。

当然,深圳市推行公众满意度调查仅仅几年时间,这其中还有一个探索、适应和改善的过程。随着时间的推移,公众满意度调查会逐渐制度化和规范化,其推进政府绩效改善的效果也会更加明显。

五、反思与结语

本文介绍了深圳市在政府绩效管理过程中推行公民参与的主要做法、经验和目前存在的一些问题。从深圳市推行的公众满意度调查的方式和效果可以看出,公民参与政府绩效评估在深圳市还属于政府组织的公民有序和有限参与。[①] 这种参与模式在我国现阶段的采用有其必然的原因。首先,评议团制度能够较好地保证公众代表的广泛性。其次,简单概要、针对可感知的服务内容设计的问卷能够较好地保证公众做出相对准确的评估。最后,严格管理的调查组织工作能够较好地保证参与的有效性。这三点结合在一起,能够较好地保证公开公正和独立透明的评估,增强公众满意度评估的信度和效度。此外,深圳市各辖区所采用的公民参与方式,虽然尚处于探索阶段,却不可否认地推进了公民参与政府绩效管理的程度。当然,任何一种评估方式都会遇到执行中的问题。通过对深圳市案例的考察,我们认为以下问题值得设计和推行公民参与政府绩效的实践者们去思考的。

第一,公民参与的热情仍需大幅度提高。推进公民参与政府绩效评估所面临的一个现实问题是,尽管政府推动公民参与的热情空前高涨,但总体上看,公民的回应并未达到如期效果,整体参与意识依然不高。这种剃头担子一头热的现象,说明政府大力推进公民参与并不意味着公民参与的程度必然就会提高,公民的参与态度也很关键。随着我国改革开放向纵深发展,尤其是近年来深圳市全社会民主程度不断提高,公民的自我意识日益增强,他们正越来越多地参与到政府的行政过程。但不可忽视的事实是,作为理性的个体,每个人都会在心里权衡成本和效益:参与政府绩效的公民满意度

---

① 参见周志忍:《政府绩效评估中的公民参与:我国的实践历程与前景》,《中国行政管理》2008 年第 1 期。

调查无疑要花费一定的成本,而能否收到预期的回报是参与者事先要考虑的问题。在绝大多数情况下,作为理性的个体都希望别人参与,而自己不用参与也能享受到成果。这就是经济学中所谓的搭便车现象。不难想象,这种心理的存在使得公民参与政府绩效满意度调查的意愿大大降低,进而增加了调查活动的难度。

深圳市在设计公民满意度调查方案的时候已经清醒地意识到这个问题的存在。因此,从2011年开始采用了"基于特定对象"的调查方法,在一定程度上既保证了代表的广泛性,又增强了特定对象的针对性。但即便如此,如前所述,在近年来的调查活动中都存在评议团代表缺席的情况,尤其是服务对象代表的缺席率较高。此外,即便是在工作中与政府联系较为紧密的市党代会代表、市人大代表、市政协委员、市政风监测点代表,在公众满意度调查工作中也表现出"联系难、送表难、收表难"的现象。如何能够进一步有效地增强公众参与的意识和有效性,政府还需要做更多的工作和必要的宣传,缩小政府推动公民参与的热情和公众实际参与热情之间的差距。

第二,政府政务信息公开尚需改进。从现实看,尽管有时政府做了许多工作,但公民并不知晓政府的工作内容和效果。究其原因,主要是政务信息传递不畅。信息的数量和质量直接决定着公众满意度调查结果的真实性和有效性。但受现行体制的影响,在很多情况下我国地方政府的行政过程及行政信息公开都是有选择性的或者不对外公开,由此导致社会公众不清楚政府在做什么,更不清楚政府的行为结果及其影响,不仅使得政府容易失去公众的信任,也使得公民的意愿不能及时、准确、畅通地表达。

深圳市在过去几年的公众满意度调查活动中均发现,如果调查问卷的问题设计得稍微具体一点,被调查者就往往会因为不清楚有关情况而不知所以然。为此,从2008年开始,深圳市在设计调查问卷时就特别注意所提问题的简练化:针对每个单位仅提三个问题,分别围绕总体满意程度、办事效率、相对前一年的工作改进程度三个主题进行提问。此外,为实现"让最了解情况的人说话",深圳市在遴选和确定被调查者上颇是费了一番功夫。2011年,深圳市研究并推出大评议团制度,将被调查者划分为若干类别,并针对调查对象的性质确定类别不同、数量不等的被调查者。同时，不同类别调查者的结果在总调查结果分值中所占的权重也不一样。

深圳市通过如此种种的安排，最终目的是为了提高被调查者的代表性、针对性以及其评价意见的客观真实性，在实践上也取得了一定的实效。但要想从根本上改变目前政务信息传递不畅的现实，还需要各级各部门创新管理思维，转变工作作风，加强对外宣传，增进与社会各界的交流互动。

第三，公民参与的法制建设有待加强。公民满意度评估还停留在地方自我探索，有时组织工作会面临许多困难。在许多国家，经过几十年的探索与发展，以公民满意度为导向对政府绩效进行评估已有较为成熟的理论和完善的法律法规。例如，美国分别在1973年和1993年制定了《联邦政府生产率测定方案》《政府绩效与结果方案》，均要求联邦政府机构在进行政府绩效评估时使用测评技术，并将本部门的绩效状况定期向议会和公众通报。这就为公共部门的顾客满意度研究与实践提供了强有力的支持和保障。1999年，英国的布莱尔政府出台了《现代化政府白皮书》，在政策制定方面，强调结果导向和顾客导向，重视公民作为政府服务的使用者的回馈和感受；在公共服务输出方面，注重提高政府服务的质量和面对顾客需求的回应性。从全球范围来看，西方许多国家都将绩效评估体系以法律或法规的形式确定下来，使政府绩效评估在实践推行中有了制度基础。在我国，目前尚没有一部法律来规范和统一全国范围内的政府绩效评估与管理，在公民满意度调查方面处于各地自行探索与相对随意的实践阶段，如此等等。地方在推进政府绩效评估和公民参与的过程中受到许多实际条件的限制，有时会影响到调查活动的顺利组织和开展。当然，我国有自己特殊的国情，无需照搬国外的做法，但可以探讨如何更好地保障公民参与政府绩效评估的方式方法。

例如，深圳市于2009年以政府规范性文件的形式颁布了《深圳市政府绩效评估与管理暂行办法》及配套文件，在一定程度上规范和保障了地方政府绩效管理的顺利推行。但政府规范性文件的法源层级低，法律效力也有限，导致各级各部门对政府绩效评估工作思想不重视，实践上执行不力甚至产生抵触情绪。2011年深圳市进行公民满意度调查活动,当调查员来到某区政府办事窗口准备开展工作时,遭到该区政府保安人员的粗暴干扰,导致调查工作一度停顿。

第四,公民参与的影响力需进一步扩大。政府花了很大精力开展了调查,但是调查结果运用尚不充分。对公民满意度调查结果的合理运用既是调查活动的延续,也是调查工作的目的所在,是为了让政府自身和利益相关者更全面地了解政府绩效的情况。在开展公民满意度调查之前,政府缺乏与社会公众的交流与互动,即便是政府各级各部门对彼此之间的差异也缺乏了解,信息的缺失导致追求进步的动力不足,谁都有可能认为自己是最好的。从这种意义上看,公民满意度调查结果就像价格信息的功能作用一样,向各级各部门传递政府绩效差异的信息。

虽然深圳市有一些通过公民参与推动政府绩效持续改善的实例。尽管如此,深圳市对公民满意度调查结果的运用目前还是比较有限,通常只是将其合并到政府绩效年度综合评价分值中,而对利用调查所收集到的相关信息去指导和改进相关政府部门的工作则远远不够。由此使得原本宝贵的民情民意信息没有发挥其应有的价值。如何更好地使用这些信息,也是未来深圳市政府需要考虑的重要问题。

第五,公民参与的技术手段亟待完善。如何对抽象的公民满意度进行有效定义和测量,技术方面还需不断丰富和完善。政府绩效公民满意度是一个主观心理的范畴,具有很强的模糊性,同时政府所提供产品与服务的公共性以及范围的广泛性,决定了对公民满意度进行定性分析容易,但要进行系统的定量测评却要难得多。

深圳市开展政府绩效满意度调查,虽然做了一些较为精细的工作,但总体上仍然是定性评价,缺乏定量数据分析模型,标准和依据的科学合理性尚待商榷。前文所提到的问卷设计优化,虽然在一定的程度上规避了被调查者对政府信息了解不充分的弊端,但又产生了调查问题过于表面化和偏颇的缺憾。再如,电子民调系统诚然是一种简单便捷的公众满意度调查平台,但目前只是利用其进行一次性的问卷调查,简单地收集公众的意见,其后果容易被操控,难以深入和准确地反映公民的真实态度。因此,如何科学、合理、有效地发挥电子民调系统这一平台的积极作用,也是深圳市完善公民满意度调查活动未来可以考虑的一个重要课题。

诚然,在我国当前的体制和环境下,要求公众主动和深度参与政府工作的评估条件尚面临着许多挑战。但深圳市的探索经验表明,公民参与政府绩效评估应逐步推进,过快过急地要求公众深度参与政府绩效评估,目前看来,条件尚未成熟。在由政府主导的公民满意度评估模式下,虽然公众仍处于信息供给者的角色,但能使政府获取一些有用的信息,对相关政策和服务进行逐步改善,不失为一种符合"有限理性"原则的政策选择。而且,通过推行政府主导的公民满意度评估,还可以逐步培养公民参与政府绩效评估的意识,政府也可以从这个过程中学习如何接纳公民参与和使用公民反馈的信息更好地为民服务,从而为更深更广的公民参与和良治善治打好根基。尽管如此,在建设社会主义市场经济和民主政治的长期进程中,政府必须充分意识到公民评估政府工作的宝贵价值,主动开放更多更符合地方实际情况的公民参与方法与渠道,以建设更为均衡的政治生态和以民为本的服务意识,推进国家与社会的良性互动和长治久安。

| 作者简介 |

高　洁：新加坡国立大学政治学系助理教授。

朱衍强：深圳市政府绩效管理委员会办公室,副研究员,深圳市政府特殊津贴专家,深圳市高层次专业人才。

参考文献

1. 深圳市监察局：《深圳市政府绩效管理工作情况汇报》,2011 年。

2. 深圳市人民政府：《关于印发深圳市政府绩效评估指导书(试行)和深圳市政府绩效评估指标体系(试行)的通知》,2007 年。

3. 深圳市统计局：《深圳市政府绩效公众满意度抽样调查问卷》,2011 年。

4. 深圳市统计局:《2011 年度政府绩效公众满意度抽样调查报告》,2012 年。

5. 深圳市统计局:《2011 年深圳市政府绩效公众满意度抽样调查实施方案》,
2012 年。

6. 深圳市统计局:《2011 年度政府绩效公众满意度调查工作阶段情况总结》,
2012 年。

7. 深圳市统计局:《2011 年度政府绩效公众满意度评议公务员代表和服务对象
代表出席情况表》,2012 年。

8. 深圳市统计局:《深圳市政府绩效公众满意度抽样调查问卷》,2012 年。

9. 深圳市统计局:《深圳市政府绩效满意度调查工作介绍》,2012 年。

10. 深圳市统计局:《2012 年度政府绩效公众满意度抽样调查报告》,2013 年。

11. 深圳市政府绩效管理委员会:《深圳市政府绩效评估与管理指标确定及数据
采集规则》,2009 年。

12. 深圳市政府绩效管理委员会:《深圳市政府绩效评估与管理方法和程序操作
规则》,2009 年。

13. 深圳市政府绩效管理委员会:《深圳市政府绩效评估与管理暂行办法》,
2009 年。

14. 深圳市政府绩效管理委员会:《关于印发深圳市 2011 年度政府绩效评估指
标体系的通知》,2011 年。

15. 杨洪主编:《政府绩效评估 200 问》,人民出版社 2007 年版。

16. 杨洪编著:《政府绩效管理:深圳的探索与实践》,新华出版社 2011 年版。

17. 中华人民共和国监察部:《深圳市全面试行政府绩效管理》,2010 年 2 月 13
日,见 http://news.sina.com.cn/o/2010-02-13/083117089612s.shtml。

18. 周志忍:《政府绩效评估中的公民参与:我国的实践历程与前景》,《中国行
政管理》2008 年第 1 期。

附表1　2011年深圳市政府工作部门绩效评估指标体系框架

一级指标	二级指标	三级指标	权重		周期	数据来源
			A 类部门	B 类部门		
客观评估 → 行政业绩	职能履行	1.白皮书任务完成率	30%	35%	季度	被评估单位
		2.临时性重要专项工作	2%	4%	季度	牵头单位
	改革创新	3.改革创新成效	5%	5%	半年	市改革办
行政效率	政府投资	4.政府投资项目(A类)完成率	4%	0	半年	市发展改革委
	行政审批	5.行政审批效能	4%	0	季度	市监察局
		6.行政审批网上实现率	3%	0	季度	市科工贸信委
	政务协同	7.政府督察事项落实	6%	6%	季度	市政府督察室
		8.人大建议办理	3%	4%	年度	市人大办公厅
		9.政协提案办理	3%	4%	年度	市政协办公厅
		10.跨部门办文办事效率	2%	4%	季度	发文单位
	信访办理	11.信访投诉处理	2%	3%	季度	市信访局
行政能力	电子政务	12.政府信息公开及网站建设	5%	5%	季度	市政府办公厅 市财政委 市监察局 市市场监管局
		13.信息安全	2%	3%	季度	市科工贸信委
	应急管理	14.安全事故(事件)预防	3%	4%	季度	市应急办
	依法行政	15.法治政府建设	7%	7%	年度	市法制办
		16.行政执法状况	3%	0	季度	市监察局
	廉政勤政	17.违纪违法案件和问责发生率	6%	6%	季度	市纪委 市监察局
行政成本	部门支出	18.部门人均公用经费支出水平	5%	5%	半年	市财政委
		19.部门已完成项目经费支出比例	5%	5%	半年	市财政委

续表

一级指标	二级指标	三级指标	权重		周期	数据来源
			A 类部门	B 类部门		
满意度评估	满意度	领导评价	20.市委市政府领导评价	10%	10%	年度	综合
		公众评价	21.公众满意度调查	25%	25%	年度	市统计局

注:客观评估权重在年度评估中折算为65%,满意度评估权重在年度评估中即为表中所列的35%。

附表2 2011年深圳市区政府、新区管委会绩效评估指标体系框架

	一级指标	二级指标	三级指标	权重		周期	数据来源
				行政区	功能区		
客观评估	公共服务	服务供给	1.白皮书任务完成率	20%	22%	季度	被评估单位
			2.政府投资项目（A类）完成率	3%	3%	半年	市发展改革委
			3.临时性重要专项工作	2%	2%	季度	牵头单位
			4.财政性科教文卫体人均支出水平	2%	2%	半年	市财政委
		服务保障	5.政府督察事项落实	6%	6%	季度	市政府督察室
			6.政府信息公开及网站建设	3%	3%	季度	市政府办公厅市财政委市监察局
			7.法治政府建设	7%	5%	年度	市法制办
			8.信访投诉处理	2%	2%	季度	市信访局
			9.违纪违法案件和问责发生率	6%	6%	季度	市纪委市监察局
		改革创新	10.改革创新成效	5%	5%	半年	市改革办
	社会管理	公共安全	11.刑事警情报警发生率	3%	3%	年度	市公安局
			12.各类安全生产事故死亡人数	3%	3%	季度	市应急办
		人口管理	13.流动人口政策生育率	2%	2%	季度	市卫生人口计生委
			14.分区域人口调控计划完成率	2%	2%	年度	市发展改革委
		市政管理	15.城市水务管理	2%	2%	季度	市水务局
			16.污染减排任务完成情况	2%	2%	年度	市人居环境委
			17.城市市容环境卫生状况	2%	2%	季度	市城管局
	经济调节	经济效益	18.每平方公里GDP产出增长进步率	2%	2%	年度	市统计局
			19.财政收入增长进步率	3%	4%	季度	市统计局
			20.专利申请量增长率	2%	2%	半年	市市场监管局
		低碳经济	21.万元GDP能耗下降率	2%	2%	年度	市统计局
			22.万元GDP水耗下降率	2%	2%	年度	市水务局
		战略产业	23.新兴产业增加值增长进步率	4%	5%	年度	市统计局
			24.支柱产业占GDP比重进步率	4%	5%	年度	市统计局

续表

	一级指标	二级指标	三级指标	权重		周期	数据来源
				行政区	功能区		
客观评估	市场监管	规范竞争	25.无证无照取缔规范率	2%	1%	半年	市市场监管局
		重点监管	26.违法建筑纠正率	3%	3%	季度	市规划国土委
			27.食品生产抽样检验合格率	2%	1%	半年	市市场监管局
			28.药品安全抽样合格率	2%	1%	季度	市药品监管局
满意度评估	满意度	领导评价	29.市委市政府领导评价	10%	10%	年度	综合
		公众评价	30.公众满意度调查	25%	25%	年度	市统计局

注:客观评估权重在年度评估中折算为65%,满意度评估权重在年度评估中即为表中所列的35%。

自上而下推进的公民满意度调查：
山东省滨州市实践

张平平　桑助来　佟亚丽　张曙霞

加强政府绩效管理是我国近年来行政体制改革的重要目标。2012 年，党的十八大再次提出要"推进政府绩效管理"，创新行政管理方式，提高政府公信力和执行力。政府绩效管理的重要内容是政府绩效评估，而公民参与政府绩效评估，是提高政府绩效评估质量，促进政府绩效管理目标实现的核心。近年来，山东省滨州市坚持以科学发展观为指导，结合多年综合考核的实践经验，在强化群众参与绩效评估工作中，大胆实践与探索，突破难点，不断提高绩效评估工作民主化程度。特别是滨州市通过成立社情民意调查中心，完善公民满意度电话调查制度，探索实践了一条公民参与绩效评估的新途径。

一、滨州市公民参与政府绩效评估的背景与历程

（一）背景——滨州市经济社会概况

滨州市实施群众参与政府绩效评估的实践是滨州经济社会发展的要

求,是滨州市政府努力进行自身改革的结果。改革同时也促进了滨州经济社会的发展和进步。下面,首先对滨州经济社会概况进行介绍。

滨州市位于黄河下游、鲁北平原,是山东省的北大门。现辖滨城区、惠民县、阳信县、无棣县、沾化县、博兴县、邹平县六县一区和滨州经济开发区、高新技术产业开发区以及北海经济开发区。版图面积9600平方公里,人口380多万。

滨州市自然资源丰富,农业基础良好,工业发展迅猛。第三产业发展起步较晚。近年来,滨州市深入贯彻落实科学发展观,注重长期发展和可持续发展,强化均衡发展,逐年提高对重大基础设施建设、就业、住房保障、困难群众救助、环保等的投入,并在贯彻实施黄蓝两大国家战略(《黄河三角洲高效生态经济区发展规划》和《山东半岛蓝色经济区发展规划》)的推动下,提出了加快建设生态美丽幸福新滨州的宏伟目标。

2011年,滨州市完成地区生产总值1817.6亿元,增长12%;地方财政收入130.76亿元,年均增长25.7%。第一产业实现增加值178.07亿元,增长4.9%;第二产业实现增加值972.29亿元,增长13.1%;第三产业实现增加值667.22亿元,增长12.3%。三次产业结构调整为9.8∶53.5∶36.7。城镇居民人均可支配收入22540元,农民人均纯收入8744元,年均分别增长14.5%、21.5%。2012年,全市农民人均纯收入实现10047元,增长14.9%,连续四年高于城镇居民收入增幅。

尽管如此,滨州市仍属于山东省欠发达地区,她渴望经济发展,注重生态文明建设,坚持统筹协调,和谐发展,扎实推进平安滨州建设。当前滨州市经济社会发展正处于转方式、调结构,促统筹、惠民生,深入推进开发建设的关键时期。滨州市经济社会的发展,要求政府更紧密地适应社会公共需求的变化,重视对企业、对社会的服务、重视人民权利的落实,提高政府回应公民声音的责任能力,构建以满足公民需求为中心的服务型政府。滨州市政府在此背景下,强调政府治理过程中公民的参与,努力扩大社情民意反映渠道,积极解决信访问题,将公众满意度作为评价考核公共管理部门和公务员的依据,以切实的实践推进群众参与政府绩效评估。

（二）历程——滨州市公民参与政府绩效评估的发展

滨州市公民参与政府绩效评估的实践，自 2005 年开始，至今已经过了八个年头。根据其发展的特点，大致可分为三个时期。

1. 2005—2009 年，开始实施政府绩效评估和社情民意调查

2005 年，滨州市委、市政府以邓小平理论和"三个代表"重要思想为指导，努力践行"立党为公、执政为民"理念，为促进全市的科学发展，全力"打造系统九州、建设现代滨州"，开始着力加强政府自身建设。

一是开始实施政府绩效评估。滨州市自 2005 年实施绩效评估。按照通常的做法，滨州实施绩效评估，进行了构建四大体系的工作。一是指标体系。科学制定评估指标体系，是做好绩效评估的前提和基础。二是执行监控体系。强化督察参与，确保评估有效进行。三是评价体系。注重内外部评估的结合。四是激励导向体系。注重评估结果的运用。

二是加强了信息网络建设，强化了政府与群众沟通的渠道，拓展了政府服务职能。① 2005 年 4 月，滨州市公共行政审批服务中心正式运行，主要负责对市直部门集中办理审批（许可）、收费事项的组织协调（如根据社会需求，将年检及部分事业性收费项目纳入中心办理）、监督管理、指导服务。公共行政审批服务中心也实现了网上审批和行政审批电子监察系统。

同年，滨州市市长公开电话受理中心正式开通运行，它是滨州市政府全面整合原有市长公开电话资源，以现代科技信息为主体搭建的工作平台，是受市长委托，代表市政府受理基层和人民群众通过市长公开电话向市政府反映问题、投诉、举报、提出意见和建议等事项的工作机构，成为省长信箱、市长信箱等与群众沟通工具的重要补充和提升。截至 2005 年 12 月 31 日，该中心共受理群众来电 41730 件，直接处理事项 41073 件，批转县区、市直单位办理的事项 657 件，受理事项办结率 99.8%，反馈率 99.8%，群众满意率 99.5%，为群众解决了大量生产生活中遇到的现实问题和具体困难。

---

① 滨州市信息网络中心设立于 20 世纪 80 年代，主营项目为电子政务。

三是成立滨州市社情民意调查中心。2008年下半年,为促进全市的科学发展,滨州市机构编制委员会办公室发文,批准成立滨州市社情民意调查中心(以下简称调查中心)。自上而下地推行公民满意度调查,力求为政府提供决策参考。自此,滨州市委、市政府不断完善县区、部门科学发展综合考核群众满意度调查工作,至2009年,滨州市社情民意调查"实现良好开局,圆满完成全市科学发展综合考核群众满意度民意测评"。以上这些举措强化了政府公共服务职能,提高了政府内部的服务能力,为公民参与政府绩效评估打下一定基础。

2.2010—2012年,继续促进政务公开,不断创新联系群众方式

滨州市将公众满意度作为评价考核公共管理部门和公务员的依据后,认识到要使公众有效地参与绩效评估,首先必须形成尊重民意、崇尚民主的风气。而尊重民意、崇尚民主风气的形成,又必须以政务信息的公开和绩效评估过程的透明为先决条件。这一时期,滨州市主要对各政务公开载体进行了升级改造和在政府服务功能上不断创新联系群众方式。

在促进政务公开方面:一是创立政府信息公开"一点通"触摸平台。自2010年起,在市、县(区)公共场所部署电子触摸一体机,方便群众"触摸"并了解政府信息。至2012年,已增设"一点通"终端150余台进乡镇、社区,实现了"一点通"全市重点公共服务场所全覆盖。二是不断对建设全市统一的政府信息公开网站进行升级改造,编制了全市统一公开目录。2010年12月,"中国滨州"政府门户网站开通政府在线,在山东省内率先开展领导"在线访谈"活动。① 至2012年,在中国滨州网"公众参与网页"中开辟了网上问政、市长电话、市长信箱、网上评议、网上调查等栏目,共整理录入政府公开信息45000余条。其中市长公开电话2012年又增加到20个座

---

① 滨州市政府:《坚持绩效评估的科学导向,推进政府绩效管理迈向纵深发展》,2012年12月。自首期在线访谈至2012年,已成功举办市长、副市长、政府部门主要负责人、县区长在线访谈122场,参与人数达到6万多人次,回答各类问题5000多条,平均答复率为100%,其中建议类占32%,咨询类58%,投诉与求助类10%,网友满意率为90%以上,以人大代表、政协委员等组成的特约监督团满意率达到95%以上。

席,提升了服务能力。市长公开电话至 2012 年的八年来,共接听处理群众来电 48 万件次。三是开通数字电视政务公开频道,公布政府信息。四是开设《滨州日报》阳光政务专刊,让群众了解阳光政务内容和阳光政府建设。滨州市在基础设施建设方面,创立完善了"一点通"、网络、电视、报纸政务公开四大载体。政务公开使公众更加了解政府信息,把对群众要求的办理结果及时反馈到省、市门户网站,其快捷和方便得到广大群众的认可,是政府自觉接受群众监督,提高督察工作开放度的有力举措。

在加强政务服务方面,滨州市开辟群众投诉渠道,构建新的工作机制。一是开创行风热线。为了树立政府部门的良好形象,重点纠正与人民群众生活关系密切的部门存在的行业不正之风,滨州市开创了行风热线工作模式,并完善了"领导上线制度、接听答复制度"等十项制度对之加以规范。[①]二是规定警民恳谈日。滨州市公安局从 2012 年 3 月份开始,把每月 9 日定为全市统一的警民恳谈日。在警民恳谈活动中,坚持不限人员、内容和形式,谁谈、谈什么、怎么谈都可以,原生态、全开放式地听取群众意见。三是成立滨州市公共资源交易中心(2011 年),主要负责全市及滨城区、滨州经济技术开发区、高新区、北海经济开发区的政府采购、建设工程、土地交易、产权交易等四大类公共资源交易业务,通过组织实施交易市场管理制度、业务流程和运行规则,为公共资源交易主体提供政策法规信息、企业信息、专业人员信息咨询服务,是为公共资源交易提供集中监督管理的平台。行风热线、警民恳谈和成立服务中心的工作形式,使群众与政府加深了实质性的接触,拓展了政府与群众的沟通渠道,这些举措成为推进公民满意度调查,促进公民参与政府绩效评估的有效工作形式。"网络问政为群众参与制定评估指标提供了有力平台。"网络问政、官民沟通以及政府便民服务设施建设等方面打造了市民参与的平台,市民的知情权得以扩大,市民关注的热点

---

① 滨州市政府:《坚持绩效评估的科学导向,推进政府绩效管理迈向纵深发展》,2012年12月。至 2012 年底,已有 62 个具有行政执法、经济管理、社会管理、公共服务职能的市直部门行业作为固定单位上线,每年安排两轮上线。2012 年 1 月至 10 月期间,共举办行风热线138 期,接听群众投诉电话 716 个,投诉办结率 97.6%。

难点问题得以体现,市民的诉求有了更多的反映渠道。

政务公开的不断强化和联系群众方式的改善,有效提高了广大干部坚定落实科学发展观的自觉性,对保持该市经济社会持续健康发展起到了有力助推作用。在山东省科学发展综合考核中,滨州市已连续三年保持第一档,其中 2011 年在 15 个地级市中排名第三。群众满意度电话访问成绩连续三年位列全省第四位。2011 年中国社会科学院调查城市居民幸福感,滨州市在全国 294 个城市中排名第五。2012 年 9 月 28 日,即"国际知情权日"这一天,《中国行政透明度报告·2011—2012》新闻发布。在众多的参评单位中,滨州市政府脱颖而出,与北京市政府一起分享了典礼上分量最重要的奖项——首届中国"阳光政府奖"。滨州市市长张光峰说:"这个奖项的特点是'民间颁给政府,群众颁给官员',是老百姓给我们的最高褒奖。"

3. 2013 年至今,形成"一办四中心"政务服务体系和统一的评估体制

随着现代网络技术的不断改进,至 2013 年,滨州市加强了政务服务体系建设,形成了"一办四中心"电子信息化的政务服务体系平台。"一办四中心"即逐步整合了市公共行政审批服务中心、市公共资源交易中心、市长公开电话受理中心、市信息网络中心的机构与职责,成立了滨州市电子政务办公室。由此打造了集行政审批与公共资源交易于一体的滨州市阳光政务服务中心。"一办四中心"政务服务体系协同办公系统直通市县乡三级,尽量使政府交易严格规范透明,行政审批高效高速运转,社情民意上传下达通畅。

阳光政务服务中心以现代网络技术为提高公共服务工作效率提供了平台,拉近了政府与市民群众的距离。至 2013 年,滨州市信息网络中心已成功组织实施了网络问政工作。如围绕黄河三角洲高效生态经济区开发建设、"十二五"发展规划、我为滨州发展建言献策等主题,开展了数次大型网络听证活动。滨州市行政审批中心不断完善工作机制,压缩办理时限,精简行政许可事项。滨州市市长公开电话办公室仅 2013 年 11 月份处理市长公开电话群众来电 5095 个、市长公开信箱群众来信 81 封。公布了群众反映相对集中的问题和部分群众来电来信处理情况,包括协调处理和督促解决群众反映的

住建管理、村务管理、公安管理和环境管理等方面的问题。① 滨州市公共资源交易工作得到特别加强和规范，滨州市按照"统一管理、电子支撑、网上交易、全程监控"的总体要求，对原有公共资源监管方式进行全面、系统的改革创新。

随着政务服务体系的公开化和向高效目标迈进，滨州市政府越来越认识到，政府管理的本质是服务。而群众是政府管理和服务的对象，是公共权力运行的源泉，群众对政府绩效最有发言权。因此，完善政府绩效评估必须以公民为中心，把公民参与作为政府绩效评估的重要内容。

近年来，滨州市政府绩效评估体制也上了一个新台阶。为了科学发展综合考核工作体系，滨州市力图解决过去实施绩效评估中存在的长时间实行分部门、分行业名目繁多的各类评估，造成基层负担重的问题，逐步规范整合评估层次，建立了全市统一的评估体制。即由市一级政府制定《滨州市科学发展综合考核指标体系》。在实施科学发展综合考核时，每年年初组织有关部门和专家组成责任目标审定组，确定部门单位的责任目标，包括工作标准和难度系数。同时确定"科学发展指标考核"与"领导班子、领导干部考核"各占50%的权重，运用各项指标数据以及民主测评、民意调查、个别谈话等方法，使工作考核和干部考核有机结合起来。

与此相配套，还制定下发了《市直部门（单位）领导班子和领导干部科学发展综合考核办法》、《省级以上开发区领导班子和领导干部科学发展综合考核办法》和《党风廉政建设考核办法》、《市管干部德的量化考察评价暂行办法》、《县域科学发展年度综合评价及考核办法（试行）》、《社会发展水平综合评价及考核办法（试行）》等文件，构成了全市绩效评估的统一体系。同时逐步制定完善《县区党政领导班子和领导干部科学发展综合考核办法》。考评时由市考评办牵头，把各类绩效评估进行整合，纳入全市统一评估管理体制。统一的评估管理体制通过整合管理资源，以科学考评为依据，以群众满意为标准，在全市范围内建立开放式的评估体系，使政府更有效率，更加开放地吸取社会和公众的智慧，加大人民依法监督政府的作用。

① 《滨州市长公开电话工作情况通报》，《滨州日报》2013年12月17日。

二、滨州市公民参与政府绩效评估的
主要形式——社情民意调查

随着滨州市统一评估体制的形成和政府为群众服务、与群众沟通平台的完善,公民满意度调查取得了很大进展。以下简要介绍滨州市社情民意调查中心成立的规模、开展工作的方式方法、调查的范围和内容以及调查的组织管理经验。

(一)社情民意调查中心的规模

2008—2009年,滨州市社情民意调查中心成立时,中心总投资50余万元,拥有28条电话访问线路,形成了集访问、监控、培训和机房功能于一体的社情民意调查系统。到2010年,滨州市电话普及率达到103部/百人,电话访问调查的条件已相当成熟,无论何地都可以实现访问,还可以根据需要,了解特殊地域或部分人群对某一问题的看法和意见。

(二)社情民意调查的主要方式

1. 各级政府委托组织调查

结合科学发展综合考核群众满意度调查,受省、县、乡各级政府、部门的委托开展。省级政府组织的调查,如2013年1月山东省考评办组织群众满意度电话访问,在省社情民意调查中心调查机房里,滨州市2012年度科学发展综合考核群众满意度电话访问开始。省社情民意调查中心的访问员从电脑中随机抽取滨州市1400部移动和家庭固定电话,分别就群众普遍关心的8个问题,即滨州市就业、医疗、教育、环境保护、困难群众救助、文化生活、社会治安、干部作风等进行了随机抽样调查。

市级政府委托组织的调查有,滨州市根据每年市委、市政府工作要点开展民意调查。如2011年市纪委反腐倡廉建设检查考核办公室决定在全市范围内开展"党风廉政建设群众满意度电话调查"活动；市委组织部对全市开展"村'两委'换届群众满意度电话调查"活动，"换届纪律知晓度调查"活动；每年市公安局开展"公安机关群众满意度调查"、"民警幸福感调查"；组织开展"各县区组织工作社会满意度调查"；协助纪检委开展"党员干部作风建设满意度调查"。

县区级政府及乡镇政府部门委托的调查有，各县区组织部开展的"乡镇政府工作群众满意度调查"；各县区公安局开展的"派出所公安工作满意度调查"；县纪检委开展"干部作风建设群众满意度调查"。

2. 电话访问和问卷调查案例

调查主要采用电话访问调查方式和问卷调查方式。2011 年，共调查了近 2000 个社区和社会公众 5 万多人次。2012 年，先后开展了市县区科学发展综合考核群众满意度等 10 余项、30 余次的民意调查，拨通电话近 60 万户，成功访问各类调查样本 15 万多个，收集到 1 万余条意见和建议，向市委、市政府及委托单位提交了近 10 万字 20 余篇调查报告，很多意见、建议被市委、市政府和有关部门采纳，品牌效应不断显现。①

以下案例显示了调查的具体方法。案例一和案例二为电话访问调查的内容和调查方式，案例三为问卷调查的内容和调查方式。

案例一

2011 年度滨州市电话访问调查

2011 年 1 月 4 日 18 时整，滨州市社情民意调查中心访问员通过电脑随机拨通居民的住宅电话，正式启动了 2010 年度滨州市科学发展群众满意度电话调查。

此次调查由计算机随机拨号，电话访问调查的对象为各县（区）年龄

---

① 滨州市政府:《坚持绩效评估的科学导向,推进政府绩效管理迈向纵深发展》(2012 年 12 月)。

在18—65周岁且在当地居住一年以上的城乡居民。调查从2011年1月4日开始,至1月11日结束,每天晚上18:00—20:30进行。为确保本次调查的代表性,各县(区)访问样本数依据该县(区)人口总户数确定,除经济开发区、高新区和北海经济开发区外,最少不低于400个,全市共调查3700个成功样本。依据目前全市城镇化水平,除高新区和北海新区外,各县(区)访问调查样本中,按照城镇50%、农村50%的比例进行。

"您好!我是滨州市社情民意调查中心的访问员,受滨州市的委托,了解您对当地2010年度有关工作情况的评价,问您几个方面的问题,有满意、基本满意、不满意三个选项,可以吗?"2011年1月4日18时起,该市部分市民会接到这样的调查电话。

案例二

2012年度滨州市沾化县电话访问调查

12月3日,2012年度科学发展综合考核群众满意度电话调查活动在滨州举行。沾化县委副书记、县长张宝亮,沾化县委常委、县纪委书记李岩,沾化县委常委、组织部部长乔铭及相关单位主要负责人到场旁听。电话调查结束后,张宝亮与参会人员进行了交流。

此次调查活动,共涉及扩大就业、医疗卫生、教育、环境保护、困难群众救助、丰富群众文化生活、社会治安、干部作风八个方面,采取不记名随机抽取电话、现场提问打分的形式进行。最终,该县以总分90.41的优异成绩,夺得全市第一名。

案例三

2012年度滨州市博兴县问卷调查

为迎接上级对博兴县2012年度科学发展群众满意度电话访问,博兴县委、纯化镇党委确定在33个农村开展科学发展群众满意度问卷调查活动。

博兴县农机局包村工作组高度重视这项活动，周刘村第一书记郭涛从11月5日至10日，利用五天时间，集中开展科学发展群众满意度入户问卷调查，对上门不在的户，通过电话访问完成调查。

(三)社情民意调查的内容和重点

建立公众满意度调查制度是落实滨州市科学发展综合考核指标体系的一个基础性工程。滨州市社情民意调查中心的建立，主要是配合科学发展综合考核群众满意度调查工作，了解老百姓对政府工作的感受和评价，进行重点调查工作。纵观近年来的调查内容，调查项目主要包括两部分。

一是政府机关工作和干部作风满意度调查。如"公安机关群众满意度调查"、"组织工作社会满意度调查"、"滨州市行政管理部门群众满意度调查"、"乡镇政府工作群众满意度调查"、"党风廉政建设群众满意度电话调查"、"村'两委'换届群众满意度电话调查"、"换届纪律知晓度调查"、"民警幸福感调查"等。

二是政府各项公共服务工作满意度调查。就业、医疗、教育在现阶段与公众关系最为密切，是政府关注度最高的基本公共服务，对群众切身利益的影响较大，同时也是公共财政投入最多的方面。教育医疗的公平问题以及环保、困难群众救助、文化生活、社会治安等问题已经成为中国社会的焦点问题。2011年以来，调查重点主要关注就业、医疗、教育、环境保护、困难群众救助、文化生活、社会治安等方面。以此为重点调查内容体现了群众对政府管理的需求和诉求，也反映了政府把保障和改善民生作为经济社会发展的根本目的。2012年以来，调查内容更加细化，实施了市民两感(安全感和正义感)满意度调查以及公众对城市园林绿化的满意率调查。

(四)社情民意调查的组织管理

滨州市社情民意调查中心，在市委、市政府的高度重视下，在市考评办、市统计局的精心安排操作下，不断完善调查全程管控制度，其组织管理的主要做法和经验是：

1. 坚持党委、政府领导，严肃现场旁听纪律

滨州市高度重视群众满意度调查工作，在调查过程中始终坚持党委、政府的领导，开展调查时市考评办全程参与，协调统计局全局动员、统筹安排，做好后勤服务、设备维护调试、方案制定实施、访员培训管理等相关事项，集中优势力量做好民意调查。每年遇有重大调查任务时，市考评办下文要求各受访县区政府、各单位主要负责同志带领本地区、单位的主要负责同志，到市社情民意调查中心现场旁听。并要求旁听同志全员、全程在场，如有特殊情况必须请假，否则，从本县区年度科学发展综合考核中扣分。2012 年，市委组织部（滨组发〔2012〕53 号）明确要求，各受访县区政府（管委会）主要负责同志带领本县区纪检监察、组织、教育、公安、民政、人力资源和社会保障、文化、卫生、环保、统计等部门的主要负责同志，到市社情民意调查中心现场旁听。2013 年，在省政府组织的调查中，滨州市委副书记、市长张光峰等领导同志以及滨州市教育、民政、文广新、卫生、环保、人社、统计等部门的主要负责同志到场旁听。

2. 突出抓好三个环节

进行民意调查工作，是为了让群众参与政府绩效评估。滨州市在努力实现群众全过程参与政府绩效评估的过程中，突出抓好定标、运行和评价的三个关键环节。

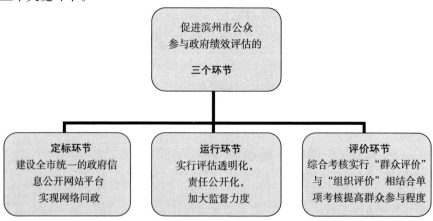

促进滨州市公众
参与政府绩效评估的
三个环节

定标环节
建设全市统一的政府信息公开网站平台实现网络问政

运行环节
实行评估透明化，责任公开化，加大监督力度

评价环节
综合考核实行"群众评价"与"组织评价"相结合单项考核提高群众参与程度

（1）定标环节，向群众问计

网络问政作为民主决策、科学决策的有效途径，为群众参与制定评估指标提供了有力平台。滨州市在集报刊、电视、网站、触摸屏为一体的政务公开四大载体基础上，会同各新闻媒体单位、各联席考评单位和各县区委、政府，共同开展形式多样、针对性强的宣传活动，让全市群众了解民意调查工作的意义和作用，并将每月工作情况在《滨州日报》上进行通报，对群众反映的可以公开的事项在政府门户网站上予以公开。

（2）运行环节，让群众监督

实行评估透明化。每年以两办文件印发考核办法，公开考核程序、方法、指标及权重。各部门制定相应的考核实施细则，由市考评办审核把关后，把指标的具体解释、考核形式、计分方法予以公开。

实行责任公开化。从 2011 年起将政府工作报告任务分解重点工作按市长分工、责任部门、责任人、承办时限等分类，全部公开到市政府门户网站上，按季度通报进展情况。同时强化省长信箱、市长信箱、市长公开电话的群众意见办理工作，办理结果及时反馈到省、市门户网站，自觉接受群众监督。将网络反映问题的督办力度、督办情况纳入绩效评估的内容。任务公开对责任部门和个人产生了巨大的压力，对媒体及网络反映问题多、督办整改效果不明显的单位进行通报，有力地提高了行政机关的工作效能。

（3）评价环节，请群众打分

滨州市在每年的科学发展观综合考核中，开展群众满意度调查，每年电话访问 7000 户基层群众，实地考核时请 700 余名"两代表一委员"填写调查问卷，征求群众对被考核对象的满意度，把满意度调查结果作为考核系数。实现综合考核实行群众评价和组织评价相结合，把群众评价作为综合考核的"定盘星"。

单项考核中重视提高群众参与程度。主要是通过民主评议政风行风活动，建立起万人市级评议代表信息数据库，评议时根据代表的组成比例在数据库中随机抽取人员参加网上评议，社会民主评议成绩占到总成绩的 90%。

3. 建立比较规范的调查规程,加强调查员队伍建设

为保障调查任务顺利实施,提高公民参与评估的质量,滨州市积极打造制度环境。社情民意调查中心建立了比较规范的民意调查规程,积累了一些经验。一是建立民意调查责任制度。二是建立调查方案审核确认制度。各项调查方案要求委托方审核签字,方可执行,避免发生歧义。三是规范调查方式。形成了以计算机辅助电话调查为主要方式,辅以"两代表一委员"问卷调查、座谈会等构成的调查组织方式。每年对二分之一的调查样本进行刚性轮换,使调查网络始终富有生机与活力。截至2012年,已有5000多个社区(村)的15余万户城乡居民家庭作为代表参加了民意调查。四是建立和强化质量控制体系。建立起以计算机辅助调查软件和统计分析软件为基础的社情民意数据分析系统,着力提高调查数据质量。五是建立和健全了调查资料管理、调查结果发布、为调查对象保密等工作制度。六是建立访员培训制度,制定了《访员操作规程》,确保数据质量。每项调查前期,在访员培训的基础上,组织开展试访。不断加大对访问员的政治素质、业务技能、思想道德、职业道德、法规意识和调查技巧等方面的培养教育力度,教育广大访问员树立吃苦耐劳、甘于奉献的精神。

三、公民参与政府绩效评估的效果分析

滨州市实施公众满意度调查三年来,市直有关部门大力支持配合,规划各项民意调查项目,新闻媒体做好宣传发动,广大群众积极参与,先后开展组织、监督了20余项、近100余次的民意调查,拨通电话近50万户,成功访问各类调查样本15万多个,收集到1万余条意见和建议,向市委、市政府及委托单位提交了近20万字50余篇调查报告,很多意见建议被市委、市政府和有关部门采纳。群众满意度调查对于政府绩效评估工作的改进和政府部门改进工作作风、提高服务水平、稳定社会安定、促进经济发展起到了积极的作用。

(一)公民参与政府绩效评估对政府部门工作的改进

1.群众满意度调查促进了政府绩效评估工作

群众满意度调查首先促进了政府绩效评估工作。滨州市在科学发展综合考核工作中,从外部引进群众评价,把公民满意度调查结果融入了政府绩效评估过程,使之成为各县区政府部门考核评价工作的关键因素和考核系数,突破了过去政府自身封闭式的考核体制的限制,政府绩效评估工作得到进一步完善。虽然政府绩效考核仍由政府主导,并设计一系列量化指标为衡量标准,实行各级政府响应号召,上下联动进行检查考核方式,但是对政府部门的考核评估已由过去完全自上而下、组织内部的评估,发展到自上而下、引入组织外部的评估,形成了政府提升绩效与服务质量的动力。评估结果运用是绩效管理工作的关键环节,直接决定着评估工作的生命力。公民参与绩效评估结果被用来作为奖惩干部的依据,使政府部门向着正确引导激励干部的方向前进了一大步。每年年初,滨州市委、市政府召开表彰大会,对综合考核中涌现出的先进单位和优秀干部进行表彰。同时,对评出的基本称职和不称职干部进行提醒谈话和教育。此外,政府管理部门实行实绩备案,建立干部实绩档案,干部调整时,尊重干部考核结果,使上级在调整提拔干部时有据可依,科学使用干部。

2.群众满意度调查促进了政府部门服务意识增强

滨州市结合群众满意度调查,开展网上评议活动,市长带头参与在线访谈,带动了各市局局长等参与,如城管执法局、畜牧兽医局、海洋与渔业局、卫生局、公安局、农业局和公路管理局。这些活动使政府部门改变了工作作风,市直部门和职能科室服务意识明显增强。如 2011 年,由于深入开展市直部门及职能科室的社会民主评议活动,结合实施效能提升工程,对 118 个单位 441 个科室的服务意识、办事效率、工作质量、廉洁勤政四项内容进行单项和综合评价,从数据库中随机抽取 9400 名评议代表,网上征求意见建议 299 条,从评议结果看,服务意识平均得分最高,为 97.39 分,比 2010 年提高 1.54 分,说明服务意识整体增强。评议的其他 3 项指标平均得分均高于往年评价,从综合评价看,所有参评部门单位平均得分97.07分,比2010年提高1.94分,所有参评科室平均得分97.24分,比2010年提高2.6分,这表明滨州市政府部门及职能科室的工作作风、效能效率等方面有了明显进步,部分政府部门的公众满意率逐年提升。2012年,满意度高于全市平均的是就业、教育、社会治安等;2012年上半年滨州市民意调查显示,全市公安工作群众满意度综合得分90.98分,比2011年同期高1.5分,在省公安厅组织的民意调查中,滨州市人民群众安全感和对公安工作、公安队伍的满意度连续三年名列全省前五位。

如滨州市商务局结合社情民意调查、民意征集调查、群众满意度调查和职能科室评议等工作,以基层调研和征求意见为基础,制定了促进发展的各项制度,切实让工作成果惠及广大人民群众。这些制度有:1.重点企业联系制度;2.对外资项目跟踪服务制度;3.部门协调服务制度;4.诉求登记反馈制度;5.绿色通道服务制度;6.信息宣传反馈制度;7.培训服务制度;8.应急服务制度。

再如滨州市公安局北海分局在全市组织的科学发展群众满意度调查中的八大调查项目中,群众社会治安状况满意度位列全区第一名,列全市第二名。从群众最关心的事情做起,从群众最不满意的地方改起,已经成为北海公安分局全体民警的警务心得。一系列深入民心、扎实有效、富有特色的为民服务活动,使辖区群众对北海公安这支队伍更加信任。为推动警民共建、警企共建,构建和谐警民关系,开展了民警"包村联企"活动,按照"一人包一个村居,联系一家企业"的原则,北海分局民警、消防、边防官兵分包辖区21个村居,18家重点企业。民警走进建筑工地、企业车间、中小学校、田间地头,开展警民恳谈。民警们精心开展"细算打架成本"教育宣传活动,使群众进一步知晓打架斗殴的危害,遇事学会控制情绪,运用正当途径解决问题。这一做法在群众中引发强烈共鸣,纷纷称赞公安机关创新工作方式,切实为群众着想。

3. 群众满意度调查中的公众参与促进了政府部门改进工作

了解群众所需是提高政府绩效的关键。滨州市各级党委、政府和各部门通过满意度调查和公开的数据分析，了解了群众关注的重点和热点问题，开始主动重视公众需求变化，并将评估结果运用到组织的管理改善中。滨州市政府在工作中为取得群众满意的效果，扩大与群众的沟通联系。为深入了解和掌握群众对党委、政府工作的评价和建议，为各级党委政府科学决策提供参考依据，滨州市不断拓展调查范围，完善数据质量管理制度，确保问卷数据体现被调查对象的真实意愿，对群众意见建议，积极加以开发利用。

如 2013 年度的"两感"满意度调查，滨州市安全感群众满意度调查得分为 92.67 分，与 2012 年调查结果 90.88 分相比，提升 1.79 分；正义感群众满意度调查得分为 92.21 分，与 2012 年调查结果 88.57 分相比，提升 3.64 分。① 当时的副市长张兆宏批示："群众'两感'满意度提升，是对综治、平安建设的充分肯定。提出的意见、建议也很中肯。"并指示公安、司法等部门认真梳理研究，抓好整改落实。又如公众对城市园林绿化的满意率调查，共征求到意见建议近 130 余篇条，经整改后顺利通过了合格验收（见表 1、表 2）。

表 1　滨州市"两感"满意度调查中公众意见、建议

	意见、建议
自身安全感	被盗现象严重
	黑社会比较多，霸占地方
治安状况	加强社会治安管理，路上、村镇、偏远地方等地都应安装监控设施
	防盗管理不完善

---

① 滨州市委办公室：《滨州信息》，2012—2013 年。滨州市从 2013 年全市安全感满意率分布看，满意占 72.10%，基本满意占 19.54%，满意率为 91.64%，与 2012 年相比提升 1.15 个百分点；不满意占 4.87%，不了解占 3.49%。从正义感满意率分布看，满意占 69.66%，基本满意占 21.87%，满意率为 91.53%，与 2012 年相比提升 2.74 个百分点；不满意占 4.06%，不了解占 4.41%。安全感和正义感满意率较去年都有所提升。

续表

	意见、建议
群众纠纷处理	群众在遇到紧急情况时不能够得到及时处理,希望有关机关及时处理提高办事效率
	打官司一直没有结果,有关人员一直推脱
	没有人会主动处理纠纷问题
整治治安	违法犯罪事件得不到处理
	加大对当地居民突出问题整治力度
	加强农村的整治
	有些公安局只进行备案,不进行过程的处理,希望有关部门可以加强监督
依法维权	多加强法制教育宣传,社会太乱,法律处理不了许多问题
	社会普遍出现的法律不公正,对于社会安定和教育方面还需继续加强
	加强教育,主要是针对农村的独生子女
公检法司作风	遇到事情拨打 110 时,到达时间太慢,出现问题找不到人防腐败
	对公检法司的工作作风不满意,办事效率低,事情反映不及时处理,态度不好
	加强腐败治理,官官相护,内幕太多
公正执法	希望司法部门能够更加公正,一件案件审理两个结果
	对于公检法司的工作作风不满意,大多做事看关系,一些公安局的眼中没有正义

表 2 滨州市城市园林绿化满意度调查中公众意见、建议

分类	意见、建议
绿地面积数量	增加绿化面积和景观树木种类,多种植经济类树木,保证景观树木成活率。(53 人次)
	增加老城区、秦皇台地区、魏桥附近、黄河二路、渤海一路到十路的绿化面积。(12 人次)
	绿化占用土地资源多。(3 人次)
绿地景观效果	有些路口的树木在道路转弯处遮挡视线。(5 人次)
	景观布景不够精致,应设置具有滨州特色的绿色景观。(28 人次)

续表

分类	意见、建议
公园服务设施	设置安全警示牌。(8人次)
	增加公园内的公厕、垃圾桶、停车位数量。(16人次)
	建设适合老年人和儿童的健身设施。(38人次)
公园到达的方便性	增加公交车线路,特别是中海公园区域。(11人次)
公园管理	公园垃圾比较多,卫生环境差。(22人次)
	公园枯树、泥土没有及时养护和清理。(7人次)
	浦园收费不合理。(5人次)
空气质量	空气质量较差,工厂排废气严重。(11人次)
水体质量	水污染需进一步治理,中海水质越来越差,新立河开始出现异味,彩虹湖水体不流动。(21人次)

另外,在线访谈开通以来,广大网民踊跃参政,理性建言,在城管、治安、环保、教育、卫生、公交、规划等方面提出了许多合理化建议,对全市重点工作和民心工程的确定体现了重要参考价值。如张光峰市长与网友交流时,针对网友反映集中的城市公交发展滞后问题,经深入调研,决策实施公交便民工程。两年时间,市政府连续投入资金2亿元,购置了200辆高档环保新能源公交车,完成了市区10条主要线路车辆的全面更新,新增公交线路5条,延伸调整12条,极大方便了市民出行。近年来刑事案发率、治安案件、群体事件、集体上访、安全生产事故等社会稳定指标持续下降,公众安全感、群众满意率、社会和谐度不断提高。

这些成绩说明,政府不断调整大政方针,力图做到年年有重点、有创新、有亮点,使政策出台尽量符合群众的要求。通过政府绩效评估中的公民参与,滨州市在进行政府决策时重视人民群众的最基本要求,民生、民意问题的解决受到前所未有的重视。

(二)从群众满意度调查结果分析看公民参与的程度与作用

滨州市 2011 年至 2012 年科学发展群众满意度调查结果如下①:

1. 全市群众满意度明显提升

2012 年滨州市群众满意度和各县区满意度均有提升。按照满意 100 分、基本满意 75 分、不满意 55 分的标准(以下满意度均指以此标准计算的得分)进行计算,2012 年度全市科学发展群众满意度调查综合得分为 88.38 分,与 2011 年调查结果 87.07 分相比,提高 1.31 分。

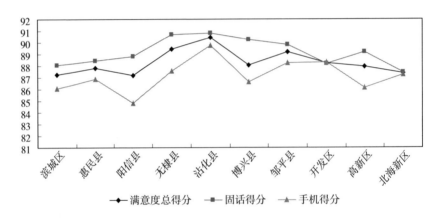

图 1 2012 年度分县区科学发展群众满意度对比图

从固定电话与移动电话的比较结果看,固定电话用户满意度为 89.17 分,比上年提升 1.37 分;移动电话用户满意度为 87.16 分,低于固定电话用户 2.01 分。分县区看,阳信县固话、手机用户满意度差距最大,固定电话用户满意度高于手机用户 4 分,滨城区、博兴县、无棣县分差超过 2 分,差距分别为 2.04 分、3.66 分、3.12 分。沾化县、邹平县、惠民县差距较小,分差分别为 1.06 分、1.56 分和 1.54 分。

从六县一区(滨城区)结果看,满意度高于全市平均的有三个县区:沾

---

① 调查结果见张静:《群众满意度稳步提升 部门差距依然明显——2012 年度科学发展电话调查分析报告》,滨州市政府提供。

化县综合满意度 90.41 分,其中固话用户满意度 90.83 分,比上年(87.97)提高 2.44 分;无棣县 89.43 分,其中固话用户满意度 90.68 分,比上年(87.36)提高 2.07 分;邹平县 89.2 分,其中固话用户满意度 89.82 分,比上年(86.64)提高 2.56 分。低于全市平均的有四个县区:滨城区 87.27 分,其中固话用户满意度 88.09 分,比上年(86.64)提高 0.63 分;惠民县 87.81 分,其中固话用户满意度 88.42 分,比上年(88.17)降低 0.36 分;阳信县 87.18 分,其中固话用户满意度 88.79 分,比上年(87.26)降低 0.08 分。博兴县 88.09 分,其中固话用户满意度 90.28 分,比上年(86.05)提高 2.04 分。从位次变动看,博兴县提升幅度最大,总分位次由 2011 年的全市第七位升至全市第四;沾化县、无棣县各提升 1 个位次,分居全市前两位;邹平县综合得分位次上升 2 个,列全市第三。

在滨州市 2012 年电话调查中,对就业、教育等八个问题评价方面的回答共 30800 次,其中满意 18760 次,基本满意 8086 次,不满意 3292 次,不了解 662 次。总体来看,满意和基本满意的占到 87.2%,比上年提高 2.1 个百分点。其中满意的占 60.9%,比上年提高 4.2 个百分点;基本满意的占 26.3%,比上年下降 2.1 个百分点;不满意的占 10.7%,比上年低 1.5 个百分点。

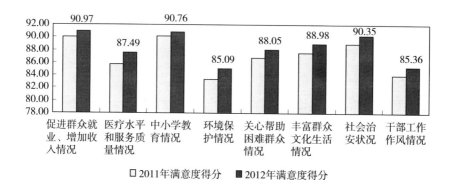

图 2　2011—2012 年各部门满意率对比图

2. 部门工作存在明显差距,但都呈现平稳上升态势

2012 年,满意度高于全市平均的是就业 90.97 分,高于全市平均 2.59 分;教育 90.76 分,高于全市平均 2.38 分;社会治安 90.35 分,高于全市平均 1.97 分;文化生活 88.98 分,高于全市平均 0.6 分。低于全市平均的是医疗 87.49 分,困难群体救助 88.05 分,干部作风 85.36 分,环境保护 85.09 分,分别低于全市平均 0.89 分、0.33 分、3.02 分和 3.29 分。

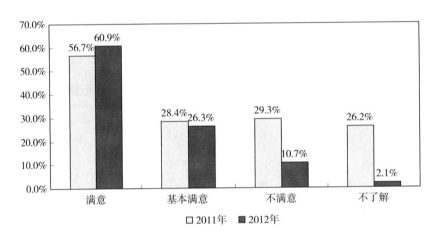

图 3 2011—2012 年满意率对比图

3. 城乡群众满意度差异明显

调查共访问城镇居民 1875 人,占 48.7%,农村居民 1975 人,占 51.3%。城镇居民满意度明显低于农村,全市城、乡居民满意度得分分别为 87.5 分、89.2 分,城镇居民低于农村居民 1.7 分,差距较上年扩大 0.2 分,城乡差距较为明显。说明城镇居民在获得较多社会资源的同时,对自身具有更高的要求。

4. 不同职业人群满意度差异明显

被调查者中,农民最多,占 44%,比上年减少 1.2 个百分点;其次是其他职业者、工人、私营业主及个体户,分别占 15%、12%、6%。

从分职业满意度得分情况看,满意度最高的是机关事业人员 91.27 分,比上年提高 1.77 分,高于全市平均 2.89 分;农民的满意度为 89.47 分,比

上年提高 1.62 分,高于全市平均 1.09 分,列各行业第二位;下岗/待业/失业者满意度较低,为 84.01 分,表明社会还须对上述群体予以更多的关注。

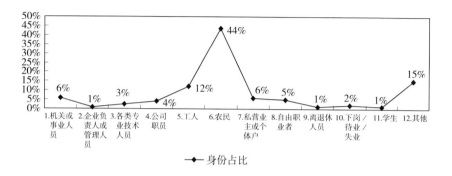

图 4　2012 年度被调查者职业和身份状况比例图

5. 受教育程度与满意度成反方向的态势明显

分学历看,在全部被调查者中,初中及以下占 61.3%,比上年下降 0.1 个百分点;高中及中专占 24.0%,比上年下降 1.2 个百分点;大学及大专占 14.4%,比上年提升 1.3 个百分点;研究生及以上占 0.3%,与上年持平。从满意度得分情况,初中及以下 89.46 分,比上年提高 1.48 分,高于全市平均 1.08 分;高中或中专 86.25 分,比上年提高 1.17 分,低于全市平均 2.13 分;大学或大专 87.45 分,比上年提高 0.72 分,低于全市平均 0.93 分;研究生及以上 84.34 分,比上年降低 0.47 分,低于全市平均 4.04 分。分学历看,呈现出学历越高、满意度越低的特点。

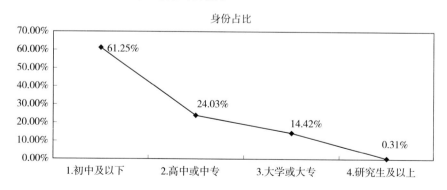

图 5　2012 年度被调查者学历分布比例图

滨州市近两年的群众满意度调查结果分析表明,滨州市政府服务的满意度逐年上升,市民参与对其的贡献表现在:

一是群众配合意识增强,访问成功率显著提升。2012 年度调查开始前,市社情民意调查中心制定了调查实施方案并由市委组织部考评办进行了最后审定。调查期间,共拨打电话 1.51 万个。其中:接通 1.10 万个,成功访问 3850 个,接通率为 72.3%,比上年降低 1.4 个百分点。访问成功率有所提升,成功率(成功访问占接通的比率)为 36.4%,比上年提升 1.3 个百分点。由于滨州市各级党委、政府持续开展评议,在社情民意调查中,从上到下主动推动、认真实施,使得政府的各项服务措施得到公开的监督,加强了政府各级公务员的责任感,加大了政府改进工作的压力和动力。滨州市连续几年实施电话调查这一简便易行的群众满意度调查方法,架起了政府与人民群众沟通的桥梁,特别是在基层的实施使民意调查的公信力、影响力大为提高。总体来看,在群众参与绩效评估中,社会逐渐形成了群众参与绩效评估的氛围,公民参与的意识日益增强,对公共利益、公共事务日益关心,调查访问成功率显著提升,群众配合意识增强。

二是不同被调查对象对同一问题回答的结果不同。根据近两年群众满意度调查结果的分析比较,可以看出,基于对政府行为整体的评价,容易受到所选取的调查对象的限制,不同的群体,如不同的教育水平、职业、居住在城里还是农村都会影响到公众对政府公共服务的满意度。有的群体事先对政府有关工作可能并不熟悉,参与属于偶发行为;如对电话用户、部门、区域、职业、教育程度等不同用户等进行了区分比较,表明了哪些部门或哪些服务获得的群众满意度高,哪些满意程度低,促使相关部门总结经验教训,提出改进工作意见,使政府提高服务社会的效率有了新的动力。座机询问的方式虽有其便利性,并且成本低,但被调查的群体往往是年纪较大、在家时间较长的老年人或不工作的人群,而年轻人普遍使用的是手机而不是固定电话。由于这些不同群体所处的位置、地域、对政府的切身感受等方面的差异,对调查内容的看法和认知度是有明显差异的。一般来说,处在农村和相对底层和落后地区的群体比较务实,其满意度相对高些,机关事业单位人员满意度高可能更关注政府形象的维护。区分群体的意义是针对不同群体对象的特点制定政策。部分民生问题满意率较低的局面尚未改变，比如在涉及干部作风、环境保护的所有有效评价中，群众不满意的评价分别达到了14.5%和18.8%；环境保护、干部作风、困难群众帮扶三个民生问题不满意率在八个评价问题中列前三位，与2011年度调查结果基本一致。

四、滨州市公民参与绩效评估
需要改进和完善之处

滨州市作为近年来经济社会发展较快的市，随着地方经济社会的发展和对政府执政能力的要求不断提高，在开展公民参与政府绩效评估实践的尝试中，通过现代化信息工具，实施电话调查这一简便易行的群众满意度调查方法，坚持公众满意度调查常态化，扩大了民意调查的公信力、影响力，保持了群众评议政府绩效评估的可持续性，初步发挥了公众在监督政府部门中的作用。同时，滨州市的政府绩效评估，在公民参与率不断提高的基础上，通过在很多地方和部门的绩效考核指标体系中突出群众满意率标准，提升了组织外部评估的作用，改进了干部评价考核使用的方法，最终使政府部门绩效由群众说了算的比例越来越大，政府绩效逐年得以改善。

尽管如此，由于滨州市实施群众满意度调查的时间还不太长，其开展公民参与政府绩效评估的实践，与其他先进城市相比，起步较晚，有许多不成熟和不完善之处，但毕竟是该市不断进行行政体制改革的持续努力，是政府通过绩效评估促进注重完成经济任务向加强政府职能建设转型的开端。

政府绩效评估中的市民参与包括三个重要方面：参与的基本形式，即市民独立自主实施还是介入政府发动的绩效评估活动；参与的范围或广度，即市民具体参与了绩效评估诸环节中哪些环节；参与产生的实际影响，这既包括市民在绩效评估诸环节决策中的发言权大小，又包括市民的参与在多大程度上能推进相关部门的工作改进。以下从这三方面来评价滨州市现行的

公民参与绩效评估的程度和对政府绩效改善所起的作用。

（一）公民参与的主动性

从上文看出,滨州市公民参与的具体形式除了参与政府举办的民意调查外,还通过以下几种形式促进公民的参与:一是政府信息公开和领导与群众的直接交流,如市长热线、警民恳谈,在已经成功举办的警民恳谈9期内,共有2000余名民警、5万余名群众参加了活动,征求意见建议2800余条,解决问题4160多个,取得了良好的社会效果。又如政府网站论坛随着网民数量逐年递增,成为发挥民众意见的平台,使公众能对政府工作改进建言献策,为滨州市适时开展群众评议政府打下了基础。二是接受政府组织的电话采访、填写满意度问卷,进行政府绩效满意度测评,并在媒体上公布公众满意度评价结果,加强了公众对政府部门及公共服务可积极评价的信心。公民参与绩效评估对于促进政府工作效率和服务水平的提高发挥了推动作用,公众试图影响公共政策的活动增多了。这两种形式均为政府自上而下组织,民众的自发组织还未形成。表现出群众自发参与政府绩效评估的热情还不够高。

滨州市实施群众满意度调查,突破了传统的封闭考核体系,引入了外部评价,但从外部评价的操作上,从组织保障上,仍保持着自上而下评估的运作模式。自上而下评估的特点是,政府有意愿实施调查时公民才有机会参与。这样虽然引入了外部评估,公民的参与程度是不完整的,受局限的,被动参与的。评估主体的独立性还有待培育。因此,滨州市的公众满意度调查作为公民参与评估的一种有效形式,还需要在实践中进一步摸索探寻如何科学合理客观地选取评价主体,调动群众参与的积极性。

（二）公民参与的范围

满意度调查活动能否坚持并取得成效,在调查初创阶段,领导人的重视固然起到了决定性的作用,但让市民参与到绩效评估的整个过程之中,才是调查的意义所在。滨州市群众满意度调查,以解决"门难进、脸难看、人难找、事难办"等作风问题为主要目标,公民参与虽然可以通过满意度调查介入政府绩效考核,然而在促成群众意见的落实方面,政府部门的改进主要表现在政府部门设置了一些联系群众的通道和措施,而对于服务产品的提供似乎并没有明显质量改进。其原因是,调查结果向社会公布的只是满意率排名,单凭这一项,公众难以对被评议部门(单位)有实质性的监督。可见,公民参与还缺乏对结果运用的监督,尤其是对所提意见和建议履行状况的监督。群众不仅希望政府的服务态度、机关作风得到改善,更希望政府提高服务质量,实行更亲民的政策。社情民意调查体现公民参与的意义在于两方面:一是"公众输入",即老百姓的需求、期望、建议等;二是老百姓对政府工作的感受和评价。滨州市的民意调查更多地涉及公民对政府的评价,而对第一方面体现较少,对于调查方案的形成中参与不足,使调查结果作为民主决策、科学决策的有效途径方面尚显不足。滨州市委书记张光峰认为:"满意度提升是好事,说明我们的各项工作水平都在提高。但也要清醒地认识到我们工作中需要改进的地方还很多,特别是调查的方法,应使更多的基层群众参与是下一步要加强的地方。"

(三)公民参与的效果

用测量公民满意度来评估政府绩效是从公众的立场和视角来进行的。公民对政府的评价,一般涉及政府形象、公众期望、公众感知质量、公众满意、公众抱怨等五个方面,每一个方面又可衍生更具体的内容。由于不同的政府机构有着不同的工作目标和政府职能,这就要求实施满意度调查时应符合不同部门工作的实际,如果过分强调指标的统一性和评估的同步性,评估内容过于笼统,评价者很容易不是根据机关的具体表现,而是根据一种模糊的整体印象来评价,这种参与往往随意性较大,对于广大群众了解、监督和参与政府工作起到的作用有限。

对照比较国外有关部门的满意度调查,可以看出与之的差距。不同的政府部门公共服务需要满足不同利益群体的需求。比如附件中问卷调查问题四的设计——您对当地公安机关服务群众方面感觉满意、基本满意,还是不满意呢？国外对这样的问题设计就具体得多。比如有人们反映问题时是否得到认真对待(判断官员服务态度)？公安机关是否及时公开地提供服务信息(判断服务手段)？办案人员处理问题的速度如何(判断办事服务的流程)？人们对处理结果是否满意(判断服务结果)？从多角度进行询问后,通过回归分析,分析出满意度最有影响力的原因及影响因素是什么。① 由于滨州满意度调查处于公民参与不充分阶段,问题的设计较为简略,许多问题仅仅设计了满意与否的答案,没有追问不满意的原因,无法进一步对调查结果进行深入分析,因此对确认问题和改进工作的作用较为有限。

滨州市经验表明,公民参与政府绩效评估已形成了多样化的评价形式,如逐渐开展了网上问政、行风评议、官民恳谈、问卷调查、电话系统调查等,政府在此基础上进行的社情民意调查,为引导公民参与政府绩效评价,作出了应有贡献。但是实现广泛的群众参与,不仅取决于主要领导者的态度,还应培育公民参与的主动性和积极性,否则公民的参与仍然是有限范围内的参与。在政府绩效评估中,政府部门及其工作人员都应该是公众的评价对象,因此在确定调查内容方面,调查的技术问题也不应忽视,设计问卷应注意问题的有用性、针对性和可操作性因素,才能引导更大范围的公众积极参与,提高公民的参与意识和参与能力。从公民参与的效果看,只有将调查结果转化成促进政府部门不断改善绩效的压力,分析满意度调查结果才有意义。在调查结果方面,如果仅把评价的结果作为奖惩的措施,而没有透过评价对问题进行深入分析,进而将评价作为了解人民群众需求、检验提供服务质量的积极手段,公民参与对于推动政府改进绩效的作用还只是间接的,满意度调查还需进一步对调查活动结果的反馈进行监督和规范,坚持使其转化成公共压力,实实在在地推动服务型政府建设。

---

① Contacting the Police-Customer Satisfaction Survey, Police Customer Satisfaction Survey for the Office of Public Services Reform, August 2003.

/ 作者简介 /

张平平:中国人事科学研究院研究员。

桑助来:人社部规划司处长。

佟亚丽:中国人事科学研究院副研究员。

张曙霞:中国人事科学研究院助理研究员。

参考文献

1. 邓国胜、肖明超等著:《群众评议政府绩效》,北京大学出版社 2006 年版。

2. 桑助来主编:《中国政府绩效评估报告》,中共中央党校出版社 2009 年版。

3. 周志忍:《政府绩效评估中的公民参与:我国的实践历程与前景》,《中国行政管理》2008 年第 1 期。

4. 滨州市统计局提供资料:《反映社情民意,服务科学发展》,2011 年。

5. 滨州市政府提供资料:《坚持绩效评估的科学导向,推进政府绩效管理迈向纵深发展》,2012 年 12 月。

6. 滨州市委办公室:《滨州信息》,2012—2013 年。

7. 张静:《群众满意度稳步提升　部门差距依然明显——2012 年度科学发展电话调查分析报告》,滨州市统计局提供。

8. 李福友:《让人民监督权力,让权力在阳光下运行——多渠道、多方式打造服务型阳光政府》,《领导科学报》,2013 年 1 月 31 日。

9. 滨州市政府:《滨州市长公开电话工作情况通报》,《滨州日报》,2013 年 12 月 17 日。

10. 滨州市政府:《让民声民意成为评价科学发展的"定盘星"——滨州市群众满意度调查工作情况报告》2012 年 4 月 28 日,见 http://www.bzzzb.gov.cn/jyjl/2012-04-28/494.html。

11. 管林忠等:《政府怎么干　群众说了算》,滨州日报,2013 年 3 月 11 日,http://www.bzcm.net/news/2013-03/11/content_1020180_2.htm。

12. Contacting the Police-Customer Satisfaction Survey, final report, research study conducted for Office of Public Services Reform, the Prime Minister's Office of Public Services Reform(UK),2003.

附录 1

2011 年科学发展综合考核
群众满意度电话调查问卷

您好！我是滨州市社情民意调查中心的访问员，受滨州市委、市政府的委托，想了解您对××县党委、政府 2010 年度有关工作情况的评价，问您几个方面的问题，有满意、基本满意、不满意三个选项，可以吗？

谢谢您的支持和配合！

一、主体问卷

Q1.您对本地政府采取措施扩大就业、增加群众收入情况感到满意、基本满意，还是不满意呢？

满意—1　基本满意—2　不满意—3　不了解—4（访问员不读出）

Q2.您对本地医院、卫生所医疗水平和服务质量感到满意、基本满意，还是不满意呢？

满意—1　基本满意—2　不满意—3　不了解—4（访问员不读出）

Q3.您对本地中小学教育情况感到满意、基本满意，还是不满意呢？

满意—1　基本满意—2　不满意—3　不了解—4(访问员不读出)

Q4.您对本地环境保护情况感到满意、基本满意,还是不满意呢?

满意—1　基本满意—2　不满意—3　不了解—4(访问员不读出)

Q5.您对本地政府关心帮助困难群众工作感到满意、基本满意,还是不满意呢?

满意—1　基本满意—2　不满意—3　不了解—4(访问员不读出)

Q6.您对本地政府丰富群众文化生活感到满意、基本满意,还是不满意呢?

满意—1　基本满意—2　不满意—3　不了解—4(访问员不读出)

Q7.您对本地社会治安状况感到满意、基本满意,还是不满意呢?

满意—1　基本满意—2　不满意—3　不了解—4(访问员不读出)

Q8.您对本地干部工作作风感到满意、基本满意,还是不满意呢?

满意—1　基本满意—2　不满意—3　不了解—4(访问员不读出)

(选 1 为 100 分,选 2 为 75 分,选 3 为 55 分,选 4 不计分)

二、背景资料

为了便于统计分析,能问一下您的职业和文化程度吗?

H1.您的职业是?

机关或事业人员-------------- 1

企业负责人或管理人员--------- 2

各类专业技术人员----------- 3

公司职员--------------- 4

工人----------------- 5

农民----------------- 6

私营业主或个体户---------- 7

自由职业者------------- 8

离退休人员－－－－－－－－－－－－－－ 9

下岗／待业／失业－－－－－－－－－－ 10

学生 －－－－－－－－－－－－－－－ 11

其他 －－－－－－－－－－－－－－－ 12

H2.您的文化程度是？

初中及以下－－－－－－－－－－－－－ 1

高中或中专－－－－－－－－－－－－－ 2

大学或大专－－－－－－－－－－－－ 3

研究生及以上－－－－－－－－－－－ 4

访问到此结束,非常感谢您对我们工作的支持和配合,祝您生活愉快!再见!

附录2

滨州市公安机关社会满意度调查问卷

您好！我是滨州市社情民意调查中心的访问员,受滨州市公安局的委托,想了解您对当地公安工作和公安队伍的评价,我们很想得到您的支持配合。占用您几分钟时间,问您几个问题。谢谢!

（如果被访者有顾虑,不愿接受访问,请读出:请您放心,您的电话是电脑随机抽取的,因我们已将所有家庭可能有的号码生成并储存到电脑内。我们的调查是不记名的,这里也看不到您的其他信息。可以吗?)

一、甄别部分

S1.请问您在当地居住了多长时间?

1.一年以上——（继续访问）

2.一年以下——（我们需要访问居住一年以上的居民,请问您家中有这样的成员吗? 我可以访问他或她吗? 有——继续访问;无——谢谢您的合作,再见。终止访问）

S2.你的年龄是?

1.18 周岁以上——(继续访问)

2.18 周岁以下——(我们需要访问年龄 18 周岁以上的居民,请问您家中有这个年龄段的成员吗? 我可以访问他或她吗? 有——继续访问;无——谢谢您的合作,再见。终止访问)

二、主体问卷

问题一:您对当地社会治安状况感觉安全、基本安全,还是不安全呢?

1.安全

2.基本安全

3.不安全

4.不了解(访问员不读出)

问题二:您对当地公安工作和公安队伍从总体上感觉满意、基本满意,还是不满意呢?

1.满意

2.基本满意

3.不满意

4.不了解(访问员不读出)

问题三:您认为当地公安机关执法办案是公正、基本公正,还是不公正呢?

1.公正

2.基本公正

3.不公正

4.不了解(访问员不读出)

问题四:您对当地公安机关服务群众方面感觉满意、基本满意,还是不满意呢?

1.满意

2.基本满意

3.不满意

4.不了解(访问员不读出)

问题五:您对公安民警与老百姓之间的关系密切程度感觉满意、基本满意,还是不满意呢?

1.满意

2.基本满意

3.不满意

4.不了解(访问员不读出)

问题六:您对公安机关或公安工作有什么意见和建议吗?

(访问员简要记录,此项不计分)

福建省政府绩效评估中的公民参与

王庆锋

福建的效能建设是我国第一个在全省范围内实施绩效管理的范例。北京大学周志忍教授曾提出一个绩效管理独特实践模式的判定标准,包括首创性、独特性、实践性和持久性、效果和社会影响、发展前景等几个方面。综合这几个方面,周教授认为福建省的效能建设构成了我国绩效管理的一个独特实践模式。从公民角度看,如果说初期的勤政建设着眼于便民利民从而体现公民导向的话,随后的绩效评估和绩效管理则体现出公民的直接参与,是公民参与不断走向广泛和深化的过程。① 作为第一个在全省范围内实施绩效管理的范例,探讨福建省绩效管理中的公民参与具有特殊意义。

一、福建省绩效管理的发展历程与公民参与概况

(一)福建省绩效管理的发展历程

从勤政建设到效能建设,再到绩效评估和系统的绩效管理,福建省的相

---

① 周志忍:《效能建设:绩效管理的福建模式及其启示》,《中国行政管理》2008 年第 11 期。

关实践经历了一个不断发展和与时俱进的过程。

1. 早期的勤政探索

漳州110。20世纪90年代初期,漳州芗城分局的巡警大队以"人民群众满意就是我们的最大愿望"为目标,向社会庄严承诺"有警必接、有难必帮、有险必救、有灾必抢"。这支巡警大队在当地获得了数十万百姓众口一词的称赞。1996年8月29日,公安部在漳州召开了全国城市110报警服务台建设工作现场会,并作出《关于向福建省"漳州110"学习的决定》,从而促进了110报警服务台、指挥中心与巡警的有机结合与同步发展。1997年底,漳州110被国务院授予了"人民110"荣誉称号。① 之后,全国各地纷纷效仿,使得110报警服务台在全国各地的公安服务中起的作用日益增大。

漳州"3·15"投诉电话。1996年5月2日,漳州市工商行政管理局芗城区分局首创消费者投诉服务台(以下简称"3·15台")的开通,实行24小时值班制,接到投诉电话后快速赶赴现场,及时处理消费纠纷及经济违法违章案件。之后,福建省工商局以此为契机,推动全省工商部门开展此项活动。至1997年11月底,全省县以上工商行政管理机关都设立了"3·15台",开通了"96315"投诉电话并得以高效地运转。1997年共受理消费者投诉13589起,办结13248起,办结率达97%以上,为消费者挽回经济损失1234.6万元,为消费者取得赔偿100.3万元,并根据投诉的线索及群众的举报,立案查处违法违章案件1438件,罚没款1700多万元,查出并捣毁制假售假窝点166个。当时,这一便民为民的举措"3·15"被亲切喻为福建的"经济卫士"、"消费者的保护神"。省委、省政府和国家工商局领导,地(市)县的领导都对"3·15台"给予了高度的评价。②

漳州长泰县的"615"勤政申诉中心。1998年6月15日,在漳州市长泰县县委的前墙上,人们可以看到一条横幅:"到机关办事遇麻烦,请找

---

① 王义轩:《漳州110》,《人民公安》1999年第Z1期。

② 福建省工商局公平交易处:《严格执法 便民为民——福建省工商行政管理机关消费者投诉服务台运行机制初探》,《中国工商管理研究》1998年第3期;张经、赵东玉:《从漳州"315"看工商行政管理》,《中国工商行政管理》1997年第17期。

'615'"。这是长泰县委、县政府、县纪委为进一步改进机关作风,提高办事效率,完善监督机制而推出的勤政工程,并通过各种宣传媒介,公开向社会承诺:到机关办事遇麻烦,请拨电话 8329615 投诉。长泰县委、县政府成立了勤政建设领导小组,由县委书记任组长,纪委书记直接负责,下设"615"勤政申诉中心,从纪委、监察局抽调 1 名常委和 3 名干部专职从事这项工作。县委、县政府赋予申诉中心以调查权、处理权,专门处理群众对党政机关及其工作人员未能履行职责、办事推诿、职责不清或工作失职等行为的举报投诉;调查处理党政机关及其工作人员不勤政的问题。从开办至今 3 个月来,共受理群众投诉和举报 126 件,已处理办结 40 件,转到有关部门办理 50 件,正在调查处理 36 件。机关工作作风大大好转,办事效率明显提高。①

漳州市"615"机关效能投诉中心。1999 年 4 月 20 日,漳州市委市政府召开机关效能建设工作会议,会上总结了并将推广长泰县的经验做法,在所辖各县(市、区)建立机关效能投诉中心,强化监督机制,提高办事效率,促进机关作风转变。市委、市政府要求所辖各县(市、区)把机关效能建设与"110"社会服务联动、组织联动和争先创优活动结合起来,高起点推进机关效能建设,提高办事效率和服务水平,大力改善软环境,推动经济建设。1999 年漳州市委 市政府设立"96615"机关效能投诉中心,并且将勤政效能监督拓展为机关效能建设。

可以看出,勤政建设的主要着力点是改变机关作风、提高效率、提升对企业和公民的服务质量和水平。早期勤政建设所创立的一系列制度规范、管理机制和方法,构成了效能建设活动的重要组成部分,其中包括著名的首问责任制、限时办结制、否定报备制、一次性办结制等 8 项基本制度。②

---

① 《长泰县勤政建设创出新招,百姓称:人民的"615"》,《人民政坛》1998 年第 10 期。邹南清等:《架通政府与群众的连心桥——长泰"615"勤政申诉中心调查记》,《潮声》1999 年 5 月 10 日。http://www.66163.com/Fujian_w/news/fjrb/990510/5-1.html.中国新闻网 http://www.chinanews.com/2000-08-27/26/43373.html。

② 周志忍:《效能建设:绩效管理的福建模式及其启示》,《中国行政管理》2008 年第 11 期。

（二）从勤政建设到绩效管理

在主要参照漳州等地市勤政建设和效能监察的基础上，福建省委、省政府于 2000 年 3 月 23 日印发《关于开展机关效能建设工作的决定》，积极推进机关效能建设工作。同时，成立了由省长习近平担任组长，省委副书记、省纪委书记、省委组织部长、省政府副省长和省政府秘书长担任副组长的机关效能建设领导小组，下设办公室和机关效能投诉中心作为常设机构，依托在纪检监察机关，核定了行政编制，为机关效能建设工作的顺利开展提供了组织上的保障。① 各级政府及其部门主要领导为机关效能建设第一责任人，并且将此项工作作为"一把手工程"。② 自此，效能建设在福建成为一项常抓不懈的重要工作，拉开了全省范围内的效能建设的序幕。

效能建设是"在党委、政府的领导下，以提高机关的工作效率、管理效率和社会效果为目标，以制度建设、作风建设、业务建设、廉政建设为内容，科学配置机关的管理资源，优化机关的管理要素，改进机关的运作方式，建设廉洁、勤政、务实、高效的机关综合活动"。漳州市有关负责人曾指出，效能建设就是"以效能为基本目标，把管理的诸要素有机结合在一起的管理活动"。效能建设实践包含了岗位责任制、服务承诺制、目标考评制、公共服务创新、政务公开、效能督察、绩效评估等多样化的管理机制，包含了政府绩效管理的主要要素，而且在实践中不断根据客观需要融入一些新的要素和机制。

自 2005 年国务院提出政府绩效评估、2008 年中央和国务院提出要推行政府绩效管理以来，福建的效能建设有了调整和发展，逐渐走向绩效评估和绩效管理。

---

① 李沉浮、李卫星：《福建省政府职能转变——从效能建设入手》，《中国经济时报》2001年 12 月 18 日。

② 中共福建省委福建省人民政府《关于开展机关效能建设工作的决定》，闽委发〔2000〕。

(三)绩效管理中的公民参与概况

1. 早期实践中的公民导向

如前所述,漳州的 110 和工商投诉 315 的出现、长泰县的勤政投诉中心以及漳州市的勤政投诉中心的形成,事实上是将一定程度的主动权交给了公众,让公众在公共服务中置于某种程度上的主动地位。这些做法在本质上当属一种公民导向。习近平同志 2010 年 11 月 24 日就福建效能建设作出重要批示:"十年前,我在福建抓机关效能建设这项工作时,强调要牢记人民政府前有'人民'两字,在便民利民上采取了一些措施,取得了一些实效,在全国引起了一些关注。"①

2. 相关文件中对公民参与的要求

随着效能建设向绩效评估和绩效管理的演变,效能建设中的公民导向逐渐转向了绩效管理中的公民参与。2002 到 2012 的 10 年中,绩效评估中的公民参与主要采取社会评议的方式,公民参与范围在扩大,社会评议的权重在增加,调查机构的独立性增强,技术方法经历了一个不断改进的过程。2002 年 5 月 23 日,省机关效能建设领导小组印发了《福建省机关单位绩效考评工作意见》,提出组织考核与社会评议相结合的方法。社会评议,即"运用抽样调查等现代统计调查方法,对各级政府及其工作机构依法行政、廉政勤政、工作效能等方面进行社会调查,客观反映管理相对人、人民群众及社会有关方面对被考评对象的评价和反映,作为政务绩效考评的依据之一"。2006 年,福建省委、省政府下发了《政府及其部门绩效评估的工作方案》,对社会评议的有关方面做了更为具体详细的规定,包括调查对象、样本量、抽样方法、计算公式等。

2012 年后,公民参与的力度明显加大。9 月 12 日,福建省委办公厅、省政府办公厅下发了《关于进一步深化政府绩效管理工作的意见》,除了继续

---

① 兰锋、潘绣文:《福建省机关效能建设工作会议召开 习近平作出重要批示》,《福建日报》2010 年 11 月 25 日。

推进和完善社会评议外,特别强调完善公众评议回应机制,及时回应社会关切,维护社会公众的知情权、参与权和监督权。

(四)各地市绩效评估中公民参与的多样化

福建省效能建设工作的一个特点是:"领导机构的工作部署侧重于重点领域、基本原则和底线要求,给地方和部门因地制宜创新留下充分的余地。"①所以,福建省政府绩效评估中的公民参与在各地呈现出多种方式和不同特点。

二、绩效管理中公民参与的实践案例

(一)福州市绩效评估中的公民参与情况

1. 福州市政府绩效评估中的公民参与的要求及实施

作为福建省的省会,福州从 2006 年开始启动了政府绩效评估中的公民参与项目。长乐、连江、苍山试点县区政府绩效评估按照省效能办的要求实施绩效评估。其中,公众评议的内容为贯彻落实上级党委、政府重大决策部署情况、维护群众利益、依法稳妥处理侵害群众利益问题情况以及自身建设情况等。② 2007 年 3 月 29 日,福州市委、市政府下发的《2007 年度福州市县(市)区绩效评估工作实施方案》,普通市民有机会以公众评议的方式参与各县(市)区绩效评估工作,公众评议在绩效评估分值中所占权重为20%。绩效评估的公式为:

绩效评估得分＝指标考评得分×80%＋公众评议得分×20%－察访核验扣分

---

① 周志忍:《效能建设:绩效管理的福建模式及其启示》,《中国行政管理》2008 年第11 期。

② 福州市政府办信息处:《长乐、连江、仓山试点县(市)区政府绩效评估工作》。

　　参加政府绩效的公众评议人员为人大代表、政协委员、企业经营者、城镇居民、农村居民。公众评议将针对不同群体设置不同的公众测评表和问卷调查表,采取分层次、多阶段、等距离、随机抽样的方式进行,同时兼顾地理分布的均衡性和经济有效性。调查样本量为每县(市)区290个,即"每个县(市)区平均需抽取人大代表30名、政协委员30名,企业经营者代表30名,城乡居民200户(其中城镇居民100户,农村居民100户)参加公众评议"①。年终评估时段是2007年12月至2008年1月进行,并规定了绩效等级及结果运用事宜。福州市政府绩效等级:年度评估工作结束后,总分达到90分以上(含90分)的县(市)区将被评为优秀,总分在85分以上(含85分)90分以下的县(市)区将被评为良好,总分在80分以上(包括80分)85分以下的县(市)区将被评为一般,总分在80分以下的县(市)区将被评为差。对绩效评估中的优胜县(市)区,市委、市政府将召开会议进行奖励。

　　2007年7月12日,福州市启动各县(市)区政府工作绩效评估公众评议。7月14日,福州调查队受市委、市政府委托开展绩效公众满意度测评工作,抽调42人组成6个组开展调查。调查内容主要涵盖新农村建设、社会治安、医疗卫生、教育、文化娱乐、食品药品安全、社会保障、政府机关工作效率、廉政建设等经济社会发展的各个方面以及老百姓关心的热点、焦点、难点问题。公众评议针对不同群体设置不同的问卷调查表。调查方法主要是,对人大代表、政协委员的调查以电话调查的方式,企业经营户调查以面访的方式,城乡居民的调查以入户调查的方式。调查问卷为不记名调查,由国家统计局福州调查队汇总统计。评议人员来源包括各县(市)区参加公众评议的人员为随机抽选,其中人大代表30名、政协委员30名、企业经营者30名、城镇居民户100名、农村居民户100名。公众评议针对不同群体设置不同问卷调查表。

　　2008年2月29日,福州市政府信息处发布信息称:2007年福州市绩效公众评议满意度跃居全省第三,同比上升4位;整体满意率为89.4%,同比

---

　　① 黄学良:《福州县区政府绩效评估请群众打分》,《中国人事报》2007年4月4日。

提高 6.6 个百分点。其中,人大代表和政协委员在评议中满意率最高的是
"对本地政府领导班子的整体形象",分别为 95.2% 和 92.4%;企业经营者
满意率最高的"落实海峡西岸经济区发展战略"为 91.2%;城镇居民满意率
最高的"加强社区管理"为 93.4%;农村居民满意率最高的"落实农村政策、
减轻农民负担工作"为 95.2%。①

2. 绩效评估中公民参与的持续与改进

2009 年 11 月 6 日,福州市效能办发布信息《我市三措施抓好绩效管理
工作》。一是制定切合我市实际的绩效管理指标体系,对县(市)区的绩效
评估指标实行动态管理。在评估手段上,对指标考核、公众评议和察访核验
三种方法所占的比重进行调整。二是建立健全绩效目标落实责任、绩效运
行跟踪监控等一系列有效机制,形成"一月一点评,一季一分析,半年一测
评,一年一总评"的绩效目标跟踪指导机制。三是对评估结果反映出来的
问题,由评估办分别向各县(市)区和有关部门反馈,要求有关部门和单位
认真分析研究查找症结,制定并落实整改措施。

市效能办强化措施加大社会监督力度措施。2010 年 12 月 16 日,福州
市效能办发布信息《市效能办强化措施加大社会监督力度》。一是从人大
代表、政协委员、企业经营者、省直机关干部及退休干部中选聘 28 名监督
员,通过召开座谈会以会代训,同时加大暗拍取证力度,提高公众监督力度;
二是采取发放问卷、入户调查、电话访问等形式,对全市 12 个县(市)区和
市直部门开展绩效评估公众评议工作,并加大公众评议在市直部门绩效评
估中的权重;由 2500 名企业法人代表和 500 名居民代表对 40 个办事窗口
投票评选"十佳市级办事窗口",提高公众参与度;三是推进网上政务公开,
以中国福州门户网站为载体,设立政务公开专栏,充实、调整政务公开内容,
提高公众知情权。

进一步发挥绩效管理目标导向作用。2012 年 5 月 23 日,福州市政府

---

① 刘复培:《福州 07 年绩效公众评议满意度跃居全省第三》,《福州日报》2008 年 3 月
2 日。

办信息处发布信息《我市进一步发挥绩效管理目标导向作用》，决定对市级机关单位实行以公众评议为主导的评估方式；对在综治、信访、计生、安全生产、环保等方面发生影响恶劣、造成严重后果的责任单位实行"一票否决"。2012 年 6 月 18 日，《福州市纪委监察局效能办 2012 年度绩效管理工作实施方案》发布，其中有关公众评议的主要内容变化为："公众评议占绩效评估总分的 70%，年度内评议一次。""主要评议委局办执行政策、履职状况、廉洁勤政、服务质量、政务公开等方面的情况。公众评议采取问卷答题的形式，主要通过函寄送达、面访等方式进行。"

公众评议的第一步是公众投票。前期评议活动时间从 2012 年 3 月至 12 月。市纪委、市监察局、市纠风办在《福州日报》和中国福州门户网站刊登投票活动公告，由市民以不记名投票的方式，从 41 个市政府组成部门中选出 10 个需要进行重点评议的部门。据统计，共有 10203 人参加了无记名投票。

第二步是查访整改。组成 5 个评议小组不定期到 10 家参评单位进行明察暗访。评议小组先后对 10 家参评单位进行工作指导 59 次，开展明察暗访 82 次，发现问题 49 个，向参评单位提出有效意见建议 44 条。各参评单位大力开展自查自纠活动，通过查找问题，整改问题，各单位的机关效能、政风行风水平明显提高。

第三步是现场评议。2012 年 11 月 26 日，福州市纪委、市监察局、市纠风办于 2012 年 11 月 26 日上午又联合多家媒体，对被评议部门在促进发展、办事公开公正、执行力建设、服务效率以及问题整改等方面的情况进行现场评议，即 2012 年"让人民满意"媒体直播民主评议政风行风活动在福州电视台演播大厅拉开帷幕。市长、省纪委副书记等领导出席并观看了现场直播。福州电视台新闻综合频道、公交车载视频等，福州人民广播电台 FM94.4"政风行风热线"栏目，中国福州门户网站"让人民满意"活动专栏进行现场直播。现场评议活动由开场宣传短片、参加评议单位展示及述职（各单位主要负责人陈述本部门工作情况）、监督检查报告、场内外互动（回答社会关注的热点、焦点问题）、社科专家点评、现场测评，以及参评单位负责人作表态性发言等环节组成。参加现场评议的代表共 80 名,50 名为服务对象代表,20 名为监督员代表,10 名为媒体观察员。广大市民可通过 3 种方式参与互动:热线电话 88001234,登录中国福州门户网站"让人民满意"活动专栏进行投票或留言,短信投票。每场现场直播活动的测评结果在次日的《福州日报》和福州电视台新闻频道公布。①

(二)厦门市政府绩效评估的公民参与②

1. 厦门政府绩效评估中公民参与的要求

作为改革开放前沿的厦门,2002 年就建立了政府绩效评估制度,公众评议调查工作也在当年首次开展。初期的评估公式与福建其他地方一样,包括指标考核、公众评议和察访核验三项。

公众评议调查是一项系统的调查工作,由多个工作环节构成,主要体现在以下几方面:调查工作准备→调查组织实施→调查结果汇总→工作总结→上报总结→结果反馈→问题解决→效果体现。其中的方案设计、调查员组织、数据处理、问卷设计、问卷管理等都交由公司来完成。

2. 绩效评估中公民参与的持续与改进

增加网上评议。2005 年,作为改革试点,厦门市思明区的老百姓都可以到网上对政府部门的年终绩效品头论足。刚开通不久的思明区公共部门绩效评估——群众满意度网上评议系统,已有近 300 人次提交了评估。网上评估分依法行政、服务态度、规范办公环境、政务公开、办事实效五大块。

---

① 黄戎杰:《媒体直播民主评议政风行风活动 26 日上午拉开帷幕》,《福州日报》2012 年 11 月 26 日。

② 该文中涉及厦门的材料主要来自下列文献或报道:刘征宇:《完善公众评议调查 促进政府效能提高》,中国信息报网络版,2012 年 8 月 2 日;李晓平:《厦门市民可登录政府网站网上评议政府机关》,《厦门日报》2006 年 10 月 20 日;黄怀:《市民可登录市政府网站评价机关效能》,厦门日报 2010 年 4 月 20 日。《2007 年度厦门市政府组成部门和区级政府绩效评估的工作方案》厦府办〔2007〕239 号;罗联璧:《厦门政府部门网上接受测评 扩大公众知情权》,《东南快报》2007 年 11 月 1 日;http://news.QQ.com.厦门效能办:《厦门市深化效能建设年"公众评效能"实施方案》的通知〔2012〕7 号。蓝旭:《厦门思明区:老百姓上网考评政府绩效》,《福建日报》2005 年 1 月 13 日。

依法行政的第 1 条是:"在办事过程中,您觉得该部门(街道)工作人员在杜绝利用工作之便吃、拿、卡、要及乱收费、乱摊派现象做得如何?"政务公开的问题包括:"工作人员在执行公务过程中是否佩戴工作证件,是否接受社会监督?"评价标准分为"优秀、良好、一般、较差、很差"5 个选项。从 2006 年 10 月 20 日起厦门广大市民可登录厦门市政府网站进行评议,评议的对象为厦门市 42 个市政府组成部门和 6 个区政府部门,属于一年一次的评议活动。评议时间为一个月,自 2006 年 10 月 20 日起到 11 月 20 日截止。厦门市效能办负责人还透露,从 2007 年起公众评议和指标考核都在网上进行,实现无纸化操作,降低成本、提高效率,而且可减少人为因素,保证绩效评估工作公平、公正。

增加公众评议的权重与次数。从 2006 年开始,公众评议政府绩效的权重由 2004 年的 30% 改为 40%。对各机关部门的绩效评估工作始于 2004 年,以往是一年一次,从 2006 年开始改为一年两次,分为中期和终期,分别占公众评议的 30% 和 70%,最后合并得分计入被评估单位总成绩内。

3. 评议结果的公开与应用

厦门市效能办将对网上的信息进行归纳整理,及时反馈给相关部门,将结果公布网上,最后将结果通报到市政府。2006 年首次将结果与奖惩挂钩。

2008 年 10 月 17 日,市监察局网站贴出《我市 2008 年度中期政府绩效公众评议位列全省第一》信息,并配有录音。① 2010 年 4 月 1 日,市监察局网站贴出《我市 2009 年度公众评议成绩排名全省第二》信息,并配有录音。②

评议结果运用。评议结果作为绩效评估的组成部分,纳入本年度绩效评估成绩,并作为领导班子、领导干部考核的参考依据。

---

① 《我市 2008 年度中期政府绩效公众评议位列全省第一》,http://www.xm.gov.cn/zwgk/zwxx/200810/t20081017_280810.htm。

② 《我市政府 2009 年度公众评议成绩排名全省第二》,http://www.xm.gov.cn/zwgk/zwxx/201004/t20100401_344728.htm。

（三）南平群众评选"不满意科室"与"满意科室"活动

1. 群众评选活动的发展历程

2008年初，南平市效能办下发了《关于继续深入开展基层所站效能建设暨评选"服务发展最佳科室"和"群众不满意科室"活动的实施方案》，目的是："进一步规范行政权力运行，加强对行政权力运行的监督，努力形成权力运行监控机制，优化政务环境，促进服务型机关建设。"

2010年5月12日，南平市效能办发布了《关于评选2010年"服务发展最佳科室"和"群众不满意科室"工作的通知》，对市直各单位提出了具体的要求。

2011年8月12日，南平效能办下发《关于评选2011年"服务发展最佳科室（窗口）"和"群众不满意科室（窗口）"工作的通知》。与2010年相比，总的评选条件相对细致了一些。如在"服务发展最佳窗口"的评选条件中，对考勤、服务限时承诺、无差错办结等事项上都有了要求。增加了"评选结果的确定与应用"一项，评选结果"一同按程序报送市政府常务会议和市委常委会议研究确定，评选结果报市委组织部备案。被评为'服务发展最佳科室'、'服务发展最佳窗口'的单位由市委、市政府以适当形式进行通报表彰。各单位可根据单位的实际情况，对当选的'服务发展最佳科室（窗口）'给予适当形式的奖励，并作为该科室人员评先评优、选拔任用的重要参考依据。对'不满意科室（窗口）'，市效能办将以适当形式进行通报，被通报科室（窗口）必须将整改情况向市效能办反馈"。

2012年4月5日，南平效能办下文《关于2012年创建"服务发展最佳科室（窗口）"和评选"群众不满意科室（窗口）"工作的通知》，相对2011年的显著改进点是增加了公示阶段，即将创建"服务发展最佳科室（窗口）"和评选"群众不满意科室（窗口）"初评结果在《闽北日报》上公示，以征求意见、接受监督。此外，在结果应用上，对创建"服务发展最佳科室（窗口）"成效明显的予以表彰，"服务发展最佳科室（窗口）"的负责人，直接列为所在单位年度考核优秀人选。对被评为"群众不满意科室（窗口）"的予以通报批评,科室(窗口)负责人予以效能告诫,所在单位取消当年评先评优资格。

2."群众不满意科室"评选

"群众不满意科室"评选的内容包括以下方面:在履行职责中存在越位、错位、缺位、不到位的行为,服务群众、服务基层存在严重效率低下、推诿扯皮、吃拿卡要的人和事,在反腐倡廉建设中出现经济问题被纪检监察或司法机关立案查处的人和事;行政审批、市场监督、公共服务中侵害人民群众利益引起群众不满的事项;对市委、市政府加快发展的决策部署拒不执行或执行变味走调,部门利益或个人利益至上的人和事;服务发展和解决民生"热点"问题上措施不力,反应迟缓、业绩平庸、民怨突出的人和事。

"群众不满意科室"评选预先确定不满意单位的数目,然后分四步进行。以2010年为例,原则上确定评选3个"群众不满意科室"。

第一步是框定范围阶段。凡具有以下情形之一的将作为"群众不满意科室"的初评对象:凡在福建省对南平市的绩效管理察访核验中被查实违反机关效能建设制度,造成不良影响,导致政府绩效管理被扣分的科室;当年被市效能办直接予以效能告诫的个人所在科室;全年累计被实名投诉达3次以上(含3次),且被查实确有不利于优化发展环境、不作为、乱作为行为的科室;市效能监督员、行评代表在效能检查和行评检查中发现存在严重效能问题,且屡次整改不到位的科室;对市委、市政府中心工作和阶段性工作把握不准、执行偏差、落实不力以及对领导批示件、重要批办件办理不及时、落实不到位、整改不彻底的科室;属于五个"一票否决"对象的个人所在的职能科室。被列为不满意科室初评对象的,不得参与本年度最佳科室、最佳窗口评选。

第二步是察访核验阶段。与服务发展最佳科室察访核验同步开展。对框定的科室进行暗访和实地走访,了解情况,厘清事实,力求反映突出问题。

第三步是民主测评阶段。进入不满意科室初评范围的职能科室,向社会各界组织民主测评,按不满意率居前的若干个科室确定初评结果。

第四步最终确定阶段。初评结果和不满意科室评选意见报送市效能建设领导小组研究,并将研究结果按程序报送市政府常务会议、市委常委会最终确定,最终结果报市委组织部备案。

3."服务发展最佳科室或窗口"评选

2010年"服务发展最佳科室"确定评选14个,其中最佳科室10个、最佳窗口4个。最佳窗口的具体评选工作由市行政服务中心参照最佳科室评选办法组织实施。最佳科室评选分以下四个阶段进行:

一是推荐阶段。市直有关单位于10月中旬将经过认真酝酿且服务发展工作成效显著的职能科室,向市效能办推荐作为"最佳科室"候选单位。每个单位推荐科室原则上不超过2个,与行政服务中心窗口科室一并参与最佳科室评选。

二是核验阶段。11月左右,市效能办组织效能监督员对推荐科室和窗口单位开展察访核验工作,了解掌握其服务发展的工作实绩,并认真听取综合监督部门的意见和建议,提出最佳科室的初步名单。

三是评选阶段。年底,市效能办组织开展对初步名单范围内的科室民主测评,向社会各界发放测评表,组织人大代表、政协委员、企业经营者、服务相对人以及效能监督员、行评代表广泛参与民主测评。同时,在各县(市、区)同步开展测评工作。通过民主测评,将满意率位居前列的若干个科室列入最佳科室评选建议名单。

四是确定阶段。向市机关效能建设领导小组提出建议名单和评选意见,提请研究,并将结果报送市政府常务会议和市委常委会议最终决定。被评为"服务发展最佳科室"、"服务发展最佳窗口"的单位由市委、市政府以适当形式进行通报表彰。

(四)漳州行政服务中心绩效评估中的公民参与

1.漳州行政服务中心基本概况

漳州市行政服务中心创建于2001年11月28日,是福建省最早建立的地市级行政服务中心。漳州市行政服务中心坚持高效、便民、规范、透明、公平、廉洁的服务理念,在探索中前进,在创新中发展,在完善中提高。中心实行市、区联办体制,共有47个部门、613项审批及办证办照项目进入,实行

"开放式办公、一个窗口受理、一条龙服务、一站式办结、一次性收费"。中心着力创新服务方式,变分散审批为集中审批,变软承诺为硬承诺,变串联审批为并联审批。在服务内容上力求一个"全"字,在办事程序上突出一个"简"字,在工作节奏上强调一个"快"字,在承诺时限上达到一个"短"字。有效改变了行政机关"门难进、脸难看、事难办"的现象。基于其提供快捷、周到的服务,被群众亲切地称之为"政务超市"。① 它是全国创先争优先进基层党组织,被国家标准委批准为全国行政服务行业标准化试点单位,也是全国政务公开领导小组授予的全国政务公开公示点。

2. 标准化管理与政务公开

针对来自不同单位的180多名工作人员采用制度管人的规范要求和做法。市委、市政府制定了《关于建立市行政服务中心的实施意见》,强化了中心的地位,明确了中心的指导思想、机构设置、基本职能和运作机制,规范了中心服务内容、运作程序和收费标准。中心也根据实际情况,研究制定了《漳州市行政服务中心内设机构工作职责》、《漳州市行政服务中心工作人员行为规范》等多项制度。比如各类审批件的分类及办理程序规定:将审批件分成立即办结、时限承诺、联审办理、申报协办、否定报备、委托代理等6种类型,每种类型都制定了严格的运行程序,并在软件设计上提供相应的运转通道。承诺件从打印承诺单开始计时,管理系统自动跟踪监督办理时限。否定件必须在电子公告栏上写明否定理由方可了结。所有不符合管理规定的错误操作都会在考评系统中留下信息并自动扣分。

中心的标准化管理包括以下内容。一是科学构建标准体系。包括综合性基础(相关法律法规和公共政策)标准、通用基础(国家、行业和地方)标准和操作(业务、后勤保障和监督检查)运行标准三个层面。二是精心编制标准内容。按照统一、简化、协调、优化的原则,编写一套通俗易懂、便于操作、可供借鉴的标准格式样本,大大提高了标准的实用性和可操作性。三是

---

① 何小燕:《改革政务、权为民用——福建漳州市行政服务中心见闻》,《人民日报》2003年4月13日。

严格按照标准履职。一方面,加大培训力度,确保工作人员应知应会;另一方面,加大督察力度,把标准执行情况作为值日巡查、业务抽查和电子监察的重点,将检查结果与中心红旗窗口和先进个人评选挂钩,对标准执行不到位的窗口工作人员依标准进行扣分处罚,限期整改,督促落实到位。①

中心让办事者知晓业务流程、查询及评价规定。在申报材料、办事程序、承诺时限、收费标准、联系监督电话、网址等六公开的基础上,中心开设网站,公众可以通过因特网查询六公开资料,按照承诺单上的密码直接查询申办件的流转状态,并对机关窗口及工作人员进行评议。

3. 标准化实施中的公众评议

中心设立了服务质量满意度评价标准。其中,评价渠道包括电话投诉、口头投诉、书面投诉、网络投诉、投诉转办件、在大厅内意见簿、办件管理系统电子投票、在申办人评议票上评议留言等方式。评价结果调查包括被服务对象投诉或申办人评议为"不满意"、"一般"票的,效能督察处将组织人员进行调查核实。结果处理包括被服务对象投诉的窗口和个人经调查属实的按效能投诉办法(Q/ZZXZ.G.DC 004-2012)执行;被申办人评议为"不满意"、"一般"票的窗口和个人,按月流动红旗窗口考评标准、月先进个人考评标准(Q/ZZXZ.G.DC 010-2012、Q/ZZXZ.G.DC 011-2012)执行;窗口或窗口工作人员、窗口单位应认真给予落实并进行整改;对拒不改正的,由效能督察处提出处理建议,报经主任会研究决定是否给予黄牌警告或转市效能办处理。②

4. 群众评议的效果

漳州市行政服务中心一开始注重办事成本、效率和效益的问题。2002年5月20日下午,上海松江统一企业有限公司漳州销售部李先生到中心办理税务登记手续,此时离下班时间仅剩10分钟,国税、地税两个单位窗口工作人员接到材料后,立即办理,用了50分钟办妥税务登记证。听力残疾达

① 《漳州市行政服务中心标准化工作情况简介》,http://www.zhangzhou.gov.cn/cms/html/zzsxzfwzx/2012-07-24/2024895420.html。
② 参见《漳州市行政服务标准体系》(2012年12月)。

到4级的陈少华下岗8年,因原工作单位停业整顿,无法办理病退手续,他来到中心劳动局窗口求助。工作人员与他笔谈了近一个小时,弄清事情原委,立即与主管部门联系,用最短的时间为其办理了手续。中心工作人员称之为"配套服务、延时服务、延伸服务"。窗口办事员林清锦说,他平均一天办120多件。截至2003年2月,中心共收件146417件,已办结144634件,办结率为98.8%。其中,即办件60376件,当场100%办结,接待群众咨询21万多人次。中心网站有4万多人次访问查询。每天收件400多件,当天办结率达58%。到2003年4月为止,中心收到群众送来的锦旗30多面、感谢表扬信20多件、表扬意见350多条。①

2012年9月,漳州市又继续精简、下放审批项目200余项,成为福建省审批事项最少的设区市。来漳州投资的香港某公司体验到了行政服务标准化带来的高效率。2012年8月14日,该公司欲注资0.9亿美元、总投资2.7亿美元在漳州市诏安县成立一家旅游公司。由于总公司要在8月底召开董事会,经办人员十分着急,希望旅游公司的相关手续能在8月25日之前办完。8月14日,市外经局窗口启动了标准化服务。15日上午,服务中心召集市、县两级相关审批部门和业主代表召开联合告知会暨联审协调会,对项目用地及环评、项目核准、经营范围及前置审批事项进行联审会商,制定审批方案并列出材料清单。16日,收到投资人的签章材料后,市外经局窗口即指派专人赶往省外经贸厅协办此项业务。17日上午,省里同意企业成立的批文传真一到,市质监局窗口马上根据《容缺受理标准》出具预赋码确认单,由市外经局窗口传回省里办理,《港商投资企业批准证书》、《组织机构代码证》当天办好。20日上午,诏安县工商局的初审材料经网络送达服务中心,市工商局窗口进行远程审查和指导,出具补正意见。当天下午5点,市工商局窗口收到修正后的材料并核准同意后,业主代表即从县工商局领回了该旅游公司的营业执照。2012年的下半年,某台资企业成功落户漳

① 何小燕:《改革政务、权为民用——福建漳州市行政服务中心见闻》,《人民日报》2003年4月13日。

州市云霄县光电产业园,其《台商投资企业营业执照》、《台商投资企业批准证书》、《组织机构代码证》办下来只用了 24 小时。"办理时间整整缩短了119 个工作日!"企业代理人感叹。一分耕耘一分收获,2012 年,漳州市评选服务行业"最美笑脸",市行政服务中心囊括了"最美笑脸"的前三名。①

标准体系试行后,漳州市行政服务中心先后精简、下放审批项目 145项,压缩审批时限 3410 个工作日,对有法定办理时限的 280 个项目压缩时限 58%,将 100 多项承诺件转为即办件。② "漳州推行的政务服务标准不仅是审批时限、程序、名称的标准。市行政服务中心发改局窗口审批科科长郑永祥说,漳州 7 月初在全省率先全面推行政务服务标准化建设,其内容包括服务平台建设、服务项目进驻、服务项目办理、服务保障、服务管理等五大块的标准化,囊括了政务服务的全部内涵。基于完善的制度保障,标准化实施有力,群众办事满意度攀升至 100%。"③漳州政务服务标准化的实践,对于提高行政效率、降低行政成本、强化问责绩效都是十分有效的,其系统化、专业化、精确化和法制化的工作机制,受到人民群众的广泛好评。④ 据统计,标准体系试行以来,漳州市行政服务中心已办理行政审批和便民服务 15 万余件、公共资源交易服务 862 件,没有一件因不廉行为接到投诉。⑤ 仅 2012年至 2013 年 4 月 30 日,它收到公众评议票 14 万张,满意率 100%;收到群众感谢锦旗 110 面、感谢信 10 封。⑥ 同时,在问责方面做得也是有规可循的。2012 年,工作人员在抽查办件时发现,市公证处窗口存在单位、窗口

---

① 黄喜祖等:《给行政服务戴上"紧箍"——福建省漳州市行政服务标准化建设纪实》,《中国纪检监察报》2013 年 3 月 5 日。

② 黄喜祖等:《给行政服务戴上"紧箍"——福建省漳州市行政服务标准化建设纪实》,《中国纪检监察报》2013 年 3 月 5 日。

③ 雷光美等:《福建日报深度调查 政务标准化的漳州实践》,《福州日报》2012 年 8 月 6 日。

④ 雷光美等:《福建日报深度调查 政务标准化的漳州实践》,《福州日报》2012 年 8 月 6 日。

⑤ 黄喜祖等:《给行政服务戴上"紧箍"——福建省漳州市行政服务标准化建设纪实》,《中国纪检监察报》2013 年 3 月 5 日。

⑥ 邱丹燕等:《"漳州标准"践行"马上就办"——漳州推行政务服务标准化管理纪实》,《闽南日报》2013 年 5 月 3 日。

"两头办理业务"的情况。随即,该窗口单位当月的考评被扣掉28分,并收到"黄牌警告"。市公证处立即对此作出整改。① 2012年12月21日,市行政服务中心督察处干部杨文革在监控屏前查看人员在岗情况。瞬间,他发现了4个空岗窗口。经查,这4名工作人员利用空闲间隙到后台泡茶聊天。最终,4名工作人员各被扣当月考评分1分,取消当事人先进个人和所在窗口评选"红旗窗口"的资格。②

标准化已经走出了市行政服务中心。2013年,漳州市各县(市、区)全面完成县级行政服务中心建设;80%以上的乡镇(街道)建立便民服务中心和村(居)便民服务代办点。③ 全市11个县(市、区)已经100%按标准化建立了行政服务中心,120个乡镇建立了便民服务中心,1727个行政村建立了便民服务代办点。2013年2月,漳州市行政服务中心又开通适应标准化要求的"96123"政务服务信息平台,整合近70个审批部门和公共服务单位的咨询电话、网站、信箱,按照统一受理、分头办理、直接反馈、公开监督的方式运行,并提供与行政审批和公共服务事项有关的政策咨询、信息查询、投诉举报、意见建议等服务。④ 虽说行政服务中心分设在县里乡镇,但按照漳州行政服务中心标准要求,同一级政务服务平台的服务内容、办事规则基本一致,为每一位群众提供平等的政务服务。

(五)福州市12345呼叫中心绩效评估中的公民参与

1. 福州12345呼叫中心系统概况

福州市12345呼叫中心起始于2006年3月3日,最初称谓12345系统

① 黄喜祖等:《给行政服务戴上"紧箍"——福建省漳州市行政服务标准化建设纪实》,《中国纪检监察报》2013年3月5日。

② 邱丹燕等:《"漳州标准"践行"马上就办"——漳州推行政务服务标准化管理纪实》,《闽南日报》2013年5月3日。

③ 郑良:《漳州绘制行政服务流程图 以标准化促权力规范运行》,《瞭望》新闻周刊,2013年1月14日。

④ 黄喜祖等:《给行政服务戴上"紧箍"——福建省漳州市行政服务标准化建设纪实》,《中国纪检监察报》2013年3月5日。

投诉或咨询,是依托中国福州门户网站在互联网上构筑的一个技术平台,主要解决福州市市民、企业等日常遇到的困难与问题,所诉事项由信访部门转交相关单位限期办理,诉求件办复后,仍由呼叫中心通过电话或电子邮件反馈给投诉人。福州市目前已有 84 个市直部门和 317 个区直部门、街道等单位成为 12345 系统的承办部门。在网上公开办理的诉求件,各承办单位必须指定专人上网收件,并及时上报相关责任领导批办。收取、呈报诉求件的时间不得超过 2 个工作日。承办单位接到诉求件后,必须及时、认真处理,并在 10 个工作日内予以答复(含收件时间)。多家单位联合处理的诉求件,办理时间原则上控制在 10 个工作日内,较复杂的最多可增加 2 个工作日。[①] 该中心是全国网上信访试点单位,已经获得中国城市信息化服务创新奖等。

2. 12345 呼叫中心系统受理方式

12345 为市民和企业提供 6 种诉求方式:通过互联网登录,网上填写诉求件或查询诉求件办理情况;拨打电话 12345—1—1,将诉求告知工作人员;将书面意见传真到 12345—1—5;发送电子邮件到 12345@fj12345.gov.cn;发送手机短信反映诉求;通过 QQ 添加好友,将诉求告知工作人员。

鉴于不同投诉渠道和平台会受到一些特殊约束,呼叫中心相应设置了一些注意事项:QQ 和人工接听电话有时间段的限制;向 12345 平台发送短信反映问题受到短信字数约束,建议呼叫内容精炼扼要,事件地点详细标明,同时明确告知短信无法查询内部诉求件办理结果。

3. 12345 平台的办事流程

群众通过各种渠道反映的 12345 诉求件,流转至福州市信访局。信访部门在 1 个工作日内批转给市直部门、单位,一般诉求件要求 10 个工作日内办理完毕,咨询类在 5 个工作日内答复。信访部门在 2 个工作日内对回复审核通过后在网上发布,同时通过电话、邮件、短信等原渠道反馈给诉求

---

① 张国俊:《福州:便民呼叫中心开通 12345 投诉热线》,新华网 www.XINHUANET.com,2006 年 3 月 5 日。

人。每周的市民诉求件情况,都会被快速地纳入《福州市舆情专报》,供市委、市政府领导决策参考。福州市委、市政府多次专题研究 12345 相关工作。12345 联席会议定期分析研究解决系统运行过程中遇到的新情况、新问题。近年来,针对群众反映的热点、难点问题,福州市及时研究出台了社保改革、完善幼儿园布局、提升公交服务、加快城市绿化美化等措施。这些年,12345 实实在在地解决了一大批群众最关心、最直接、最现实的问题,给老百姓带来了很多方便。当然,12345 属于非紧急救助服务系统平台,也不能包治百病。群众遇到急事,还需拨打 110、120,自来水、电力抢修等号码。该中心一天的电话总量约 600 个,形成工单的有 200 件,加上市民直接上网投诉或咨询,平均一天的有效诉求件约在 500 件。随着 12345 知名度的提高和老百姓维权意识的增强,这几年的诉求量越来越多。

4. 12345 呼叫中心当事人满意度事例

这个全国首个架构在互联网上的便民服务平台,通过 12345 一个号码,叠加了网站、E-mail、短信、传真、QQ 等多种方式,自 2006 年 3 月由鼓楼区升级到福州市级层面应用至 2012 年 12 月 31 日,共办理诉求件 928255 件次,及时回复率为 98.74%,群众基本满意率达 93.33%。

诉求件一:2013 年 1 月 6 日,君临东城小区黄先生投诉——小区门口公交车站边大量小车占用人行道盲道违章停车,时间长达数月,交巡警都没来查处,且半夜车辆防盗警报严重扰民!

答复:1 月 9 日,晋安区公安分局回复——已责成辖区派出所加强对该路段的巡逻管控力度,对没有按照规定停放在停车位内的违法停车行为坚决予以抄告处罚。

诉求件二:家住仓山金霞小区的小张问——我宝宝在建瓯出生,在当地打了一次预防针,请问现在要到哪儿打针?要什么材料?

答复:10 日,仓山区卫生局回复——金霞小区预防接种划片建新镇卫生院,可携带建瓯接种证及房产证或租房合同复印件前往办理。

有人在洋中花园 2 座居民楼 1 层开了间废品收购站,污染空气、制造噪音,严重扰民,且存在安全隐患。小区居民张林通过 QQ 投诉,要求政府部门取缔。这是件评论为"不满意"的诉求件,编号 FZ12102500045,是 2012 年 10 月 25 日的第 45 件。该诉求件的当事人之所以开始不满意,是因为诉求受理后,相关部门先后劝诫、警告并查封了那家废品收购站,但收购站不听劝阻,甚至撕掉了封条继续非法营业。相关部门因职能所限,只能采取查封,需要三个月才能提交法院强制执行。知道了事情原委之后,诉求人张林对此充满信心。因为他投诉过几次效果都非常好,最终都基本解决了问题。因此说这种不满意只是暂时的。

5.12345 呼叫中心的效果和社会影响

截至 2007 年 5 月底,全市共有 451 个市、区两级政府职能部门和公共事业单位加入系统办公,共受理各类诉求件 37962 件,及时回复率达 96.97%。

比如,福州台江区 2013 年 3—4 月份,12345 便民热线系统督察通报:2013 年 3—4 月份台江区共受理 12345 便民呼叫中心系统有效诉求件 2524 件(此数据由福州市便民呼叫中心 12345 提供,下同)。诉求件主要来源:网站 1547 件,占有效诉求件总量的 61.29%;电话 849 件,占总量的 33.64%;短信、录音、传真、邮件、QQ 共 128 件,占总量的 5.07%。在 2524 件有效诉求件中,群众反映问题较为集中的诉求有:市政市容物业问题 485 件,占有效诉求件总量的 19.22%;拆迁安置问题 204 件,占 8.08%;环境保护问题 172 件,占 6.81%;社区管理问题 141 件,占 5.58%。在办理诉求件方面,除义洲街道、苍霞街道、台江区工商局、台江区市容局、台江区建设局、台江区建工总公司、鳌峰街道仍存在逾期办理诉求件的情况外,其余承办单位均能够按照有关规定及时、认真、负责地处理好诉求件,及时查阅率达 99.84%,及时回复率为 99.76%,诉求件办理结果群众满意率平均为 99.13%。

又如,福州鼓楼区 2013 年第一季度便民呼叫中心 12345 系统运行情况督察通报:区便民呼叫中心 12345 系统共受理有效诉求件 4897 件,其中网站 3134 件,占 64%,电话 1512 件,占 30.88%;其他 251 件,占 4.88%。诉求涉及的行业和所占的比例分别是:市政市容物业 750 件,占 15%;环境保护

388件,占8%;考试招生350件,占7%;社区管理292件,占6%;违章建筑253件,占5%;拆迁安置222件,占5%;户籍管理208件,占4%;城建规划132件,占3%;交通安全131件,占3%;人口计生122件,占2%;住房与房地产107件,占2%;公共交通运输100件,占2%;社会治安99件,占2%;市场监管93件,占2%;教育行政管理85件,占2%;警务督察73件,占1%。从督察情况看,大多数部门能认真履职,及时办理群众诉求,群众满意度评价较高。如在群众反映湖景路1号溢景苑小区沿街5号楼前无名诊所乱挂晒衣服,影响市容的问题(诉求编号:FZ13010500224)后,区住房局及时督促该小区物业福州汇杰物业公司派员到现场责令其整改,并通过社区对整改情况进行跟踪,确保整改到位,群众对此表示非常满意。

又如在群众反映福州奥通营销咨询有限公司在其在职期间未能及时办理医、社保,离职后又屡次拖延补发医、社保费用的问题(诉求编号:FZ13020800100)后,区人社局立即派监察人员到现场调查,经核查已责令该公司进行整改,经多次协商,该公司已结清拖欠诉求者的医、社保等费用,诉求者对此表示感谢。

三、福建省的经验与局限性

福建是第一个在全省范围内实施绩效管理的范例。从勤政建设到效能建设,再到绩效评估和系统的绩效管理,福建的相关实践经历了一个不断发展和与时俱进的过程。从公民参与角度看,这也是一个从公民导向到公民参与的过程,是公民参与不断走向广泛和深入的过程。

福建省绩效评估中公民参与的第一条经验是,绩效管理本身需要持久性和连续性。绩效管理的持续性推进和与时俱进,是公民参与不断走向广泛和深入的基础和保障。以公众评议为例,评估对象、样本抽取、评估内容、评估指标、评估方式、技术手段应用等,都在不断地改进并走向深化和精细化,都属于持之以恒带来的持续性改进。究其原因,首先是省委、省政府领导自始至终的重视,在省领导的持续重视下,各市县领导也高度重视这一工作;其次是福建绩效管理具有坚实的组织保障,自省效能办建立以来,各地市、县等地基本上都设置了相应的机构,在编制、人力获取其他资源方面获得充分支持。绩效管理在国内被称为"一把手工程",主要负责人的高度重视是推进的关键,但这也会带来人亡政息的风险,甚至出现制定了条例也由于主要领导调动难以落实的案例。此外,"一把手工程"还会带来绩效管理框架体系的巨大变化,令公众无所适从,降低参与的积极性。福建省何以在主要领导同样经历多次调整的情况下持续推进绩效管理,其中的原因是值得探究的。

福建省绩效评估中公民参与的第二条经验是,保持统一顶层设计和差异化实施的合理平衡。福建省绩效管理的一个特点是,省级工作部署明确重点领域、基本原则和底线要求。这是基于各地发展状况存在较大差异的明智之举,同时给地方和部门因地制宜探索创新留下充分的余地。就绩效评估中的公民参与而言,福建省各地也呈现出多种方式和不同的特点,各地因地制宜自主探索,同时相互学习借鉴并在一定程度上展开创新竞争。在一个较大区域内推行绩效管理和公民参与,福建的经验对其他地方也能提供有益的启示。

福建省绩效管理中各种参与也存在一些值得进一步改进的地方。首先是公民参与的范围有限。政府绩效评估是一个由多种环节和要素构成的动态过程,包括评估决策(是否实施评估,评估对象选择等)、评估框架设计(重点领域和目标、指标体系和评估方式等)、评估的实施、评估结果运用等。相应地,公民参与应该体现在各个环节。福建省绩效评估中的公民参与方式多样,但都集中在评估的实施环节,主要方式是满意度的信息供给。周志忍教授指出:强化公民参与,就是要实现公民从某些环节的"部分参与"到"全程参与"的转变,从被动的"信息供给者"单一角色向"信息供给和决策共享者"综合角色的转变,而且在整个过程中,公民的发言权和影响力应不断提升。①

---

① 周志忍:《政府绩效评估中的公民参与:我国的实践历程与前景》,《中国行政管理》2008年第1期。

　　第二点需要思考的是主观和客观指标之间的进一步平衡。福建各地的公民参与方式多样,但都可归结为两大类——满意度调查和公众评议,因为都属于公众的主观评价。公众主观评价的科学性受到诸种约束:首先,对诸如消防、急救等特殊的公共服务以及政府内部的管理效率等,绝大多数公民没有亲身体验的机会,他们的评价难以摆脱随意性;其次,涉及公民的立场,法官判案不论如何公正,官司输了的一方的满意度不会高;第三,对于医疗等复杂的公共服务,公众的判断能力有限;最后,满意度主观评价的比较作用有限。① 实践中,厦门公众调查存在其他问题:有的被调查对象心存疑虑不敢说话;报表有效填报率有待提高;社区干部对调查问卷的干扰。② 如何保持主观指标和客观指标之间的合理动态平衡,还需要认真探讨。特别值得一提的是,透明政府是克服主观评价局限性的重要条件,这不仅是绩效管理的透明,更涉及整个政府决策、运作过程的透明。

　　第三点是公民参与技术层面的改进。这包括评估内容和指标体系的完善、抽样方法和参与公众的代表性、信息的客观真实性、评估结果应用等方面,其中特别值得关注的是评估信息的公开性。近年来,全国多数省份都在实施绩效管理,公众评议是其中的重要内容,但"从公开的文献来看,至2010年,所有省份均未对外公布年度评价结果"③。福建省公民参与评估的结果向社会公开的情况与此类似,虽然有公开现场评议或电视评议,也有单位评估名次之类的信息公开,但缺乏系统、详细的数据公开。评估结果内部掌握、内部消费会带来一系列问题:公众付出时间和精力参与评估但其输入没有得到系统反馈,会降低公民参与的积极性;这会导致地方领导干部改进的压力降低,进而容易导致绩效评估的表面化或形式化,结果使得高层领导人的绩效评估乃至"让人民满意"的意愿被打折扣;没有系统信息数据的公开,无从判断公众哪些方面满意哪些方面不满意,"知其然不知其所以

---

① 周志忍:《政府绩效评估中的公民参与:我国的实践历程与前景》,《中国行政管理》2008年第1期。

② 刘征宇:《完善公众评议调查促进政府效能提高》,《中国信息报》2012年8月2日。

③ 郑方辉、段静:《省级"政府绩效评价"模式及比较》,《中国行政管理》2012年第3期。

然",也就无法找出最薄弱的环节针对性设计改进方案。

应该说,上述问题不是福建所独有,而是我国绩效管理中的普遍状况,差异只在于程度的不同。福建是第一个在全省范围推行绩效管理的领先者,多年来的持续推进和与时俱进,是公民参与不断走向广泛和深入的基础和保障。在强化深化绩效管理的公民参与方面,我们期待福建继续发挥引领作用。

| 作者简介 |

王庆锋:北京大学政府管理学院行政学博士,中国人民公安大学公安管理学院副教授、硕士研究生导师。

广西壮族自治区
公民参与政府绩效评议

牛军钰　　王建刚

一、公民参与政府绩效评议的历程

广西壮族自治区公民参与政府绩效评议是在自治区党委、人民政府的部署和要求下,由自治区纪委(监察厅)设立的自治区绩效办具体负责实施、公众广泛参与的政府绩效评议活动,是公民参与政府绩效评议的一种形式。

从 2008 年起,为了提高评议的有效性,广西壮族自治区绩效办先后对公民参与评议方案做了两次大的调整,在组织实施、评议内容、评议方法等方面都在逐年完善和发展。总的来说,广西壮族自治区公民参与政府绩效评议工作分为两个阶段:

第一阶段 2008—2010 年,评议对象为 8 个设区市和 17 个自治区人民政府工作部门,评议内容为:对设区市,主要从经济发展、社会发展、民生改善、社会稳定、服务态度、工作效率、勤政廉政等方面进行评议;对自治区政府厅局,主要从履行职责、服务态度、工作效率、勤政廉政等方面进行评议;第二阶段 2011—2012 年,评议对象扩展为 14 个设区市、自治区人民政府 55

个工作部门和自治区党委34个群团类单位,评议内容为:专项评议和年度整体绩效。

二、自治区公民参与政府绩效评议的具体做法

下面以2012年为例介绍近年来广西壮族自治区公众评议的具体做法。

(一)评议对象、评议主体和评议方式

1.评议对象

14个设区市、自治区人民政府55个工作部门和自治区党委34个群团类单位。

自治区人民政府55个工作部门,分四类进行评议。经济调节与经济管理类部门(16个):发展改革委、工信委、科技厅、财政厅、交通运输厅、水利厅、农业厅、林业厅、商务厅、审计厅、国资委、统计局、旅游局、粮食局、金融办、水产畜牧兽医局。社会管理与政务管理类部门(14个):政府办公厅、教育厅、民委、民政厅、人力资源社会保障厅、文化厅、卫生厅、人口计生委、外办、广电局、新闻出版局、体育局、法制办、扶贫办。市场监管与执法监督类部门(11个):公安厅、司法厅、国土厅、环保厅、住房和城乡建设厅、地税局、工商局、质监局、安监局、食品药品监督局、监狱局。专项事务管理类机构(14个):北部湾办、钦州保税港区管委会、凭祥保税区管委会、侨办、人防办、铁建办、边海防办、糖业发展局、海洋局、测绘局、驻北京办事处、驻上海办事处、驻广州办事处、驻贵阳办事处。

自治区党委34个群团类单位,分为两类进行评议。党群单位(27个):纪委机关(监察厅)、人大常委会机关、政协机关、高级法院、检察院、党委办公厅、党委组织部、党委宣传部、党委统战部、党委政法委、党委政研室、编办、直属机关工委、信访局、老干部局、台办、总工会、团区委、妇联、科协、文联、侨联、社科联、残联、贸促会、红十字会、工商联。民主党派机关(7个):

民革广西区委机关、民盟广西区委机关、民建广西区委机关、民进广西区委机关、农工党广西区委机关、致公党广西区委机关、九三学社广西区委机关。

2. 评议主体

公众评议在自治区绩效考评领导小组的统一领导下，由自治区绩效考评办牵头，各设区市方面，邀请各设区市人大代表、政协委员，设区市、县（市、区）、乡（镇）三级干部职工，本市社会公众等三类群体进行评议；各政府工作部门方面，邀请自治区人大代表、政协委员，本部门干部职工、本系统市县部门干部职工、服务对象以及与本部门工作联系紧密的同级部门干部职工等五类群体进行评议；党委群团类单位方面，邀请本单位干部职工、本系统市县单位干部职工、与本单位工作联系紧密的同级单位干部职工及服务对象等三类群体进行评议。

3. 评议方式

设区市方面，针对不同的评议对象和评议主体采取不同的评议方式，并兼顾地理分布的均衡性和经济有效性，采取电话访问为主、问卷评议和网上评议为辅，突出城乡居民、企业经营者等社会公众的评议，推动各市投资环境和发展环境的改善，从多角度、多层面对各市进行评价。

（1）电话访问。各设区市按要求提供电话号码或使用本市公共电话号码簿建立样本框，由自治区绩效考评办委托自治区社情民意调查机构具体组织实施，通过计算机辅助电话调查系统（CATI）采取分层配额、随机抽样的方法，选取调查样本进行电话访问。

（2）问卷评议。在自治区绩效考评办和自治区社情民意调查机构指导下，由各设区市绩效考评办组织实施。在各市两会期间集中发放、回收评议问卷，采取无记名问卷方式邀请市级人大代表、政协委员对本市进行问卷评议。

（3）网上评议。社会公众登陆广西绩效考评网（www.gxjx.gov.cn）或向自治区绩效考评办公众评议专用邮箱（gxjxpy@126.com）发送电子邮件对各设区市进行评议。自治区绩效考评办牵头对群众反映的意见进行梳理汇总后，纳入公众评议意见，一并向被考评单位反馈，网上评议不计入总分。

自治区政府部门公众评议针对不同的评议对象和评议主体,采取电话访问为主、问卷评议和网上评议为辅的方式,加大同级部门互评的力度,推动各部门之间的工作配合;加大下级机关评议上级机关的力度,推动各部门转变工作作风和增强服务基层意识,从多角度、多层面对各部门进行评价。

自治区党委群团类单位公众评议主要采取"下评上"和"单位互评"形式,通过电话访问和网上评议的方式,加大下级机关评议上级机关的力度,推动各单位转变工作作风和增强服务基层意识。

(二)评议项目、评议内容和调查样本

1.设区市评议项目、评议内容和调查样本

设区市的公众评议主要由反馈问题整改情况的专项评议和年度整体绩效的综合评议两个部分组成,评议结果分别占设区市公众评议分值10%和90%的权重。专项评议的总样本量为2800个,综合评议的总样本量为28000个。

(1)反馈问题整改的专项评议

评议内容方面,主要是对自治区向各设区市反馈的2011年度绩效考评中的存在问题,尤其是社会公众提出的意见建议的整改落实情况进行评议。重点评议公开方案、明确责任、制定措施、实施整改、进展效果等方面的情况。

样本分布方面,具体分布为:

①责任单位人员。各设区市要提供涉及问题整改责任单位的干部职工(包括单位领导、中层干部、具体工作人员等)的名单及电话号码,组成责任单位人员抽样框,由CATI系统随机抽选样本进行访问,受访者应均衡覆盖全部单位。

②城乡居民。根据各市提出整改方案所涉及本市城乡居民主要分布的区域(本市所辖的具体县、区),由CATI系统使用公共电话号码簿从该地域范围内随机抽选符合甄别条件的受访者进行访问,样本分布均衡覆盖企事业单位人员、普通社会公众等群体以及不同地域范围。

（2）年度整体绩效的综合评议

评议内容方面，主要是对各市落实自治区的部署和要求，完成年度工作任务的整体绩效状况进行综合评价。重点评议经济发展、社会发展、民生改善、社会稳定、工作效率、服务态度、勤政廉政等方面的情况。

②问卷评议的调查样本。邀请每个市的全体市级人大代表、政协委员参与问卷评议。

2. 政府部门评议项目、评议内容和调查样本

自治区人民政府工作部门 2012 年度公众评议由 2011 年度绩效考评存在问题整改情况的专项评议和年度整体工作绩效的综合评议两个部分组成，评议结果分别占自治区人民政府工作部门公众评议分值 10% 和 90% 的权重。专项评议的总样本量为 2150—4300 个，综合评议的总样本量约36600 个。

（1）反馈问题整改的专项评议

①评议内容。主要是对自治区向各部门反馈的 2011 年度绩效考评存在的问题，尤其是对各评价主体提出的意见建议的整改落实情况进行评价。重点评议公开方案、实施整改、进展效果等方面的情况。

②样本分布。每个部门专项评议的调查样本从 2011 年访问时提出意见建议的人员中随机抽选，调查样本分布根据各部门实际，覆盖本部门、同级部门、本系统市、县部门和服务对象等不同类型的人员。

（2）年度整体绩效的综合评议

①评议内容。主要是对各部门落实自治区的部署和要求，完成年度工作任务的整体绩效状况进行综合评价。重点评议贯彻重大决策部署、履行职责、工作效率、服务态度、勤政廉政等方面的情况。

②各部门要提供本部门（含本厅局机关、直属事业单位）全部干部职工名单及电话；本系统市、县两级干部职工名单及电话（覆盖各市、县的所有在编在职干部职工）；与本部门工作联系较密切的同级部门干部职工的名单及电话；各部门还要提供与本部门有工作联系的服务对象的名单及电话。

以上名单由自治区绩效考评办及自治区社情民意调查机构负责抽选组

成不同抽样框。调查时,根据抽样框以及设计样本,抽取相应的样本量进行访问,并根据不同单位的性质特点,确定具体的评议对象,确保评议的准确性和实效性。

问卷评议。各部门问卷评议的样本主要是邀请自治区人大代表和政协委员采用问卷调查的方式进行评议。

3. 党委群团类单位评议项目、评议内容和调查样本

自治区党委群团类单位 2012 年度公众评议由 2011 年度绩效考评存在问题整改情况的专项评议和年度整体工作绩效的综合评议两个部分组成,全部采用电话访问的方式,评议结果分别占党委群团类单位公众评议分值 10% 和 90% 的权重。

(1)反馈问题整改的专项评议

①评议内容。主要是对自治区向各单位反馈的 2011 年度绩效考评存在的问题,尤其是对社会公众提出的意见建议的整改落实情况进行评价,重点评议公开方案、实施整改、进展效果等方面的情况。

②样本分布。每个单位专项评议的调查样本从 2011 年访问时提出意见建议的人员中随机抽选,调查样本分布根据各单位实际,覆盖本单位、同级单位、本系统市县单位和服务对象等不同类型的人员。

(2)年度整体绩效的综合评议

①评议内容。主要是对各单位落实自治区的部署和要求,完成年度工作任务的整体绩效状况进行综合评价,重点评议贯彻重大决策部署、履行职责、工作作风、工作效率、勤政廉政等方面的情况。

②调查抽样框。各单位要提供本单位干部职工名单及电话;本系统市、县级单位干部职工名单及电话;本单位直接服务的全部各类人员群体名单;民主党派机关要提供本党派成员的全部名单,作为本系统市、县单位干部职工和服务对象抽样框的补充;与本单位工作联系较密切的同级单位干部职工的名单及电话。

以上名单由自治区绩效考评办及自治区社情民意调查机构负责抽选组成不同抽样框。调查时,根据抽样框以及设计样本,抽取相应的样本量进行

访问,并根据不同单位的性质特点,确定具体的评议对象,确保评议的准确性和实效性。

(三)程序步骤

公众评议从 2012 年 11 月开始,至 2013 年 2 月结束。具体安排为:

1. 设区市的程序步骤

(1)宣传展示

①公布整改情况。2012 年 11 月下旬,各市在本市政府门户网站和主要报纸上公布本市上一年度绩效考评存在的问题尤其是公众评议中社会公众提出意见建议的整改落实情况,重点展示存在问题、责任措施、工作进展、整改效果。

②发布评议公告。2012 年 12 月初,在自治区、市两级报纸、广播、电视、网络等主流媒体发布自治区统一制作的公众评议公告,大力营造宣传舆论氛围,引导社会公众广泛参与评议。

③展示年度绩效。2012 年 12 月份开始,各市要在本市政府门户网站和主流媒体上开辟绩效展示专栏,将本市重点工作、重大项目、民生工程的完成情况以及工作措施、成效亮点等有关情况在专栏上相对集中刊登一周,向社会公众展示工作成效,吸引群众有序参与评议和监督。

④制作宣传展板。2013 年初,在本市两会期间实施问卷评议时,各市要制作宣传展板,突出展示上年度政府工作任务完成情况及工作的创新和亮点,增强人大代表、政协委员问卷评议的针对性和准确性。

(2)组织实施

①完善调查资料。自治区绩效考评办印发通知,牵头收集、整理各市参与公众评议人员的有关资料,建立公众评议抽样框;研究制定公众评议的规范流程,明确实施方法和纪律要求,做好公众评议的其他各项准备工作。

②组织培训学习。自治区绩效考评办组织各市各有关单位学习培训,明确公众评议的工作要求。自治区社情民调机构整理电话调查样本框,组织工作人员集中培训,掌握工作要求。

③调查实施。自治区社情民调机构具体实施电话访问;在各市人大、政协两会期间,各设区市绩效考评办负责组织实施问卷调查;自治区绩效考评办负责组织实施网上评议。

④监督抽查。在公众评议期间,自治区绩效考评办会同各市、区直各有关部门,采取随机抽选、重点监控的方式,对电话访问和问卷评议的具体操作过程进行抽查监督。自治区绩效考评办在严格审核各市报送评议资料的同时,委托自治区核验工作组结合年终核验工作,对各市开展公众评议工作的有关情况进行抽查核验。

(3)汇总反馈

自治区社情民意调查机构负责按千分制初步汇总公众评议结果,并梳理社会公众提出的意见和建议,形成公众评议调查结果和分析报告,送自治区绩效考评办审核汇总。

自治区绩效考评办根据工作情况以及调查结果和核验组评分进行汇总。

自治区绩效考评办将公众评议得分按比例进行折算,形成各市年度绩效考评结果,与公众评议中社会公众提出的意见建议一并向各市反馈,督促各市认真分析,加强整改,整改情况纳入下一年度绩效考评的重要内容。

2. 政府部门的程序步骤

(1)宣传展示

①公布整改情况。各部门在门户网站上公布本部门上一年度绩效考评存在的问题尤其是公众评议中社会公众提出意见建议的整改落实情况,重点公布存在问题、责任措施、工作进展、整改成效等(连续刊登不少于30天)。整改情况报告同时报自治区绩效考评办在广西绩效考评网上发布。

②发布评议公告。自治区绩效考评办在自治区级报纸、广播、电视、网络等媒体上统一发布公众评议公告,自治区各部门也要在本部门门户网站上转发公告(连续刊登不少于30天),大力营造宣传舆论氛围,引导社会公众广泛参与评议。

③展示年度绩效。各部门要在门户网站展示本部门的工作目标任务、

主要工作措施、工作亮点、预期成效等有关情况（连续刊登不少于 30 天）。向社会公众展示工作绩效，引导群众有序参与评议和监督。年度工作绩效报告同时报自治区绩效考评办在广西绩效考评网上发布。

（2）组织实施

①完善调查资料。自治区绩效考评办印发通知，牵头收集、整理各部门报送的公众评议人员的有关资料，建立公众评议抽样框；研究制定人大代表、政协委员问卷评议的规范流程，明确实施办法和纪律要求，做好公众评议的其他各项准备工作。

②调查实施。自治区社情民调机构负责具体实施电话访问；自治区人大常委会办公厅、自治区政协办公厅、自治区绩效考评办协同配合，在自治区人大常委会会议、自治区政协常委会会议期间组织实施问卷调查；自治区绩效考评办负责组织实施网上评议。

③抽查核验。自治区核验工作组结合年终核验工作，对各部门开展公众评议工作的有关情况进行抽查核验。

（3）汇总反馈

自治区社情民意调查机构负责按千分制初步汇总公众评议结果，并梳理社会公众提出的意见和建议，形成公众评议调查结果和分析报告，送自治区绩效考评办审核汇总。

自治区绩效考评办根据工作情况以及调查结果和核验组评分进行汇总。

自治区绩效考评办将公众评议得分按比例进行折算，形成年度绩效考评结果，与公众评议中社会公众提出的意见建议一并向各部门反馈，督促各部门认真分析，加强整改，整改情况纳入下一年度绩效考评的重要内容。

确因人员少、工作涉密等其他特殊原因无法全部按要求提供人员信息或按要求展示年度绩效的部门，应及时与自治区绩效考评办协商沟通，经审核同意后，可根据实际情况进行调整。

三、自治区各设区市的公民参与机制

广西壮族自治区各设区市在公民参与政府绩效评议工作中,经过各自的实践与探索,形成了各具特色的公民参与机制,值得各地推广与借鉴。

(一)钦州

钦州市委、市政府在广泛调研国内外一流大学专家学者的基础上,率先在全区推行基于平衡计分卡战略导向型的公民参与政府绩效管理模式,以直观的战略图形式向全市人民公示并征求意见。

钦州市党政机关平衡计分卡把百姓满意放在首位,这是与企业平衡计分卡的显著区别。党政机关平衡计分卡的四个维度如下图所示:

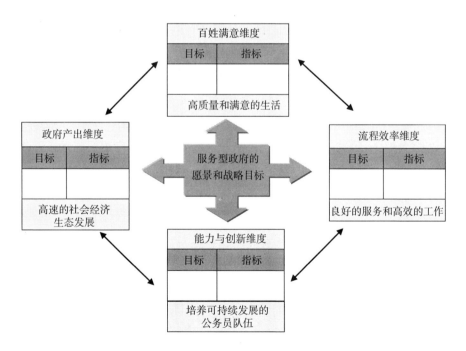

通过平衡计分卡,把部门的中长期发展战略目标落实到年度考核指标

和年度重点工作中。具体环节如下所示：

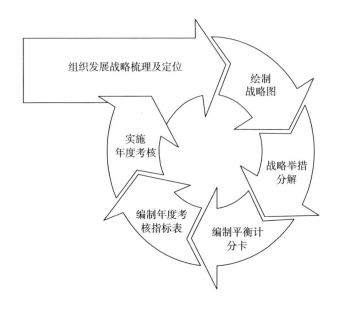

　　钦州市在消化、吸收平衡计分卡管理理念及方法的基础上,结合政府工作特点和钦州市绩效管理的基础,在全区率先试行基于平衡计分卡战略导向的政府绩效管理模式。整个工作计划分为五个步骤来实施:第一步,从梳理全市发展战略开始,通过资料收集、标杆城市分析、专家及领导座谈、部门调研和群众意见收集等形式,形成钦州市的发展愿景、战略目标、发展战略和发展策略等;第二步,通过广泛调研与分析,确定实施发展目标的若干关键成功要素,形成一张网状的全市发展战略地图,使全市战略与定位变得一目了然;第三步,将细分的发展战略目标逐项落实到各个职能部门,各个职能部门结合"三定"方案,从平衡计分卡的四个维度,制定战略图和工作绩效指标表;第四步,依据部门的战略图和工作目标考核表,分解至科室及个人,形成个人的工作绩效指标表;第五步,开发相应信息管理系统,实现透明、快捷操作。

　　并通过听证会制度、政府专家咨询委员会制度等决策机制的新探索,促进了决策的科学化、民主化、规范化。充分利用社会智力资源和现代信息技术增强透明度和公民参与度。将决策这个领导群体独断的高级事务转变为公众与领导层共同参与的大众事务。突出公民参与性成为新决策观的鲜明特点。

（二）南宁

在各方面条件基本成熟的基础上，南宁市于 2008 年开始作为广西的试点在全市范围内全面启动机关绩效管理相关工作，并在绩效管理中引进了公民参与（全面启动之前本市并未进行试点）。历时 3 年，结合学习吸收外省、市先进经验和与专业研究机构合作开发管理系统，在实践积累中不断调试和完善相关做法，形成了一套初步的实施方案，探索之路正在稳步推进。

首先，在制度建设方面，南宁市尚未对机关绩效管理相关工作进行地方性立法规范，也未形成一套系统和相对稳定的地方政府规章，每年的绩效管理工作仅仅依靠当年由市绩效考评领导小组制定下发的实施方案作为指导和依据。2010 年的相关文件有《南宁市绩效考评领导小组关于印发〈南宁市 2010 年度机关绩效考评实施方案〉的通知》（南绩发〔2010〕1 号）、《南宁市绩效考评领导小组关于印发〈南宁市 2010 年度机关绩效考评扣分细则〉的通知》（南绩发〔2010〕2 号）、《南宁市绩效考评领导小组关于印发〈南宁市 2010 年度县区绩效考评指标评分细则〉、〈南宁市 2010 年度开发区绩效考评指标评分细则〉及〈南宁市 2010 年度机关绩效考评指标评分细则〉的通知》（南绩发〔2010〕3 号）、《中共南宁市委办公厅　南宁市人民政府办公厅关于印发〈南宁市机关绩效综合管理信息平台建设工作实施方案〉的通知》（南办发〔2010〕60 号）等。

其次，在机构设置方面，南宁市绩效考评领导小组成立于 2008 年，作为全市公共部门绩效考评工作的领导机构，由以市委副书记任组长，市委常委、常务副市长，市委常委、纪委书记，市委常委、组织部长任副组长，人大、政府、政协秘书长、组织部、监察局、人事局等 11 个单位的有关领导为成员。下设专门办公室，挂靠市纪委管理，机构编制 7 人。

第三，在机制建设方面，南宁市机关绩效管理的公民参与主要体现在公共评议阶段。公众评议主体主要包括党代表、人大代表、政协委员、纪委委员、社会团体代表、特邀监察员、企业经营者、外地投资商、城乡居民、相关部门和基层单位、管理相对人、相关工作人员等。他们根据政治身份、职业和在行政活动中所处的地位等差异分别通过基层评机关、机关互评、机关内部服务满意度调查、百姓综合满意度调查、服务对象满意度调查 5 种形式对县（区）、开发区党政综合管理，经济管理，社会管理与服务，执法与垂直双管，协调执行机构，群团 7 类受评单位进行评议，各类受评单位又因其职能性质和特色差异接受不同形式的公众评议、承担不同的公众评议权重。评议工作由市绩效办委托自治区统计局社情民意调查中心采用问卷调查方式统一开展。5 种评议形式的问卷内容设计相同，县（区）类受评单位问卷内容包括对经济发展、社会稳定、民生改善、勤政廉政、机关作风、选人用人、政务公开的满意度调查，市机关受评单位问卷内容包括对政务公开、履行职责、勤政廉政、机关作风、办事效率的满意度调查。此外，在绩效目标形成阶段，设置的专家审核和指标公示环节，也属于公民参与范畴。

第四，除部门绩效考评外，南宁市还根据年度的总体目标和规划，有针对性地对专项工作进行考评，如 2010 年进行了"民主评议政风行风"和"为民办实事"专项考评等，各专项考评都不同程度地设计了公众评议的内容。

此外，南宁建立了社会服务承诺机制，按照自身的服务特点和公众、社会的要求，把服务标准、服务内容、服务对象、服务项目、服务程序等向社会和公众公开，做出承诺，接受监督，从而规范和约束自己的行为，提高自身的服务水平，建立公众评议网络，将公众的评议、投诉、建议"一口受理"，及时公开和反馈，切实保障公众的知情权、参与权、表达权和监督权。

（三）鹿寨

鹿寨实行自下而上公民评议政府机制，由社会各界、公众或本地企业自下而上地对政府机关部门提供服务的优劣进行评议，并根据评议结果对群众意见较多、反映强烈并且排名靠后的部门进行整改,同时以此作为对政府部门负责人的一种考核。

鹿寨按照四位一体绩效考评体系对全县76个单位开展年度绩效考核,县绩效考评委员会在县党代会、人大会、政协会和2010年度绩效考评集中公众评议会召开期间,组织县党代表、人大代表、政协委员、各单位干部职工、企业代表、社区干部和群众代表共近万人,对各单位2010年度工作实绩进行满意度民主测评。

鹿寨以推行绩效管理为抓手,创新领导班子、领导干部考核评价办法,坚持把群众满意作为第一标准,通过把政府的工作向群众公开、公示,接受群众评议,问计于民、问政于民、问需于民;坚持以建设阳光政府、服务型政府为目标,努力做到政府工作贴近群众、服务群众,实现了政府工作从群众中来、到群众中去,让群众看、由群众评的良性循环。

鹿寨开展万人测评乡镇、县直单位绩效考评工作实绩满意度活动,是鹿寨实施四位一体绩效考评体系的一个载体,既考核一个乡镇、一个单位履行职责,落实县委、县政府重大决策部署情况,同时也调查社会各界的满意度,让群众对乡镇、县直单位工作的情况进行评判,以全面客观地评价乡镇、县直单位的工作。更重要的是激发群众对政府工作的关注、参与和评价的热情,促进全县各级领导班子和领导干部在思想上更想干事、在行动上更能干事、在结果上更能干成事,推动全县经济社会各项事业快速健康发展,全面建设群众满意政府。

为开展好群众公开评议活动,该县利用媒体推出2010年度各单位绩效考评工作实绩。县绩效考评委员会将各单位2010年度工作实绩自查报告汇编成《绩效考评工作实绩汇编》,发放到参加民主测评的"两代表一委员"和干部群众手中。各乡镇、县直各单位将自己的工作实绩制作成展板,摆放在原县委大院、县城文化广场,供240名党代表、220名人大代表、150名政协委员和干部群众观看打分。

四、自治区绩效评议过程中的公民参与

（一）公众在评议方案修订过程中的参与

自治区的公民参与绩效评估方案在形成和完善过程中,参与对象有以下三类人员:

1.专家、学者的参与。为了增强公民参与绩效评估方案的科学性、规范性,2010 年,自治区纪委与复旦大学公共绩效与信息化研究中心组成专家课题组,联合对评议方案进行了修改与完善。该专家团队通过编制问卷、访谈、讨论、意见征询等方式,最终形成较为客观科学的公民参与绩效评估方案。

2.公众的参与。公众参与绩效评估方案在广西壮族自治区绩效考评网的"网上调查"栏目中公示于众,通过网上评议、咨询与建议、绩效管理交流等形式接受广大公众参与,在与广大公众的沟通中,听取并吸收合理化意见建议。同时,课题组团队通过召开座谈会,听取包括人大代表、政协委员、企业代表、政风行风监督员、普通市民等各个层面的意见,逐步修改和完善评议方案。

3.行政服务对象的参与。课题组团队通过发放问卷的方式,每个部门至少发放 200 份问卷,在历次评议方案的修改中,广泛征求行政服务对象的意见。

（二）评议实施过程中的公民参与

为了保证公民参与绩效评估工作的及时性和有效性,全面、充分、客观地反映公众意见建议,自治区党委和政府做了大量工作。首先,将公众分为不同层次,根据不同公众类别进行分层取样;其次,不同层面的公众,根据其参与了解政府工作的程度给予不同的权重系数,更加客观公正地评价政府绩效工作;第三,不断改进问卷调查表的内容、发放方式,确保评议的公平与公正;第四,在广西壮族自治区绩效考评网上,建立"工作动态"、"绩效展示"、"工作交流"等栏目,增加部门(单位)职能介绍,让评议人尽可能多地了解评议对象,实现了政务信息公开化,促进了评议的客观性。

(三)察访核验过程中的公众参与

自治区党委和政府在广西壮族自治区绩效考评网上,设立"察访核验"专栏,向社会公开各年度察访核验的目的、内容、方法步骤及工作要求,接受广大公众的监督与检查,并建立了投诉信箱,受理广大公众的投诉,并可以随时查看受理进度。

五、自治区公民参与评议的经验与不足

(一)经验

1.确立明确的要求

为做好公民参与评议工作,广西壮族自治区政府确立了公众评议的明确要求。例如,2012 年,依据《广西壮族自治区机关绩效考评办法(试行)》(桂办发〔2008〕14 号)、《广西壮族自治区 2012 年度机关绩效考评工作方案》(桂绩发〔2012〕2 号),相继印发了《2012 年度设区市公众评议工作方案》、《2012 年度自治区人民政府工作部门公众评议工作方案》和《2012 年度自治区党委群团类单位公众评议工作方案》,要求各级各部门结合实际,认真贯彻落实。同时要求如下:

(1)提高认识,加强领导。各级各部门要正确认识并高度重视公众评议工作,主要领导亲自抓,分管领导具体抓,落实责任部门和具体责任人,切实树立起正确的政绩观、群众观,强化政务公开和信息公开,推动阳光绩效建设,广泛听取社会各界的意见和建议,主动向群众学习、请群众参与、受群

众监督、让群众满意,形成有序参与、客观评价的良好局面。

(2)明确职责,强化监督。各市、各有关单位要明确职责分工,加强协调配合。被评议的设区市和区直单位要按照评议工作的安排和要求,积极配合参与,实事求是地做好宣传展示工作,采取有效措施拓宽和畅通群众参与评议监督的渠道,提高评议群体的支持度、参与度和配合度;自治区社情民意调查机构要制定具体的操作细则,认真组织调查;自治区绩效考评办建立完善评议工作制度和监督机制,配合纪检监察机关组织各市和区直各单位全程参与公众评议的监督,确保公众评议工作的公开、公平、公正。

(3)积极回应,认真整改。各级各部门要以人民群众满意为导向,针对公众评议中基层、企业、群众反映强烈的问题,认真查找主客观原因,采取有效措施,积极回应社会公众的合理诉求。能立即整改的问题,要立即整改;一时难以整改的,要向群众做出说明。要按要求制定整改方案,明确整改内容、责任、措施和时限,整改情况作为自治区对各市、各单位下一年度绩效考评的重要内容和依据。

(4)严格要求,严肃纪律。各市各单位所提供的信息资料仅限于评议评价使用,不作其他用途,各有关单位要落实专人负责,严格管理相关资料。各级绩效考评机构、调查机构及有关单位工作人员必须严格遵守操作规程和工作纪律,不得参与任何有可能影响评议结果的活动,严格规范、公道正派地开展评议工作。严禁擅自调整评议工作流程,私自修改、隐瞒或销毁评议资料,改变评议结果;严禁泄露受访者的个人信息、评议意见;严禁诱导、强迫、指使、授意受访者进行虚假评议;严禁事先开会布置、预先打招呼等干扰正常评议的各种不正当行为。对在评议过程中违反纪律的,按有关规定进行严肃处理。

2. 科学设置公众评议的内容

(1)根据不同的评议对象设置差异化的评议内容。2009 年,公众评议的内容主要是:对设区市,主要从经济发展、社会发展、民生改善、社会稳定、服务态度、工作效率、勤政廉政等方面进行评议;对自治区政府厅局,主要从履行职责、服务态度、工作效率、勤政廉政等方面进行评议。2011年、2012年起,虽然公众评议的内容主要由反馈问题整改情况的专项评议和年度整体绩效的综合评议两个部分组成,但对具体的评议对象设置了差异化的评议内容。设区市的专项评议重点评议公开方案、明确责任、制定措施、实施整改、进展效果等方面的情况;年度整体绩效的综合评议重点评议经济发展、社会发展、民生改善、社会稳定、工作效率、服务态度、勤政廉政等方面的情况。自治区人民政府部门专项评议重点评议公开方案、实施整改、进展效果等方面的情况;年度整体绩效的综合评议重点评议贯彻重大决策部署、履行职责、工作效率、服务态度、勤政廉政等方面的情况。自治区党委群团类单位专项评议重点评议公开方案、实施整改、进展效果等方面的情况;年度整体绩效的综合评议重点评议贯彻重大决策部署、履行职责、工作作风、工作效率、勤政廉政等方面的情况。

(2)根据相应的原则进行调查题目的设计。一是调查内容要有针对性。根据工作特点,紧扣调查目标设题。坚持以小见大,将调查尽可能地细化成具体的情况、数据和现象。二是调查内容要有周延性。调查内容力求全方位覆盖工作任务。既看"硬指标"的加强,又看"软指标"的改善;既看当前的成绩,又看发展的可持续性。三是调查内容要有可评性。调查问题看得见、摸得着、可感知,群众只需直接回答是与否、是多少、怎么样、怎么看。四是表达方式要有通俗性。为防止绩效评议中的信息传递不畅,用简洁朴实的群众性语言出题,让社会公众容易接受,一看就懂。

3. 精心设计分类调查

(1)评议主体分类。2012年,设区市评议邀请各设区市人大代表、政协委员,设区市、县(市、区)、乡(镇)三级干部职工,本市社会公众等三类群体进行评议。自治区评议邀请自治区人大代表、政协委员,本部门干部职工、本系统市、县部门干部职工、服务对象以及与本部门工作联系紧密的同级部门干部职工等五类群体进行评议。自治区党委群团类单位公众评议邀请本单位干部职工、本系统市、县单位干部职工、与本单位工作联系紧密的同级单位干部职工及服务对象等三类群体进行评议。评议主体和评议对象的分类调查有利于不同的评议主体设置不同的评议内容、评议方式和方法,既简化了评议的程序,又使评议更加科学、客观和公正。

(2)评议对象分类。2012 年,自治区机关评议对象分四类进行评议:经济调节与经济管理类部门、社会管理与政务管理类部门、市场监管与执法监督类部门、专项事务管理类机构;自治区党委群团类单位评议对象分为两类进行评议:27 个党群单位、7 个民主党派机关。评议主体和评议对象的分类调查有利于不同的评议主体设置不同的评议内容、评议方式和方法,这样,既简化了评议的程序,又使评议更加科学、客观和公正。

4. 科学选取不同的评议方式

针对不同的评议对象和评议主体,采取电话访问为主、问卷评议和网上评议为辅的方式。设区市评议突出城乡居民、企业经营者等社会公众的评议,推动各市投资环境和发展环境的改善;自治区机关评议加大同级部门互评的力度,推动各部门之间的工作配合;加大下级机关评议上级机关的力度,推动各部门转变工作作风和增强服务基层意识;自治区党委群团类单位主要采取下评上和单位互评形式,通过电话访问和网上评议的方式,加大下级机关评议上级机关的力度,推动各单位转变工作作风和增强服务基层意识。

5. 严格遵循程序步骤

自治区绩效考评遵循严格的程序步骤。以 2012 年为例:首先是宣传展示环节,包括公布整改情况、发布评议公告、展示年度绩效、制作宣传展板等过程。其次是组织实施环节,包括完善调查资料、组织培训学习、调查实施、监督抽查等过程。再次是处理统计数据环节,相关统计数据的优化处理主要包括调查信息的录入、统计和分析。由计算机按照预设的项目和要求,运用 SPSS 软件对调查信息进行自动处理,筛选出相关项目,进行横向、纵向数据排序,生成相应的统计分析数据和图表,便于直观地展现评议的结果。最后是汇总反馈环节,自治区社情民意调查机构负责按千分制初步汇总公众评议结果,并梳理社会公众提出的意见和建议,形成公众评议调查结果和分析报告,送自治区绩效考评办审核汇总。

6.确立明确的制度规范

为了确保公众评议的科学性和准确性,自治区绩效考评办与自治区统计局社情民调中心认真总结经验,制定完善了公众评议工作方案及相关配套的制度规范。以 2011 年和 2012 年为例,重点从几个方面改进完善公众评议工作:一是加大公开力度。把公开展示上年度问题整改以及本年度工作绩效的有关情况作为规定动作来抓,促使各地结合实际,在本地报纸、电视台、政府网站等媒体上开辟专栏,主动展示工作成效,推动阳光绩效建设。二是完善评议内容。新增对上年度反馈问题整改情况的专项评议,有效提升了各级、各部门回应群众诉求的责任意识,促进了问题的整改和落实,还进一步改进完善了年度综合评议的具体内容,增强了针对性和有效性。三是强化质量监控。对各地提供的电话抽样框提出明确的质量要求,使调查抽样框的建立更加全面科学;各地派出人员参与实施问卷调查的交叉监督,规范程序方法,使问卷调查更加规范透明;加大对整个公众评议实施过程的监控力度,增强访问人员的素质和能力,严把调查质量关口,确保评议工作全程的高质量、高要求。

(二)不足及原因分析

1.公民参与渠道可以进一步扩展

在公共政策意义上,公众是指面临着共同问题具有共同利益的社会群体和个人。按构成单位规模可分为:个体公众、群体公众、团体公众。[①] 它是相对政府及政府工作部门而言。在对公民参与的理解上不同学者也有不同见解。如有的学者认为公民"参与是一种权力的再分配",也有人认为公民"参与是在方案的执行和管理方面,政府提供更多的回馈渠道以回应民意,并使公众能以更直接的方式参与公共事务",更一般地理解是"政府与社会民众之间通过一种合法、合理、公平的渠道就政府政策、行政决策、行政

---

① 殷世芳:《流域管理中公众参与的探讨与思考》,《中国水利》2012 年第 2 期。

问题的解决等行政外部行为进行协商、协调的机制"。① 公民参与即是政府与社会公众之间的互动。那么公民参与渠道则是指广大社会公众能实现与政府组织在切身利益相关的社会问题或者影响社会整体的公共问题等方面的有效的信息交流与互动的平台。其最直接要求是便利双方信息的交流和互动,而不能是单方面的信息传播,否则构不成参与或者只是形式上参与。同时其参与内容一定是社会公共问题而不能是纯粹个人利益问题。目前国内在公民参与的渠道建设方面尚处于自发的建设阶段,广西在这个方面虽然有很多探索,但尚有空间可以拓展。

2. 反馈与责任机制需要持续建设

从系统动力学的角度分析,系统结构的完整性是系统动力获取的基本条件,系统流程是否形成闭和回路影响系统功能的有效发挥。就政府绩效管理的公民参与而言,其实质是一个从获取公众信息到处理公众信息,最后反馈公众信息处理情况的隶属于政府绩效管理巨系统的一个子系统,维持该系统的动力,保持其良性运行,三要素的功能作用发挥不可或缺,反馈对公众信息的处理情况与信息的获取和处理同等重要。

绩效管理公民参与系统的正常运行有赖于绩效管理对象、绩效管理执行单位和公众等多方的合力推动,缺一不可。相应地,责任机制也理应在他们身上得到全面地体现和落实,而不是仅仅体现在绩效管理对象身上。自治区的政府绩效管理,在综合了包括公众评议在内的各类评议结果的基础上,面向被评估单位建立了,以奖优、治庸、罚劣为原则的奖惩机制,但是这种单一的责任机制设计对整个绩效管理的公民参与系统而言还需要持续的建设。

/ 作者简介 /

牛军钰:复旦大学公共绩效与信息化研究中心主任,博士,研究员。

王建刚:复旦大学公共绩效与信息化研究中心博士后。

---

① 闫丽娟、吴娟、沈大军、于浩伟:《公众参与水资源管理研究——以宁波市水资源管理为例》,《中国水利水电研究科学院学报》2012 年第 12 期。

责任编辑:朱云河

版式设计:周方亚

封面设计:汪　莹

责任校对:周　昕

图书在版编目(CIP)数据

政府绩效评估中的公民参与:中国地方政府的实践与经验/周志忍　主编.
　-北京:人民出版社,2015.5

ISBN 978－7－01－014191－6

Ⅰ.①政…　Ⅱ.①周…　Ⅲ.①地方政府-行政管理-研究-中国

　Ⅳ.①D625

中国版本图书馆 CIP 数据核字(2014)第 273431 号

政府绩效评估中的公民参与

ZHENGFU JIXIAO PINGGU ZHONG DE GONGMIN CANYU

——中国地方政府的实践与经验

周志忍　主编

人民出版社 出版发行

(100706　北京市东城区隆福寺街 99 号)

北京市大兴县新魏印刷厂印刷　新华书店经销

2015 年 5 月第 1 版　2015 年 5 月北京第 1 次印刷

开本:710 毫米×1000 毫米 1/16　印张:28.25

字数:405 千字

ISBN 978－7－01－014191－6　定价:58.00 元

邮购地址 100706　北京市东城区隆福寺街 99 号

人民东方图书销售中心　电话 (010)65250042　65289539